Garantia Patrimonial e Prejudicialidade

Garantia Patrimonial e Prejudicialidade

UM ESTUDO SOBRE A RESOLUÇÃO EM BENEFÍCIO DA MASSA

2017

Marisa Vaz Cunha

OBRA
GARANTIA PATRIMONIAL E PREJUDICIALIDADE
AUTOR
Marisa Vaz Cunha
EDITOR
EDIÇÕES ALMEDINA, S.A.
EDIÇÃO ORIGINAL

Rua Fernandes Tomás, nºˢ 76, 78 e 79
3000-167 Coimbra
Tel.: 239 851 904 · Fax: 239 851 901
www.almedina.net · editora@almedina.net
DESIGN DE CAPA
FBA.
PRÉ-IMPRESSÃO
EDIÇÕES ALMEDINA, S.A.
IMPRESSÃO E ACABAMENTO

Vasp - DPS

Junho, 2017
DEPÓSITO LEGAL
428463/17

Apesar do cuidado e rigor colocados na elaboração da presente obra, devem os diplomas legais dela constantes ser sempre objecto de confirmação com as publicações oficiais.
Toda a reprodução desta obra, por fotocópia ou outro qualquer processo, sem prévia autorização escrita do Editor, é ilícita e passível de procedimento judicial contra o infractor.

 | GRUPOALMEDINA

Biblioteca Nacional de Portugal – Catalogação na Publicação

CUNHA, Ana Marisa Duarte Vaz

Garantia patrimonial e prejudicialidade : um estudo sobre a resolução em benefício da massa. - (Monografias)
ISBN 978-972-40-7043-8

CDU   347

Graças Senhor.

Aos meus Pais.

Ao Nuno.

NOTA PRÉVIA E AGRADECIMENTO

O estudo que agora se publica corresponde à dissertação apresentada em Dezembro de 2014 para conclusão do curso de Mestrado Científico em Ciências Jurídicas, da Faculdade de Direito da Universidade de Lisboa. A dissertação de Mestrado foi discutida perante um júri presidido pelo Senhor Professor Doutor Luís de Menezes Leitão e constituído pela Senhora Professora Doutora Ana Perestrelo de Oliveira, na qualidade de orientadora, pelo Senhor Professor Doutor José João Ferreira Gomes, que aceitou o encargo de a arguir, e pelo Senhor Professor Doutor Diogo Costa Gonçalves. Em resultado da discussão realizada, foram apenas efectuadas alterações com vista à correcção de gralhas identificadas.

Este trabalho vem sendo preparado desde 2011, data de início da fase escolar do Mestrado Científico em Ciências Jurídicas, e a sua conclusão e publicação são possíveis graças ao apoio e encorajamento constantes, a críticas construtivas e a investimentos feitos por tantas pessoas que começo por transmitir a todos os meus mais sinceros agradecimentos.

Agradeço à Faculdade de Direito da Universidade de Lisboa, pela excelência do ensino do Direito em Portugal e pela oportunidade de desenvolvimento académico que me proporcionou ao longo da Licenciatura e do Mestrado e mais recentemente pela oportunidade concedida de exercer funções como Assistente Convidada primeiro na cadeira de Direito Processual Civil III (ano lectivo 2015/2016), com a Equipa regida pelo Senhor Professor Doutor Rui Pinto, e depois nas cadeiras de Direito das Obrigações I e II (ano lectivo de 2016/2017), com a Equipa regida pelo Senhor Professor Doutor Menezes Cordeiro e pela Senhora Professora Maria Raquel Rei, no turno de dia, e com a Equipa regida pelo Senhor Professor José

Alberto Vieira, no turno da noite, aproveitando esta ocasião para manifestar a minha gratidão pelo acolhimento e pela disponibilidade por todos sempre manifestada.

Agradeço à minha orientadora, Senhora Professora Doutora Ana Perestrelo de Oliveira, pela dedicação, pelas palavras certas, pelo apoio e confiança incondicionais no meu trabalho e pela amizade sempre manifestada.

Agradeço aos Senhores Professores Doutores Luís de Menezes Leitão, José João Ferreira Gomes e Diogo Costa Gonçalves o encargo da discussão da minha tese de Mestrado e os contributos fundamentais para o desenvolvimento do presente trabalho.

Agradeço ao Senhor Professor Doutor Francisco Mendes Correia, pelo precioso contributo científico e pela ajuda na escolha e análise do tema da presente tese de Mestrado e pelo acompanhamento, aconselhamento, orientação e amizade sempre demonstrados.

Agradeço aos meus patronos de advocacia, Afonso Teixeira da Mota, Alice Pereira de Campos, Francisco Castel-Branco Próspero e Francisco Silva Carvalho, pelo investimento constante no meu desenvolvimento profissional e académico, pelo tempo que me disponibilizaram para a elaboração do presente trabalho, pela confiança e pela amizade sempre manifestadas, que muito me honram, bem como aos restantes Colegas de trabalho.

Agradeço aos meus amigos, Ana Gonçalves, Carla Costa, Iolanda Bastos, Joana Costa Pinto, Lourenço Morais, Luís Gonçalves, Manuel Álvaro, Marli Esteves, Patrícia Cardoso, Rui Gonçalves e Saulo Chanoca, pelo importante trabalho de revisão de texto para efeitos de apresentação da dissertação de mestrado, pela dedicação e, sobretudo, pela amizade genuína e sempre presente, bem como a todos os restantes amigos que sempre me apoiaram e encorajaram, em particular à Fátima Franco, Natércia Santos, Rute Cerqueira e Viktoriya Petrova, a quem manifesto a minha mais sincera gratidão.

Agradeço aos meus amigos Inês Santos e Rui Diogo Leitão pelo companheirismo, pelas noites de estudo intenso e preparação das respectivas dissertações de mestrado, pelas semanas de biblioteca, pelas discussões jurídicas, pelo apoio e, sobretudo, pela amizade.

Agradeço ao meu primo Mário Vaz, pela ajuda preciosa com as impressões da dissertação de mestrado e pela disponibilidade e amizade reveladas.

NOTA PRÉVIA E AGRADECIMENTO

Agradeço ao meu amigo José Carlos Araújo, pela revisão total do presente estudo para efeitos de publicação, pelas suas generosidade, disponibilidade e dedicação e pela excelência do seu trabalho.

Com profunda gratidão, deixo à minha família e ao meu marido um especial agradecimento.

À minha Mãe, aos meus Avós e à restante família, pelo amor incondicional, pela oração, pela paciência, pela compreensão pelas poucas horas de presença, pelo entusiasmo e orgulho sempre revelados com o meu percurso académico e pelas palavras de conforto, incentivo e esperança que sempre me esperavam ao final do dia.

Ao meu Pai, que já não acompanhou em vida este trabalho, pelo amor e pelo companheirismo intensamente vividos, pela partilha de conhecimentos e do gosto pela leitura e pela aprendizagem, pelo interesse sempre manifestado no meu desenvolvimento pessoal e intelectual, pela alegria e pelo orgulho sempre revelados, na terra e no Céu.

Ao Nuno, pela dedicação incondicional à minha pessoa e aos meus projectos, pela generosidade, pela oração, pela confiança nas minhas capacidades, pelas palavras de encorajamento, pela paciência e compreensão, pelo amor, pela preciosa ajuda na formatação e conclusão da minha dissertação de mestrado e pelas horas de sono não dormidas, sem os quais este trabalho não teria sido possível. A ele dedico, com amor, este trabalho.

REFERÊNCIAS DE LEITURA

Esta obra foi consciente e intencionalmente escrita segundo a norma ortográfica da Língua Portuguesa anterior ao Acordo Ortográfico de 1990.

O português de obras antigas foi respeitado.

Todos os artigos não acompanhados de base legal devem considerar-se referentes ao Código da Insolvência e da Recuperação de Empresas (CIRE), à excepção daqueles que, nos respectivos capítulos, títulos ou secções, forem identificados como sendo de diploma distinto.

Todos os acórdãos mencionados no presente trabalho encontram-se disponíveis em www.dgsi.pt, à excepção daqueles cuja fonte for expressamente identificada.

ABREVIATURAS

AAFDL – Associação Académica da Faculdade de Direito de Lisboa
Ac. – Acórdão
Al. – Alínea
BMJ – Boletim do Ministério da Justiça
CC – Código Civil
CIRE – Código da Insolvência e da Recuperação de Empresas
CPC – Código de Processo Civil
CRP – Constituição da República Portuguesa
CSC – Código das Sociedades Comerciais
CVM – Código dos Valores Mobiliários
I. e. – *Id est*, isto é
LUCH – Lei Uniforme do Cheque
LULL – Lei Uniforme das Letras e Livranças
RMP – Revista do Ministério Público
ROA – Revista da Ordem dos Advogados
TRC – Tribunal da Relação de Coimbra
TRE – Tribunal da Relação de Évora
TRG – Tribunal da Relação de Guimarães
TRL – Tribunal da Relação de Lisboa
TRP – Tribunal da Relação do Porto
STJ – Supremo Tribunal de Justiça

ÍNDICE

Capítulo I - Introdução 17
   1. Apresentação do problema 17
   2. Delimitação e enquadramento 19
   3. Indicação de sequência 27

Capítulo II - A Resolução em Benefício da Massa –
Um contexto histórico e de direito estrangeiro 31
   1. Resolução em Benefício da Massa no Direito pretérito da Insolvência .. 31
      1.1 Cessio Bonorum 31
      1.2 Cidades comerciais de Itália no século XIV 33
      1.3 França – Ordenanças e Código de Napoleão 34
   2. Evolução no Direito Português 34
      2.1 Ordenações Afonsinas, Manuelinas e Filipinas 35
      2.2 Código Comercial de Ferreira Borges 36
      2.3 Código Comercial de Veiga Beirão 37
      2.4 Código das Falências 40
      2.5 Código de Processo Civil Português de 1939 45
      2.6 Código de Processo Civil de 1961 45
      2.7 CPEREF 48
   3. Resolução em Benefício da Massa noutros ordenamentos jurídicos 52
      3.1 Direito Alemão 52
         3.1.1 Tipologia de Actos Prejudiciais 53
         3.1.2 Ónus da prova 55
         3.1.3 Exercício e efeitos 57
      3.2 Direito Italiano 59
         3.2.1 Tipologia de Actos Prejudiciais 59
         3.2.2 Ónus da Prova 63
         3.2.3 Exercício e efeitos 63

3.3 Direito Espanhol 65
    3.3.1 Tipologia de Actos Prejudiciais 65
    3.3.2 Ónus da Prova 68
    3.3.3 Exercício e efeitos 68
4. Apreciação 69

Capítulo III - Garantia Patrimonial 71
1. Garantia Geral das Obrigações 71
    1.1 Direito à prestação e dever de prestar 72
    1.2 Poder virtual de execução 74
    1.3 Responsabilidade patrimonial do devedor 76
    1.4 Princípios decorrentes da garantia patrimonial 78
2. Meios de conservação do património no Direito Civil 80
    2.1 Actos que podem provocar prejuízos aos credores 81
        2.1.1 Diminuição do activo 82
        2.1.2 Agravamento do passivo 83
        2.1.3 Frustração do princípio de igualdade entre os credores 83
        2.1.4 Não aumento do património nem diminuição do passivo 84
    2.2 Meios de conservação 84
        2.2.1 Declaração de nulidade 86
        2.2.2 Sub-rogação do Credor ao Devedor 90
        2.2.3 Impugnação Pauliana 97
        2.2.4 Apreciação 107
3. Insolvência 109
    3.1 Princípios 110
        3.1.1 A Satisfação do Interesse dos Credores 110
        3.1.2 *Par Conditio Creditorum* 115
    3.2 Inserção da Resolução em Benefício da Massa – análise preliminar 119

Capítulo IV – Prejudicialidade na Insolvência 123
1. Prejudicialidade *Lato* e *Stricto Sensu* 123
2. Acto prejudicial à massa insolvente 128
    2.1 Conceito de acto 128
    2.2 Conceito de acto prejudicial à massa insolvente 139
    2.3 Concretização pela via do n.º 3 do artigo 120.º 145
        2.3.1 Partilha – interpretação de acordo com o resultado 149
        2.3.2 Actos gratuitos – *Nemo liberalis nisi liberatus* 151
            2.3.2.1 Concretização 154
            2.3.2.2 Exclusão 159
            2.3.2.3 Critério interpretativo 160

  2.3.3 Garantias reais – domínio e publicidade 160
    2.3.3.1 Conceito de garantia real 161
    2.3.3.2 Garantias sujeitas à resolução 165
    2.3.3.3 Obrigações preexistentes e outras que as substituam 167
    2.3.3.4 Simultaneidade relativamente à constituição do crédito 169
    2.3.3.5 Critério interpretativo 171
  2.3.4 Garantias pessoais 171
    2.3.4.1 Enunciação 172
    2.3.4.2 Traços comuns 176
    2.3.4.3 Real interesse para o insolvente 176
    2.3.4.4 Critério interpretativo 178
  2.3.5 Pagamentos e formas de extinção de obrigações 178
    2.3.5.1 Vencimento posterior – atribuição de preferência ilegítima 179
    2.3.5.2 Anormalidade do uso e inexigibilidade 184
    2.3.5.3 Critério interpretativo 189
  2.3.6 Actos onerosos – Desproporcionalidade nas prestações 190
  2.3.7 Autofinanciamento das sociedades 193
 2.4 Actos sujeitos a resolução incondicional – conceitos amplos? 196
  2.4.1 Tipos de actos prejudiciais *iuris et de iure* 197
  2.4.2 Interpretação Extensiva – análise de alguns casos 199
    2.4.2.1 Partilha 202
    2.4.2.2 Garantias reais 202
    2.4.2.3 Garantias pessoais 205
 2.5 Excepções 207
 2.6 Apreciação 210
3. Pressuposto subjectivo – má fé 215
 3.1 Concretização do conceito de má fé 216
 3.2 Prova do conhecimento ou da cognoscibilidade? 218
 3.3 *Presunção iuris tantum* de má fé 221
4. Efeitos Gerais da Resolução em Benefício da Massa 225
 4.1 Oponibilidade da resolução a terceiros ao acto 228
  4.1.1 Resolubilidade em benefício da massa do primeiro acto 231
  4.1.2 Má fé e suas excepções 234
 4.2 Alcance da eficácia retroactiva 238
  4.2.1 Reconstituição pelo terceiro 243
  4.2.2 Reconstituição pela massa 249
 4.3 Encerramento do processo de insolvência
 e novo processo de insolvência – vicissitudes e consequências 253
5. Fundamento da rRsolução em Benefício da Massa
– processual ou substantivo 254

5.1 Teoria indemnizatória – dano 255
5.2 Teoria da anti-indemnizatória – partilha das perdas 255
5.3 Teoria da informação – informação do terceiro 256
5.4 Apreciação 257

Capítulo V - O Exercício da Resolução em Benefício da Massa 263
1. Mecanismo da Resolução em Benefício da massa 263
   1.1 Procedimento 264
   1.2 Fundamentação 270
   1.3 Legitimidade – O papel do administrador da insolvência 277
   1.4 Prazo 283
   1.5 Meios de defesa contra a resolução 285
      1.5.1 Legitimidade 285
      1.5.2 Tipo e natureza da acção e ónus da prova 286
      1.5.3 Prazo 291
      1.5.4 Contestação – Admissibilidade de reconvenção? 292
2. Relação entre a Resolução em Benefício da Massa
e a Impugnação Pauliana 294
   2.1 Regime e enunciação do problema 294
      2.2 Identidade dos meios de defesa dos interesses dos credores 295
      2.2.1 Efeitos da impugnação pauliana na insolvência
      à luz do princípio da *par conditio creditorum* 301
      2.2.2 Proposta de interpretação conjugada do n.º 3 do artigo 127.º
      e do artigo 616.º do CC 302
      2.2.3 Fundamento para a interpretação proposta 305
   2.3 Legitimidade 310

Capítulo VI - Conclusão 317

Bibliografia 323

Capítulo I - Introdução

1. Apresentação do problema

A insolvência surge como uma realidade cada vez mais presente nos nossos dias, assumindo contornos de normalidade face às vicissitudes económicas e financeiras que assolam diferentes países e, consequentemente, empresas e pessoas singulares.

As estatísticas trimestrais elaboradas pela Direcção-Geral de Política da Justiça de 2007 a 2014 revelam um aumento significativo e crescente de processos de insolvência iniciados, com particular foco no segundo trimestre de 2012[1]. No segundo semestre de 2014, o número de processos iniciados, pendentes e findos registou, contudo, um ligeiro decréscimo, o que poderá constituir sinal de uma tendência decrescente do recurso aos processos de insolvência e reflexo da mudança de paradigma na insolvência que se pretendeu com a alteração introduzida ao CIRE[2] pela Lei n.º

---

[1] Boletins n.º 13 (Janeiro de 2014), n.º 17 (Julho de 2014) e n.º 19 (Outubro de 2014), disponíveis em *http://www.dgpj.mj.pt*.

[2] Código da Insolvência e da Recuperação de Empresas, aprovado pelo Decreto-Lei n.º 53/2004, de 18 de Março, com as alterações introduzidas pelos seguintes diplomas: Decreto-Lei n.º 200/2004, de 18 de Agosto, Decreto-Lei n.º 76-A/2006, de 29 de Março, Decreto-Lei n.º 282/2007, de 7 de Agosto, Decreto-Lei n.º 116/2008, de 4 de Julho, Decreto-Lei n.º 185/2009, de 12 de Agosto, Lei n.º 16/2012, de 20 de Março e Lei n.º 66-B/2012, de 31 de Dezembro.

16/2012, de 20 de Abril[3], mais orientado para a recuperação dos devedores insolventes do que para soluções de liquidação (sistema de saneamento--liquidação)[4], como, aliás, resulta do disposto no n.º 1 do seu artigo 1.º.

No entanto, a realidade persiste e deve ser acompanhada por instrumentos eficazes que permitam garantir uma melhor salvaguarda dos interesses em presença.

A resolução em benefício da massa constitui um dos mecanismos mais relevantes, se não o mais revelante, do Direito da Insolvência, permitindo que determinados bens que tenham sido excluídos do património do devedor antes do processo de insolvência sejam nele reintegrados, reforçando-se a massa insolvente e, por conseguinte, a garantia patrimonial dos credores. Nas palavras de Rafael Sebastián Quetglas[5], "La rescisión concursal es la piedra angular del éxito o fracaso de la mayor parte de los procedimientos de insolvencia" porque "La capacidad de traer bienes de la masa y la facilidad de ejercitar los sistemas de reintegración constituye en muchas ocasiones el elemento determinante de que un concurso permita satisfacer a la mayor parte de los acreedores y llegar a un convenio que evite la liquidación de la sociedad deudora".

É inegável a influência deste instituto para a formação da vontade colectiva dos credores no âmbito de qualquer processo de insolvência, podendo inclusivamente afirmar-se que a concretização do disposto no n.º 1 do artigo 1.º – *i.e.*, a opção pela recuperação do devedor ou pela liquidação do seu património – depende não somente da situação económico-financeira em que se encontra o devedor no momento da declaração de insolvência, mas,

---

[3] Tal como referido por PEDRO PAIS DE VASCONCELOS, "Responsabilidade civil do administrador da insolvência", in C. Serra (ed.), *II Congresso de Direito da Insolvência*, Coimbra, Almedina 2014, p. 189, salientando o Autor que "essa mudança se intensificou quer com o aumento do número, quer do valor, quer da relevância económica-social da insolvência".

[4] Sobre a evolução do Direito de Insolvência em 2012 e 2013, vide ANTÓNIO MENEZES CORDEIRO, "O princípio da boa fé e o dever de renegociação em contextos de «situação económica difícil»", in C. Serra (ed.), *II Congresso de Direito da Insolvência*, pp. 23-33. Também LUÍS MANUEL TELES DE MENEZES LEITÃO, "A Responsabilidade pela abertura indevida do processo especial de revitalização", in C. Serra (ed.), *II Congresso de Direito da Insolvência*, p. 143, refere que "o processo especial de revitalização representa uma grande mudança de filosofia em relação à concepção original do CIRE, que assenta no sistema de falência-liquidação, colocando o destino da empresa insolvente totalmente nas mãos dos credores."

[5] RAFAEL SEBASTIÁN QUETGLAS, "Efectos de la rescisión en la Ley Concursal", *Actualidad Jurídica, número extraordinario – Homenaje al professor D. Juan Iglesias Prada* (2011), p. 48.

em larga medida, do exercício da resolução em benefício da massa e da produção dos correspondentes efeitos.

No entanto, os desenvolvimentos realizados no nosso País relativamente a este instituto têm-se revelado insuficientes para permitir que a resolução em benefício da massa desempenhe, com eficiência e eficácia, o seu escopo: salvaguardar, na melhor medida possível, a satisfação dos interesses dos credores através da reconstituição da sua garantia patrimonial. É de assinalar que um grande número das resoluções em benefício da massa realizadas pelos administradores da insolvência foi travado em sede judicial pela falta de diligência no respectivo exercício, nomeadamente no que diz respeito à fundamentação necessária e ao prazo de caducidade.

No âmbito do Direito da Insolvência italiano, Bonsignori[6] referia, em 1986, que "nessun altro profilo del fallimento risulta così accuratamente indagato quanto l'azione revocatoria fallimentare". Não poderemos dizer o mesmo relativamente à resolução em benefício da massa no nosso Direito da Insolvência, pese embora a sua relevância para um salutar processo de insolvência. Por essa razão, e face à realidade insolvencial existente no nosso País, torna-se imperioso indagar com profundidade este instituto, no que respeita ao seu lugar e ao seu papel no Direito da Insolvência, ao seu regime e às suas virtualidades também para a recuperação dos insolventes, colocando-o no centro da discussão jurídica no âmbito do Direito da Insolvência.

2. Delimitação e enquadramento

A resolução em benefício da massa insolvente encontra-se prevista nos artigos 120.º a 127.º e está inserida no Capítulo V do Título IV do CIRE, este último dedicado aos *Efeitos da Declaração de Insolvência*. O legislador, no ponto 41 do preâmbulo do CIRE, caracteriza-a como "um instituto específico (...) que permite, de forma expedita e eficaz, a destruição dos actos prejudiciais a esse património", com o objectivo de reconstituir o património do devedor ou, mais correctamente, a massa insolvente.

Vejamos, numa primeira análise, de que forma o legislador concretizou o mencionado instituto para alcançar o objectivo pretendido.

---

[6] ANGELO BONSIGNORI, "Il Fallimento", *in* Francesco Galgano (*ed.*) *Trattato di Diritto Commerciale e di Diritto Pubblico dell'Economia*, vol. IX, Padova, CEDAM, 1986, p. 441.

Nos três primeiros artigos do regime (artigos 120.º a 122.º), podemos identificar os pressupostos gerais para a resolução em benefício da massa poder operar, nomeadamente quanto ao tipo de actos que se consideram prejudiciais à massa insolvente e que poderão ser objecto de resolução por parte do administrador de insolvência e quanto àqueles que, pese embora se verifiquem todos os requisitos objectivos, ficarão excluídos da resolução.

Em termos gerais, poderemos identificar dois tipos de actos susceptíveis de resolução: (i) os actos condicionalmente prejudiciais, *i.e.*, todos aqueles que diminuam, frustrem, dificultem, ponham em perigo ou retardem a satisfação dos credores da insolvência, praticados dentro dos dois anos anteriores à data do início do processo de insolvência, verificando-se má fé de terceiro, nos termos dos n.ᵒˢ 1, 2, 4 e 5 do artigo 120.º); (ii) os actos incondicionalmente prejudiciais, *i.e.*, todos aqueles que diminuam, frustrem, dificultem, ponham em perigo ou retardem a satisfação dos credores da insolvência e que, em virtude da sua natureza, se presumem prejudiciais, de forma inilidível, sem dependência de quaisquer outros requisitos, nos termos do artigo 121.º, salva a excepção prevista no seu n.º 2, e ainda que praticados ou omitidos fora dos prazos aí previstos, de acordo com o disposto nos n.ᵒˢ 1, 2 e 3 do artigo 120.º.

Fora do âmbito de aplicação das normas referidas e do regime da resolução, encontram-se alguns tipos de actos expressamente identificados pelo legislador no n.º 6 do artigo 120.º e no artigo 122.º, nomeadamente "os negócios jurídicos celebrados no âmbito de processo especial de revitalização regulado no presente diploma, de providência de recuperação ou saneamento ou de adopção de medidas de resolução previstas no título III do Regime Geral das Instituições de Crédito e Sociedades Financeiras, aprovado pelo Decreto-Lei n.º 298/92, de 31 de Dezembro, ou de outro procedimento equivalente previsto em legislação especial, cuja finalidade seja prover o devedor com meios de financiamento suficientes para viabilizar a sua recuperação" (n.º 6 do artigo 120.º)[7] e os "actos compreendidos no âmbito de um sistema de pagamentos tal como definido pela alínea a) do artigo 2.º da Directiva n.º 98/26/CE, do Parlamento e do Conselho, de 19 de Maio, ou equiparável".

---

[7] Este n.º 6 foi introduzido pela Lei n.º 16/2012, de 20 de Abril.

Dos artigos 123.º a 126.º resulta a disciplina relativa à legitimidade, à forma, ao prazo, aos efeitos e à impugnação da resolução em benefício da massa.

O primeiro artigo identificado, cuja epígrafe é *Forma de resolução e prescrição do direito*, regula a legitimidade, a forma e o prazo. Quanto à legitimidade, dispõe o n.º 1 do artigo 123.º que "a resolução pode ser efectuada pelo administrador da insolvência", não fazendo menção a quaisquer outros sujeitos do processo de insolvência, nomeadamente ao devedor nem aos credores. No que respeita à forma, resulta do disposto nos n.os 1 e 2 do mencionado preceito que a resolução "pode ser efectuada (...) por carta registada com aviso de recepção" ou "Enquanto (...) o negócio não estiver cumprido, (...) declarada (...) por via de excepção". Por fim, relativamente ao prazo, que o legislador identifica como sendo de prescrição, o legislador determinou dois prazos relevantes (salvo no caso do n.º 2 do preceito, que não está dependente de prazo): um prazo de seis meses contado a partir do momento do conhecimento do acto e um prazo de dois anos decorridos sobre a data da declaração de insolvência.

O artigo 124.º prevê um regime de oponibilidade a terceiros ao acto prejudicial. O n.º 1 do artigo 124.º determina a oponibilidade da resolução aos transmissários posteriores de má fé (à excepção dos sucessores a título universal ou dos terceiros para os quais o bem tenha sido transmitido a título gratuito, que estão sempre sujeitos aos efeitos da resolução), aplicando-se o disposto neste número, com as devidas adaptações, à constituição de direitos sobre os bens transmitidos em benefício de terceiro, de acordo com o n.º 2 do mencionado artigo 124.º.

Já o artigo 125.º prevê uma forma de reacção à resolução em benefício da massa levada a cabo pelo administrador da insolvência, mediante acção judicial proposta contra a massa insolvente e dependente do processo de insolvência.

Quanto aos efeitos da resolução, dispõe o n.º 1 do artigo 126.º que "a resolução tem efeitos retroactivos, devendo reconstituir-se a situação que existiria se o acto não tivesse sido praticado ou omitido[8], consoante o caso". Esta eficácia retroactiva implica a restituição de bens ou valores pelo adquirente a título oneroso à massa insolvente (artigo 126.º, n.º 3 *a contrario*), sob

---

[8] Mantém-se a referência aos actos omitidos, não obstante o legislador tivesse expressamente excluído a omissão do disposto no n.º 1 do artigo 120.º com a alteração levada a cabo pela Lei n.º 16/2012, de 20 de Abril.

pena de incorrer nas sanções previstas para o depositário de bens penhorados que falte à sua oportuna entrega e em responsabilidade civil e criminal (artigo 126.º, n.º 3), podendo o administrador da insolvência intentar a competente acção judicial, que será dependência do processo de insolvência (artigo 126.º, n.º 2). No caso dos adquirentes a título gratuito, a obrigação de restituição limita-se ao respectivo enriquecimento, a não ser nos casos em que se demonstre a má fé. Sobre a massa recai igualmente a obrigação de restituir o objecto prestado pelo terceiro, na medida em que possa ser identificado e separado dos que pertencem à restante massa (artigo 126.º, n.º 4), ou de restituir o valor correspondente, que constituirá dívida da massa na medida do respectivo enriquecimento e da insolvência quanto ao eventual remanescente (artigo 126.º, n.º 5).

Por último, o artigo 127.º dispõe quanto à relação existente entre a resolução em benefício da massa e a impugnação pauliana prevista no Código Civil, dando prevalência, em termos gerais, à resolução em benefício da massa que venha a ser efectivada, sem qualquer impugnação, ou à resolução declarada por sentença transitada em julgado. Do artigo em causa, resulta o seguinte: (i) em primeiro lugar, é vedada a acção pauliana nos casos em que tenha sido declarada a resolução pelo administrador da insolvência (n.º 1); (ii) as acções de impugnação pauliana pendentes não serão apensadas ao processo de insolvência e apenas prosseguirão caso a resolução venha a ser declarada ineficaz por decisão judicial transitada em julgado (n.º 2); (iii) caso seja julgada procedente a acção pauliana, o interesse do credor é determinado "com abstracção das modificações introduzidas ao seu crédito por eventual plano de insolvência ou de pagamentos" (n.º 3).

Para além das normas constantes do Capítulo V do Título IV do CIRE, podemos identificar, ao longo do texto do Código, diversos preceitos avulsos que complementam o regime acabado de enunciar, nomeadamente os artigos 48.º, alínea e)⁹, 50.º, n.º 2, alínea a)[10], 99.º, n.º 4[11], 220.º, n.º 3[12], 226.º,

---

⁹ Os créditos que, na sequência da efectivação da resolução em benefício da massa, resultem para o terceiro de má fé cabem na classificação de créditos subordinados, sendo graduados em último lugar, posteriormente aos créditos sobre a insolvência, nos termos da alínea e) do artigo 48.º.

[10] Os créditos resultantes da resolução em benefício da massa são havidos como créditos sob condição suspensiva enquanto aquela ainda não se tiver verificado, de acordo com o disposto na alínea a) do n.º 2 do artigo 50.º, segunda parte e *in fine*. Da qualificação como créditos sob condição suspensiva, resulta que: (i) na assembleia de credores, o número de votos é sempre fixado pelo juiz, em atenção à probabilidade da verificação da condição (artigo 73.º, n.º 2); (ii) os créditos devem ser reconhecidos por iniciativa do administrador da insolvência (artigo 129.º, n.º 1); (iii) os créditos são atendidos pelo seu valor nominal nos rateios parciais, devendo continuar depositadas as quantias que por estes lhe sejam atribuídas, na pendência da condição (artigo 181.º, n.º 1, com os circunstancialismos previstos nas duas alíneas do n.º 2), cf. LUÍS A. CARVALHO FERNANDES e JOÃO LABAREDA, *Código da Insolvência e da Recuperação de Empresas Anotado* (2.ª ed.), Lisboa, Quid Juris, 2013, anotação ao artigo 50.º, n. 7, p. 319, e MENEZES LEITÃO, *Código da Insolvência e da Recuperação de Empresas Anotado* (7.ª ed.), Coimbra, Almedina, 2013, anotação ao artigo 50.º, p. 98.

[11] Relativamente a dívidas da massa que tenham sido constituídas na sequência da efectivação da resolução em benefício da massa, não é admissível a compensação de créditos, não sendo aplicável o regime previsto nos números 1 a 3 do mencionado artigo 99.º. Sobre a compensação de créditos no Direito da Insolvência, *vide* HUGO ROSA FERREIRA, "Compensação e insolvência (em particular, na cessão de créditos para titularização)", *in* R. Pinto (*ed.*), *Direito da Insolvência – Estudos*, Coimbra, Coimbra Editora, 2011, pp. 9-64.

[12] No âmbito da fiscalização da execução do plano de insolvência, o n.º 3 do artigo 220.º prevê a possibilidade de, caso o plano expressamente o determine, serem atribuídos poderes ao administrador da insolvência para representar o devedor nas acções de impugnação da resolução de actos em benefício da massa insolvente durante o período de fiscalização.

n.º 5¹³, 233.º, n.º 2, alínea a), e n.º 3¹⁴, 280.º, n.º 3¹⁵ e 287.º¹⁶.

Da breve enunciação dos preceitos legais que compõem o regime da resolução em benefício da massa, podemos verificar que a singularidade deste instituto, com vista a alcançar a finalidade de "reconstituição do património do devedor" ¹⁷, reside nos seguintes aspectos de regime: (i) estabelecimento de um conceito de *actos prejudiciais à massa* e de presunções

---

¹³ Este preceito vem reforçar a ideia (n.º 1 do artigo 123.º) de que a legitimidade para proceder à resolução de actos em benefício da massa insolvente cabe apenas ao administrador da insolvência, mesmo nos casos em que a administração da empresa é mantida no devedor.

¹⁴ No artigo 233.º, identificamos dois efeitos do encerramento do processo de insolvência com implicações para o regime da resolução em benefício da massa. O primeiro diz respeito à determinação da ineficácia das resoluções de actos em benefício da massa insolvente que se tenha verificado, no caso de o processo de insolvência ter sido encerrado antes do rateio final. Assim não sucederá apenas em três situações: (i) nos casos em que tenha sido determinada, no plano de insolvência, a atribuição ao administrador da insolvência de competência para a defesa nas acções dirigidas à respectiva impugnação; (ii) no caso de não ser já possível impugnar a resolução, por força do decurso do prazo previsto no artigo 125.º; ou (iii) nos casos em que houver uma decisão judicial transitada em julgado que tenha julgado improcedente a impugnação deduzida. O segundo efeito diz respeito à responsabilidade por custas das acções de impugnação da resolução de actos em benefício da massa insolvente que tenham sido julgadas procedentes. Determina o n.º 3 do mesmo artigo 233.º que as referidas custas constituem "encargo da massa insolvente, se o processo for encerrado por insuficiência desta." *A contrario*, as custas deverão ser suportadas por quem tenha tido a iniciativa da acção, nos termos dos artigos 527.º e seguintes do CPC: *cf.* CARVALHO FERNANDES e JOÃO LABAREDA, *op. cit., ad* 233.º (p. 889, n. 13).

¹⁵ De acordo com o disposto no n.º 3 do artigo 280.º, independentemente do que resultar da aplicação dos n.ᵒˢ 1 e 2 relativamente a direitos reais e reserva de propriedade, é sempre possível resolver actos em benefício da massa insolvente, nos termos gerais. CARVALHO FERNANDES e JOÃO LABAREDA, *op. cit., ad* 280.º (p. 993, n. 7) referem que "O n.º 3 (...) reveste, a um tempo, a natureza de norma material e de conflitos. Material, pela estatuição da sujeição à resolução. De conflitos, porque, implícita, tem a determinação da lei reguladora da resolução./ Com efeito, por virtude do princípio geral do art. 276.º, é a *lex concursus* que regula a matéria relativa aos efeitos da insolvência na regulação dos negócios praticados pelo insolvente, visto que falta uma norma específica que a afaste./ É, aliás, também assim em sede do Regulamento, à luz do que dispõe no seu art.º 4.º, n.º 2, al. m). Mas há que atender à excepção consagrada no seu art. 13.º, que prevalece sempre que o Regulamento seja aplicável./ Naturalmente, se o acto fonte de qualquer dos direitos revistos nos n.ᵒˢ 1 e 2 for resolvido com êxito, então eles serão correspondentemente atingidos, o que acontece ainda como uma sequela mediata da declaração de insolvência.."

¹⁶ Determina o artigo 287.º que "a resolução em benefício da massa é inadmissível se o terceiro demonstrar que o acto se encontra sujeito a lei que não permita a sua impugnação por nenhum meio."

¹⁷ n.º 41 do Preâmbulo do CIRE.

de prejudicialidade e de má fé; (ii) consagração de um regime de eficácia retroactiva, com obrigação de restituição *in natura* ou do correspondente valor, oponível a determinados terceiros; (iii) previsão de um mecanismo de exercício do direito à resolução em benefício da massa mais célere (por via de carta registada com aviso de recepção), pelo administrador da insolvência e susceptível de impugnação pelos terceiros afectados; (iv) exclusão do exercício da acção pauliana relativamente a actos resolvidos pelo administrador de insolvência, permitindo-se o seu exercício pelos credores individualmente considerados, quando o direito de resolução não for exercido ou não produzir efeitos.

No entanto, a resolução em benefício da massa enquanto instituto específico do Direito da Insolvência suscita algumas questões que abordaremos e às quais tentaremos dar resposta.

Embora este instituto não seja novo no Direito da Insolvência português, assume uma configuração nova no CIRE, tendo-se eliminado a impugnação colectiva prevista no CPEREF, que permitia o exercício de direitos já decorrentes do Direito Civil no âmbito de um processo colectivo e em benefício de todos os credores. Nessa medida, importa perceber de que forma são tutelados os direitos dos credores na insolvência e qual a relação dos meios de conservação da garantia patrimonial com a resolução em benefício da massa. A existência de um mecanismo exclusivo de protecção da garantia patrimonial dos credores poderia levar-nos, em princípio, a excluir o exercício dos direitos de tutela da garantia patrimonial no Direito Civil, ao passo que o enquadramento da resolução em benefício da massa como um meio de protecção da garantia patrimonial, a acrescer aos meios previstos no CC mas inserido no contexto específico da insolvência, nos permitiria considerar a possibilidade de serem exercidos os mecanismos previstos no CC, no âmbito do processo de insolvência. O esclarecimento relativamente à identidade deste instituto será relevante para a análise do regime, sobretudo tendo em consideração os princípios que decorrem da garantia patrimonial e dos meios de conservação e do próprio Direito da Insolvência.

O legislador, ao fixar o objecto da resolução em benefício da massa, optou por utilizar conceitos indeterminados e cláusulas gerais, como os de *actos prejudiciais* e *má fé*, prevendo, no entanto, um conjunto de actos sujeitos a resolução incondicional. Questiona-se qual a amplitude do objecto (nomeadamente no que respeita às omissões, face à alteração legislativa ocorrida em 2012, que eliminou a expressão "ou omitidos" do n.º 1 do artigo 120.º) e qual a forma de concretização dos conceitos utilizados pelo legislador. O objecto da resolução em benefício da massa é uma questão central no âmbito desta disciplina, na medida em que a sua maior ou menor amplitude influenciará a interpretação do regime e a sua maior ou menor concretização na prática. Por essa razão, entendemos que, definido o objecto da resolução em função dos princípios inerentes a este instituto e dos critérios interpretativos que se retiram das diversas hipóteses de resolução incondicional, será possível analisar o regime da resolução em benefício da massa.

No que respeita aos efeitos, o legislador determinou a eficácia retroactiva da resolução, impondo sobre os terceiros e sobre a massa a obrigação de reconstituição da situação que existiria, o que tem orientado a doutrina para o regime da resolução contratual e da nulidade e da anulabilidade previstos no CC. No entanto, a tutela dos terceiros sinaliza uma preocupação do legislador, remetendo-nos para o regime da impugnação pauliana. Esta matéria é, no seguimento da anterior, uma das mais relevantes deste instituto. Estando em causa não apenas a relação entre as partes intervenientes no acto, mas também a posição jurídica dos credores e dos terceiros adquirentes ou transmissários, importa analisar de que forma o legislador conciliou os interesses em presença, à luz dos princípios anteriormente identificados e da finalidade da resolução.

O exercício da resolução em benefício da massa tem suscitado algumas questões na doutrina e na jurisprudência, sobretudo no que respeita ao procedimento: exclusivamente por via extrajudicial, nos termos do artigo 123.º, ou, também, por via de acção e não apenas de excepção. A análise deste ponto é influenciada pela determinação da amplitude do objecto da resolução em benefício da massa, devendo ser interpretada de acordo com as conclusões tecidas a esse propósito.

Também é de salientar a questão da legitimidade, que deverá ser analisada em consonância com as alterações substantivas originadas pela declaração de insolvência do devedor, não apenas na sua esfera jurídica, mas também na dos credores. Assumindo que o administrador da insolvência substitui o devedor nos seus poderes de disposição e administração, nos termos do artigo 81.º, importa perceber o seu papel na resolução em benefício da massa: se um representante do devedor, um substituto dos credores ou um terceiro alheio a qualquer um dos intervenientes.

Ainda no âmbito do mecanismo, é de assinalar a divergência jurisprudencial quanto aos deveres de fundamentação da comunicação de resolução, prevista no artigo 123.º, e quanto à possibilidade de correcção da falta de fundamentação em resposta à impugnação apresentada pelo terceiro afectado. Esta matéria está intimamente relacionada com o estudo do objecto da resolução em benefício da massa e com as presunções estabelecidas pelo legislador a favor do administrador da insolvência. O direito de acção dos terceiros afectados apenas poderá ser exercido quando estes puderem conhecer os actos e as circunstâncias que determinam a sua resolubilidade, razão pela qual a ponderação do dever de fundamentação se revela essencial.

Por fim, no que respeita à relação entre a resolução em benefício da massa e a impugnação pauliana, suscitam-se inúmeras dúvidas relativamente à conformidade deste regime com os princípios de Direito da Insolvência, sobretudo no que respeita ao n.º 3 do artigo 127.º. Remetendo para o artigo 616.º do CC e para o interesse individual do credor, este regime choca com a concursalidade inerente ao processo de insolvência e com o princípio da *par conditio creditorum*. Nessa medida, exige-se uma análise mais profunda em relação à identidade dos dois mecanismos e à legitimidade para o seu exercício.

Pensamos que os problemas identificados deverão ser analisados de acordo com os princípios que sustentam a protecção da garantia patrimonial dos credores e que se identificam como basilares do Direito da Insolvência e também de acordo com a evolução histórica do Direito da Insolvência e com as influências dos ordenamentos jurídicos mais próximos.

3. Indicação de sequência

Após a enunciação do âmbito do presente estudo e a identificação dos respectivos problemas, iniciaremos o estudo da resolução em benefício da massa olhando para o Direito pretérito da Insolvência e para a disciplina insolvencial de alguns dos ordenamentos jurídicos que influenciaram – e influenciam – a nossa regulamentação sobre a matéria.

Posteriormente, partiremos para a análise da garantia geral das obrigações e dos meios de conservação consagrados no CC, extraindo deles os princípios basilares e comuns e identificando-os com a natureza e finalidade da resolução em benefício da massa. Nesse capítulo, tentaremos recuar aos primórdios da relação obrigacional e da responsabilidade patrimonial do devedor, que sustentam o Direito da Insolvência, enquanto Direito especial face ao Direito Civil, de forma a perceber a origem do instituto objecto do presente estudo e a sua relação com a garantia patrimonial e os respectivos meios de conservação. Concluiremos pela identificação dos princípios que subjazem ao Direito da Insolvência, e, em particular, à resolução em benefício da massa, integrando este instituto no conjunto dos mecanismos de protecção da garantia patrimonial.

O capítulo seguinte será dedicado à prejudicialidade na insolvência, dividindo-se em quatro subcapítulos: o primeiro referente à prejudicialidade *stricto sensu*; o segundo relativo ao pressuposto subjectivo da resolução; o terceiro concernente aos efeitos; e o quarto referente ao fundamento. Definidos os contornos do instituto, parece-nos que se revela premente partir da análise do objecto da resolução em benefício da massa e dos seus efeitos para interpretar a forma de exercício deste direito e a sua relação com a impugnação pauliana, razão pela qual o estudo do objecto precede o estudo do regime.

Com efeito, os artigos fulcrais de todo o regime são os artigos 120.º e 121.º, que permitem determinar o alcance da resolução em benefício da massa. Analisaremos, em primeiro lugar, o conceito de *acto*, incidindo sobre a questão de saber se as omissões são susceptíveis de resolução em benefício da massa. Em segundo lugar, aprofundaremos o conceito de *acto prejudicial*, utilizando como critérios interpretativos aqueles que resultam das diferentes alíneas do n.º 1 do artigo 121.º. Ainda no mesmo ponto, verificaremos qual o alcance da resolução incondicional, questionando a possibilidade de interpretação extensiva do preceito em causa. Concluiremos com uma breve análise às excepções e com uma apreciação final.

O pressuposto subjectivo será dividido em duas partes: concretização do conceito de má fé e da presunção *iuris tantum*.

A matéria dos efeitos gerais da resolução em benefício da massa iniciará com a análise do conceito de *terceiro*, passando pelo alcance da eficácia retroactiva na concretização da obrigação de reconstituição da situação que existiria quer para o terceiro, quer para a massa insolvente, concluindo pelos efeitos decorrentes do encerramento do processo.

Estaremos, por fim, em condições de tecer algumas considerações relativas ao fundamento da resolução em benefício da massa.

No último capítulo, abordaremos o exercício da resolução em benefício da massa, analisando, em primeiro lugar, o respectivo mecanismo (procedimento, legitimidade, prazo e meios de defesa dos terceiros) e, em segundo lugar, a relação entre este instituto e a impugnação pauliana.

A conclusão integrará o capítulo final, sendo ali apresentadas as principais linhas argumentativas para fazer face aos problemas agora enunciados.

Capítulo II - A Resolução em Benefício da Massa
Um contexto histórico e de direito estrangeiro

1. Resolução em Benefício da Massa no Direito pretérito da Insolvência

O problema da existência de actos anteriores ao início do processo de insolvência – que se revelam susceptíveis de prejudicar o interesse dos credores, materializado no cômputo de bens compreendidos na massa insolvente – não é novo na história do Direito da Insolvência nem, em particular, no ordenamento jurídico português. As origens deste instituto, ou dos princípios subjacentes à problemática em causa, remontam ao Direito Romano, desenvolvendo-se de forma mais significativa no final da Idade Média, especialmente em Itália a partir do século XIV[18]. Relativamente ao Direito Português, a regulação do instituto teve particular concretização em 1833 no Código Comercial de Ferreira Borges, tendo sido desenvolvida nas legislações posteriores, até ao actual CIRE.

1.1 *Cessio Bonorum*

Nos primórdios do Direito, a lógica subjacente à resolução em benefício da massa, prevista nos artigos 120.º e seguintes do CIRE, não encontrava ainda sustento. Com efeito, a responsabilidade pelo cumprimento das

---

[18] PEDRO DE SOUSA MACEDO, *Manual de Direito das Falências*, Coimbra, Almedina, 1964, vol. I, p. 26.

obrigações tinha carácter pessoal, implicando que a pessoa do devedor fosse o centro de imputação directo e imediato das consequências da falta ao cumprimento dos termos contratuais estabelecidos com um ou vários credores. No entanto, a responsabilidade pessoal foi dando progressiva e lentamente lugar à responsabilidade patrimonial, passando o património do devedor a garantir o cumprimento das obrigações e, dessa forma, evitando-se a crueldade da execução pessoal.[19]

Foi a partir da instituição da *Cessio Bonorum*, por iniciativa de Júlio César, na *Lex Iulia De Bonis Cedendis*, que se começou a desenvolver a temática do concurso de credores relativamente ao património do devedor. Através deste instituto, em caso de incumprimento, o devedor entregava os seus bens aos credores, que posteriormente os partilhavam entre si de acordo com os respectivos créditos. Ao promover a *Cessio Bonorum*, o devedor era considerado como agindo de boa fé, evitando, desse modo, juízos de infâmia e a prisão por dívidas. Este instituto poderia, igualmente, ser da iniciativa dos credores.

A decisão dos credores relativamente à admissão da *Cessio Bonorum* – designada, após Justiniano, por concordata –, concedendo ao devedor uma moratória de cinco anos, era tomada por maioria, de acordo com o capital correspondente a cada um.

Para além do devedor e do credor, havia mais dois intervenientes neste processo: um curador, responsável pela administração do património objecto de cessão e pelo exercício da acção pauliana relativamente a actos prejudiciais anteriores à *cessio*, e um *magister*, ou síndico, encarregado da organização de um caderno de encargos, onde deveria constar a identificação dos bens cedidos, bem como dos credores e dos respectivos créditos (*ex bonorum vendendorum*). Ao atribuir-se ao curador o poder de impugnar actos prejudiciais anteriores, manifestavam-se já nesta fase os princípios basilares e as finalidades da actual resolução em benefício da massa, nomeadamente no que diz respeito à satisfação do interesse dos credores, de acordo com o princípio da igualdade. Procedia-se ainda à venda dos bens, que poderia ser pública ou privada, em conjunto ou por verbas, sendo que alguns

---

[19] Sobre a evolução da execução pessoal para a patrimonial, *cf.* SANTOS JUSTO, "A Execução: Pessoal e patrimonial (Direito Romano)", *O Direito* CXXV.3-4 (1993), pp. 277-300; SOUSA MACEDO, *op. cit.*, vol. I, pp. 23-24.

credores poderiam não ser pagos na medida dos seus créditos, o que lhes conferia o direito de acção contra os credores ressarcidos.[20]

1.2 Cidades comerciais de Itália no século XIV

Não obstante já se identifique uma manifestação do concurso de credores no Direito Romano, foi posteriormente, na Idade Média, que se iniciou o desenvolvimento do direito falimentar, com a influência quer do Direito Romano, de cariz marcadamente privativo, em que os credores são as partes essenciais do procedimento (competindo-lhes solidariamente o exercício da execução, sem interferências significativas do magistrado), quer do Direito Visigótico, de cunho público, em que ao magistrado, figura principal, eram atribuídos poderes para reprimir e castigar o devedor e, simultaneamente, defender os interesses dos credores.[21]

Foi, no entanto, nos estatutos das cidades comerciais do século XIV que se desenharam os traços da falência moderna e que, especificamente no que respeita ao tema em apreço, se identificaram as primeiras referências a um período suspeito, anterior à declaração de falência, que faria presumir a prejudicialidade dos actos nele praticados para a satisfação dos interesses dos credores. Em algumas cidades italianas, o período suspeito correspondia a seis meses – nomeadamente em Milão, Placência, Brescia e Cremona – e noutras a quinze dias, de que é exemplo Génova.[22] Os actos praticados, nomeadamente pagamentos que favorecessem determinados credores em prejuízo dos restantes, eram anulados e revertiam para o património do devedor.[23]

---

[20] SOUSA MACEDO, op. cit., vol. I, pp. 21-26.
[21] HENRIQUE VAZ DUARTE, Questões sobre Recuperação e Falência, Lisboa, Almedina, 2003, vol. I, pp. 28-29.
[22] EDUARDO D'ALMEIDA SALDANHA, Das Fallencias, Porto, Imprensa Portugueza, 1897, pp. 156-157, sobretudo nota 1. O Autor apresenta um excerto dos estatutos de Cremona de 1388, publicados em 1578, segundo os quais: "Quod omnia bona, quae dictus fugitivus, vel alius pro eo, habebat, vel tenebat, vel possidebat per sex menses ante, intelligantur fuisse et esse ipsius fugitivi, et quod sui creditoris ponantur in possessionem ipsorum bonorum, et quod ipsi creditoris possint facere de ipsis bonis, tamquam de suis propris, quidquid voluerint." Apresenta também um excerto dos estatutos de Florença, nos termos dos quais, para efeitos de resolução dos actos prejudiciais, não era relevante a boa ou a má fé.
[23] SOUSA MACEDO, op. cit., vol. I, pp. 26-29.

1.3 França – Ordenanças e Código de Napoleão

A partir do Século XVI, a produção legislativa ao nível do direito comercial deixou de ser tão intensa em Itália, passando o foco para França, com as primeiras Ordenanças. Já no Regulamento de Lião de 1667 se sentia a preocupação com a garantia dos credores, estatuindo-se que "Todas as cessões e transportes de efeitos do fallido serão nullos, se não forem feitos pelo menos antes dos dez dias que precedem a quebra"[24]. Destaca-se, no entanto, a Ordenança de 1673, que, de acordo com Pedro de Sousa Macedo[25], foi a que, "pela primeira vez, estatuiu uma regulamentação da falência no seu conjunto". Também esta Ordenança acolheu, no seu artigo 4.º, a regra da nulidade dos actos prejudiciais à massa praticados nos dez dias anteriores à declaração de *quebra*.

Também no século XVI se destaca a obra do jurista espanhol Salgado de Somoza, *Labyrinthus creditorum concurrentiam ad litem per debitorem communem inter illos causatam*, que "constituiu o primeiro manual falimentar destinado não só a aplicar ao caso concreto regras seguras e minuciosas, como também a resolver todas as dificuldades técnico-jurídicas do procedimento" e que influenciou as várias legislações europeias até ao início do século XIX.[26]

É de salientar ainda o Código Napoleónico, que viria a influenciar o Código Comercial de Ferreira Borges e onde também se adoptou um sistema de anulação de actos prejudiciais para a massa.[27]

2. Evolução no Direito Português

Em Portugal, a matéria relativa à falência e, em particular, à resolução em benefício da massa, apenas viria a ter concretização significativa com a entrada em vigor do Código Comercial de Ferreira Borges, em 1833, pese embora em 1756 se tenha iniciado a regulamentação do direito da falência com a Real Junta do Comércio.[28]

---

[24] ALMEIDA SALDANHA, *op. cit.*, p. 158, n. 1.
[25] SOUSA MACEDO, *op. cit.*, vol. I, p. 30; ALMEIDA SALDANHA, *op. cit.*, p. 158, n. 1.
[26] VAZ DUARTE, *op. cit.*, vol. I, pp. 32-33.
[27] SOUSA MACEDO, *op. cit.*, vol. I, pp. 31-33.
[28] VAZ DUARTE, *op. cit.*, vol. I, p. 33.

Relativamente ao período precedente, façamos uma breve referência às Ordenações Afonsinas, Manuelinas e Filipinas.

2.1 Ordenações Afonsinas, Manuelinas e Filipinas

Nas Ordenações Afonsinas, como referido por Pedro de Sousa Macedo,[29] não existia ainda um verdadeiro concurso de credores ao nível do processo executório. Conferiu-se apenas protecção aos credores hipotecários e estabeleceu-se que, encontrando-se o devedor em incumprimento relativamente a mais de um credor, o primeiro que fizesse execução preferia, excepto se houvesse um credor com sentença ou obrigação real mais antigas, mas que, por motivo justificado, não tivesse podido exercer o seu direito à execução. Neste domínio, apenas se destaca a consagração da cessão de bens no Título CXXI do Livro II e da moratória, podendo os credores optar por uma das vias e sujeitando-se o devedor a essa escolha. Deste modo, evitava-se que o devedor fosse sujeito a prisão por dívidas. A cessão apenas ficaria vedada aos devedores que agissem de má fé.

No que diz respeito às Ordenações Manuelinas, ainda que se não tenha procedido a alterações substanciais relativamente ao regime precedente, salientam-se duas matérias que sofreram alguma modificação: o concurso de credores e a cessão de bens. No que respeita ao concurso de credores, determinou-se, no n.º 3 do Título LXXIV do Livro III, que, no mês seguinte à *quebra*, não se aproveitasse qualquer diligência levada a efeito por qualquer credor, valendo apenas a procedência de acordo com a natureza da obrigação e a qualidade do crédito. A cessão de bens, por seu turno, foi objecto de regulamentação mais severa, apenas sendo admitida em três casos: se o devedor fizesse prova de que, ao tempo da contratação com os credores, tinha património que garantisse, com segurança, o cumprimento das obrigações e que, por facto alheio e não imputável, não pudesse agora pagar; se o devedor, no momento da celebração do contrato, declarou ao credor que não tinha bens; se o devedor, tendo bens no momento da celebração do contrato, tivesse declarado ao credor que tinha o património obrigado a terceiros. Como referido por Pedro de Sousa Macedo,[30] neste

---

[29] SOUSA MACEDO, *op. cit.*, vol. I, p. 34.
[30] IDEM, *ibidem*, vol. I, p. 30

caso presumia-se a fraude, podendo o devedor ilidir a presunção nos termos acima referidos.

Por fim, no que respeita às Ordenações Filipinas, destaca-se a consagração, no Título LXVI do Livro V, da matéria relativa aos "mercadores que quebram" e aos "que se levantam com fazenda alheia". Não era admitido recorrer à cessão de bens, nem à *quita ou espera* nos casos de falência fraudulenta.[31]

2.2 Código Comercial de Ferreira Borges

No entanto, conforme referido *supra*, foi com o Código Comercial de 1833, aproveitando o conhecimento do Autor relativamente aos códigos comerciais estrangeiros e à jurisprudência e prática portuguesa – como aliás o próprio refere no preâmbulo do Diploma[32] –, que se consagrou uma disciplina específica para os actos prejudiciais à massa insolvente.

No que respeita à matéria em apreço, os artigos 1133.º a 1137.º dispõem o seguinte:

Art. XIII

1133. Ninguem pode adquirir hypotheca nos bens do quebrado nos vinte dias precendentes á abertura da fallencia.

Art. XIV

1134. Todas as quantias pagas pelo quebrado dentro dos vinte dias precedentes á abertura da fallencia por dividas commerciaes não vencidas na epocha da abertura reentrarão na massa.

Art. XV

1135. Todos os actos translativos de propriedade movel ou de raiz feitos pelo quebrado a titulo gratuito dentro dos quarenta dias precedentes á abertura da quebra são nullos e sem effeito relativamente á massa dos credores.

---

[31] IDEM, *ibidem*, vol I, pp. 37-38.
[32] *Cf. Codigo Commercial Portuguez*, Lisboa, Imprensa Nacional, 1833.

Art. XVI

1136. Todos os actos translativos de propriedade movel ou de raiz a titulo oneroso, todas as obrigaçoens, todos os pagamentos feitos em qualquer epocha podem ser anulados a requerimento dos credores provando-se fraude de qualquer das partes.

Art. XVII

1137. Todos os actos ou obrigaçoens contrahidas pelo devedor com fim comercial nos vinte dias precedentes á abertura da fallencia presumem-se fraudulentos quanto ao fallido; e são nullas provando-se, que houve fraude da parte dos outros contractantes.

Como se poderá verificar pela análise dos preceitos transcritos, o legislador definiu um período suspeito para determinado tipo de actos, determinou o desvalor aplicável a cada um deles e, por fim, estabeleceu uma presunção de fraude.

No que respeita ao período suspeito, este varia entre vinte dias, para o caso da constituição de hipotecas, do pagamento de quantias pelo devedor por dívidas comerciais não vencidas à data da abertura da falência e para actos ou obrigações contraídas pelo devedor com fim comercial, e quarenta dias, para os actos translativos da propriedade "movel ou de raiz" a título gratuito.

Relativamente ao desvalor, são nulos os actos translativos da propriedade "movel ou de raiz" a título gratuito, não produzindo efeitos relativamente à massa, tal como os actos e obrigações contraídas pelo devedor com fim comercial caso se demonstre a existência de fraude por parte dos terceiros contraentes. Prevê-se a anulabilidade para o caso dos actos translativos da propriedade "movel ou de raiz" a título oneroso, mediante requerimento dos credores com demonstração da fraude de qualquer das partes.

Por fim, no artigo 1137.º, determinou o legislador uma presunção de fraude relativamente ao falido para os casos dos actos e obrigações contraídas pelo devedor com fim comercial.

2.3 Código Comercial de Veiga Beirão

O Código Comercial de Ferreira Borges veio a ser substituído, em 1888, pelo Código Comercial de Veiga Beirão, aprovado pela Carta de Lei de

28 de Junho de 1888. Como referido no preâmbulo do documento, "De todas as disposições do código comercial de Ferreira Borges, que exigiam reforma, as que mais imperiosamente a estavam reclamando, eram por certo as reguladoras da quebra."[33]

Ao contrário do Código precedente, este Diploma consagra apenas um preceito para a matéria dos actos prejudiciais à massa: o artigo 721.º, § Único. Nos termos do referido artigo:

Artigo 721.º A determinação da data da quebra estabelece presumpção legal de insolvência contra terceiros, alheios ao processo de quebra, e faz prova plena d'esse facto contra os credores, que a ella tiverem concorrido.

§ unico. Os pagamentos de creditos não vencidos e quaisquer outros actos prejudiciaes aos credores, realisados pelo fallido nos quarenta dias anteriores á data da sentença declaratoria de quebra, presumem-se praticados de má fé pelos interessados que n'elles intervieram.[34]

A criação de um período suspeito teve como razão de ser a necessidade sentida pelo legislador de "garantir a inviolabilidade da garantia comum dos credores, e assegurar a egualdade d'estes perante a catastrophe da fallencia", conforme referido por Eduardo d'Almeida Saldanha.[35]

---

[33] *Cf.* Joaquim Lisbano d'Almeida Didier, *Codigo Commercial Portuguez aprovado por carta de Lei de 28 de Junho de 1888, acompanhado do respectivo Reportório Geral ou Índice Alphabetico*, Livraria Archivo Juridico, Vieira Paiva, 1888, "Preâmbulo", ponto X.

[34] No projecto de Código apresentado à Câmara dos Deputados em sessão de 17 de Maio de 1887, o § único apresentava a seguinte redacção: "As alienações e pagamentos effectuados, depois da insolvência, e bem assim as preferências, indevidamente, obtidas desde essa epocha, e quaesquer outros actos prejudiciaes aos credores, serão nullos, de direito, sem distinguir entre boa e má fé, quanto aos praticados n'um praso inferior a sessenta dias, anterior á data da publicação da sentença que determina a quebra". A redacção foi alterada e o período suspeito reduzido pela Comissão da Câmara dos Deputados, de forma a aproximar o artigo 721.º aos artigos 1030 e seguintes do CC, "que regulam os actos e contractos celebrados em prejuízo de terceiros." *Cf.* Sessão de 6 de Junho de 1888 da Câmara dos Deputados, *Appendice ao Codigo Commercial Portuguez aprovado pela Carta de Lei de 28 de Junho de 1888, contendo o relatorio do ministro da justiça, os pareceres das comissões das Camaras dos Deputados e Pares do Reino e a discussão de ambas estas camaras sobre o projecto d'aquelle codigo*, Coimbra, Imprensa da Universidade, 1893 (2.ª ed.), p. 544; também Ernest Lehr, *Code de Commerce Portugais de 1888*, Paris, Imprimerie Nationale, 1889.

[35] Almeida Saldanha, *op. cit.*, vol. I, p. 156.

Pretendendo harmonizar a disposição do Código Comercial com o regime previsto nos artigos 1033.º[36] e 1034.º[37] do Código Civil de então, o legislador determinou que os actos subsumíveis ao artigo 721.º pudessem ser anulados, caso não fosse possível ilidir a presunção de má fé estabelecida no preceito.[38]

"Relativamente aos actos celebrados pelo devedor em prejuizo dos creditos anteriores a esse praso, tem de se recorrer aos precisos termos dos referidos preceitos do codigo civil" [os artigos 1033.º e seguintes do Código Civil], conforme anotou Eduardo d'Almeida Saldanha.[39] Nesse caso, haveria a fazer uma distinção entre o regime dos actos onerosos e gratuitos. No primeiro caso, era necessário fazer prova da insolvência do devedor, da anterioridade do crédito e do conhecimento do estado de insolvência ("de prova difficilima"). No segundo caso, não seria necessário demonstrar a má fé dos intervenientes, *i.e.*, o conhecimento da situação de insolvência do devedor.[40]

Assim, nos termos do artigo 1031.º do Código Civil, poderiam ser anulados e rescindidos a todo o tempo os actos ou contratos simulados pelo falido com o intuito de prejudicar os seus credores.

Nos termos do artigo 1033.º do Código Civil, poderiam igualmente ser rescindidos os actos ou contratos efectivamente celebrados e queridos pelo falido, com o intuito de prejudicar os seus credores, a requerimento destes e desde que os respectivos créditos fossem anteriores ao acto ou contrato e que destes resultasse a insolvência do devedor.

No caso dos actos ou contratos a título gratuito, previa o artigo 1035.º do Código Civil que pudessem ser rescindidos, independentemente da boa ou má fé. Já no que dizia respeito aos actos ou contratos a título oneroso, a rescisão só operaria provando-se a má fé quer do devedor, quer da contraparte, nos termos do artigo 1034.º do Código Civil.

---

[36] "O acto ou contrato verdadeiro, mas celebrado pelo devedor em prejuízo do seu credor, pode ser rescindido a requerimento do mesmo credor, se o crédito fôr anterior ao dito acto ou contrato, e dêste resultar insolvência do devedor.", *Código Civil Português, aprovado por Carta de Lei de 1 de Julho de 1867* (8.ª ed. oficial), Lisboa, Imprensa Nacional, 1914.

[37] "Se o acto ou contrato fôr oneroso, só poderá ser rescindido havendo má fé, tanto da parte do devedor, como da outra parte.", *Código Civil Português* (8.ª ed. oficial), Lisboa, 1914.

[38] ALMEIDA SALDANHA, *op. cit.*, vol. I, pp. 156-159. Como o Autor refere (p. 157), "O legislador portuguez entendeu, e bem, que devia lançar sobre todos os actos prejudiciaes aos credores, praticados pelo devedor nos dias proximos da sua fallencia, a presumpção de fraude, para auxiliar os interessados na annulação respectiva."

[39] IDEM, *ibidem*, vol. I, pp. 164-166.

[40] IDEM, *ibidem*.

Pese embora tivesse sido consagrada uma presunção de má fé, em matéria civil, era necessário provar o carácter prejudicial dos actos. No caso da falência, havia determinados actos cuja prejudicialidade se presumia sempre, nomeadamente "a entrega de fazendas em pagamento de dividas de dinheiro, embora já vencidas", "o pagamento de créditos não vencidos" e "a concessão de garantias reais, como o penhor, a hipoteca ou a consignação de rendimentos."[41]

Em resumo, do confronto com a anterior legislação poderemos verificar que o legislador optou por uma cláusula geral, que inclui todos os pagamentos de créditos não vencidos e quaisquer actos prejudiciais aos credores, e pela unificação do período suspeito para todos os actos, correspondente a quarenta dias, e do desvalor dos actos, prevendo a possibilidade da sua anulação. Estabeleceu igualmente o legislador uma presunção de má fé, agora para todos os actos praticados naquele período de quarenta dias, extensível a todos os sujeitos que neles tivessem intervindo. Acresce que a rescisão de actos anteriores ao prazo fixado era possível, nos precisos termos da Lei Civil.

2.4 Código das Falências

Ao Código Comercial de Veiga Beirão sucedeu o Código de Falências, aprovado pelo Decreto de 26 de Julho de 1899, vindo a ser inserido na publicação oficial do Código de Processo Comercial, por Decreto de 14 de Dezembro de 1905.

Os preceitos relativos à matéria em causa são os artigos 256.º e 257.º do Código de Processo Comercial e apresentam a seguinte redacção:

Art. 256.º A determinação da data da falencia estabelece presunção legal de insolvencia contra terceiros alheios ao processo, e faz prova d'esse facto contra os credores que a ele tiverem concorrido.

§ 1.º Os pagamentos em fazendas ou de créditos não vencidos, a constituição de penhores, hipotecas ou consignações de rendimentos, e quaisquer outros actos prejudiciais aos credores, realisados pelo falido nos quarenta dias anteriores á data da sentença declaratória da falencia, presumem se praticados de má fé pelos interessados que n'eles intervierem, e serão rescindiveis nos termos do artigo seguinte.

---

[41] BARBOSA DE MAGALHÃES, *Código de Processo Comercial Anotado* (3.ª ed.), Lisboa, Parceria A. M. Pereira, 1912, vol. II, pp. 386-387.

§ 2.º *São igualmente rescindíveis os actos e contratos celebrados pelo falido em qualquer época com detrimento dos credores, nos casos dos artigos 1030.º e seguintes do Codigo Civil.*
Art. 257.º A acção de rescisão compete ao administrador e a qualquer credor verificado, mas prescreve por um ano depois da data em que passar em julgado a sentença de verificação de créditos.

O regime consagrado no Código de Processo Comercial de 1905 não dista do constante do Código Comercial de Veiga Beirão, verificando-se apenas que se fez expressa referência à aplicação do regime da rescisão dos actos e contratos celebrados pelo falido em prejuízo dos credores, nos casos previstos nos artigos 1030.º e seguintes do Código Civil, e que se consagrou um novo artigo, referente à legitimidade para a acção rescisória e ao prazo para o seu exercício, identificado como de prescrição.

Por conseguinte, como acontecia na regulamentação anterior, os actos e contratos celebrados no período anterior à declaração de insolvência não são nulos, mas podem ser anulados nos casos previstos no § 1.º, em que se estabelece um período suspeito e uma presunção de má fé, e nos casos previstos no § 2.º, a todo o tempo, exigindo-se a verificação dos pressupostos previstos nos artigos 1030.º e seguintes do Código Civil, e sendo indispensável a prova da prejudicialidade dos actos. Retomem-se, a este respeito, as considerações que fizemos relativamente ao Código Comercial de Veiga Beirão e ao regime do Código Civil.[42]

A regulamentação constante no Código de Processo Comercial viria a ser subsidiariamente aplicada aos devedores não comerciantes, por força do artigo 25.º do Decreto n.º 21758, de 22 de Outubro de 1932. Uma vez que a matéria da resolução em benefício da massa não diz respeito ao exercício da profissão de comerciante, seria de aplicar também aos devedores não comerciantes declarados insolventes.

Em 1935, foi aprovado o Código de Falências, que veio a substituir a regulação constante do Código de Processo Comercial. No entanto, aquele código teve um período curto de autonomia, sendo absorvido em 1939 pelo Código de Processo Civil.

Os artigos 32.º a 37.º do Código de Falências regulavam a matéria atinente aos "efeitos da falência relativamente aos actos prejudiciais à massa":

---

[42] IDEM, *ibidem*, vol. II, pp. 384, 387.

Artigo 32.º

Serão anulados em benefício da massa:

1.º Os actos e contratos que envolvam deminüição do património do devedor, celebrados por título gratuito nos dois anos anteriores à sentença declaratória da falência, incluindo a renúncia à sucessão, legado ou usufruto;

2.º As fianças de dívidas e as assinaturas de favor em letras, salvo quanto a terceiros portadores dessas letras que na data da sua aquisição não tivessem conhecimento do vício de assinatura de favor;

3.º As partilhas amigáveis em que o falido haja recebido sòmente valores de fácil sonegação, cabendo aos outros co-interessados todos os imóveis, quando celebradas no ano anterior à declaração de falência.

§ único. O disposto no n.º 1 não abrange as dádivas de uso e costumes, nem as que resultem do cumprimento de deveres morais ou legais.

Artigo 33.º

São igualmente rescindíveis os actos e contratos celebrados pelo falido em qualquer época, nos casos dos artigos 1030.º e seguintes do Código Civil.

Artigo 34.º

Presumem-se celebrados de má fé pelos interessados que nêles intervierem:

1.º Os actos e contratos por título oneroso, efectuados dentro dos dois anos anteriores à data da sentença declaratória da falência em favor do cônjuge, parente até ao 6.º grau, de concubina, serviçais ou subordinados por qualquer vínculo;

2.º Os pagamentos ou compensações convencionais de dívidas não vencidas e os das dívidas vencidas, quando tiverem tido lugar dentro do ano anterior à declaração da falência e o forem em valores que usualmente a isso sejam destinados;

3.º As garantias reais constituídas, por título posterior ao das obrigações que asseguram, no ano anterior à data da sentença declaratória da falência e as constituídas simultâneamente com as obrigações respectivas dentro dos noventa dias anteriores à data da mesma sentença;

4.º As alienações por título oneroso, em favor de quaisquer pessoas que não sejam das mencionadas no n.º 1, quando realizadas dentro dos noventa dias anteriores à declaração de falência.

Artigo 35.º

Rescindido ou anulado o acto ou contrato, revertem os valores respectivos para a massa falida. E nos casos em que haja restituição para o outro contraente, esta é considerada crédito comum.

Artigo 36.º

As acções de anulação ou rescisão serão sempre propostas no juízo da falência e correrão por apenso ao processo desta.

§ 1.º É permitido pedir no mesmo processo a anulação ou rescisão de diversos actos praticados pelo falido em prejuízo dos seus crèdores, independentemente das condições estabelecidas nos artigos 5.º e 6.º do Código de Processo Civil.

§ 2.º As acções de rescisão ou anulação competem também ao administrador, autorizado pelo síndico.

Artigo 37.º

As importâncias pagas pelo devedor nos termos do n.º 2 do artigo 34.º e do artigo 197.º, quando a ineficácia do pagamento haja sido prèviamente declarada por sentença, serão arroladas em mão dos que as houverem recebido, devendo estes entrar com elas para a massa, sob as penas cominadas aos infiéis depositários.

O regime consagrado no Código de Falências apresenta maior complexidade em comparação com o anterior. Conforme referido no ponto 13 do preâmbulo do diploma, seguindo o exemplo da maioria das legislações estrangeiras, o legislador português adoptou o princípio da retroactividade legal, sendo por lei fixados os prazos dentro dos quais os diversos actos podem ser anulados, variando estes prazos consoante a natureza dos actos.[43] Assim, estabeleceram-se os seguintes prazos: um prazo de dois anos para o exercício do direito à rescisão nos casos dos actos gratuitos que envolvam a diminuição do património do devedor, das partilhas amigáveis em que lhe tenham sido atribuídos bens de fácil sonegação e dos actos e contratos celebrados a título oneroso em favor do cônjuge, parente até ao 6.º grau, de concubina, serviçais ou subordinados por qualquer vínculo, presumindo-se, neste caso, a má fé dos intervenientes; um prazo de um ano para os pagamentos ou compensações convencionais de dívidas não vencidas e de dívidas vencidas, quando forem efectuados em valores que usualmente a isso não estivessem destinados e para as garantias constituídas a título oneroso, por título posterior ao das obrigações que asseguram, os quais também fazem presumir a má fé dos interessados; e um prazo de noventa dias para as garantias constituídas simultaneamente com

---

[43] Humberto Pelágio, *Código Comercial e Código de Falências* (2.ª ed.), Lisboa, Empresa Universidade Editora, 1939, p. 268.

as obrigações respectivas e para as alienações a título oneroso, em favor de quaisquer pessoas que não sejam as identificadas no 1.º do artigo 34.º, que também se enquadram na presunção legal de má fé.

O Código mantém a possibilidade de rescisão ou anulação de actos, a todo o momento, nos casos previstos nos artigos 1030.º e seguintes do CC, estabelecendo, no entanto, as já mencionadas presunções de má fé, facilitando a impugnação pauliana que "é, na falência, uma protecção, mas não uma protecção individual."[44] Como é também referido no preâmbulo do diploma, "Uma primeira forma de facilitar, aliás com toda a razão, a pauliana foi a de admitir, como causa de revogação, não apenas a intenção de prejudicar e o conhecimento dessa intenção por parte de terceiro, mas até o facto de êste dever saber, pelos seus conhecimento e situação, que o devedor procurava prejudicar os crèdores. São por isso de admitir, na determinação da consciência do prejuízo, certas presunções que denunciam, em princípio, que o terceiro contratante conhecia o prejuízo do [sic] acto em que intervinha causava aos credores". As presunções foram determinadas de acordo com a qualidade do terceiro, com a natureza do acto ou com a sua proximidade da falência.

Acrescem ainda três pontos relevantes que foram introduzidos neste Código de Falência de 1935: os efeitos da rescisão ou anulação dos actos, determinando-se a reversão dos valores para a massa respectiva e a qualificação dos créditos de terceiro como comuns no caso de ter de haver restituição para o outro contraente (artigo 35.º); a atribuição de competências ao juízo da falência para apreciar as acções de anulação ou rescisão, correndo estas por apenso, a possibilidade de cumulação de pedidos e a legitimidade, que compete "também" ao administrador, autorizado pelo síndico (artigo 36.º)[45]; e a restituição à massa de quantias pagas pelo devedor nos termos do n.º 2 do artigo 34.º e do artigo 197.º, sob pena das cominações previstas para os infiéis depositários.

---

[44] Cf. Ponto 13 do preâmbulo do Diploma; vide SOUSA MACEDO, op. cit., vol. I, pp. 183, 193.
[45] Conjugada com os restantes artigos do Código de Falências, sobretudo os que remetem para o Código Civil, também significa que a legitimidade é conferida quer aos credores, quer ao administrador, não obstante isto se não encontre expressamente referido no preceito.

2.5 Código de Processo Civil Português de 1939

Este Código de Falências foi, então, absorvido pelo Código de Processo Civil Português, aprovado pelo Decreto n.º 29637, de 28 de Maio de 1939,[46] tendo sido respeitada a regulamentação no seu conjunto. A matéria relativa à falência foi regulada no Capítulo XVI (*Da liquidação de patrimónios*), do Título IV (*Dos processos especiais*), do Livro III. Já a matéria relativa aos efeitos da falência sobre actos prejudiciais à massa vem consagrada nos artigos 1168.º a 1172.º, na Divisão II da Subsecção III (*Efeitos da falência*) da Secção III (*Liquidação em benefício dos credores*) do mencionado Capítulo.

Comparando com a redacção dos preceitos consagrados no Código de Falências, não se registaram alterações significativas no regime. As modificações foram as seguintes: (i) no n.º 1 do artigo 1168.º (correspondente ao anterior artigo 32.º), a expressão "os actos e contratos que envolvam deminuição do património do devedor" foi substituída por apenas "os actos que envolvam deminuição do património do devedor"; (ii) no n.º 2 do mesmo preceito, ficou apenas consagrado que poderiam ser anuladas em benefício da massa as fianças de dívidas, não já as assinaturas de favor de letras; (iii) no n.º 3 do mesmo preceito, para além de serem anuláveis as partilhas amigáveis de onde resulte a atribuição ao falido de bens de fácil sonegação e aos co-interessados bens imóveis, acrescentou-se também a atribuição aos co-interessados de valores nominativos; (iv) no artigo 1169.º (anterior 33.º), apenas se colocou um limite temporal para a rescisão de actos simulados e de actos celebrados em prejuízo dos credores, até ao levantamento da interdição do devedor; (v) a redacção do artigo 1172.º surge mais simplificada e esclarecedora do que a do anterior artigo 36.º, estabelecendo que as acções de anulação e rescisão seriam dependência do processo de falência, que teriam legitimidade para as apresentar o administrador, autorizado pelo síndico, ou qualquer credor e que poderia ser feita a cumulação de pedidos.

2.6 Código de Processo Civil de 1961

Com a aprovação do Código de Processo Civil de 1961, pelo Decreto-Lei n.º 44129, de 28 de Dezembro de 1961, posteriormente alterado pelo Decreto-

---

[46] Edição revista por Alberto dos Reis (Coimbra, Coimbra Editora, 1940).

-Lei n.º 47690, de 11 de Maio de 1967, os artigos integrados na Divisão II da Subsecção IV da Secção III do Capítulo XV do Título V do Código, relativos aos efeitos da falência sobre os actos prejudiciais aos credores, passaram a ter as seguintes redacção e sistemática:

Artigo 1200.º

(Actos resolúveis em benefício da massa)

1. São resolúveis em benefício da massa:
a) Os actos que envolvam diminuição do património do devedor, celebrados por título gratuito nos dois anos anteriores à sentença declaratória da falência, incluindo o repúdio da herança ou legado;
b) As fianças de dívidas;
c) As partilhas amigáveis em que o falido haja recebido sòmente valores de fácil sonegação, cabendo aos outros co-interessados todos os imóveis ou valores nominativos, quando celebrados no ano anterior à declaração da falência.
2. *O disposto no n.º 1 não abrange os donativos conformes aos usos sociais, nem o cumprimento das obrigações naturais.*

Artigo 1201.º

(Impugnação dos actos celebrados em prejuízo dos credores)

São impugnáveis até à reabilitação do falido os actos celebrados por ele, nos casos dos artigos 610.º e seguintes do Código Civil.

Artigo 1202.º

(Actos que se presumem celebrados de má fé)

Presumem-se celebrados de má fé pelos interessados que neles intervierem:
a) Os actos por título oneroso efectuados nos dois anos anteriores à data da sentença declaratória da falência, em favor do cônjuge, de parente até ao 6.º grau, de concubina, de serviçais ou subordinados por qualquer vínculo jurídico;
b) Os pagamentos ou compensações convencionais de dívidas não vencidas e os das dívidas vencidas, quando tiverem tido lugar dentro do ano anterior à data da sentença de declaração de falência e o forem em valores que usualmente a isso não sejam destinados;
c) As garantias reais constituídas, por título posterior ao das obrigações que asseguram, no ano anterior à data da sentença declaratória da falência e as constituídas

simultâneamente com as obrigações respectivas dentro dos noventa dias anteriores à data da mesma sentença;

d) As alienações por título oneroso, em favor de quaisquer pessoas que não sejam das mencionadas na alínea a), quando realizadas dentro dos noventa dias anteriores à data da sentença de declaração da falência.

Artigo 1203.º

(Regime da resolução ou impugnação)

1. Resolvido o negócio ou julgada procedente a impugnação, os valores respectivos revertem para a massa falida.
2. Tendo a outra parte direito a restituição, esta é considerada como crédito comum.

Artigo 1204.º

(Legitimidade para a resolução ou impugnação)

1. As acções de resolução ou de impugnação serão dependência do processo de falência e podem ser propostas pelo administrador, com autorização do síndico, ou por qualquer credor.
2. É permitido impugnar no mesmo processo diversos actos, ou requerer a sua resolução, independentemente dos requisitos exigidos no artigo 30.º

Em traços gerais, poder-se-á verificar que as alterações mais significativas operaram ao nível do *nomen iuris*. O legislador adoptou os conceitos de resolução e impugnação, em harmonia com o Código Civil contemporâneo, preterindo os de anulação e rescisão. Para além disso, no artigo 1200.º, identifica-se duas alterações: a primeira na alínea a) do n.º 1, com a alteração da expressão "incluindo a renúncia à sucessão, legado ou usufruto" para "incluindo repúdio da herança ou legado"; a segunda no n.º 2 (anterior § único), tendo sido substituída a expressão "dádivas de uso e costumes" por "donativos conformes aos usos sociais" e a expressão "as que resultem do cumprimento de deveres morais ou legais" por "o cumprimento de obrigações naturais."[47]

---

[47] EURICO LOPES-CARDOSO, *Código de Processo Civil Anotado* (4.ª ed.), Coimbra, Almedina, 1972, anotação ao artigo 1200.º, pp. 641-642; ALBANO CUNHA, *Código de Processo Civil Actualizado e Anotado*, Coimbra, ed. autor, s.d.

No âmbito deste Código, é possível lançar mão de acções de simulação e de impugnação pauliana, consoante a natureza do acto, tal como resultava de regimes anteriores, uma vez que está em causa a existência de actos que diminuem o património dos credores, sendo necessário identificar, a partir do regime previsto nos artigos 1200.º e seguintes do Código de Processo Civil, os meios de conservação patrimonial ao dispor.

2.7 CPEREF

Decorridos cinquenta e quatro anos desde a integração da matéria da falência no Código de Processo Civil, o legislador verificou que, face à crescente dimensão social da empresa e à necessidade de promoção da reabilitação do tecido empresarial dos países, a disciplina da insolvência exigia regulamentação específica, num diploma próprio que previsse, por um lado, soluções de recuperação das massas patrimoniais insolventes e, por outro, procedimentos de liquidação mais céleres que permitissem assegurar na melhor medida os direitos dos credores. Nesta sequência, foi aprovado, pelo Decreto-Lei n.º 132/93, de 23 de Abril, o Código dos Processos Especiais de Recuperação da Empresa e de Falência, sucessivamente alterado pelos Decretos-Lei n.º 157/997, de 24 de Junho, n.º 315/98, de 20 de Outubro, n.º 323/2001, de 17 de Dezembro, n.º 38/2003, de 8 de Março e n.º 53/2004, de 18 de Março. Este último diploma veio revogar o CPEREF, substituindo-o pelo CIRE.

A matéria da resolução em benefício da massa foi inserida no Título III do CPEREF, relativo ao processo de falência, e, nomeadamente, no Capítulo IV referente aos efeitos da falência, surgindo como um dos efeitos da falência em relação aos negócios jurídicos do falido (Secção II). Os artigos relevantes para a disciplina em apreço são os artigos 156.º a 160.º do CPEREF.

O CPEREF prevê duas formas de reacção contra actos prejudiciais à massa insolvente: a resolução em benefício da massa (artigo 156.º) e a impugnação pauliana (artigo 157.º e 158.º).

No primeiro caso, a lei prevê três tipos de actos que podem ser objecto de resolução, estipulando os prazos dentro dos quais se pode exercer o direito à resolução. Poderão ser resolvidos em benefício da massa, à excepção dos donativos conformes aos usos sociais e decorrentes do cumprimento de obrigações naturais, os seguintes actos: (i) os actos que envolvam diminuição do património do falido, celebrados a título gratuito nos dois anos anteriores à data da abertura do processo conducente à falência, incluindo o repúdio de herança ou legado; (ii) a partilha celebrada menos de um ano antes da data da abertura do processo conducente à falência, em que o quinhão do falido haja sido essencialmente preenchido com bens de fácil sonegação, cabendo aos co-interessados a generalidade dos imóveis e dos valores nominativos; e (iii) os actos a título oneroso realizados pelo falido, nos seis meses anteriores à data da abertura do processo conducente à falência, com sociedades por ele dominadas, directa ou indirectamente, ou, no caso de falência de sociedades ou de pessoa colectiva, com sociedades que dominem, directa ou indirectamente, o capital da sociedade ou pessoa colectiva falida ou por esta dominadas, ou com os seus administradores, gerentes ou directores (n.os 1 e 2 do artigo 156.º). A respeito deste meio de reacção contra actos prejudiciais, saliente-se que o legislador identificou categorias específicas de actos, aos quais subordinou apenas um período de tempo suspeito, para efeitos da cessação da produção dos seus efeitos. O legislador não fez depender a resolubilidade dos actos da verificação do requisito da má fé, importando apenas o tipo de acto e a data em que tenha sido praticado.

Relativamente ao regime pretérito, destacam-se as seguintes diferenças: a alínea c) do artigo 1200.º do Código de Processo Civil foi eliminada, cabendo agora apenas no âmbito da impugnação pauliana; a aplicação da alínea b) foi alargada a todas as formas de partilha, sejam judiciais ou extrajudiciais, para além do que se determinou que a composição da quota do falido fosse feita essencialmente, e não exclusivamente, por bens de fácil sonegação; foi acrescentado um regime especial na alínea c) que compreende actos praticados no âmbito de uma relação de domínio entre o falido e sociedades por ele dominadas ou entre a sociedade falida e outras sociedades.[48] No que respeita à forma da resolução, entendeu o legislador

---

[48] CARVALHO FERNANDES e JOÃO LABAREDA, *Código dos Processos Especiais de Recuperação da Empresa e de Falência Anotado* (3.ª ed.), Lisboa, Quid Iuris, 1999, ad 156.º, pp. 410-413. A respeito da alínea c) do n.º 1 do artigo 156.º do CPEREF, referem os Autores que "A razão de ser deste novo caso de resolubilidade não custa a descobrir. A existência de uma relação de domínio «facilita» a prática de actos onerosos, por eles implicarem, em termos de deslocações patrimoniais, resultados com menos significado e com menor risco. Daí uma «presunção» de menos seriedade, justificativa de uma resolubilidade que, tratando-se de actos onerosos, deixaria, em geral, alguma margem para dúvidas (*cfr.*, neste sentido, Calvão da Silva, *Dos efeitos da Falência, cit.*, p. 781)."

prever um regime especial face ao regime geral previsto civilista (artigo 436.º do CC), sobretudo no que diz respeito ao prazo, que se restringiu para três meses, contados a partir do momento em que o liquidatário teve conhecimento do negócio.[49]

No segundo caso, o artigo 157.º do CPEREF faz uma extensão do regime da impugnação pauliana à matéria da insolvência, prevendo que "São impugnáveis em benefício da massa falida todos os actos susceptíveis de impugnação pauliana nos termos da lei civil". À imagem do que acontecia no regime pretérito, o legislador manteve as especificidades da impugnação colectiva, nomeadamente a previsão de um conjunto de actos que se presumem celebrados de má fé (artigo 158.º) e o aproveitamento da impugnação a todos os credores (artigo 159.º, n.º 1). Novamente o legislador elencou categorias de actos praticados pelo devedor que, atendendo à sua natureza e ao momento em que são praticados, fazem presumir a má fé dos intervenientes. São eles: (i) os actos realizados pelo falido a título oneroso, nos dois anos anteriores à data da abertura do processo conducente à falência, em favor do seu cônjuge, de parente ou afim até ao 4.º grau, da pessoa com quem ele vivesse em união de facto ou de pessoas a ele ligadas por qualquer vínculo de prestação de serviços ou de natureza laboral, bem como de sociedades coligadas ou dominadas por ele; (ii) o pagamento ou compensação convencional de dívida não vencida, e também da dívida vencida, quando ocorrer dentro do ano anterior à data da abertura do processo conducente à falência e com valores que habitualmente a isso não fossem destinados; (iii) as garantias reais posteriores ao nascimento das obrigações asseguradas, quando constituídas dentro do ano anterior à instauração do processo conducente à falência e, bem assim, as garantias reais constituídas simultaneamente com as obrigações garantidas, dentro dos 90 dias anteriores à mesma data; (iv) os actos a título oneroso realizados pelo falido dentro dos dois anos anteriores à abertura do processo conducente à falência, em que as obrigações por ele assumidas excedessem manifestamente as da contraparte; e (v) a fiança, subfiança e mandatos de crédito, que o falido houvesse outorgado nos dois anos anteriores à abertura do processo conducente à falência e que não respeitassem a operações negociais com real interesse para ele.

[49] "A escassez do prazo é imposta pela necessidade de rapidamente se pôr termo à incerteza emergente da propositura da acção de falência em relação a actos do falido, que em certos casos têm mesmo natureza onerosa." IIDEM, *ibidem, ad* 156.º, p. 414.

Relativamente aos efeitos da resolução e da impugnação pauliana, dispõe o artigo 159.º do CPEREF que a resolução ou procedência da impugnação pauliana desse lugar à reversão dos bens ou valores respectivos para a massa falida. A obrigação de restituição dos mencionados bens ou valores deveria ser cumprida dentro do prazo fixado na sentença, sob pena de se aplicarem ao incumpridor as sanções aplicáveis ao depositário de bens penhorados previstas no regime processual civil (n.º 2 do artigo 159.º). Na eventualidade de a obrigação de restituição caber à massa falida, o valor do objecto restituindo é classificado no âmbito do processo de falência como crédito comum.

A matéria relativa às questões processuais, nomeadamente legitimidade e apensação de acções, vem regulada no artigo 160.º do CPEREF. Quer o liquidatário judicial quer os credores titulares de créditos já devidamente reconhecidos têm legitimidade para apresentar acções determinadas pela resolução dos actos do falido e acções ao abrigo do regime da impugnação pauliana (n.º 1). As mencionadas acções, bem como as impugnações das resoluções de actos em benefício da massa, correm por apenso ao processo de falência e não como acções autónomas (n.ºˢ 1 e 3). O n.º 2 do mencionado artigo 160.º admite a coligação de Autores ou de demandados, para resolução ou impugnação de vários actos praticados pelo falido.

Em suma, a disciplina imediatamente anterior à aprovação do CIRE previa a possibilidade de resolução de determinados actos praticados em prejuízo da massa falida e a possibilidade de apresentar acção de impugnação pauliana relativamente a outros actos, nos termos do Código Civil. O CPEREF previu uma norma especial relativamente aos actos celebrados de má fé, consagrando uma presunção ilidível. Ambos os tipos de actuação poderiam ser levados a cabo quer pelo liquidatário judicial, quer pelos credores reconhecidos, correndo por apenso ao processo de insolvência.

Confrontando, numa análise preliminar, o regime previsto no CPEREF e aquele que resulta do CIRE, verificamos que existem alterações de relevo. Em primeiro lugar, o CIRE eliminou a impugnação pauliana como meio simultâneo de defesa do património compreendido na massa falida. Em segundo, eliminou o carácter colectivo da impugnação pauliana, restringindo os efeitos da acção pauliana apenas ao credor que a tivesse apresentado. Em terceiro, restringiu a legitimidade para a resolução em benefício da massa, excluindo os credores reconhecidos. Em quarto, regulou dois tipos de presunções relativamente à prejudicialidade dos actos: *iuris tan-*

tum, no n.º 2 do artigo 120.º, e *iuris et de iure*, no n.º 3 do artigo 120.º e no artigo 121.º. Previu, igualmente, uma norma presuntiva respeitante à má fé, para a resolução em benefício da massa.

A análise dos antecedentes normativos do regime em estudo permite compreender a *ratio* do Direito da Insolvência e a linha condutora adoptada pelo legislador à medida da evolução dos tempos. A análise da *mens legislatoris* é fundamental para encontrar respostas para alguns problemas e dúvidas que o regime da insolvência suscita nos nossos dias.

3. Resolução em Benefício da Massa noutros ordenamentos jurídicos

3.1 Direito Alemão

O Direito da Insolvência alemão, regido pelo disposto na *Insolvenzordnung* (*InsO*), de 5 de Outubro de 1994 (BGBl I p. 2866),[50] prevê, no capítulo referente aos efeitos da abertura de um procedimento de insolvência (Capítulo Terceiro da Parte Terceira da *InsO*), um regime especial para impugnação dos actos jurídicos do devedor que se revelem prejudiciais aos credores da insolvência. Nos § 129 a 147 da *InsO*,[51] é enunciado o princípio geral deste regime (§ 129), são concretizados os tipos de actos susceptíveis de integrar o conceito de actos prejudiciais aos credores da insolvência, bem como o regime da prova e as condições para o exercício da acção (§ 130 a 142) e, em termos gerais, são definidos os efeitos jurídicos, o procedimento e a prescrição da acção de impugnação (§§ 143 a 147).

O § 129 prevê que podem ser objecto de impugnação os actos jurídicos anteriores ao início do processo de insolvência que sejam prejudiciais

---

[50] A versão em Língua Alemã, com a última alteração introduzida em 31 de Agosto de 2013 (BGBl. I S. 353), encontra-se disponível no sítio do Ministério da Justiça Alemão na Internet: *http://www.gesetze-im-internet.de/inso/BJNR286600994.html#BJNR286600994BJ NG000100000*. A versão inglesa da Inso, com as alterações introduzidas até 20 de Dezembro de 2011 (BGBl. I S. 2854), está disponível em *http://www.gesetze-im-internet.de/englisch_inso/index.html*. A versão inglesa com as alterações introduzidas até 22 de Março de 2005 (BGBl. I S. 2866) está disponível em Eberhard Braun, *Commentary on the German Insolvency Code*, Düsseldorf, IDW-Verlag, 2006. A versão em castelhano do texto original da *InsO* encontra-se disponível em Vicente Gonzalo López, *Texto de la Ordenanza alemana de insolvencia [Insolvenzordmung (Inso)] de 5 octubre de 1994, Revista de Derecho Mercantil* CCXVI (1995), pp.561-679.
[51] Doravante, os parágrafos mencionados nesta secção sem indicação do diploma legal devem considerar-se referentes à *InsO*.

aos credores, nos termos dos §§ 130 a 146, aplicando-se o mesmo regime às omissões (pontos 1 e 2 do mencionado § 129).

A legitimidade activa é regulada neste parágrafo 129, bem como nos §§ 280 e 313, resultando que compete ao administrador da insolvência o exercício da acção de impugnação, exceptuando os casos em que a administração é feita pelo próprio devedor, em que tem legitimidade o administrador judicial nomeado pelo Tribunal (§ 280, *in fine*), e nos procedimentos simplificados de insolvência[52], em que têm legitimidade os credores da insolvência (§ 313, 2).

3.1.1 Tipologia de Actos Prejudiciais

Do § 130 ao § 137, o legislador alemão elenca o conjunto de actos susceptíveis de impugnação, bem como o período suspeito e o regime de prova, e, do § 138 ao § 142, outras condições necessárias para a impugnabilidade dos mencionados actos.

O § 130 prevê que os actos que visam a constituição de garantias ou facilitar a satisfação dos créditos dos credores podem ser impugnados em dois casos: quando foram praticados nos três meses anteriores à apresentação do requerimento de insolvência do devedor, caso o devedor estivesse em situação de insolvência e o credor tivesse conhecimento disso nessa mesma data; quando foram praticados após a apresentação do requerimento de insolvência do devedor e o credor tivesse conhecimento da situação de insolvência do devedor ou da apresentação do requerimento para dar início ao processo de insolvência. Esta norma não se aplica, porém, aos casos em que são celebrados acordos para constituição de garantias de financiamento entre entidades bancárias, tal como definidas no Kreditwesengesetz (KWG), diploma relativo às instituições de crédito.[53]

Já no § 131 estão em causa os actos que visam a constituição de garantias ou facilitar a satisfação dos créditos dos credores nos casos em que não existe título, quer para a garantia ou satisfação de crédito, quer no que respeita à forma ou à data do acto, que tenham sido praticados nos seguintes períodos: (i) no mês anterior ou posteriormente à apresentação

---

[52] Previstos nos §§ 311 *ssq*.
[53] Diploma de 9 de Setembro de 1998, BGBl. I S. 2776, com a alteração introduzida em 8 de Dezembro de 1999 (BGBl. I S. 54, p. 2384), que transpôs a Directiva n.º 98/26/CE do Parlamento Europeu e do Conselho, de 19 de Maio de 1998 (JO, L 166, pp. 45-50).

do requerimento de insolvência (subsecção 1, n.º 1); (ii) entre o segundo e o terceiro meses anteriores à apresentação à insolvência, encontrando-se o devedor em situação de insolvência nessa data (subsecção 1, n.º 2); (iii) entre o segundo e o terceiro meses anteriores ao pedido de declaração da situação de insolvência, conhecendo o credor, nessa data, as consequências negativas do processo de insolvência para os credores (subsecção 1, n.º 3).

No § 132, encontra-se consagrada uma fórmula genérica para actos praticados pelo devedor que criem um prejuízo directo para os credores da insolvência, determinando-se que poderão ser impugnados caso tenham sido praticados nos três meses anteriores ao requerimento para declaração do devedor em situação de insolvência (encontrando-se o devedor em situação de insolvência na data em que o acto foi praticado e tendo a contraparte disso conhecimento), ou tenham sido praticados após a apresentação do mencionado requerimento, tendo a contraparte conhecimento da situação de insolvência ou do pedido para dar início ao processo de insolvência.

Nos termos do § 133,1, os actos praticados pelo devedor nos dez anos anteriores ao requerimento para declaração de insolvência, ou depois do mencionado requerimento, com a intenção de prejudicar os credores, podem ser contestados se a outra parte conhecesse a intenção do devedor na data da sua realização, presumindo-se o mencionado conhecimento se a outra parte soubesse que o devedor se encontrava em situação de insolvência iminente e que o acto praticado constituísse um prejuízo para os credores. Trata-se de uma impugnabilidade subjectiva. De acordo com o disposto no § 131,2 poderá ser impugnado um contrato oneroso celebrado entre o devedor e uma pessoa consigo especialmente relacionada, desde que constitua um prejuízo directo para os credores da insolvência e que tenha sido celebrado nos dois anos anteriores à data da apresentação à insolvência. É exigido ainda que a outra parte tenha conhecimento da intenção do devedor de causar prejuízo aos credores na data da celebração do contrato.

A impugnação de actos gratuitos, prevista no § 134, poderá ser efectuada caso o acto tenha sido praticado nos quatro anos anteriores ao requerimento de apresentação à insolvência e desde que não se trate de um donativo casual de valor reduzido.

Poderão, igualmente, ser objecto de impugnação as garantias constituídas nos dez anos anteriores ou posteriormente ao início do processo de insolvência, ou os actos praticados no ano anterior ou posteriormente à abertura do mencionado processo, que tenham implicado a satisfação de um crédito, quando o credor seja um sócio de uma sociedade e a devedora a respectiva sociedade e o primeiro beneficie de empréstimos feitos em substituição de participações de capital próprio, nos termos do § 135.

O § 136 prevê a possibilidade de serem impugnados a restituição, total ou parcial, a um *silent partner*[54] da sua participação nos lucros da sociedade insolvente, ou a sua exclusão total ou parcial da participação nas perdas, que tenham causado, pelo menos, um prejuízo indirecto aos credores. A impugnação será possível se o acordo para restituição ou para renúncia tiver sido celebrado no ano anterior à apresentação do pedido de insolvência, excepto se o motivo para dar início ao processo de insolvência seja posterior ao acordo.

Por último, dispõe o § 137,1 que fica excluído do regime previsto no § 130.º o pagamento feito pelo devedor através de uma letra de câmbio quando o respectivo beneficiário, de acordo com o regime aplicável às letras de câmbio, tenha perdido a acção cambiária frente aos demais obrigados cambiários por ter recusado o pagamento do devedor. No entanto, nos termos do § 137,2, a quantia paga deve ser restituída pelo último obrigado em via de regresso ou pelo terceiro por conta de quem tenha sido emitida a letra de câmbio, quando estes tivessem conhecido a situação de insolvência do devedor ou o início do processo de insolvência no momento do endosso ou da aceitação da letra. Este regime é aplicável *mutatis mutandis* aos pagamentos realizados por meio de cheque.

3.1.2 Ónus da prova

Nos termos do § 130,2, o conhecimento da situação de insolvência ou da apresentação do requerimento de insolvência equipara-se ao conhecimento de circunstâncias concretas que, pela sua gravidade, apontam directamente para a verificação da situação de insolvência do devedor ou para a apresentação do requerimento de insolvência, incumbindo ao administrador apenas a prova do conhecimento pelo terceiro das mencionadas circunstâncias.

Também relativamente ao regime previsto para as garantias e para as formas de satisfação do crédito não tituladas (§ 131,2) se prevê que o conhecimento efectivo do prejuízo que o processo de insolvência causasse aos

---

[54] Conceito definido no § 230,1 do HGB.

credores equivalesse ao conhecimento das circunstâncias concretas que apontem directamente para o prejuízo dos credores, bastando ao administrador da insolvência demonstrar que a contraparte conhecesse as mencionadas circunstâncias concretas.

Por seu turno, os §§ 130,3 e 131,2 enunciam uma presunção de conhecimento da situação de insolvência e da apresentação à insolvência, bem como do conhecimento dos prejuízos que um processo de insolvência traz para os credores, respectivamente, em relação a pessoas especialmente relacionadas com o devedor à data da prática do acto.

Nos termos do § 138,1, presumem-se especialmente relacionados com o devedor pessoa singular: (i) o cônjuge, mesmo que o casamento tenha sido celebrado depois do acto ou tenha sido dissolvido no ano anterior; (ii) o unido de facto, mesmo que a união tenha sido estabelecida depois do acto ou tenha sido dissolvida no ano anterior; (iii) ascendentes e descendentes do devedor e do cônjuge identificado em (i), irmão e irmãs consanguíneos ou por afinidade do devedor e do cônjuge identificado em (i) e respectivos cônjuges; (iv) pessoas que pertençam ao agregado familiar do devedor ou que tenham pertencido no ano anterior ao acto.

Já de acordo com o disposto no § 138,2, presumem-se especialmente relacionados com o devedor pessoa colectiva ou entidades sem personalidade colectiva: (i) os membros dos órgãos da direcção ou fiscalização da devedora, bem como sócios comanditados e pessoas que sejam titulares de mais de 25% do capital da devedora; (ii) pessoa ou sociedade que tenha alguma forma de associação à devedora nos termos da lei das sociedades comerciais, ou que tenha um contrato de prestação de serviços que permita conhecer a situação financeira da devedora; (iii) pessoa que esteja especialmente relacionada nos termos da subsecção anterior com alguma das pessoas identificadas nos n.os 1 e 2 do § 138,2, a não ser que estas estejam legalmente obrigadas ao sigilo profissional relativamente aos negócios da devedora.

O regime previsto no § 130 é aplicável aos actos previstos no § 132 (actos praticados pelo devedor que criam um prejuízo directo para os credores da insolvência).

O § 133,1 prevê também uma presunção favorável ao administrador da insolvência, estabelecendo que se presume que a contraparte conhecesse a intenção do devedor de prejudicar os credores no momento da prática do acto, quando conhecia a insolvência iminente do devedor e sabia que o acto constituiria um prejuízo para os credores.

Por fim, relativamente aos restantes casos, vigoram as regras gerais do ónus da prova, ficando a cargo do administrador da insolvência a prova das características do acto que determinam a sua impugnação e a cargo da contraparte a prova de que o acto fora praticado para além dos períodos determinados nos §§ respectivos.

3.1.3 Exercício e efeitos

O § 139 concretiza o momento relevante para efeitos de definição do período suspeito. Os períodos definidos nos parágrafos anteriormente analisados devem começar no início do dia em que o pedido de insolvência deu entrada no Tribunal ou no dia seguinte, caso no mês em causa não haja correspondência com esse dia. Sendo apresentados vários pedidos de insolvência no mesmo dia, será relevante o primeiro pedido fundamentado apresentado, mesmo que o processo de insolvência venha a iniciar-se em virtude da procedência de outro pedido. Um pedido recusado pode ser tido em consideração apenas se a recusa tiver por fundamento a insuficiência dos bens envolvidos no processo de insolvência.

Por seu turno, o § 140 determina o momento em que os negócios jurídicos se consideram celebrados, sendo que, nos termos do § 140,1, esse momento se reporta à data em que o negócio jurídico produzira os seus efeitos, em que se tornara perfeito. Relativamente aos actos e negócios sujeitos a registo, o § 140,2 determina que a perfeição do acto ou negócio fica dependente da declaração de intenções do devedor que o vincule e do pedido de registo pela contraparte. Caso tenha sido efectuado um registo provisório, os efeitos retroagem a essa data assim que o registo estiver concluído. Os negócios sujeitos a condição ou a termo considerar-se-ão perfeitos assim que a condição ou o termo se verifiquem (§ 140,3).

Já o § 141 prevê que podem ser objecto de impugnação os actos ou negócios que resultem de um título executivo ou que se tenham tornado exigíveis por via judicial.

Nos casos em que, na sequência da celebração de um negócio, o devedor tenha recebido o equivalente económico ao valor do bem que transmitiu, a resolução não poderá ter lugar, a não ser que se demonstre a intenção fraudulenta das partes (§§ 142 e 133).

De acordo com o disposto no § 143, qualquer bem do devedor que tenha sido vendido, transmitido ou cedido em consequência da celebração do acto impugnado deverá ser restituído à massa insolvente. As disposições relativas ao enriquecimento sem causa são aplicáveis, *mutatis mutandis*, quando a falta de causa legítima é conhecida pelo beneficiário. O beneficiário de um negócio gratuito deverá restituir o respectivo objecto apenas na medida do seu enriquecimento, o que não acontecerá caso esteja de má fé e conheça ou devesse conhecer as circunstâncias do negócio e o carácter prejudicial do mesmo para os credores (§ 143,2).

Por seu turno, dispõe o § 144,1 que a restituição à massa da prestação pela contraparte implicará o renascimento do seu crédito. A contraprestação deverá ser restituída à contraparte do insolvente quando continue a ter existência autónoma relativamente ao conjunto dos restantes bens da massa, ou quando tenha constituído um enriquecimento para a massa. Caso contrário, a parte poderá reclamar o seu crédito apenas na qualidade de credor da insolvência.

O § 145,1 prevê a possibilidade de actuação contra os herdeiros ou outros sucessores legais universais da parte, sem qualquer dependência de outros critérios. Caso se trate de outros sucessores, o acto poderá igualmente ser impugnado, desde que o sucessor: (i) tivesse conhecimento de qualquer uma das circunstâncias que fundamentaram a impugnação apresentada contra o seu antecessor; (ii) pertencesse, à data da sucessão, ao conjunto de pessoas especialmente relacionadas com o devedor (§ 138), a não ser que desconhecesse as circunstâncias que fundamentaram a impugnação; (iii) tivesse recebido o objecto do acto impugnado através de uma transmissão gratuita.

Nos termos do § 146,1, relativamente à caducidade da acção de impugnação, serão aplicáveis as normas do BGB, nomeadamente o disposto no artigo 195.º, que prevê um prazo de três anos, cuja contagem se inicia no final do ano em que o processo de insolvência foi aberto. Tendo sido ultrapassado o mencionado prazo, o administrador da insolvência tem, ainda assim, legitimidade para recusar o cumprimento de uma obrigação resultante de acto susceptível de impugnação, desde que o objecto da prestação em causa permaneça ainda no acervo de bens da massa insolvente (§ 146,2).

Por último, o § 147 prevê a extensão do regime da impugnação a determinados actos praticados após o início do processo de insolvência.

3.2 Direito Italiano

Dentro do Título II da *Legge Fallimentare*[55], dedicado à regulação dos aspectos gerais e iniciais do *fallimento*, e mais precisamente na Secção III do Capítulo III relativo aos efeitos da declaração de insolvência, o legislador italiano consagrou, nos artigos 64.º a 70.º da *Legge Fallimentare*[56], a matéria atinente aos efeitos dos actos prejudiciais aos credores.

Dos artigos 64.º a 69.º, surgem elencados os actos que poderão constituir o objecto da *revocatoria fallimentare* prevista na lei da insolvência italiana, prevendo-se, no artigo 66.º, a possibilidade de exercício da *revocatoria ordinaria* consagrada nos artigos 2901.º a 2904.º do *Codice Civile*.[57] Já nos artigos 69.º-Bis e 70.º encontram-se disciplinados os aspectos relativos aos prazos para exercício da acção e aos seus efeitos.

3.2.1 Tipologia de Actos Prejudiciais

Na *Legge Fallimentare*, identificam-se três grandes grupos de actos prejudiciais aos credores que podem ser objecto da acção *revocatoria*: os actos gratuitos, os pagamentos e os actos onerosos. Prevê-se para cada um deles o denominado período suspeito, *i.e.*, um período anterior à declaração de insolvência, dentro do qual os actos se consideram praticados em prejuízo dos credores.

No que respeita ao primeiro conjunto de actos – os actos gratuitos –, dispõe o artigo 64.º que os actos praticados a título gratuito pelo falido nos dois anos anteriores à declaração de insolvência não produzem efeitos em relação aos credores, com excepção dos donativos e dos actos praticados em cumprimento de um dever moral ou de um interesse público, desde que a liberalidade seja proporcional ao património do doador.

Relativamente ao segundo grupo, o artigo 65.º prevê que estão privados de efeitos em relação aos credores os pagamentos de créditos que se

---

[55] Aprovada pelo *Regio Decreto 16 marzo 1942, n.º 267*, publicado na *Gazzetta Ufficiale* LXXXI, de 6 de Abril de 1942, tendo sido consultada a versão consolidada em língua italiana com a última alteração introduzida pela Lei de 27 Dezembro de 2013, n.º 147.

[56] Doravante, os artigos mencionados nesta secção sem indicação do diploma legal devem considerar-se referentes à *Legge Fallimentare*.

[57] Aprovado pelo *Regio Decreto 16 marzo 1942, n.º 262*, publicado na *Gazzetta Ufficiale* LXXIX, de 4 de Abril de 1942.

tenham vencido no dia da declaração de insolvência ou posteriormente, se esses pagamentos tiverem sido realizados pelo falido nos dois anos anteriores à declaração de insolvência.

Por fim, o legislador italiano dedicou quatro artigos ao grupo dos actos onerosos, sendo que o primeiro (artigo 67.º) apresenta a disciplina geral e os restantes artigos especialidades ou excepções a esse regime.

Nos termos do mencionado artigo 67.º, são susceptíveis de constituir objecto da *azione revocatoria fallimentare*, salvo se a contraparte provar que não conhecia a situação de insolvência do devedor, os seguintes actos: (i) actos onerosos praticados no ano anterior à declaração de insolvência, em que as prestações realizadas ou as obrigações assumidas pelo falido ultrapassem um quarto do valor que lhe tinha sido oferecido ou prometido; (ii) actos extintivos de débitos pecuniários vencidos e exigíveis não efectuados com dinheiro ou com outros meios normais de pagamento, quando praticados no ano anterior à declaração de insolvência; (iii) penhor, anticrese[58] e hipoteca voluntária constituídos no ano anterior à declaração de insolvência para garantia de débitos preexistentes não vencidos; (iv) penhor, anticrese e hipoteca voluntária constituídos nos seis meses anteriores à declaração de insolvência para garantia de débitos vencidos.

Serão também sujeitos à referida acção os pagamentos de créditos líquidos e exigíveis, actos a título oneroso e actos constitutivos de um direito de preferência, mesmo de terceiros, em simultâneo com a dívida, se praticados nos seis meses anteriores à declaração de insolvência, desde que o *curatore*[59] prove que a contraparte tinha conhecimento da situação de insolvência do devedor.

O mesmo artigo 67.º elenca igualmente categorias de actos que não poderão ser sujeitos à *azione revocatoria*:

---

[58] Nos termos do artigo 1960.º do Codice Civile, a *anticrese* é "il contratto col quale il debitore o un terzo si obbliga a consegnare un immobile al creditore a garanzia del credito, affinché il creditore ne percepisca i frutti, imputandoli agli interessi, se dovuti, e quindi al capitale." Em Portugal, corresponde à actual consignação de rendimentos, embora tenha reduzida aplicação prática: cf. ANTUNES VARELA, *Das Obrigações em Geral* (7.ª ed.), Coimbra, Almedina, 2014ʳ, vol. II, p. 520; ALMEIDA COSTA, *Direito das Obrigações* (12.ª ed.), Lisboa, Almedina, 2014ʳ, p. 912.

[59] O *curatore* constitui um dos órgãos do *fallimento*, previsto nos artigos 27.º ssq., nomeado na sentença de declaração do *fallimento*, a quem incumbe a administração da massa insolvente (artigos 27.º e 31.º) e a tramitação do processo, sob a vigilância de um *giudice delegato* e do *comitato dei creditori*.

a) Os pagamentos de bens e serviços efectuados no exercício da actividade da empresa *nei termini d'uso, i.e.,* de acordo com os usos normais do comércio;
b) Os pagamentos e remessas efectuados para uma conta corrente bancária, contanto que não tenham reduzido de forma substancial e duradoura a exposição passiva do falido diante da banca;
c) As vendas e actos preliminares de venda sujeitos a registo nos termos do artigo 2645-bis do *Codice Civile*[60], cujos efeitos não tenham cessado nos termos do terceiro parágrafo da referida norma[61], concluídos por um preço justo e tendo por objecto imóveis para uso habitacional, destinados a constituir a habitação principal do adquirente ou dos seus parentes e afins até ao terceiro grau, ou imóveis para uso não habitacional destinados a constituir a sede principal da actividade da empresa adquirente, desde que, na data da declaração de insolvência, a referida actividade seja efectivamente exercida ou tenham sido realizados investimentos para lhes dar início;
d) Os actos, pagamentos e garantias realizados relativamente a bens do devedor, contanto que tenha sido posto em execução um plano idóneo a permitir o saneamento da exposição à dívida da empresa e a assegurar o reequilíbrio da sua situação financeira;[62]

---

[60] Nos termos do respectivo n.º 1, "I contratti preliminari aventi ad oggetto la conclusione di taluno dei contratti di cui ai numeri 1), 2), 3) e 4) dell'articolo 2643 [1) i contratti che trasferiscono la proprietà di beni immobili; 2) i contratti che costituiscono, trasferiscono o modificano il diritto di usufrutto su beni immobili, il diritto di superficie i diritti del concedente e dell'enfiteuta; 2-bis) i contraenti che trasferiscono, costituiscono o modificano i diritti edificatori comunque denominati, previsti da normative statali o regionali, ovvero da strumenti di pianificazione territoriale; 3) i contratti che costituiscono la comunione dei diritti menzionati nei numeri precedenti;4) i contratti che costituiscono o modificano servitù prediali, il diritto di uso sopra beni immobili, il diritto di abitazione;], anche se sottoposti a condizione o relativi a edifici da costruire o in corso di costruzione, devono essere trascritti se risultano da atto pubblico o da scrittura privata con sottoscrizione autentica o accertata giudizialmente."

[61] Nos termos do artigo 2645-bis, 3, "Gli effetti della trascrizione del contratto preliminare cessano e si considerano come mai prodotti se entro un anno dalla data convenuta tra le parti per la conclusione del contratto definitivo, e in ogni caso entro tre anni (1) dalla trascrizione predetta, non sia eseguita la trascrizione del contratto definitivo o di altro atto che costituisca comunque esecuzione del contratto preliminare o della domanda giudiziale di cui all'articolo 2652, primo comma, numero 2)."

[62] A veracidade dos elementos empresariais e a viabilidade do plano devem ser atestadas por um profissional independente designado pelo devedor, inscrito no registo de revisores

e) Os actos, pagamentos e garantias constituídos em execução de concordato preventivo, de administração controlada, não só do acordo homologado nos termos do artigo 182.º-bis, como também dos actos, pagamentos e garantias constituídos depois do depósito do recurso previsto no artigo 161.º;
f) Os pagamentos das contrapartidas pelas prestações de trabalho efectuados por dependentes e outros colaboradores, desde que não subordinados ao falido;
g) Os pagamentos de débitos líquidos e exigíveis realizados no prazo de vencimento para obter a prestação de serviços instrumentais ao acesso aos processos de insolvência, de administração controlada e de concordato preventivo.

As normas consagradas no artigo 67.º não são aplicáveis aos institutos de emissão de moeda, às operações de crédito sobre penhor e de crédito fundiário, salvo disposição de lei especial em contrário.

Em especial, o artigo 67.º-bis regula a matéria dos patrimónios destinados a uma finalidade específica, estando, segundo as suas disposições, sujeitos à *revocatoria* os actos que incidam sobre o tipo de patrimónios previsto no artigo 2447-bis, primeiro parágrafo, a) do *Codice Civile*[63] quando prejudiquem o património da sociedade. O pressuposto subjectivo da acção consiste no conhecimento da situação de insolvência da sociedade.

O artigo 68.º exclui da aplicação do segundo parágrafo do artigo 67.º o pagamento de uma letra de câmbio, que não pode ser revogado se o portador devesse aceitá-lo para não perder a acção cambiária de regresso. Nessa eventualidade, o último responsável em via de regresso deveria devolver a soma conseguida ao curador, desde que este provasse o conhecimento do estado de insolvência pelo principal responsável, aquando do endosso.

legais e em posse dos requisitos previstos no artigo 28.º, a) e b). Para os efeitos da mencionada alínea d), o profissional é independente quando não pertence à empresa nem tem interesse de ordem pessoal ou profissional na operação de saneamento que possa comprometer a sua independência, devendo preencher os requisitos previstos no artigo 2399.º do *Codice Civile* e não ter prestado, nem sequer como intermediário de sujeitos com os quais forma uma associação profissional, actividade de trabalho subordinado ou independente a favor do devedor nos cinco últimos anos ou participado nos órgãos de administração ou de controlo. O plano acima referido pode ser publicado no registo da sociedade a pedido do devedor.

[63] Nos termos da mencionada alínea a), "La società può: a) costituire uno o più patrimoni ciascuno dei quali destinato in via esclusiva ad uno specifico affare."

Por fim, o artigo 69.º regula, em especial, os actos praticados pelo cônjuge do devedor. Os actos previstos no artigo 67.º que sejam praticados pelo cônjuge do falido na altura em que este detinha uma empresa comercial ou os gratuitos realizados com o cônjuge menos de dois anos antes da declaração de insolvência, mas no momento em que o falido exercia uma actividade comercial, estão sujeitos à *azione revocatoria* caso o cônjuge não demonstre que ignorava a situação de insolvência do cônjuge falido.

3.2.2 Ónus da Prova

Relativamente aos actos previstos nos artigos 64.º e 65.º, incumbe apenas ao curador a demonstração da prática dos actos no período suspeito identificado na lei, não existindo qualquer exigência de prova do conhecimento da situação de insolvência.

O artigo 67.º, parágrafo 1.º, prevê uma presunção favorável ao curador, recaindo sobre a contraparte o ónus da prova do desconhecimento da situação de insolvência do devedor.

Já no segundo parágrafo do mesmo artigo exige-se a demonstração pelo curador do conhecimento pela contraparte da situação de insolvência do devedor. O mesmo acontece no disposto na parte final do artigo 68.º.

No que respeita aos actos praticados entre cônjuges, incumbe ao cônjuge a prova de que ignorava a situação de insolvência do cônjuge falido.

3.2.3 Exercício e efeitos

Como *supra* referimos, os artigos 69.º-bis e 70.º regulam os aspectos relativos ao exercício da *azione revocatoria* e aos seus efeitos.

De acordo com o disposto no artigo 69.º-bis, existem dois prazos que deverão ser considerados para o exercício da acção em causa: um prazo de três anos contado a partir da data da declaração de insolvência e um prazo de cinco anos contado a partir da data da realização do acto. Prevê ainda o mesmo preceito que, nos casos em que o pedido de concordato preventivo seja seguido pela declaração de insolvência, o termo dos prazos identificados nos artigos 64.º, 65.º, 67.º, primeiro e segundo parágrafos, e 69.º se conte a partir da data da publicação do pedido de concordato no registo da empresa.

No que diz respeito aos efeitos, dispõe o artigo 70.º, no primeiro parágrafo, que a *azione revocatoria* de pagamentos ocorridos entre intermediários especializados, procedimento de compensação multilateral e sociedades previstas no artigo 1.º da Lei n.º 1966, de 23 de Novembro de 1939, se exerce e produz efeitos contra o destinatário da prestação.

Nos termos do segundo parágrafo do mesmo preceito, os sujeitos que tenham restituído, por efeito da acção, aquilo que receberam aquando da prática do acto são admitidos ao passivo falimentar pelo seu eventual crédito.

No caso de a *revocatoria* ter por objecto actos extintivos de posições passivas resultantes de relações de conta-corrente bancária ou outras relações de continuidade ou reiteradas, o terceiro deve restituir um valor correspondente à diferença entre o montante máximo alcançado com a sua pretensão, no período em que é demonstrado o conhecimento da situação de insolvência, e o montante residual na data em que se iniciou o processo de insolvência, sem prejuízo do direito da parte de invocar um crédito de valor correspondente a quanto restituiu.

Por fim, refira-se que, para além do exercício da *revocatoria fallimentare* no âmbito do processo de insolvência, o curador pode, nos termos do artigo 66.º, requerer a declaração de ineficácia de actos praticados pelo devedor em prejuízo dos credores, nos termos dos artigos 2901.º e seguintes do *Codice Civile*,[64] nas situações em que a *revocatoria fallimentare* já não é possível. A acção será apresentada no tribunal competente para conhecimento dos processos de insolvência, seja contra a contraparte, seja contra os sucessores, quando tenham legitimidade.

---

[64] Nos termos do artigo 2901.º do *Codice Civil*, são condições para a declaração de ineficácia dos actos prejudiciais aos credores (i) o conhecimento pelo devedor do prejuízo que o acto pudesse causar ao direito dos credores ou, tratando-se de acto anterior ao surgimento do crédito, que o acto fosse praticado com dolo com o fim de prejudicar a satisfação do crédito; (ii) tratando-se de acto a título gratuito, o conhecimento pelo terceiro do prejuízo e, no caso de se tratar de acto anterior ao surgimento do crédito, a participação do terceiro na intenção dolosa. A prestação de garantia, também por dívidas de terceiro, é considerada acto a título oneroso, quando seja simultânea ao crédito garantido. Não se encontra sujeito ao regime da *revocatoria ordinaria* o cumprimento de um crédito vencido.

3.3 Direito Espanhol

Na *Ley Concursal*, aprovada pela *Ley 22/2003*, de 9 de Julho (publicada no *Boletín Oficial del Estado*, n.º 164, de 10 de Julho de 2003)[65] – diploma que regula a matéria do Direito da Insolvência em Espanha –, o legislador consagrou, de igual modo, um capítulo dedicado aos efeitos dos actos prejudiciais para a massa insolvente, inserido no Título III, relativo aos *efectos de la declaración de concurso*, regulando toda a matéria em quatro artigos: os 71.º a 73.º da *Ley Concursal*.[66]

O meio previsto para actuar contra actos prejudiciais para os credores é a chamada *acción de reintegración*, prevista no artigo 71.º da *Ley Concursal*. Neste artigo, determina-se os actos que podem ser *rescindibles* e em que circunstâncias, os actos que em caso algum poderão ser sujeitos à acção de reintegração, e os que, sem admitir prova em contrário ou admitindo-a, poderão ser considerados prejudiciais aos interesses dos credores.

3.3.1 Tipologia de Actos Prejudiciais

Nos termos do n.º 1 do artigo 71.º, poderão ser objecto da acção de reintegração prevista na *Ley Concursal* actos prejudiciais à massa realizados pelo devedor nos dois anos anteriores à declaração de insolvência, independentemente da existência de intenção fraudulenta.

Nos termos do n.º 2 do mencionado preceito, o prejuízo presume-se de forma inilidível e, portanto, sem admitir prova em contrário, no caso de actos gratuitos, com excepção das *liberalidades de uso* (donativos), e no caso de pagamentos ou outros actos extintivos das obrigações cujo vencimento fosse posterior à declaração de insolvência, excepto se existir garantia real, caso em que se aplica o n.º 3.

Por seu turno, o n.º 3 do artigo 71.º apresenta um conjunto de actos susceptíveis de prejudicar a massa insolvente, mas que, ao contrário dos anteriores, beneficiam de uma presunção ilidível: negócios a título oneroso

---

[65] A versão consolidada, com a última alteração publicada em 1 de Outubro de 2014 (BOE, n.º 238, de 1 de Outubro de 2014, pp. 77261-77289), encontra-se disponível na *Internet*, no sítio da *Agencia Estatal, Boletín Oficial del Estado*, do Ministério da Presidência do Governo Espanhol, em *https://www.boe.es/buscar/act.php?id=BOE-A-2003-13813*.

[66] Doravante, os artigos mencionados nesta secção sem indicação do diploma legal devem considerar-se referentes à *Ley Concursal*.

realizados a favor de alguma das pessoas especialmente relacionadas com o insolvente; constituição de garantias reais a favor de obrigações preexistentes ou de novas obrigações contraídas em substituição daquelas; pagamentos e outros actos extintivos das obrigações que estivessem garantidos com garantia real e cujo vencimento fosse posterior à declaração de insolvência.

De acordo com o n.º 5 do artigo 71.º, estão excluídos desta acção de reintegração três tipos de actos: actos ordinários da actividade profissional ou empresarial do devedor, desde que realizados em condições normais; actos praticados no âmbito das leis especiais reguladoras dos sistemas de pagamentos, compensação e liquidação de valores e instrumentos derivados; as garantias constituídas a favor de créditos de direito público e a favor do *Fondo de Garantía Salarial* nos acordos ou convénios de recuperação previstos em lei especial.

Por fim, nos termos do n.º 6 do artigo 71.º, qualquer acção de impugnação de actos do devedor que não sejam conformes ao Direito poderá ser exercida concomitantemente com as acções de reintegração perante o juiz do processo de insolvência, em respeito pelas normas que regulam a legitimidade e o procedimento (artigo 72.º).

O artigo 71.º-bis[67] acrescenta outra excepção à acção de reintegração: os chamados *acuerdos de refinanciación*.

Nos termos do n.º 1 do mencionado preceito, não poderão ser objecto de rescisão os acordos de refinanciamento alcançados pelo devedor, assim como negócios, actos e pagamentos, independentemente da forma como foram efectuados, e as garantias constituídas em execução dos mencionados acordos, quando através deles se tenha procedido, pelo menos, a uma ampliação significativa do crédito disponível ou a uma modificação das obrigações, quer através da prorrogação do prazo de vencimento, quer através da substituição das obrigações por outras novas, sempre que esteja em causa um plano de viabilidade que permita a continuação da actividade profissional ou empresarial no curto e médio prazo e quando realizados antes da declaração de insolvência, desde que: (i) o acordo tenha sido subscrito por credores cujos créditos representassem, pelo menos, três quintos do passivo do devedor na data da celebração do acordo de refinanciamento;[68] (ii) seja emitida certificação pelo auditor das contas

---

[67] Introduzido pela última alteração à *Ley Concursal* (*Ley 17/2014, de 30 de septiembre*).
[68] No caso de acordos de grupo, a percentagem referida calcular-se-á de forma individual, em relação a todas as sociedades afectadas, ou de forma consolidada, em relação aos créditos

do devedor a respeito da insuficiência do passivo, exigida para a adopção do acordo, ou, caso não exista, pelo auditor nomeado pelo conservador do registo comercial da área do domicílio do devedor ou da sociedade dominante, caso se trate de um grupo ou subgrupo de sociedades; (iii) o acordo tenha sido formalizado através de instrumento público, ao qual se tenha anexado todos os documentos que comprovavam o seu conteúdo e o cumprimento dos requisitos anteriores.

Também não estarão sujeitos às acções de reintegração todos os actos que, sendo anteriores à declaração de insolvência, não integrem o disposto no n.º 1, mas cumpram as seguintes condições (no momento da outorga do instrumento público em que estabeleça o acordo), seja de forma individual ou conjuntamente com outros que tenham sido realizados no âmbito da execução do mesmo acordo de refinanciamento: i) incrementem a proporção de activo sobre passivo existente; (ii) o activo corrente resultante seja superior ou igual ao passivo corrente; (iii) o valor das garantias constituídas a favor dos credores intervenientes não exceda nove décimos do valor da dívida pendente a favor daqueles, nem a proporção de garantias sobre dívida pendente que existisse antes do acordo;[69] (iv) o tipo de juros aplicável à dívida subsistente ou resultante do acordo de refinanciamento a favor dos credores intervenientes não exceda em mais de um terço o aplicável à dívida anterior; (v) o acordo tenha sido formalizado em instrumento público outorgado por todas as partes intervenientes e com menção expressa às razões que o justificaram do ponto de vista económico, aos diversos actos e negócios realizados entre o devedor e os credores intervenientes, com especial menção às condições previstas nas alíneas anteriores.[70]

---

de cada grupo ou subgrupo afectados e excluindo, em ambos os casos, do cômputo do passivo os empréstimos e créditos concedidos por sociedades de grupo (1.º do n.º 6 do artigo 71.º da *Ley Concursal*).

[69] Nos termos do n.º 2 da Disposição Adicional Quarta da *Ley Concursal*, entende-se por valor da garantia o valor real de que goze cada credor em resultado da dedução, dos nove décimos do valor razoável do bem sobre o qual está constituída a garantia, das dívidas pendentes que gozem de garantia preferente sobre o mesmo bem, sem que em nenhum caso o valor da garantia possa ser inferior a zero nem superior ao valor do crédito do credor correspondente.

[70] Para verificar o cumprimento das duas primeiras condições enunciadas, ter-se-á de considerar todas as consequências de índole patrimonial ou financeira, incluindo as fiscais, as cláusulas de vencimento antecipado e outras similares, resultantes de actos praticados, mesmo quando se produzam em relação a credores não intervenientes.

Salvaguarda-se a possibilidade de impugnação dos mencionados acordos, nos termos do n.º 3 do artigo 71.º-Bis[71] e do n.º 2 do artigo 72.º.

3.3.2 Ónus da Prova

No que respeita ao carácter prejudicial dos actos, prevendo-se uma presunção *iuris et de iure* no n.º 2 do artigo 71.º, fica afastado qualquer tipo de prova. Já no que respeita ao n.º 3, poderá a contraparte demonstrar que o acto não tem carácter prejudicial. Nos termos do n.º 4 do artigo 71.º, relativamente aos restantes actos não previstos nos n.ºs 2 e 3 do mesmo artigo, o prejuízo patrimonial deverá ser demonstrado por quem apresentou a acção de reintegração.

Nas acções de reintegração ou de impugnação que podem ser apresentadas relativamente aos casos previstos no artigo 71.º-bis, incumbe a quem a apresenta a prova do não cumprimento das condições previstas no mencionado preceito (artigo 72.º, n.º 2).

3.3.3 Exercício e efeitos

No que respeita à legitimidade activa, dispõe o n.º 1 do artigo 72.º que as acções de reintegração e restantes acções de impugnação são apresentadas pela administração da insolvência, podendo ainda ser apresentadas pelos credores da insolvência, em caso de inércia da referida administração nos dois meses seguintes à apresentação do requerimento, pelos credores, a solicitar o exercício de alguma das acções, onde se assinala o acto concreto que se visa resolver ou impugnar e o respectivo fundamento.[72]

---

[71] Por fim, a respeito do regime do artigo 71.º-bis, é permitido ao devedor e aos credores solicitar a nomeação de um perito independente (nomeação que será feita pelo conservador do registo comercial da área do domicílio do devedor, de entre profissionais idóneos para a função, que ficarão sujeitos às condições previstas no artigo 28.º e ao regime de incompatibilidades previsto para os auditores de contas) para verificar o carácter razoável e concretizável do plano de viabilidade, a proporcionalidade das garantias de acordo com as condições normais de mercado no momento da assinatura do acordo, assim como as demais menções previstas.

[72] Nesta eventualidade, as custas serão determinadas nos termos do n.º 4 do artigo 54.º, segundo o qual a acção ficará a cargo dos credores, sendo, em caso de procedência total ou parcial, reembolsadas as custas na devida proporção.

No entanto, apenas a administração da insolvência terá legitimidade para exercer a acção rescisória ou qualquer outra acção de impugnação que tenha relação com os acordos de refinanciamento previstos no artigo 71.º-bis, não havendo lugar à legitimidade subsidiária referida *supra*.

Quanto à legitimidade passiva, nos termos do n.º 3 do artigo 72.º, as acções de reintegração deverão ser apresentadas contra o devedor, contra quem haja sido parte no acto impugnado e contra o terceiro transmissário do bem, caso se pretenda integrar na massa um bem que já tenha sido transmitido a terceiros e afastar a presunção de boa fé do adquirente, ou atacar a protecção conferida pela publicidade do registo.

Qualquer acção será tramitada como incidente, nos termos do nº 4 do artigo 72.º. Quando sejam os legitimados subsidiários a apresentar a acção, a administração da insolvência é notificada.

Relativamente aos efeitos, nos termos do n.º 1 do artigo 73.º, a sentença que considerar procedente a acção declarará a ineficácia do acto impugnado e condenará as partes à restituição das prestações associadas, dos seus frutos e juros. Caso os bens ou direitos não possam regressar à massa insolvente por pertencerem a terceiro não demandado ou que, de acordo com a sentença, tenha agido de boa fé ou gozasse de protecção do registo, determina o n.º 2 do artigo 73.º que sejam condenadas as partes do acto a entregar o valor dos bens à data da sua saída do património do devedor insolvente, acrescido dos juros legais. Caso a sentença determine que o terceiro agiu de má fé, este será condenado a indemnizar a totalidade dos danos e prejuízos causados à massa insolvente.

Nos termos do n.º 3 do artigo 73.º, o direito do terceiro à prestação em resultado da procedência da acção de reintegração será qualificado como crédito contra a massa que deverá ser satisfeito em simultâneo com a reintegração dos bens e direitos à massa, a não ser que a sentença julgue a má fé do credor, qualificando-se, nesse caso, como crédito subordinado.

4. Apreciação

A análise da evolução história da resolução em benefício da massa no Direito Português e dos mecanismos semelhantes existentes noutros ordenamentos jurídicos permite-nos, neste ponto da análise, verificar que a finalidade primária do instituto reside na reconstituição do património do devedor, após a declaração de insolvência, para protecção dos interesses dos credores. Este desiderato resulta do próprio preâmbulo do CIRE (ponto 41) e da conjugação dos seus artigos 1.º e 120.º e seguintes. Sendo a finalidade do processo de insolvência a satisfação do interesse dos credores, também o instituto da resolução em benefício da massa, em todo o seu regime, deve ser entendido como mecanismo de protecção do interesse dos credores, ao permitir a cessação da produção de efeitos de determinados actos praticados pelo devedor, por outros credores e por terceiros, considerados prejudiciais para a massa insolvente, e a consequente recuperação de bens e valores para o património do devedor.

Este mecanismo de protecção dos credores decorre do princípio da responsabilidade patrimonial, princípio basilar do Direito Civil, segundo o qual, em caso de incumprimento do devedor, todos os bens compreendidos no seu património respondem perante todos os credores, em igualdade de circunstâncias, salvo as causas legítimas de preferência, sendo-lhes conferido um poder de execução contra o património do devedor para obtenção do pagamento do seu crédito e do ressarcimento pelo não cumprimento atempado e nos termos contratados (artigos 601.º e seguintes do CC).

Para além disso, ressalta a relação intrínseca estabelecida entre os credores e o património do devedor: em função dessa relação determinar-se-á o carácter prejudicial de actuações do devedor, em período próximo à insolvência, que lesem os interesses dos credores e o princípio da igualdade. Os direitos e os interesses dos credores face ao património do devedor são, a partir da declaração de insolvência, personificados na massa insolvente, como resulta do disposto no n.º 1 do artigo 46.º.

Por conseguinte, partiremos destes dois elementos-chave – a garantia patrimonial e a prejudicialidade (entendida não como pressuposto, mas como relação íntima entre o interesse dos credores e a actuação do devedor no domínio do seu dever de prestar) – para estudar a resolução em benefício da massa prevista no CIRE, identificando os princípios basilares do Direito que lhe subjazem.

Capítulo III - Garantia Patrimonial

1. Garantia Geral das Obrigações

Um dos princípios fundamentais do Direito das Obrigações é o princípio da responsabilidade patrimonial, consagrado no artigo 601.º do CC, segundo o qual "Pelo cumprimento da obrigação respondem todos os bens do devedor susceptíveis de penhora, sem prejuízo dos regimes especialmente estabelecidos em consequência da separação de patrimónios."[73]

O processo de insolvência constitui "um processo de execução universal que tem como finalidade a satisfação dos credores pela forma prevista num plano de insolvência (...) ou, quando tal não se configure possível, na liquidação do património do devedor insolvente e a repartição do produto obtido pelos credores" (artigo 1.º, n.º 1). "Todo o património do devedor à data da declaração de insolvência, bem como os bens e direitos que ele adquira na pendência do processo" (artigo 46.º, n.º 1) compõe a massa insolvente, que se destina "à satisfação dos credores da insolvência, depois de pagas as próprias dívidas."

---

[73] Identificado como "princípio de direito verdadeiramente fundamental: dominador de toda a estrutura do Direito das Obrigações" por PAULO CUNHA, "O Património do devedor garantia comum dos credores: os credores têm o poder virtual de execução sobre o património do devedor", *O Direito* LXVI (1934), p. 102. Sobre o princípio da responsabilidade patrimonial, vide VAZ SERRA, "Responsabilidade Patrimonial", *BMJ* LXXV (1958), pp. 10 ssq.; MENEZES CORDEIRO, *Tratado de Direito Civil*, Coimbra, Almedina, 2014r, vol. IX (Direito das Obrigações), pp. 502-503; MENEZES LEITÃO, *Direito das Obrigações* (11.ª ed.), Coimbra, Almedina, 2014, vol. I (*Introdução. Da Constituição das Obrigações*), pp. 53-59.

Assim, o princípio da responsabilidade patrimonial assume, também no Direito material da Insolvência, um papel de relevo, atendendo a que é na fase da insolvência do devedor, e sobretudo após a sua declaração (artigos 3.º, 20.º e 36.º e seguintes), que o princípio se concretiza na sua plenitude, respondendo todo o património do devedor pela impossibilidade de cumprimento das obrigações vencidas perante todos os credores com créditos reconhecidos, de acordo com a sua qualificação (artigos 173.º e seguintes).

Por conseguinte, a análise da garantia patrimonial no âmbito do Direito Civil e da sua repercussão no Direito da Insolvência bem como a identificação de princípios fundamentais extensíveis à matéria insolvencial serão fundamentais para a análise de um instituto típico do Direito material da Insolvência mas com as suas raízes no Direito Civil, tal como resultou da análise histórica que anteriormente realizámos.

A matéria atinente à garantia geral das obrigações encontra o seu regime consagrado nos artigos 601.º a 604.º do CC, integrados no Capítulo V do Título II, *Das obrigações em geral*, do Livro II do CC, respeitante ao Direito das Obrigações. Resulta, numa primeira análise, dos mencionados preceitos que, regra geral, todos e apenas os bens do devedor respondem pelo cumprimento das suas obrigações, salvo as excepções determinadas por lei relativamente à separação de patrimónios, bem como os limites estabelecidos por convenção das partes e por determinação de terceiro. Resulta, também, que todos os credores concorrem, em igualdade de circunstâncias, ao património do devedor quando este é insuficiente para satisfazer de forma integral os créditos, sendo pagos proporcionalmente ao valor dos bens, salvo se existirem causas de legítima preferência, entre as quais se identificam algumas das garantias especiais das obrigações previstas nos artigos 623.º e seguintes do CC.

No entanto, para que se possa compreender em que consiste a denominada garantia geral das obrigações, bem como o seu regime, revela-se necessário recuar à origem da obrigação e, por conseguinte, à criação do "vínculo por virtude do qual uma pessoa fica adstrita para com a outra à realização de uma prestação", nos termos do artigo 397.º do CC.

1.1 Direito à prestação e dever de prestar

No âmbito da liberdade contratual concedida pelo Direito, nos termos do artigo 405.º do CC, as partes podem determinar livremente o conteúdo da relação jurídica que pretendem que vigore entre si, dentro dos limites previstos na lei, nomeadamente dos constantes do artigo 280.º do CC. Da convergência de duas ou mais vontades, expressas através de declarações negociais, nos termos dos artigos 217.º e seguintes do CC, cria-se toda a regulação entre as partes e determina-se os efeitos por si pretendidos.

Encontram-se reunidos todos os elementos necessários para a constituição de uma obrigação: os sujeitos (credor e devedor); o objecto (a prestação); e o vínculo (relação existente entre os sujeitos, que determina a correlação entre os direitos e poderes de um e os deveres do outro).[74]

Independentemente do conteúdo do negócio celebrado entre as partes, constituem objecto de qualquer obrigação o direito à prestação e o correlativo dever de prestar.

O direito à prestação consiste no direito do credor à realização de um seu interesse, conforme estipulado pelas partes, por meio de uma actuação do devedor ou de terceiro, quer positiva, quer negativa, e com ou sem carácter patrimonial. O ponto fulcral deste direito à prestação incide no interesse do credor e na finalidade que com a obrigação se pretenda alcançar.[75]

O dever de prestar consiste na vinculação jurídica a que o devedor se encontra adstrito de cumprir os termos negociais e, nomeadamente, de realizar a prestação (*i.e.*, o interesse do credor), sob pena das consequências do não cumprimento. Trata-se de um dever jurídico, exigível e, portanto, marcado pelo cunho da juridicidade.[76]

Este direito à prestação e dever de prestar encontram-se correlacionados, dependendo a satisfação do interesse do credor do cumprimento do dever por parte do devedor e implicando que uma falha no cumprimento dê origem a uma afectação do direito à prestação.[77] No entanto, o direito e o dever de prestar não apresentam apenas o alcance acima referido. Nas palavras de Menezes Leitão,[78] "Efectivamente, a ordem jurídica não poderia apenas reconhecer ao credor um direito à prestação e ao devedor um dever de prestar, sem assegurar por alguma forma a realização desse direito

---

[74] Tripartição identificada por ANTUNES VARELA, *Das Obrigações em Geral* (10.ª ed.), Coimbra, Almedina, 2014ʳ, vol. I, p. 73.
[75] IDEM, *ibidem*, vol. I, pp. 78-81.
[76] IDEM, *ibidem*, vol. I, pp. 118-121.
[77] Antunes Varela (*op. cit.*, vol. I, pp. 128-129) identifica a existência de uma "relação normal de correspondência" entre o direito à prestação e o dever de prestar.
[78] MENEZES LEITÃO, *op. cit.*, vol. I, p. 54.

ou o cumprimento desse dever". É essa forma de realização do direito ou cumprimento do dever que analisaremos de seguida.

1.2 Poder virtual de execução

Inerente ao direito à prestação, encontra-se o direito do credor à realização coactiva da prestação em caso de incumprimento por parte do devedor e inerente ao dever de prestar encontra-se a adstrição do devedor à realização da prestação. Identifica-se aqui, como referido por Antunes Varela,[79] o elemento de juridicidade do vínculo estabelecido.

Trata-se da garantia geral do cumprimento da obrigação, *i.e.*, da segurança[80] ou da expectativa[81] dada ao credor, aquando da contratação, de que terá ao seu dispor meios judiciais capazes de tutelar os interesses visados com a contratação, respondendo todo o património do devedor em caso de incumprimento, nos termos do já mencionado artigo 601.º do CC[82]. No entender de Menezes Cordeiro,[83] "a garantia geral das obrigações traduz-se no conjunto de normas jurídicas que visa tutelar os créditos através dos esquemas próprios da responsabilidade patrimonial" e poderá alcançar duas acepções: a primeira como "conjunto de bens penhoráveis do devedor que respondem, efectivamente, por determinadas dívidas"; a segunda como "situação jurídica em que o credor e o devedor se encontram envolvidos, por força das regras da responsabilidade patrimonial".

A garantia do cumprimento não se concretiza num direito de efectiva e imediata apropriação do património do devedor, mas de um poder vir-

---

[79] ANTUNES VARELA, *op. cit.*, vol. I, pp. 129-132.
[80] Termo utilizado por PEDRO ROMANO MARTINEZ e PEDRO FUZETA DA PONTE, *Garantias de Cumprimento* (5.ª ed.), Coimbra, Almedina, 2006, p. 13.
[81] JOÃO CURA MARIANO, *Impugnação Pauliana* (2.ª ed.), Coimbra, Almedina, 2008, p. 83: "A simples possibilidade de execução do património do devedor (...) resulta numa mera expectativa juridicamente tutelada, sendo atribuídos aos credores uma série de direitos de interferência na situação do património que responde pela satisfação dos seus créditos, no sentido de o preservar apto a cumprir essa função". *Cf.* JANUÁRIO DA COSTA GOMES, *Assunção Fidejussória de Dívida – Sobre o sentido e o âmbito da vinculação como fiador* (Diss. Universidade de Lisboa, Faculdade de Direito), Lisboa, Almedina, 2000, p. 20.
[82] Sobre a garantia geral, *vide* MENEZES LEITÃO, *op. cit.*, vol. II (*Transmissão e Extinção das Obrigações. Não Cumprimento e Garantias do Crédito*), pp. 281-282.
[83] MENEZES CORDEIRO, *op. cit.*, vol. IX, p. 505.

tual de execução, como vem referido por parte da doutrina.[84] Trata-se de um poder virtual, uma vez que, independentemente do cumprimento ou do não cumprimento, existe, no momento da constituição da própria obrigação, a susceptibilidade de afectação coerciva da totalidade do património do devedor e não já um efectivo direito de execução,[85] que apenas se constitui no momento do incumprimento e é apenas exercível mediante o recurso ao poder judicial, determinando-se aí, quer numa execução singular quer plural ou universal, os concretos bens que respondem pelas dívidas do devedor.

Menezes Cordeiro[86] atribui à garantia geral das obrigações "a simples natureza de uma permissão normativa genérica de actuação das regras de responsabilidade patrimonial". No entanto, como referido *supra*, esta permissão encontra-se condicionada ao não cumprimento, pelo que, no momento da celebração do contrato, a garantia geral poderá constituir uma potencial ou virtual permissão normativa de actuação das regras de responsabilidade patrimonial. Na verdade, como referido por Gomes da Silva,[87] o credor beneficia, antes, de uma "reserva permanente" do conjunto dos bens do devedor com a própria constituição da relação obrigacional, concretizando-se assim a "permanente adstrição do património à garan-

---

[84] PAULO CUNHA, *Da Garantia nas Obrigações (Apontamentos das aulas de Direito Civil do 5.º ano da Faculdade de Direito da Universidade de Lisboa, Regência do Prof. Doutor Paulo Cunha, pelo aluno Eudoro Pamplona Côrte-Real)*, Lisboa, 1938-1939, tomo I, pp. 96 ssq.; IDEM, "O património do devedor garantia comum dos credores", pp. 103-104. No entender de MENEZES LEITÃO (*op. cit.*, vol. II, pp. 281-282), "regra geral os credores contam apenas para a satisfação dos seus créditos com a possibilidade de executar o património do devedor e proceder à venda judicial dos seus bens para se pagarem com o produto da venda."
[85] Até porque a liberdade jurídica do devedor se conserva mesmo com a garantia patrimonial, conforme refere CUNHA, *Da Garantia nas Obrigações*, tomo I, p. 360: "O próprio mecanismo da garantia geral das obrigações coloca os crèdores na contingência de sofrer as vicissitudes por que passar o património responsável, conservando o devedor a sua liberdade jurídica."
[86] *Cf.* MENEZES CORDEIRO, *op. cit.*, vol. IX, p. 507, para quem "O património do devedor, no prisma da garantia geral, é apenas o meio de realização de direitos que implicam o aproveitamento de bens que com ele se identificam – as prestações. / Mas, mesmo instrumentalmente, o património do devedor, pela sua eminente indeterminação e variabilidade – que pode ir até à sua inexistência – é insusceptível de consubstanciar o substrato necessário à existência de um direito subjectivo, tal como o entendemos."
[87] GOMES DA SILVA, *Conceito e Estrutura da Obrigação*, Dissertação de Doutoramento em Direito (ciências histórico-jurídicas) na Universidade de Lisboa, Lisboa, 1943, pp. 180-182

tia da obrigação", em consequência da adstrição pessoal[88] do devedor ao cumprimento da obrigação.

Daí a expressão correntemente usada na doutrina de que o património do devedor é a "garantia comum dos credores" ou a expressão adoptada pelo legislador de "garantia geral das obrigações."[89]

Distinto do direito à prestação, o direito à execução confere ao credor o poder de promover a apreensão, penhora e venda dos bens do devedor e de conservar o património,[90] de forma a satisfazer o seu interesse. Por outras palavras, o direito de execução permite ao credor a realização coactiva do direito à prestação, que consiste no direito principal da relação obrigacional.

1.3 Responsabilidade patrimonial do devedor

Por seu turno, o dever de prestar corresponde a um dever pessoal do devedor de cumprir, com a diligência devida, o vínculo pessoal a que se adstringiu, nomeadamente de satisfazer o interesse do credor, e, simultaneamente, o dever de não prejudicar a garantia patrimonial dos credores, *i.e.*, não comprometer a satisfação integral dos interesses dos credores e não afectar o seu património em prejuízo daqueles.[91] A responsabilidade patrimonial do devedor surge neste âmbito. Conforme o ensinamento de Paulo Cunha,[92] "sendo a obrigação um vínculo pessoal, compreende-se que se a própria pessoa está adstrita, com mais razão o estará tudo o que pertence à pessoa do devedor, tudo o que constitui a sua esféra jurídica de bens" e "Se é uma pessoa que fica vinculada, todos os seus bens respondem por todas as suas obrigações."

---

[88] Refira-se que a adstrição pessoal a que se faz referência é distinta da responsabilidade pessoal dos primórdios do Direito, em que o devedor, em caso de incumprimento, respondia perante os credores com a sua própria pessoa. Sobre a evolução da responsabilidade pessoal para a responsabilidade patrimonial, *vide* SANTOS JUSTO, *A execução: pessoal e patrimonial: direito Romano*, cit., pp. 277-300.

[89] Sobre este tema, *vide* CUNHA, *op. cit.*, tomo I, pp. 96 *ssq.*; IDEM, "O património do devedor garantia comum dos credores", pp. 98-104; MENEZES LEITÃO, *op. cit.*, vol. II, pp. 281-282; ROMANO MARTINEZ e FUZETA DA PONTE, *op. cit.*, pp. 13-14; CURA MARIANO, *op. cit.*, pp. 82-83.

[90] GOMES DA SILVA, *op. cit.*, p. 215.

[91] Sobre o dever de prestar, como conduta ou resultado, e sobre a diligência devida, *vide* MENEZES CORDEIRO, *op. cit.*, vol. VI (Direito das Obrigações), pp. 477-488.

[92] CUNHA, *Da Garantia nas Obrigações*, tomo I, pp. 26-27.

Não se identifica aqui qualquer impedimento do devedor de gerir o seu património,[93] até porque sobre o património não se cria qualquer direito real sobre bens específicos, mas uma garantia geral, uma segurança.[94] O devedor apenas se encontra adstrito a não diminuir o seu património, em termos tais que a satisfação de todos os créditos fique prejudicada, e a responder com todo o seu património, presente ou futuro, em caso de incumprimento. No ensinamento de Paulo Cunha, "Respondem porque lá estão; respondem só enquanto lá estão", trazendo à colação a velha máxima do Direito francês: *Qui s'oblige, oblige le sien*.[95]

No entanto, importa salientar que não se trata aqui de um efectivo direito subjectivo dos credores, nomeadamente de um direito real sobre o património, com todas as características típicas dos direitos reais, em particular a sequela.[96] Nem o nosso Direito admitiria a existência de um direito de garantia real genérica sobre todo o património (quer sob a forma de penhor geral ou de direito real *sui generis* sobre uma universalidade), uma vez que, nessa eventualidade, o devedor ficaria aprisionado a apenas um credor, que deteria o monopólio da garantia e do direito de execução.[97]

Como já referimos, a garantia geral que emerge da relação jurídica constituída entre as partes resulta de um vínculo pessoal e só se efectiva com o incumprimento por parte do devedor e o consequente exercício, pelo credor, do direito de execução dos bens. Por essa razão, Antunes Varela[98] adverte para o seguinte: "antes de responder (pelo cumprimento das obrigações) com todos os seus bens, o devedor responde com a sua

---

[93] Conforme já acima salientado, e seguindo o entendimento de Paulo Cunha, a liberdade do devedor é conservada com a garantia patrimonial, *supra* nota 89
[94] CURA MARIANO, *op. cit.*, p. 83.
[95] CUNHA, *op. cit.*, tomo I, p. 27.
[96] Conforme entendimento de MENEZES CORDEIRO, *op. cit*, vol. IX, p. 507, "A existência de qualquer direito subjectivo pressupõe, para além de adequada permissão normativa, a existência de um bem, afecto, pela norma em causa, ao titular. A garantia geral das obrigações, como garantia em si, nunca propicia, ao credor, o aproveitamento de bens diferentes de prestações. (...) O património do devedor surge, apenas, como meio de efectivação das aludidas prestações". Para João Cura Mariano "o credor não tem nem um poder directo e imediato sobre essa universalidade (direito real de garantia), nem sequer lhe assiste o direito de crédito genérico de exigir do devedor a manutenção do seu património em termos de assegurar o cumprimento da respectiva obrigação." (CURA MARIANO, *op. cit.* p. 83).
[97] Sobre a colocação do problema da natureza da garantia geral e da sua inserção sistemática no Código Civil, *vide* VAZ SERRA, *loc. cit.*, pp. 14-19.
[98] ANTUNES VARELA, *op. cit.*, vol. II, p. 419, n. 1.

capacidade e vontade (determinação) a realizar a prestação devida". Por conseguinte, não se poderá defender a existência de uma relação directa e imediata dos credores com cada um dos bens compreendidos na massa patrimonial. Existe, antes sim, uma relação com o devedor e, por consequência, com todo o seu património.[99]

1.4 Princípios decorrentes da garantia patrimonial

Partindo das duas expressões referidas, o princípio da responsabilidade patrimonial concretiza-se em dois princípios distintos, ou, nas palavras de Almeida Costa,[100] encontra-se dominado por dois princípios básicos: o princípio de que o património do devedor responde pela generalidade das suas dívidas (ideia de generalidade); o princípio da igualdade dos credores face ao património do devedor (ideia de comunhão de ganhos e de perdas).

No que diz respeito ao primeiro princípio identificado, resulta que o devedor, com todo o seu património, é responsável pelo não cumprimento das suas obrigações. Inerente a este princípio encontra-se, também, o princípio da satisfação do interesse do credor, que se viu frustrado com o não cumprimento por parte do devedor.

No entanto, o princípio da responsabilidade patrimonial não é absoluto. Em primeiro lugar, nos termos conjugados do artigo 601.º do CC e do artigo 735.º do Código de Processo Civil (aprovado pela Lei n.º 41/2013, de 26 de Junho, doravante CPC), respondem pelo não cumprimento e constituem objecto de execução todos os bens do devedor susceptíveis de penhora. Por conseguinte, identifica-se uma primeira limitação à responsabilidade patrimonial ilimitada e que está directamente relacionada com os artigos 736.º a 739.º do CPC, que prevêem o regime dos bens absoluta, relativa e parcialmente penhoráveis. O facto de estar em causa, nalguns destes casos de impenhorabilidade legal, a garantia do mínimo para a sobrevivência condigna do devedor "reflecte o princípio de que o direito de garantia geral dos credores não pode impedir o devedor de dispor do seu património de

---

[99] Conforme resulta do ensinamento de CUNHA, *op. cit.*, tomo I, p. 98, "O património é responsável não por ser êle directamente sujeito à dívida, mas apenas porque, sendo sujeito da dívida a pessoa do devedor, tudo o que é seu responde conjuntamente com êle. Não há assim qualquer vínculo directo entre o direito dos credores e o património do devedor, e menos quanto às cousas que em cada momento em tal património se encontrarem."
[100] ALMEIDA COSTA, *op. cit.*, pp. 847-848.

modo a que não seja posto em causa o mínimo necessário à sua sobrevivência e dos seus dependentes."[101] Como referido por Antunes Varela,[102] o legislador fez uma ponderação dos interesses em presença, determinando em certos casos o sacrifício do interesse do credor.

Em segundo lugar, resulta também da norma a não aplicação absoluta do princípio da responsabilidade patrimonial, face aos "regimes especialmente estabelecidos em consequência da separação de patrimónios". Patrimónios autónomos consistem em conjuntos de bens que, por lei, se desintegram da totalidade do património do devedor e são afectos de forma especial a determinados fins, como é o caso da herança, dos bens comuns do casal, das sociedades[103]. Por conseguinte, poderão esses bens não responder pelas dívidas pessoais do devedor.

Em terceiro lugar, e chamando à colação o disposto nos artigos 602.º e 603.º do CC, o legislador consagrou a possibilidade de limitação da responsabilidade por convenção entre as partes[104] e por determinação de terceiros, o que confirma o carácter não absoluto do princípio da responsabilidade patrimonial.[105]

Acresce que o património do devedor é garantia comum dos credores, nos termos do n.º 1 do artigo 604.º do CC. Trata-se da consagração do princípio *par conditio creditorum*[106]: "Os credores têm direito de ser pagos proporcionalmente pelo preço dos bens do devedor, quando ele não chegue para integral satisfação dos débitos". Entre direitos de crédito, não existe, por

---

[101] CURA MARIANO, *op. cit.*, p. 105.
[102] ANTUNES VARELA, *op. cit.*, vol. II, pp. 422-423.
[103] Sobre a questão da separação de patrimónios, CUNHA, *op. cit.*, tomo I, pp. 40-84, 171-312; VAZ SERRA, *loc. cit.*, pp. 37-112; ANTUNES VARELA, *op. cit.*, vol. II, pp. 423-427.
[104] CURA MARIANO (*op. cit.*, p. 107) entende que, quando acorda em excluir determinados bens do património do devedor da responsabilidade pelo cumprimento do seu crédito, o credor não poderá exercer a impugnação pauliana sobre esses bens, como se do artigo 602.º do CC resultasse uma renúncia do credor a qualquer responsabilidade patrimonial daqueles bens. Em sentido diverso, MARIA DO PATROCÍNIO DA PAZ FERREIRA, *Impugnação Pauliana: Aspectos Gerais do Regime* (Diss.), Universidade de Lisboa, Faculdade de Direito, 1988 (texto policopiado), pp. 120-124, que entende que o artigo 602.º não prevê uma exclusão absoluta mas uma ordem de prioridade, sendo que os bens excluídos por via convencional continuam a responder subsidiariamente pela satisfação do crédito.
[105] Sobre as excepções ao princípio da responsabilidade ilimitada, ANTUNES VARELA, *op. cit.*, vol. II, pp. 427-429; ALMEIDA COSTA, *op. cit.*, p. 845-847; MENEZES LEITÃO, *op. cit.*, vol. I, pp. 56-57.
[106] A que faremos referência *infra*, ponto 3.1.2, pp. 115-119.

natureza, qualquer relação de prevalência ou de hierarquia, ao contrário do que acontece com os direitos reais, excepto se as partes tiverem estipulado entre si qualquer causa de preferência prevista na lei, conforme disposto no n.º 2 do artigo 604.º do CC. Relativamente aos créditos comuns (créditos que não têm associado qualquer direito de preferência), o património não constitui uma garantia específica das obrigações, ao contrário do que acontece com as garantias especiais previstas nos artigos 623.º a 761.º do CC. Qualquer credor, independentemente da natureza da obrigação e da data da constituição do seu crédito, tem o direito de, em caso de incumprimento por parte do devedor, actuar sobre os bens que, no momento da execução, integram o seu património, sem qualquer relação com a massa de bens existente ao momento da constituição do vínculo obrigacional.

A excepção a este princípio do tratamento igualitário entre credores consiste, precisamente, na existência de causas legítimas de preferência, que permitem que determinado credor seja pago antes dos restantes, relativamente a um específico bem ou a todo o património (como é o que acontece em relação a determinados privilégios creditórios).[107]

2. Meios de conservação do património no Direito Civil

Conforme assinalado *supra*, o direito e o dever de prestar apenas terão efectividade na medida em que o Direito preveja um conjunto de meios jurídicos que permita ao credor exigir o cumprimento do seu direito de crédito ao devedor e que garanta o cumprimento por parte deste.

No âmbito da garantia patrimonial, a existência de um poder virtual de execução dos credores sobre todo o património do devedor, que responde por todas as suas dívidas, implica necessariamente a existência de "meios jurídicos específicos, destinados à manutenção da integridade do património do devedor"[108], que permitam evitar um prejuízo para os credores e salvaguardar o interesse juridicamente relevante dos credores à satisfação do seu crédito. Nessa medida, no seguimento do ensinamento de Vaz Serra,[109] os meios específicos de que tratamos não consistem em meios de conservação do património do devedor, mas em meios de conservação da

---

[107] CUNHA, *op. cit.*, tomo I, pp. 103 *ssq.*; ANTUNES VARELA, *op. cit.*, vol. II, pp. 431-432; ALMEIDA COSTA, *op. cit.*, p. 847; MENEZES LEITÃO, *op. cit.*, vol. I, pp. 57-58, vol. II, pp. 303-304.
[108] Expressão adoptada por MENEZES CORDEIRO, *op. cit.*, vol. IX, p. 509.
[109] VAZ SERRA, *loc. cit.*, p. 147.

garantia geral dos credores, uma vez que está em causa não a preservação de específicos bens do devedor, mas a preservação do direito dos credores à satisfação do crédito através do património do devedor.

2.1 Actos que podem provocar prejuízos aos credores

Adoptando a linha de pensamento de Paulo Cunha[110] e Menezes Cordeiro[111], importa, antes de analisar os concretos meios de conservação da garantia patrimonial dos credores, atender ao objecto desses meios e aos modos através dos quais se pode causar prejuízo aos credores, afectando a sua garantia patrimonial e legitimando uma actuação conservatória sobre património do devedor.

Em primeiro lugar, para este domínio, apenas relevam factos que dependem da vontade do devedor, não já factos naturais e involuntários, que a lei não pode acautelar.[112]

Em segundo, terão de ser factos voluntários que implicam uma afectação negativa do património do devedor, capaz de colocar em causa a sua suficiência para o cumprimento das obrigações existentes, em condições de igualdade. Os Autores supramencionados fazem referência a uma ideia geral de diminuição do património.[113] No entanto, por nem sempre estar em causa uma efectiva diminuição de bens, como refere Paulo Cunha,[114] optámos por analisar esta questão partindo da existência de uma afectação negativa do património do devedor, i.e., da verificação de condicionalismos que, pela sua natureza e pelos seus efeitos, criam um prejuízo para os credores.

Em terceiro lugar, esta afectação pode ser concretizada em quatro modos fundamentais de prejuízo: diminuição do activo, aumento ou agravamento do passivo, frustração do princípio de igualdade entre os credores e o não aumento de património ou não diminuição do passivo.[115]

---

[110] CUNHA, op. cit., tomo I, pp. 314-319.
[111] MENEZES CORDEIRO, op. cit., vol. IX, pp. 509-512.
[112] CUNHA, op. cit., tomo I, pp. 314-315.
[113] IDEM, ibidem, tomo I, pp. 315-316, e MENEZES CORDEIRO, op. cit., vol. IX, p. 509.
[114] CUNHA, op. cit., tomo I, p. 316.
[115] IDEM, ibidem, pp. 314-316; MENEZES CORDEIRO, op. cit., vol. IX, pp. 509-512.

2.1.1 Diminuição do activo

No primeiro caso, teremos todas as situações em que ocorre uma transmissão de um ou vários bens compreendidos no património do devedor, quer seja de forma onerosa, quer seja a título gratuito, ou a constituição de direitos reais a favor de um terceiro, alterando o direito preexistente.[116]

Relativamente às transmissões, estamos perante situações em que se verifica a saída de um específico bem do património do devedor, o que poderá ocorrer com ou sem uma justa contrapartida. Assim, importa fazer referência à sua natureza gratuita ou onerosa. No caso das transmissões gratuitas, não existindo uma contrapartida, as possibilidades de afectação prejudicial dos credores são maiores. No que diz respeito às transmissões onerosas, tudo dependerá do tipo de contrapartida existente e dos efeitos que essa contrapartida tiver causado no património do devedor.

O mesmo se diga relativamente à constituição de ónus ou encargos sobre os bens. No momento da constituição de direitos reais sobre os bens, estes ficam directamente associados a esses direitos, respondendo pelo não cumprimento do devedor das obrigações assumidas perante os respectivos titulares. No entanto, a contrapartida da oneração realizada poderá, em concreto, não prejudicar a garantia patrimonial dos credores.

Como refere Menezes Cordeiro,[117] "Da simples alienação ou oneração de um crédito não pode, sem mais, concluir-se pela diminuição do património atingido. Efectivamente, quando uma alienação opere mediante uma contrapartida equitativa, não há diminuição mas tão-só alteração dos seus elementos integrantes". O Autor apresenta, como exemplo, o caso da venda de um bem pelo seu valor exacto. É por essa razão que o mesmo Autor entende que "a diminuição do activo patrimonial, para efeitos da garantia geral das obrigações, deve ser aferida caso a caso, perante os interesses concretos dos credores, à luz do princípio da responsabilidade patrimonial."[118]

---

[116] CUNHA, *op. cit.*, tomo I, p. 315, e MENEZES CORDEIRO, *op. cit.*, vol. IX, p. 510.
[117] MENEZES CORDEIRO, *op. cit.*, vol. IX, p. 510.
[118] IDEM, *ibidem*.

2.1.2 Agravamento do passivo

O segundo caso de afectação do património do devedor traduz-se no aumento ou agravamento do passivo.[119] Com efeito, pese embora possam não ocorrer alterações ao nível do acervo de bens, o facto de o devedor celebrar novos negócios jurídicos dos quais resulte a constituição de novas obrigações implica uma afectação do seu património, na medida em que o mesmo número de bens responderá por um maior número de dívidas. Isto implica que estará sujeito a concurso um maior número de credores, o que colocará em causa a satisfação dos créditos dos credores que já haviam contratado com o devedor e se não encontravam ainda satisfeitos. Por conseguinte, aumentar ou agravar o passivo, não aumentando o património, determina uma diminuição da capacidade de satisfação dos interesses dos credores relativamente ao património do devedor.

2.1.3 Frustração do princípio de igualdade entre os credores

Na terceira forma de afectação acima identificada, *i.e.*, nos casos em que existe uma frustração do princípio de igualdade entre os credores, estão em causa as situações em que o devedor satisfaz antecipadamente um crédito de um determinado credor, na sua totalidade, em prejuízo dos restantes.[120] Pese embora possa não se verificar uma diminuição efectiva do património, uma vez que o cumprimento compensa uma dívida existente, ocorre inevitavelmente a violação do princípio da igualdade dos credores, sendo satisfeito, em primeiro lugar e sem qualquer critério, um credor que, em circunstâncias normais, receberia o mesmo e na mesma altura que os restantes. Esta satisfação antecipada poderá vir a comprometer a suficiência do património, quando todos os outros credores tiverem de se apresentar ao concurso de credores.

---

[119] CUNHA, *op. cit.*, tomo I, pp. 315-316; MENEZES CORDEIRO, *op. cit.*, vol. IX, p. 510.
[120] CUNHA, *op. cit.*, tomo I, p. 316.

2.1.4 Não aumento do património nem diminuição do passivo

Por fim, identifica-se uma quarta via (a terceira para Paulo Cunha[121]), que se pode referir a duas situações: ao não aumento do património e à não diminuição do passivo.

O não aumento do património refere-se às situações em que, como refere Paulo Cunha,[122] "o devedor nem aliena bens nem agrava o passivo, simplesmente evita que se dêem certas aquisições que, se não fosse a sua vontade contrária, viriam aumentar o seu património." Como exemplo, identifica o Autor o repúdio de uma herança pelo devedor, cujos bens ou parte deles viriam integrar a massa patrimonial do devedor e garantir o pagamento dos créditos, numa situação de insuficiência patrimonial.[123] A segunda situação identificada, a da não diminuição do passivo, é acrescentada por Menezes Cordeiro,[124] referindo o Autor que os credores também "sofrem prejuízo caso o devedor não promova, quando possa fazê-lo, a anulação de débito que onere o seu património".

Em ambos os casos, verifica-se que ou o devedor praticou um determinado acto contrário ao que seria adequado para o seu património, ou se absteve de praticar um acto que o aumentaria ou diminuiria as suas dívidas, quando esses actos eram possíveis e esperados.[125]

2.2 Meios de conservação

Analisados os vários tipos de afectações negativas que podem ser impostas ao património do devedor, importa verificar de que forma se pode reestabelecer a garantia patrimonial dos credores, neutralizando as diversas circunstâncias negativas que lhe foram imputadas e, dessa forma, garantindo os direitos de crédito e de garantia geral dos credores.

Como refere Paulo Cunha,[126] os meios de conservação da garantia patrimonial "correspondem a faculdades de direito substantivo que se fazem

---

[121] IDEM, *ibidem*.
[122] IDEM, *ibidem*.
[123] IDEM, *ibidem*.
[124] MENEZES CORDEIRO, *op. cit.*, vol. IX, p. 511.
[125] IDEM, *op. cit.*, vol. II. Sobre a não realização de actos esperados, a respeito do conceito de omissão, *vide infra*, pp. 122-125.
[126] CUNHA, *op. cit.*, tomo I, p. 317.

valer por meio de acções judiciais". Estas faculdades poderão ser de tipo preventivo ou de tipo repressivo.[127] No primeiro caso, visa-se evitar que determinada afectação venha a provocar um prejuízo efectivo aos credores, o que se conseguirá através de providências conservatórias como o arresto, previsto nos artigos 619.º a 622.º do CC e nos artigos 391.º e 396.º do CPC. No segundo caso, está em causa a eliminação ou a neutralização do acto que provocou a afectação negativa do património do devedor e os correspondentes efeitos. Neste âmbito, poder-se-ão inserir a acção de nulidade, prevista no artigo 605.º do CC, a acção sub-rogatória, prevista nos artigos 606.º a 609.º do CC ou a impugnação pauliana, prevista nos artigos 610.º a 618.º do CC.[128]

Assim, poderemos concluir que os meios de conservação da garantia patrimonial são faculdades de direito substantivo concedidas, pelo Direito, aos credores para prevenirem ou eliminarem afectações negativas realizadas pelo devedor no seu património, através da promoção das correspondentes diligências preventivas ou repressivas junto dos bens ou do exercício das competentes acções judiciais, com vista à reconstituição da garantia patrimonial dos credores.

Chegados a este conceito, poderemos questionar se a resolução em benefício da massa pode ser integrada no conjunto dos meios de conservação da garantia patrimonial, ou se, pelo contrário, apresenta uma finalidade diversa, influenciada pelo facto de a resolução ter lugar já numa fase em que a insuficiência dos bens do devedor é já reconhecida judicialmente e em que se pretende não a conservação do património, mas a sua reconstituição.

Para podermos responder a esta questão, importará analisar em concreto os diversos meios de conservação da garantia patrimonial previstos no Código Civil, identificando as características especiais de cada um e

---

[127] MENEZES CORDEIRO, op. cit., vol. IX, p. 511.
[128] IDEM, ibidem. CUNHA, op. cit., tomo I, p. 318, chama a atenção para o facto de a doutrina designar os meios de conservação da garantia patrimonial "não pelo seu aspecto substantivo, mas pela sua projecção processual", salientando que "se trata apenas de uma convenção destinada a facilitar a exposição da matéria pois, no fundo, ficamos a saber que a cada uma dessas acções, de que dispõe processualmente o crèdor, corresponde uma distinta faculdade de direito substantivo, não sendo a acção mais do que a efectivação dessa faculdade por meio da justiça pública."

os aspectos que se revelam comuns à resolução em benefício da massa e os princípios subjacentes.

2.2.1 Declaração de nulidade

O primeiro meio de conservação da garantia patrimonial previsto na lei é a declaração de nulidade.[129] O artigo 605.º do CC enuncia os requisitos para a arguição da nulidade pelos credores e regula a extensão dos seus efeitos.

Importa, antes de tudo, referir que, embora a declaração de nulidade venha expressamente enquadrada no capítulo da garantia geral das obrigações e na respectiva secção II, referente à conservação da garantia patrimonial, esta não constitui um "meio de defesa específica dos credores"[130], criado apenas para os proteger de actos do devedor que coloquem em causa a sua garantia patrimonial. A possibilidade concedida aos credores de arguirem a nulidade dos actos do devedor resulta, antes de mais, do regime geral da declaração de nulidade, independentemente da fonte da invalidade em concreto.[131]

Assim, verificados os requisitos para a declaração da nulidade de um acto e os requisitos relativos à legitimidade, os artigos 285.º e seguintes do CC têm plena aplicação aos casos em que o devedor causa, com a prática de determinados actos, prejuízo para a garantia patrimonial dos credores.

Em rigor, os dois requisitos que o n.º 1 do artigo 605.º do CC enuncia são os seguintes: a prática de um acto inválido pelo devedor, que gere, por lei, a sua nulidade; o interesse dos credores na declaração de nulidade e na produção dos correspondentes efeitos. Tudo o resto deriva do regime geral previsto nos artigos 285.º e seguintes do CC.[132]

---

[129] Como referido anteriormente, trata-se de um meio de conservação de tipo repressivo: *cf.* MENEZES CORDEIRO, *op. cit.*, vol. IX, p. 511.
[130] CUNHA, *op. cit.*, tomo I, p. 320.
[131] Como refere CUNHA, *op. cit.*, tomo I, p. 320, "trata-se de aproveitamento, pelos credores, do mecanismo geral das nulidades. Em todo o caso, é um meio de que os crèdores dispõem; e bem enérgico se revela na prática."
[132] Os pressupostos do regime geral da nulidade foram expressamente colocados no artigo 605.º do CC, como forma de dar resposta a querelas históricas advindas do regime anteriormente vigente no Código de Seabra, *i.e.*, o facto de o acto viciado poder ser anterior ou posterior à constituição do crédito e poder ou não produzir ou agravar a situação de insolvência do devedor. Sobre o regime no Código de Seabra e as diferentes visões doutrinárias, *vide* CUNHA, *op. cit.*, tomo I, pp. 329-346; MENEZES CORDEIRO, *op. cit.*, vol. IX, pp. 512-513;

A declaração de nulidade poderá ter, por fundamento, qualquer vício que determine a nulidade de actos praticados pelo devedor, nomeadamente a impossibilidade do negócio, a sua contrariedade à lei e a sua indeterminabilidade, nos termos do artigo 280.º do CC, a inobservância de forma escrita, a falta de vontade, nos artigos 240.º e seguintes do CC, entre outros. Destaca-se, pela sua maior relevância prática, o caso da simulação.[133] Com efeito, os actos praticados pelo devedor podem corresponder a negócios simulados, celebrados com o intuito de enganar os credores e de frustrar a sua garantia patrimonial. Face à divergência entre a declaração negocial e a vontade real dos declarantes, é permitido aos credores, enquanto interessados directos (porque objecto directo do intuito fraudatório do devedor), invocar a nulidade prevista no n.º 2 do artigo 240.º do CC. Conforme referido por Paulo Cunha,[134] "é pela fraude simulatória que os devedores de má fé mais frequentemente procuram lesar os seus crèdores, tentando evitar que bens seus sejam adjudicados ao pagamento das suas dívidas". Neste caso particular, verificamos que a afectação negativa da garantia patrimonial dos credores é causada por um acto praticado de má fé pelo devedor, com a intenção de causar esses mesmos efeitos negativos na situação jurídica dos credores, frustrando a satisfação dos seus créditos.[135]

No que respeita ao interesse na declaração de nulidade, conforme referido por Menezes Leitão,[136] "o art. 605.º atribui aos credores legitimidade

---

MENEZES LEITÃO, op. cit., vol. II, p. 283; IDEM, Garantias das Obrigações (4.ª ed.), Coimbra, Almedina, 2012, pp. 54-55.

[133] Exemplo analisado pela doutrina no âmbito da disciplina da declaração de nulidade: GOMES DA SILVA, op. cit., pp. 56-57; CUNHA, op. cit., tomo I, pp. 332 ssq.; ALMEIDA COSTA, op. cit., p. 850.

[134] Continua o Autor referindo que "as formas são várias: alienação de bens; conluio com amigos e parentes para que estes simuladamente figurem como devedores, e assim entrem no rateio levando uma parte dos bens, ou até apareça, como titulares de direitos reais de garantias; etc. Pode dizer-se que em 100 casos de acção de nulidade, a exercer pelos crèdores, 99 são de acção de nulidade por simulação" (CUNHA, op. cit., tomo I, p. 333).

[135] No entanto, importa referir que a prova dos requisitos da simulação, nomeadamente a divergência de vontade e o intuito de enganar terceiros, ficará a cargo do credor, nos termos gerais do n.º 1 do artigo 342.º do CC.

[136] MENEZES LEITÃO, Direito das Obrigações, vol. II, p. 283; IDEM, Garantias das Obrigações, p. 55. O Autor faz referência à querela doutrinária, no âmbito do CC de 1867, que respeitava a "saber se a legitimidade para requerer a nulidade do acto por parte dos credores dependia da circunstância de o acto produzir a insolvência do devedor (tese defendida por Guilherme Moreira e Cunha Gonçalves), ou se bastaria que do acto resultasse qualquer prejuízo dos

para invocar a nulidade de qualquer acto praticado pelo devedor que os possa prejudicar, independentemente do momento em que esse acto ocorreu ou das suas consequências para o património do devedor." O interesse existirá sempre que o poder virtual de execução inerente à garantia patrimonial dos credores for, por qualquer circunstância, afectado pelo acto viciado.[137] Essa expectativa ou segurança ficará prejudicada por quaisquer actos do devedor que comportem uma afectação negativa do seu património e que impliquem uma diminuição do activo, um aumento do passivo, o cumprimento antecipado a favor de um dos credores e todos os que forem praticados ou não forem praticados para não garantir a suficiência de bens para fazer face às dívidas do devedor.[138] O facto de estarem em causa actos nulos intensifica o prejuízo dos credores, uma vez que, para além de afectarem de forma negativa a garantia patrimonial, os actos em causa são contrários ao ordenamento jurídico, não existindo qualquer outro interesse digno de tutela que devesse prevalecer face ao direito dos credores ou que justificasse o sacrifício do direito dos credores.

Por fim, os efeitos da declaração de nulidade dos actos estender-se-ão a todos os credores, e não apenas àquele que invocou a nulidade, nos termos do n.º 2 do artigo 605.º do CC. De acordo com o disposto no n.º 1 do artigo 289.º do CC, a declaração de nulidade tem efeitos retroactivos, "devendo ser restituído tudo o que tiver sido prestado ou, se a restituição em espécie não for possível, o valor correspondente". O objecto da prestação ou o seu

---

credores, como o risco do desaparecimento ou diminuição da segurança constituída pelos bens do devedor (tese de Gomes da Silva) ", tendo o CC consagrado este último entendimento.

[137] Neste sentido, CUNHA, *op. cit.*, tomo I, pp. 340-341: "tendo os crèdores não um poder de execução sôbre bens determinados, mas um poder virtual de execução (isto é, um poder que abrange todos os bens que num momento determinado se encontrem no património responsável), – é manifesto que êsse poder virtual respeita a todos os bens. Se a garantia é constituída pela totalidade da massa patrimonial, segue-se que qualquer deminuïção dessa massa representa uma deminuïção da garantia, logo é prejuízo."

[138] CUNHA, *op. cit.*, tomo I, p. 341, refere inclusivamente que "Aliás, em certo sentido, a deminuïção da massa responsável, ou seja a deminuïção da garantia, é um prejuízo consumado: não é o prejuízo consistente em o credor deixar de receber, mas o prejuízo consistente em ter a sua segurança reduzida. (...) Desde que a garantia enfraquece, o valor prático do crédito baixa também." Para GOMES DA SILVA, *op. cit.*, pp. 57-58, "Todo o risco de desaparecimento ou diminuição da segurança constituída pelos bens do devedor prejudica os credores", mais referindo o Autor que "se deve considerar parte ilegítima todo aquêle que requerer a declaração de nulidade de tais actos, sem provar ter sofrido com êles algum prejuízo, na acepção ampla que acima defendemos."

equivalente serão restituídos ao devedor e, por conseguinte, ao seu património, que, por sua vez, constitui a garantia comum dos credores. Nessa medida, e tal como referido acima, não havendo causa de preferência concedida ao credor que invocou a nulidade, todos os credores beneficiarão, em condições de igualdade, dos efeitos da nulidade do acto.

Refira-se, por último, que os credores apenas terão legitimidade para a apresentação de uma acção para declaração de nulidade absoluta, não já nos casos de nulidade relativa, actualmente designada por anulabilidade.[139] Com efeito, nos termos do artigo 286.º do CC, qualquer interessado pode, a todo o tempo, invocar a nulidade. Aqui está em causa o interesse dos credores na sua garantia patrimonial e na afectação que o devedor pode dar aos seus bens. No caso da anulabilidade, trata-se igualmente de actos do devedor que podem, indirectamente, afectar os interesses dos credores, mas o interesse que a norma que determina a invalidade visa tutelar é o interesse das partes, não já o de qualquer interessado. Nessa medida, apenas o devedor, a contraparte e outro interessado que a norma vise especialmente tutelar poderão invocar a invalidade do acto, no prazo de um ano subsequente à cessação do vício que lhe deu fundamento, nos termos do n.º 1 do artigo 287.º do CC. Caso o referido interessado seja um dos credores do devedor, a anulação do acto poderá, naturalmente, ser por si requerida. Nessa situação, como refere Menezes Cordeiro,[140] o credor não intervém nessa qualidade, mas na qualidade de interessado protegido pela norma. O Autor defende que, não obstante a declaração de anulabilidade possa apenas ser requerida pelo credor interessado, os efeitos da procedência da acção aproveitarão a todos, e não somente a esse mesmo credor, nos termos do n.º 1 do artigo 289.º do CC.[141] Parece-nos que este entendimento apenas terá aplicação no caso de o acto praticado constituir um acto prejudicial à garantia patrimonial dos credores. Nessa circunstância, e tal como refere o Autor,[142] o n.º 1 do artigo 604.º do CC justificará o aproveitamento dos efeitos da declaração da anulabilidade do acto a todos

---

[139] ALMEIDA COSTA, op. cit., p. 849-850, n. 3; MENEZES CORDEIRO, op. cit., vol. IX, p. 513.
[140] IDEM, ibidem.
[141] IDEM, ibidem.
[142] IDEM, ibidem, vol. IX, p. 513.

os credores, não se identificando qualquer causa legítima de preferência que resulte das regras de legitimidade.[143]

2.2.2 Sub-rogação do Credor ao Devedor

A acção sub-rogatória, enquanto meio de conservação da garantia patrimonial previsto nos artigos 606.º a 609.º do CC, apresenta uma finalidade distinta daquela que anteriormente analisámos em relação à acção de nulidade: com a sub-rogação do credor ao devedor, é permitido aos credores que substituam o devedor no exercício de direitos seus quando este, através da sua inacção, compromete a garantia patrimonial dos respectivos credores.[144] Neste âmbito, conjugam-se dois interesses relevantes: a protecção dos credores face a um comportamento do devedor, que prejudica a sua garantia patrimonial, e a liberdade de actuação do devedor, bem jurídico essencial que o ordenamento jurídico não pode coarctar sem limites. Esta ponderação de interesses relevantes justifica a consagração da sub-rogação como meio conservatório da garantia patrimonial.[145]

Esta substituição no exercício de direitos pode assumir duas formas: a da acção sub-rogatória indirecta ou oblíqua, em que os credores exercem, em representação do devedor, direitos que este não exerceu, repercutindo-se na esfera jurídica deste todos os efeitos da acção, nomeadamente ao nível do seu património; e a da acção sub-rogatória directa, em que os credores agem, não em representação do devedor, mas em nome próprio,

---

[143] Relativamente ainda à extensão da faculdade prevista no n.º 1 do artigo 605.º do CC, MENEZES CORDEIRO, *op. cit.*, vol. IX, pp. 513-514, identifica ainda o caso das "invalidades mistas" ou "invalidades atípicas", que não podem ser enquadradas no regime da nulidade ou da anulabilidade: "A questão de saber até que ponto os credores podem arguir tais invalidades deve ser cuidadosamente aferida em face da *ratio* que presidiu à instituição de cada uma delas."
[144] Como referido por CUNHA, *op. cit.*, tomo I, p. 325, "concede-se aos crèdores o poder de se subrogarem ao devedor, de se colocarem no lugar dele e beneficiarem do regime jurídico que êle directamente teria se fôsse êle a agir." ALMEIDA COSTA, *op. cit.*, p. 851, identifica, como exemplos, a não invocação de prescrição quando o passivo do devedor é superior ao activo (artigo 303.º do CC) e a não aceitação de uma herança para não beneficiar os credores (artigo 2050.º do CC).
[145] ALMEIDA COSTA, *op. cit.*, p. 852.

exercendo direitos seus junto dos terceiros e beneficiando directamente de todos os efeitos.[146]

No primeiro caso, que é o que corresponde ao meio de conservação da garantia patrimonial previsto nos artigos 606.º a 609.º do CC,[147] atendendo a que está em causa o exercício de direitos do próprio devedor por outrem (os credores), identificam-se duas consequências: (i) todas as excepções oponíveis por terceiros contra o devedor poderão ser apresentadas aos credores; e (ii) todos os credores beneficiarão dos efeitos da acção e não apenas aquele que a exerceu.

O inverso acontece no caso da acção sub-rogatória directa: verificando-se que os credores agem em nome próprio, os terceiros apenas poderão deduzir excepções directamente oponíveis aos credores, não já ao devedor, e somente o credor que apresentou a acção para obter a satisfação do seu crédito beneficiará dos seus efeitos[148]. Esta acção sub-rogatória directa é apenas admitida em situações excepcionais determinadas por lei.[149] No entanto, nesses casos, o seu efeito não será conservar a garantia patrimonial dos credores, mas extinguir a própria obrigação, razão pela qual Gomes da Silva[150] exclui a acção sub-rogatória directa das providências de conservação do património do devedor,[151] embora a considere "um importante meio de garantia".

No âmbito do presente estudo, interessar-nos-á a análise da acção de sub-rogação indirecta que o legislador consagrou nos artigos 606.º e seguintes do CC. O exercício desta faculdade concedida aos credores depende da verificação dos seguintes pressupostos: (i) existência de um

---

[146] GOMES DA SILVA, *op. cit*, pp. 61-63; CUNHA, *op. cit.*, tomo I, pp. 324-328 e 359-363; ALMEIDA COSTA, *op. cit.*, pp. 851-852; MENEZES CORDEIRO, *op. cit.*, vol. IX, pp. 515-517; MENEZES LEITÃO, *Direito das Obrigações*, vol. II, p. 284; IDEM, *Garantias das Obrigações*, pp. 55-56.

[147] MENEZES CORDEIRO, *op. cit.*, vol. IX, p. 517.

[148] VAZ SERRA, *loc. cit.*, pp. 189 e seguintes, faz equivaler a acção sub-rogatória directa a um privilégio.

[149] ALMEIDA COSTA, *op. cit.*, p. 852. O Autor (n. 1) identifica os casos previstos nos artigos 794.º e 803.º do CC, "que (...) autorizam o credor substituir-se ao devedor na titularidade do direito que este tenha adquirido contra terceiro, em virtude do facto que tornou impossível a prestação debitória." MENEZES CORDEIRO, *op. cit.*, vol. IX, p. 517, refere-se à acção sub--rogatória como figura específica e acrescenta, a título de exemplo, o artigo 1063.º do CC.

[150] GOMES DA SILVA, *Conceito e Estrutura da Obrigação*, p. 62.

[151] Neste sentido, também MENEZES LEITÃO, *Direito das Obrigações*, vol. II, p. 284; IDEM, *Garantias das Obrigações*, p. 56.

direito de crédito; (ii) não exercício de direitos contra terceiros por parte do devedor; (iii) conteúdo patrimonial dos referidos direitos e não exclusividade do seu exercício pelo respectivo titular; (iv) essencialidade do exercício desses direitos para a satisfação ou garantia do direito dos credores.[152]

No que diz respeito ao primeiro requisito, e como referido por Menezes Cordeiro,[153] "A existência efectiva de uma obrigação é requisito natural, uma vez que todos estes esquemas visam a conservação da garantia patrimonial". Trata-se de um requisito comum ao exercício de todos os meios de conservação da garantia patrimonial, uma vez que, conforme assinalámos acima, é da relação obrigacional estabelecida entre credor e devedor que surge o mencionado poder virtual de actuação sobre o património do devedor. No caso da sub-rogação, o artigo 607.º do CC esclarece que o seu exercício não está dependente do vencimento da obrigação, podendo os credores sob condição suspensiva e o credor a prazo ser admitidos a exercer este meio, desde que "mostrem interesse em não aguardar a verificação da condição ou do vencimento do crédito."[154]

Relativamente ao segundo requisito, para que a acção sub-rogatória possa operar é necessário que se identifique um não exercício pelo devedor[155] de um direito contra terceiros, como refere Menezes Cordeiro,[156] ou uma inércia do devedor, nas palavras de Almeida Costa,[157] ou de uma omissão pelo devedor de exercer os seus direitos, de acordo com o entendimento de Menezes Leitão.[158] Estamos perante situações em que o homem médio, colocado na posição do devedor, teria agido para protecção dos seus

---

[152] ALMEIDA COSTA, *op. cit.*, p. 853; MENEZES CORDEIRO, *op. cit.*, vol. IX, pp. 517-518; MENEZES LEITÃO, *Direito das Obrigações*, vol. II, p. 285; IDEM, *Garantias das Obrigações*, pp. 56-57.

[153] MENEZES CORDEIRO, *op. cit.*, vol. IX, p. 518.

[154] IDEM, *ibidem*. Segundo ALMEIDA COSTA, *op. cit.*, p. 854, "os credores sob condição suspensiva ou a prazo apenas são admitidos a exercê-la quando aleguem um fundado interesse em não aguardar a verificação da condição ou o vencimento do termo – sempre no pressuposto de que a sub-rogação se mostre essencial à satisfação ou garantia do direito do credor (art. 607.º)." No mesmo sentido, MENEZES LEITÃO, *Direito das Obrigações*, vol. II, p. 285; IDEM, *Garantias das Obrigações*, p. 57.

[155] MENEZES CORDEIRO, *op. cit.*, vol. IX, p. 518, admite a sub-rogação relativamente a direitos de um devedor que não seja devedor principal, como é o caso dos fiadores, desde que tal sub-rogação "tenha efectivo interesse em termos de garantia".

[156] IDEM, *ibidem*, vol. IX, pp. 505, 517-518.

[157] ALMEIDA COSTA, *op. cit.*, p. 853.

[158] MENEZES LEITÃO, *Direito das Obrigações*, vol. II, p. 285; IDEM, *Garantias das Obrigações*, pp. 56-57.

interesses patrimoniais. Face à inexistência de uma acção do devedor, para incrementar o seu património ou para diminuir o seu passivo, é legítimo aos credores exercer os direitos do devedor para alcançar a finalidade pretendida: garantir a existência de um património capaz de responder pela totalidade das dívidas do devedor. Os credores podem, inclusivamente, exercer pelo devedor faculdades que a este assistam, desde que reunidos os restantes requisitos, nomeadamente a faculdade de sub-rogação, permitindo-se ao credor o exercício de direitos que o devedor tem perante terceiros. Trata-se do exercício da acção de sub-rogação em segundo grau.[159]

No entanto, os credores já não terão legitimidade para se substituírem ao devedor nos casos em que este é apenas titular de expectativas de aquisição e não de direitos subjectivos já constituídos na sua esfera jurídica.[160] Também não terão legitimidade para, conforme refere Menezes Cordeiro,[161] "celebrar, pelo devedor, um novo contrato com terceiro" ou "explorar um fundo rústico, fazendo-o produzir", entendendo o Direito que se trataria de uma ingerência desproporcionada na esfera de liberdade do devedor. Para além disso, como referido por Almeida Costa,[162] para aferir da legitimidade dos credores é também necessário verificar se a conduta do devedor é consciente e negligente ou se, pelo contrário, mesmo sendo consciente, a inactividade é diligente e, por conseguinte, legítima. A título de exemplo, será legítimo o não exercício de um direito se este for prematuro ou se ainda estiver a decorrer prazo para o exercício do direito.

---

[159] MENEZES CORDEIRO, *op. cit.*, vol. IX, p. 518; MENEZES LEITÃO, *Direito das Obrigações*, vol. II, p. 285; IDEM, *Garantias das Obrigações*, p. 57.

[160] ALMEIDA COSTA, *op. cit.*, pp. 852-853; MENEZES LEITÃO, *Direito das Obrigações*, vol. II, p. 285; IDEM, *Garantias das Obrigações*, p. 57.

[161] MENEZES CORDEIRO, *op. cit.*, vol. IX, p. 518. O Autor refere que se deve excluir da actuação de um direito contra terceiro o exercício concordante com terceiro e o exercício totalmente independente.

[162] ALMEIDA COSTA, *op. cit.*, pp. 853-854. O Autor refere também que se "afigura de equiparar à pura inacção do devedor uma sua acção negligente: não uma qualquer negligência, mas a que se mostre clamorosa e que pela gravidade acarrete sério risco à defesa eficaz dos direitos do devedor e, portanto, da garantia patrimonial." *Contra*, MENEZES LEITÃO (*Direito das Obrigações*, vol. II, p. 285; *Garantias das Obrigações*, pp. 56-57) refere que "Efectivamente, a acção sub-rogatória caracteriza-se por ser uma reacção do credor contra uma conduta omissiva do devedor, pelo que, se o devedor vier a actuar positivamente em ordem a prejudicar o credor, a via adequada para este reagir já não será da acção sub-rogatória, mas antes a da impugnação pauliana ou do arresto."

No que respeita ao terceiro requisito, importa assinalar duas características dos direitos: patrimonialidade e não exclusividade. Os direitos do devedor terão de ter conteúdo patrimonial, não podendo ser de natureza pessoal. Este requisito explica-se pela própria finalidade da acção sub-rogatória: conservar a garantia patrimonial dos credores. O que está aqui em causa é a afectação negativa do património do devedor, em resultado do não exercício de direitos. Assim, sendo o *quid* de protecção a garantia dos credores, constituída por todo o património do devedor, apenas neste domínio poderá ter repercussão a acção sub-rogatória, não já no domínio dos direitos de natureza pessoal, como são o caso do direito a requerer o divórcio e a separação judicial de pessoas e bens e as acções de investigação de maternidade ou paternidade.[163] Por outro lado, os direitos do devedor não poderão estar reservados por lei ao exercício pelo respectivo titular, como acontece com o caso da revogação da promessa no contrato a favor de terceiros (artigo 448.º do CC), da revogação da doação por ingratidão do donatário (artigo 970.º e seguintes do CC), da simples separação judicial de bens, das convenções antenupciais e dos testamentos.[164]

Por fim, temos o requisito da essencialidade do exercício dos direitos patrimoniais e do exercício não exclusivo pelo devedor para a satisfação ou garantia do direito dos credores, que surge identificado no n.º 2 do artigo 606.º do CC. Identificando-se um nexo de causalidade entre a inactividade do devedor e o prejuízo dos credores – que se traduz na frustração da satisfação do crédito ou da garantia patrimonial[165] –, e verificando-se que só através do exercício do direito do devedor pelos credores é que este poderá ficar salvaguardado, então poderá ter lugar a acção sub-rogatória. A afectação negativa não necessita de ser de tal forma grave que implique a insolvência do devedor ou o agravamento de uma situação de incapaci-

---

[163] MENEZES LEITÃO, *Direito das Obrigações*, vol. II, pp. 285-286; IDEM, *Garantias das Obrigações*, p. 57.

[164] ALMEIDA COSTA, *op. cit.*, p. 852; MENEZES CORDEIRO, *op. cit.*, vol. IX, p. 519; MENEZES LEITÃO, *Direito das Obrigações*, vol. II, p. 286; IDEM, *Garantias das Obrigações*, p. 57.

[165] MENEZES CORDEIRO, *op. cit.*, vol. IX, p. 520: "No primeiro caso, independentemente da situação patrimonial do devedor, verifica-se que o direito do credor exige, para se realizar, o exercício prévio de um direito do devedor. (...) No segundo, interessa, de facto, apreciar a situação patrimonial do devedor no seu conjunto: o exercício, pelo credor, do direito do devedor não é essencial para a satisfação do crédito; simplesmente, o seu não exercício, por comprometer o elenco dos direitos patrimoniais do devedor, faz perigar a garantia geral do credor, donde a essencialidade do exercício."

dade de cumprimento generalizada de créditos,[166] podendo consistir na "demonstração de que sem o exercício daqueles direitos se verifica a impossibilidade de satisfação da obrigação (porque, por exemplo, o devedor não chega a adquirir a coisa infungível necessária para tal)."[167] Como referido por Menezes Cordeiro[168], o requisito da essencialidade terá de ser aplicado ao caso concreto de acordo com critérios de normalidade e de bom senso.

No que respeita ao regime deste meio de conservação da garantia patrimonial, retira-se do disposto no artigo 608.º do CC que a acção sub-rogatória pode ser exercida extrajudicialmente ou judicialmente. Neste último caso, será necessária a citação do devedor para a acção.[169]

Por fim, resulta do artigo 609.º do CC que os efeitos da acção de sub-rogação aproveitam a todos os credores do devedor e não apenas ao credor ou aos credores que tiveram a iniciativa de promover a sub-rogação de forma extrajudicial ou judicial. Mais uma vez, este aspecto do regime resulta do facto de o legislador ter consagrado nos artigos 606.º e seguintes do CC uma forma de sub-rogação indirecta e não directa. O que está em causa é um direito do devedor que este não exerceu e que, caso tivesse exercido, afectaria o seu património. Ao promover a acção de sub-rogação tal como prevista no CC, o credor está apenas a substituir-se ao devedor na sua relação com o terceiro, verificando-se, no entanto, todos os mesmos efeitos caso fosse o devedor a exercer o seu direito.[170] Menezes Leitão[171] entende que não existe qualquer causa de preferência que conceda ao credor uma vantagem especial pelo simples facto de este ter exercido a

---

[166] IDEM, *ibidem*.
[167] MENEZES LEITÃO, *Direito das Obrigações*, vol. II, p. 286; IDEM, *Garantias das Obrigações*, p. 57.
[168] MENEZES CORDEIRO, *op. cit.*
[169] Nos termos do artigo 33.º do CPC, tratar-se-á de uma hipótese de litisconsórcio necessário passivo: *cf.* MENEZES LEITÃO, *Direito das Obrigações*, vol. II, p. 286; IDEM, *Garantias das Obrigações*, pp. 57-58; MENEZES CORDEIRO, *op. cit.*, vol. IX, p. 521; ALMEIDA COSTA, *op. cit.*, p. 854, segundo o qual "(...) embora não se verifiquem os requisitos da sub-rogação, pode o credor intervir como assistente na acção que o seu devedor proponha para salvaguarda de direitos necessários à conservação da garantia patrimonial" (pp. 760-761). Na falta do devedor, verificar-se-á a excepção de ilegitimidade, sanável, no entanto, nos termos do artigo 261.º do CPC mediante o incidente de intervenção principal provocada. Parece-nos que a mesma lógica não será de aplicar no caso da sub-rogação directa, em que, pelo facto de os credores agirem em nome próprio, serão estes apenas as partes legítimas e os titulares do interesse em agir.
[170] ALMEIDA COSTA, *op. cit.*, p. 855.
[171] MENEZES LEITÃO, *Direito das Obrigações*, vol. II, pp. 286-287; IDEM, *Garantias das Obrigações*, p. 58.

acção de sub-rogação (ao contrário do que acontece, por exemplo, no caso da apresentação do devedor à insolvência, em que o credor que toma a iniciativa beneficia de um privilégio creditório mobiliário especial, previsto no artigo 98.º do CIRE). Por seu turno, Menezes Cordeiro[172] defende que o artigo 609.º do CC deverá ser interpretado de forma restritiva, de modo a englobar as duas variantes estabelecidas no n.º 2 do artigo 606.º do CC: "quando a sub-rogatória vise a garantia de um débito, todos os credores beneficiam, por igual, da melhoria patrimonial que ela acarreta; quando, pelo contrário, ela vise, directamente, a satisfação de um débito, não é possível, com isso, prejudicar os restantes credores, a menos, naturalmente, que o credor tenha um qualquer título de preferência que, só por si, já seria uma garantia especial". Parece resultar do entendimento do Autor que a sub-rogação aproveita a todos os credores apenas quando estes sejam também prejudicados com a falta de actuação do devedor, o que só acontecerá quando estiver em causa a garantia do direito do credor, não já quando a situação de relevo for a da satisfação do direito do credor.

Não nos parece, no entanto, que seja esta a solução pretendida pelo legislador. Verificando-se que a sub-rogação prevista nos artigos 606.º a 609.º do CC é a sub-rogação indirecta, e havendo expressa referência no artigo 609.º do CC ao aproveitamento da acção a todos os credores do devedor, apenas se poderá concluir que o credor que recorrer à acção sub-rogatória actua em representação do devedor, repercutindo-se os efeitos da acção no património e aproveitando, por conseguinte, a todos os credores que beneficiam do poder virtual de execução que a garantia geral do património lhes concede. Todas as formas de acção directa previstas na lei seguirão um regime próprio, diferente do previsto nos artigos 606.º a 609.º do CC. Parece-nos que a referência à satisfação e à garantia do crédito do credor que é feita no n.º 2 do artigo 606.º do CC não é determinante para a interpretação do artigo 609.º do CC; sendo apenas relevante para efeitos de verificação da adequação do meio para a finalidade pretendida e para efeitos de legitimidade dos credores, não já para determinar a forma de produção dos efeitos da acção.

---

[172] MENEZES CORDEIRO, *op. cit.*, vol. IX, p. 521.

2.2.3 Impugnação Pauliana

A impugnação pauliana constitui o terceiro meio de conservação da garantia patrimonial dos credores e encontra-se prevista nos artigos 610.º a 618.º do CC. Ao contrário do que acontece com os outros meios de conservação, em que se age exclusivamente contra actos inválidos (acção de nulidade) e contra o não exercício de direitos por parte do devedor (acção de sub-rogação), a impugnação pauliana visa atacar actos praticados validamente pelo devedor que afectam negativamente a garantia patrimonial dos credores,[173] podendo, igualmente, ser utilizada para a impugnação de actos inválidos,[174] nos termos do n.º 1 do artigo 615.º do CC, e para omissões.[175]

Como referido por Paulo Cunha,[176] o Direito equaciona a possibilidade de um acto válido ser sacrificado por se identificar um conflito de interesses que legitima esse sacrifício: conflito entre os interesses do terceiro interveniente no acto e os do próprio devedor e os interesses dos credores que se vêem prejudicados pela prática desse acto. Nessa medida, da ponderação dos interesses em presença resulta que nem todos os actos praticados validamente pelo devedor possam ser sujeitos a acção pauliana. Sê-lo-ão os actos de natureza gratuita e os actos onerosos praticados de má fé.[177]

Em comum com os restantes meios de conservação da garantia patrimonial, podemos identificar as seguintes características, que resultam do disposto no artigo 610.º do CC: trata-se de uma faculdade que visa actuar contra actos negociais ou quase-negociais[178] que (i) envolvam a diminuição patrimonial da garantia patrimonial do crédito e que (ii) não sejam de natureza pessoal. Com efeito, o interesse que se visa tutelar com a acção

---

[173] Como refere MENEZES LEITÃO (*Direito das Obrigações*, vol. II, pp. 288-289; *Garantias das Obrigações*, pp. 58-59), "Efectivamente, ao contrário da acção sub-rogatória, que permite ao credor reagir contra as omissões do devedor, a impugnação pauliana é dirigida contra os actos praticados por ele, destinando-se a impedir que esses actos possam afectar a garantia patrimonial do crédito. Estão assim em causa actos que se repercutam em termos negativos no património do devedor, quer em virtude da diminuição do seu activo (doação de um imóvel, remissão de uma dívida), quer em virtude do aumento do seu passivo (assunção de uma dívida de outrem, prestação de garantias)."

[174] CURA MARIANO, *op. cit.*, pp. 126-129.

[175] IDEM, *ibidem*, pp. 117-122.

[176] CUNHA, *op. cit.*, tomo I, pp. 349-350.

[177] CURA MARIANO, *op. cit.*, p. 155.

[178] IDEM, *ibidem*, pp. 107-108.

pauliana é o interesse dos credores na manutenção da sua garantia geral de cumprimento. Verificando-se que, por acção do devedor, esse interesse fica prejudicado, será legítimo aos credores requererem a cessação dos efeitos do acto praticado e a restituição de tudo quanto fora prestado em prejuízo da sua garantia patrimonial. Relativamente aos actos de natureza pessoal, estes, pese embora possam ter repercussões no património do devedor, não serão susceptíveis de impugnação, porquanto os actos praticados produziram efeitos na pessoa do próprio devedor, não já no seu património.[179] Como referido por João Cura Mariano,[180] a natureza patrimonial deve ser encontrada no conteúdo dos actos e não nos fins mediatos visados pelo seu autor.

Ressaltam, no entanto, algumas particularidades e especificidades relativamente ao tipo de actos sujeitos à impugnação pauliana.

No artigo 610.º do CC, identificam-se dois requisitos gerais, tal como resulta da própria epígrafe: (i) a anterioridade do crédito em relação ao acto ou a prática de forma dolosa de um acto com a finalidade de impedir a satisfação de um direito futuro do credor, quando o crédito seja posterior; e (ii) a impossibilidade, ou respectivo agravamento, para o credor, de, com aquele acto, obter a satisfação integral do seu crédito. Do artigo 612.º do CC resulta outro requisito da impugnação pauliana, a má fé do devedor e do terceiro, requisito este que, ao contrário dos anteriores, apenas é exigível para determinado tipo de actos praticados pelo devedor.

No que respeita ao primeiro dos requisitos identificados, sendo o crédito anterior à prática do acto, e contando, nesse momento, o credor com

---

[179] MENEZES LEITÃO, *Direito das Obrigações*, vol. II, p. 289; IDEM, *Garantias das Obrigações*, p. 64: "Assim, se o devedor decide casar em comunhão geral de bens, ou efectuar a perfilhação de uma criança, ou requerer o divórcio ou a separação judicial de bens, os credores não poderão reagir contra estes actos através da impugnação pauliana." Estão igualmente em causa actos de conteúdo não patrimonial, por não afectarem de forma directa a garantia geral dos credores: *cf.* CURA MARIANO, *op. cit.*, pp. 109-110 (entende o Autor que defender a impugnabilidade de actos de natureza pessoal que tenham efeitos indirectos e reflexos no património do credor "seria voltar a estender a garantia do cumprimento das obrigações à própria pessoa do devedor que ficaria refém dos seus credores." No seu entendimento, já serão impugnáveis as consequências convencionais de natureza patrimonial que impliquem uma diminuição da garantia dos credores, como acontece com a fixação contratual de um direito a alimentos para além da exigência e da medida legal ou com as partilhas resultantes do divórcio ou separação judicial); *vide supra*, p. 94.

[180] CURA MARIANO, *op. cit.*, p. 108.

uma determinada situação patrimonial do devedor – e, por conseguinte, com uma determinada garantia de cumprimento –, justifica-se o sacrifício dos interesses do devedor e do terceiro, quando o acto praticado ponha em causa a suficiência dessa garantia. A mesma necessidade de tutela dos credores não se aplicaria no caso de o credor, na data da constituição da relação obrigacional com o devedor, já poder contar com uma garantia diminuída, por força da prática de um acto anterior pelo devedor.[181] Aqui, prevaleceriam os interesses do devedor e do terceiro, sob pena de se colocar em causa a segurança do comércio jurídico.[182] Assim não sucederia caso o acto fosse praticado com a intenção de prejudicar um direito futuro do credor, conforme resulta da própria alínea a) do artigo 610.º do CC, justificando-se a impugnação pauliana mesmo que o crédito do credor seja posterior ao acto.[183] Neste caso, pode identificar-se uma relação directa e intrínseca entre a prática do acto e o prejuízo do direito futuro do credor, que é estabelecida pela intenção de, com dolo, impedir a satisfação do crédito futuro do credor, impondo-se, conforme entendimento de Almeida Costa,[184] "tanto o dolo do devedor como a participação dolosa do terceiro, ainda que sob a forma de puro conhecimento da intenção fraudulenta daquele («scientia fraudis»)."[185]

---

[181] IDEM, *ibidem*, p. 157.
[182] ALMEIDA COSTA, *op. cit.*, pp. 860-861.
[183] MENEZES LEITÃO, *Direito das Obrigações*, vol. II, p. 291; IDEM, *Garantias das Obrigações*, p. 67: "Será, por exemplo, o caso de o devedor solicitar a concessão de um mútuo, que lhe é deferida atendendo à sua situação patrimonial mas, antes da efectiva celebração do contrato, proceder à alienação de todos os seus bens. Neste caso, apesar da prioridade temporal do acto em relação ao crédito, é manifesto que o acto teve em vista precisamente defraudar a garantia com que contava o credor, sendo, por isso, justificado que o credor nesse caso possa reagir através da impugnação pauliana." CURA MARIANO, *op. cit.*, p. 159, refere: "Ponderou-se que nestas situações o devedor, na execução do seu plano ilícito, esconde do credor o acto anteriormente praticado, fazendo-lhe crer que os bens alienados se encontram ainda no seu património, pelo que este conta erradamente com eles."
[184] ALMEIDA COSTA, *op. cit.*, p. 861.
[185] De acordo com o entendimento de João Cura Mariano (*op. cit.* pp. 160-164), é necessário demonstrar, para além da intenção de subtrair o bem à garantia patrimonial dos credores, que "o devedor agiu de modo a fazer crer ao credor que esse bem se mantinha no seu património, garantindo a satisfação do respectivo crédito, induzindo-o em erro" (artigo 253.º, n.º 1 do CC) e provar, relativamente aos actos onerosos, a má fé do terceiro, entendida como "a consciência da finalidade fraudulenta visada pelo devedor com a outorga do acto", bastando "o conhecimento efectivo do plano urdido pelo devedor para que o proveito que o terceiro

Ainda no que respeita ao crédito, nos termos do n.º 1 do artigo 614.º do CC, a sua exigibilidade não constitui requisito para o recurso à acção pauliana. Demonstrando-se um prejuízo para a garantia patrimonial, qualquer crédito já constituído poderá vir a ser afectado, independente de já se ter tornado exigível.[186] Por conseguinte, para efeitos da apreciação do requisito da anterioridade do crédito, valerá a aferição da sua constituição e não já da sua exigibilidade.[187] O mesmo não acontece no caso dos créditos celebrados sob condição suspensiva que, nos termos do n.º 2 do artigo 614.º do CC,[188] apenas têm direito a, na pendência da condição, exigir ao devedor a prestação de caução, caso se encontrem verificados todos os restantes pressupostos exigidos no CC para o exercício da acção pauliana.[189]

O segundo requisito geral identificado na alínea b) do artigo 610.º do CC é o prejuízo causado ao credor, pela prática de um acto do devedor, que tenha posto em perigo a possibilidade de satisfação do respectivo crédito, dando origem já a "um dano actual à expectativa jurídica do credor de que o património do devedor garanta a satisfação do seu crédito."[190] Verificámos que, no caso da declaração da nulidade, bastará que o credor

---

retirou do acto deixe de merecer qualquer protecção, nada impedindo a intervenção da impugnação pauliana."

[186] VAZ SERRA, *loc. cit.*, pp. 210-211; CURA MARIANO, *op. cit.*, pp. 166-167: "Considerou-se que havendo uma certeza sobre a existência do crédito, apesar de este não ser ainda exigível, o perigo da perda dos bens e das provas necessárias à demonstração dos requisitos da impugnação pauliana justificava que se atribuísse ao seu titular a possibilidade de recorrer a este meio de defesa da sua garantia patrimonial."

[187] MENEZES LEITÃO, *Direito das Obrigações*, vol. II, p. 291; IDEM, *Garantias das Obrigações*, p. 67.

[188] Este preceito deve ser alvo de interpretação extensiva, integrando os denominados credores eventuais, *i.e.*, "os garantes pessoais do cumprimento de uma obrigação, os titulares de bens que também garantam esse cumprimento e os devedores solidários, os quais, na eventualidade de virem a satisfazer a dívida, ficam sub-rogados no respectivo direito de crédito ou é-lhes atribuído um novo direito de crédito de regresso", sendo a sua posição semelhante à dos credores sob condição suspensiva no que respeita aos pressupostos da impugnação pauliana: *cf.* CURA MARIANO, *op. cit.*, p. 170.

[189] Caso a caução não seja prestada, impor-se-á a aplicação do disposto no artigo 625.º do CC para acautelar os direitos do credor, segundo o qual, em caso de falta de prestação de caução, o credor terá o direito de requerer o registo de hipoteca sobre os bens do devedor, ou outra cautela idónea, limitando-se a garantia aos bens suficientes para assegurar o direito do credor, a não ser que haja alguma disposição legal que disponha em contrário, *cf.* ALMEIDA COSTA, *op. cit.*, p. 862, n. 2; CURA MARIANO, *op. cit.*, p. 169.

[190] IDEM, *ibidem*, pp. 172-173 ("a configuração deste requisito é a pedra de toque da impugnação pauliana").

identifique um interesse juridicamente relevante para poder lançar mão da acção de nulidade (artigos 605.º, n.º 1 do CC e artigo 30.º do CPC). Já no caso da acção de sub-rogação, exige-se a essencialidade do referido meio para a satisfação ou garantia dos créditos dos credores. No âmbito da acção pauliana, a lei é mais exigente, atendendo ao facto de, por norma, a impugnação pauliana atacar actos válidos, o que poderá pôr em causa a segurança do comércio jurídico. Para exercer a acção pauliana, não será suficiente a invocação de um qualquer interesse do credor, mas a impossibilidade da satisfação do crédito ou o agravamento dessa impossibilidade. Menezes Cordeiro[191] entende "que a acção pauliana exige que o acto a impugnar tenha provocado a insolvência do devedor ou tenha agravado essa insolvência."[192] No entanto, o CC faz expressa referência não à insolvência e ao seu agravamento, mas à impossibilidade de satisfação do crédito ou ao agravamento da sua impossibilidade. Para Menezes Leitão,[193] "Parece assim que esta fórmula poderá abranger, não apenas os casos em que o acto implique a colocação do devedor numa situação de insolvência ou agrave essa situação, se ela já se verificava, mas também os casos em que, embora não ocorrendo essa insolvência, o acto produza ou agrave a impossibilidade fáctica de o credor obter a execução judicial do crédito." No mesmo sentido, refere Almeida Costa[194] que "Em regra, a fórmula legal reconduzir-se-á ao critério de o acto produzir ou agravar a situação patrimonial deficitária do devedor. Concebem-se, todavia, hipóteses em que essa coincidência não se verifique. Assim, quando o devedor continue solvente, mas o credor não possa de facto obter a satisfação do seu crédito, *maxime*, dada a impossibilidade ou dificuldade prática de executar os restantes

---

[191] MENEZES CORDEIRO, *op. cit.*, vol. IX, p. 525.
[192] A insolvência era, aliás, um dos requisitos do anterior CC. Nos termos do artigo 1033.º do Código de Seabra, "o acto ou contrato verdadeiro mas celebrado pelo devedor em prejuízo do seu credor, pode ser rescindido a requerimento do mesmo credor, se o crédito fôr anterior ao dito acto ou contrato e desta resultar insolvência." Entendia a doutrina e a jurisprudência que para exercer a acção rescisória era necessário que resultasse do acto a insolvência ou o agravamento dela. Sobre o regime da impugnação pauliana no âmbito do Código de Seabra, *vide* CUNHA, *op. cit.*, tomo I, pp. 322-324, 347-358.
[193] MENEZES LEITÃO, *Direito das Obrigações*, vol. II, p. 293; IDEM, *Garantias das Obrigações*, p. 70. O Autor apresenta como exemplo a "hipótese de o devedor resolver alienar todos os imóveis que possui, ficando, porém, com o dinheiro da sua venda, que facilmente poderá depois ocultar ou dissipar."
[194] ALMEIDA COSTA, *op. cit.*, pp. 862-863.

bens do devedor (*e.g.*, o devedor vende um prédio pelo justo preço e oculta a importância recebida)". Para João Cura Mariano,[195] "a definição dos contornos da situação de impossibilidade de satisfação integral do crédito exigida pelo art. 610.º, n.º 1, b), do C.C. (...) deve continuar a efectuar-se como resultado duma operação matemática em que as parcelas duma operação comparativa são o montante das dívidas e o valor dos bens penhoráveis".

Parece-nos que o requisito previsto na alínea b) do artigo 610.º do CC não coincide com a definição de situação de insolvência prevista no artigo 3.º do CIRE.[196] Com efeito, este artigo 3.º pressupõe a impossibilidade de cumprimento generalizado das obrigações vencidas do devedor. Neste caso, e atendendo a que a acção de impugnação pauliana é uma acção individual, poder-se-á configurar a situação em que se revele impossível ou praticamente impossível a satisfação de um determinado crédito pertencente a um determinado credor e não se identificar uma situação de impossibilidade de cumprimento generalizada. Acresce que, verificando o elemento histórico, o legislador alterou a redacção das normas que regulavam a acção rescisória, eliminando a referência à insolvência do devedor e alterando a própria configuração da acção, que era de aproveitamento a todos os credores. A redacção actual é explícita: "impossibilidade, para o credor, de obter a satisfação integral do seu crédito" e não impossibilidade de obter a satisfação integral dos créditos do devedor.

O requisito da má fé, previsto no n.º 1 do artigo 612.º do CC, é exigível consoante a natureza do acto praticado: gratuita ou onerosa.[197] Mais uma vez, neste contexto, temos a ponderação de dois tipos de interesses: o interesse do devedor e do terceiro e o interesse dos credores. No caso dos actos gratuitos, entendeu o legislador que o interesse dos credores deveria prevalecer, porquanto não existe qualquer contrapartida que possa contrabalançar a saída de património. Inevitavelmente, ter-se-á uma diminuição não justificada e não devidamente compensada de bens do património do devedor. Assim, a vantagem do terceiro, sem contrapartida, não poderá prevalecer face ao prejuízo que, para o credor, aquele acto gratuito provoca.[198]

Por sua vez, quando o acto é praticado a título oneroso, a ponderação dos interesses em jogo assume contornos diferentes. Encontrando-se as partes

---

[195] Cura Mariano, *op. cit.*, pp. 175-177.
[196] *Cf.* Idem, *ibidem*, p. 176.
[197] Sobre a distinção entre actos gratuitos e onerosos, *vide* Idem, *ibidem*, pp. 218-232.
[198] Idem, *ibidem*, pp. 190-191.

de boa fé, não se justifica sacrificar os interesses e as legítimas expectativas do terceiro e do devedor quando não houve a intenção de prejudicar os credores e quando o património recebeu uma contrapartida pela saída de um determinado bem. O mesmo não se diga quando as partes praticam o acto com a "consciência do prejuízo que o acto causa ao credor", conforme resulta do disposto no n.º 2 do artigo 612.º do CC.[199] Esta consciência de que o acto a praticar é prejudicial aos credores, no sentido de "provocar a impossibilidade para o credor de obter a satisfação integral do seu crédito ou um agravamento dessa impossibilidade"[200], deve verificar-se cumulativamente em relação ao devedor e ao terceiro, não se exigindo a verificação de um conluio[201], e abrange todas as formas de dolo e a negligência consciente, não já a inconsciente.[202]

O n.º 1 do artigo 615.º do CC determina que poderão ser objecto de impugnação pauliana actos nulos e o seu n.º 2 que apenas poderão ser impugnados o cumprimento de uma obrigação não exigível ou natural, não já o cumprimento de uma obrigação já vencida.

a. Ónus da prova

Nos termos do artigo 611.º do CC,[203] a prova do montante das dívidas caberá ao credor, ao passo que a prova da existência de bens penhoráveis de igual ou maior valor no património do devedor incumbe a este e ao terceiro interessado.[204] A má fé do devedor e do terceiro, para efeitos do artigo 612.º

---

[199] MENEZES CORDEIRO, *op. cit.*, vol. IX, p. 525: "Verifica-se, pois, que a má fé acaba por ser uma característica do próprio acto a impugnar, derivando do facto de o devedor e o terceiro, na sua celebração, terem como fim o prejuízo do credor. Ou, se se quiser, o acto que cai na previsão pauliana é um acto finalisticamente destinado a prejudicar o credor." *Cf.* CURA MARIANO, *op. cit.*, pp. 191-193.
[200] IDEM, *ibidem*, p. 199.
[201] Ainda que a ausência de má fé do devedor não deva impedir o funcionamento da acção pauliana, *cf.* IDEM, *ibidem*, p. 194.
[202] ALMEIDA COSTA, *op. cit.*, pp. 866-867; MENEZES LEITÃO, *Direito das Obrigações*, vol. II, pp. 292-293; IDEM, *Garantias das Obrigações*, pp. 68-69; CURA MARIANO, *op. cit.*, pp. 200-205.
[203] IDEM, *ibidem*, p. 188: "A dificuldade do credor conhecer a situação patrimonial do devedor sensibilizou o legislador a adoptar regras específicas no ónus da prova, de modo a atenuar o encargo probatório resultante da aplicação das regras gerais."
[204] IDEM, *ibidem*, pp. 188-189.

do CC, terá de ser demonstrada pelo credor, nos termos gerais do n.º 1 do artigo 342.º do CC.[205]

b. Transmissões

Tudo quanto acabou de se referir diz respeito à situação em que se verifica a primeira alienação. No entanto, o legislador previu um regime específico para transmissões posteriores ou constituição posterior de direitos, no artigo 613.º do CC.[206] Para além dos requisitos gerais exigidos para a impugnação pauliana, que, nos termos da alínea a) do n.º 1 do mencionado preceito, têm igualmente de se verificar relativamente à primeira transmissão, exige-se a má fé tanto do alienante como dos posteriores adquirentes, caso a nova transmissão seja feita a título oneroso. Caso seja efectuada a título gratuito, a impugnação pauliana poderá ser exercida, independentemente da verificação ou não do requisito da má fé.[207] Nos termos do n.º 2 do artigo 613.º do CC, a possibilidade de exercício da acção pauliana é extensível à constituição de direitos sobre os bens transmitidos em benefício de terceiro.[208] Caso a acção de impugnação pauliana tenha sido sujeita a registo com anterioridade à prática dos actos posteriores, não se revelará necessário provar a má fé, uma vez que o registo faz presumir que o aquirente tivesse tido conhecimento da acção antes da prática do acto, não podendo, neste caso, prevalecer o seu direito de propriedade.[209] Face ao exposto, são expressamente admitidas pelo nosso Direito impugnações paulianas de segundo grau, como refere Menezes Cordeiro.[210]

---

[205] IDEM, *ibidem*, pp. 209-218.
[206] MENEZES CORDEIRO, *op. cit.*, vol. IX, p. 527; ALMEIDA COSTA, *op. cit.*, p. 867; MENEZES LEITÃO, *Direito das Obrigações*, vol. II, pp. 293-294; IDEM, *Garantias das Obrigações*, pp. 70-71; CURA MARIANO, *op. cit.*, pp. 232-237.
[207] IDEM, *ibidem*, pp. 232-235.
[208] IDEM, *ibidem*, p. 235.
[209] MENEZES LEITÃO, *Direito das Obrigações*, vol. II, p. 294; IDEM, *Garantias das Obrigações*, pp. 74-75; CURA MARIANO, *op. cit.*, pp. 235-236.
[210] MENEZES CORDEIRO, *op. cit.*, p. 527.

c. Efeitos e caducidade

No que diz respeito aos efeitos da impugnação pauliana, os artigos 616.º e 617.º do CC regulam o regime dos efeitos em relação ao credor e entre o devedor e o terceiro. Dentro dos efeitos em relação ao credor, podemos distinguir os efeitos entre o credor e o adquirente (n.ᵒˢ 1 a 3 do artigo 616.º do CC) e os efeitos entre credores (n.º 4 do artigo 616.º do CC).

Resulta do disposto no n.º 1 do artigo 616.º do CC que, procedendo a acção pauliana, o credor tem direito à restituição dos bens transmitidos, na medida do seu interesse. O exercício desse direito poderá ter repercussão directa no património do adquirente, sem que se revele necessário que haja um regresso ao património do devedor, entendendo-se que o credor do devedor passa a ser credor do adquirente.[211] O credor poderá igualmente praticar os actos de conservação da garantia patrimonial autorizados por lei relativamente ao património do adquirente. Adere-se à tese segundo a qual o credor concorrerá com os restantes credores do adquirente, como se ocorresse uma transferência do património objecto de garantia patrimonial, e não àquela que confere maior protecção aos credores do alienante, defendendo o regresso dos bens ao património do devedor. Esta solução, como refere Almeida Costa,[212] resulta de uma "equilibrada conciliação dos interesses dos credores do devedor alienante com a segurança do tráfico jurídico, que tem de estar muito presente na disciplina da impugnação pauliana."

A responsabilidade do adquirente variará de acordo com a prova da sua boa ou má fé na contratação com o devedor. Caso se demonstre que o adquirente está de má fé, determina o n.º 2 do artigo 616.º do CC que este responderá "pelo valor dos bens que tenha alienado, bem como dos que tenham perecido ou se hajam deteriorado por caso fortuito salvo se provar que a perda ou deterioração se teriam igualmente verificado no caso de os bens se encontrarem no poder do devedor." Pelo contrário, no caso de o adquirente estar de boa fé, responderá apenas na medida do seu enrique-

---

[211] ALMEIDA COSTA, *op. cit.*, pp. 868-869. Veremos, aquando da análise da relação entre a resolução em benefício da massa e da impugnação pauliana, que o n.º 1 do artigo 616.º não se limita a permitir o exercício directo no património do terceiro, existindo situações em que valores mais relevantes exigem o retorno dos bens à esfera jurídica do credor, como é o que acontece na insolvência, *infra* pp. 294-310.

[212] IDEM, *ibidem*, pp. 869-872.

cimento. A respeito desta questão, Menezes Leitão[213] refere que, uma vez que a impugnação pauliana permite o exercício de uma pretensão directa contra terceiro, "fundada na aquisição de bens por este ao devedor e no prejuízo que essa aquisição representou para o credor em virtude da consequente diminuição da sua garantia patrimonial (...), essa pretensão tem por fonte o enriquecimento sem causa do terceiro à custa do credor, sendo um enriquecimento por desconsideração de património semelhante às hipóteses previstas no art. 481.º e no art. 289.º, n.º 2". O Autor identifica a existência de um paralelismo entre o regime dos efeitos da impugnação pauliana entre o credor e o adquirente e o regime constante nos artigos 479.º e 480.º do CC, "uma vez que em ambos os casos se prevê a restituição do obtido à custa de outrem, ou da restituição do valor em caso de impossibilidade, sendo que essa restituição, em caso de boa fé, é limitada ao enriquecimento."

Relativamente aos efeitos entre credores, determina o n.º 4 do artigo 616.º do CC que, ao contrário do que acontece com os meios de conservação identificados anteriormente, a procedência da acção pauliana aproveita apenas ao credor que a apresentou, e não aos restantes credores com direitos sobre o património do devedor. Trata-se de uma acção de carácter pessoal ou de natureza individual.[214]

O artigo 617.º do CC regula as relações entre o devedor e o terceiro, em caso de procedência da acção de impugnação pauliana. A natureza do acto influenciará a medida da responsabilidade do devedor: se o acto tiver sido praticado de forma gratuita, aplicar-se-á o disposto quanto à matéria das doações (artigo 956.º do CC); se o acto for oneroso, o direito do adquirente resume-se ao valor do enriquecimento do devedor (artigo 617.º, n.º 1 do CC).[215] Independentemente dos direitos que o terceiro tenha sobre o

---

[213] MENEZES LEITÃO, *Direito das Obrigações*, vol. II, p. 296; IDEM, *Garantias das Obrigações*, p. 73.

[214] Expressões de ALMEIDA COSTA, *op. cit.*, p. 873, e de MENEZES LEITÃO, *Direito das Obrigações*, vol. II, pp. 294-295; IDEM, *Garantias das Obrigações*, pp. 71-72. CURA MARIANO, *op. cit.*, p. 263, refere que "o cariz pessoal da impugnação pauliana era inevitável face ao abandono da sua natureza anulatória em detrimento duma simples ineficácia restrita aos interesses do credor impugnante."

[215] "Trata-se, neste caso, de uma situação de enriquecimento por pagamento de dívidas alheias, uma categoria de enriquecimento por despesas, tendo o devedor que restituir ao terceiro o enriquecimento obtido, com a exoneração da sua dívida perante o credor." (MENEZES LEITÃO, *Direito das Obrigações*, vol. II, p. 297; IDEM, *Garantias das Obrigações*, p. 74)

devedor, a satisfação dos direitos do credor sobre o objecto da restituição não poderá ficar prejudicada (artigo 671.º, n.º 2 do CC).

Por fim, o último artigo referente à matéria da impugnação pauliana, o artigo 618.º do CC, regula a questão da extinção do direito à impugnação pauliana. O mencionado direito extingue-se por força do decurso do prazo de cinco anos contados da data da prática do acto impugnável.[216] Embora não se encontre referido na lei, o direito ao exercício da impugnação pauliana extingue-se também com o desaparecimento superveniente do requisito do prejuízo para o credor impugnante,[217] como é o caso do cumprimento ou qualquer outra forma de extinção das obrigações, e com a aquisição de novos bens por parte do devedor, tornando, dessa forma, suficiente a garantia geral para cobrir a totalidade dos créditos.[218]

2.2.4 Apreciação

O princípio da responsabilidade patrimonial, a que fizemos referência *supra*, é salvaguardado de forma particular por cada um dos meios de conservação da garantia patrimonial que identificámos.

Conforme tivemos oportunidade de referir ao longo da exposição, há alguns traços de regime comuns à declaração de nulidade, à sub-rogação e à impugnação pauliana enquanto *fiéis escudeiros* da garantia patrimonial dos credores. A finalidade é comum: a conservação da garantia patrimonial, agindo contra actos que possam colocar em causa (ou já colocam) os direitos dos credores na sua relação com o devedor e, nomeadamente, o exercício do poder de execução sobre o seu património, de forma a satisfazer os respectivos créditos. Daí a sua finalidade repressiva, nos termos já acima expostos. O interesse dos credores é erigido como subprincípio do princípio da responsabilidade patrimonial. Também todos os meios de conservação da garantia patrimonial visam actuar contra actos de carácter patrimonial e não pessoal, face à própria natureza da responsabilidade patrimonial.

A existência de um nexo de causalidade entre o acto (seja acção, seja omissão) e o prejuízo é igualmente exigida: na declaração de nulidade,

---

[216] Cura Mariano, *op. cit.*, pp. 323-330.
[217] Idem, *ibidem*, pp. 330-332.
[218] Almeida Costa, *op. cit.*, pp. 874-875; Menezes Leitão, *Direito das Obrigações*, vol. II, pp. 297-298; Idem, *Garantias das Obrigações*, p. 76.

manifesta-se na exigência da demonstração do interesse nessa declaração para efeitos de legitimidade para a acção; na sub-rogação, é exigido o requisito da essencialidade do exercício do direito não exercido pelo devedor; na impugnação pauliana, é necessário demonstrar que do acto resulta a impossibilidade, para o credor, de obter a satisfação do seu crédito, ou o agravamento dessa possibilidade.

Em particular, destacamos, a respeito da declaração de nulidade, a principal actuação dos credores contra actos simulados, praticados com a intenção de os prejudicar. A declaração de nulidade tem eficácia retroactiva, repercutindo-se os seus efeitos sobre todos os credores, em respeito pelo princípio da igualdade entre credores (artigo 604.º do CC). Aqui estão em causa os interesses dos credores e o interesse do ordenamento jurídico, que prevalecem sobre o princípio da autonomia privada.

Relativamente à sub-rogação, a substituição do devedor pelos credores no exercício de um direito é permitida pelo ordenamento jurídico, atendendo a que, neste caso, o interesse do credor deve prevalecer face à liberdade jurídica do devedor, que o princípio da responsabilidade patrimonial não coarcta. No âmbito da protecção da garantia patrimonial, o princípio da liberdade é igualmente tido em conta. Também neste caso os efeitos da sub-rogação, na medida em que a modalidade prevista nos artigos 606.º a 609.º do CC é a indirecta, aproveitam a todos os credores. O princípio da *par conditio creditorum* decorre do regime.

Por fim, no que respeita à impugnação pauliana, existem dois princípios em colisão: o princípio da salvaguarda do interesse dos credores e o princípio da autonomia privada do devedor e dos terceiros intervenientes. Este conflito é gerido através do princípio da boa fé, considerando-se que apenas os actos onerosos praticados de boa fé merecem a tutela do Direito, aí prevalecendo os interesses do devedor e dos terceiros. O mesmo não se pode dizer relativamente aos actos gratuitos e aos onerosos praticados de má fé, que, pela sua natureza e censurabilidade, devem ser preteridos. Ao contrário dos meios de conservação anteriores, os efeitos da impugnação pauliana aproveitam apenas ao credor que apresenta a acção, uma vez que está em causa, nesta fase, a satisfação do seu crédito, podendo todos os restantes credores agir, igualmente, contra o acto do devedor.

Em suma, a análise integrada do regime da garantia geral das obrigações e dos mecanismos de conservação da garantia patrimonial levou-nos a identificar os seguintes princípios basilares nesta matéria: o princípio da responsabilidade patrimonial, nos seus subprincípios da generalidade e da igualdade entre credores; o princípio da prevalência do interesse dos credores; o princípio da liberdade jurídica do devedor; e o princípio da boa fé.

Os princípios que, em nosso entender, mais estão relacionados com o Direito da Insolvência e, em particular, com a resolução em benefício da massa, serão seguidamente abordados, por forma a, posteriormente, podermos identificar o lugar da resolução em benefício da massa entre os mecanismos de garantia da responsabilidade patrimonial.

3. Insolvência

A insolvência do devedor marca uma alteração relevante na sua esfera jurídica e no seu património: encontrando-se impossibilitado de cumprir a generalidade das suas obrigações vencidas, o devedor fica impedido de exercer os direitos e poderes em relação à disposição e administração do seu património (artigo 81.º)[219] e todo o seu património é convertido na massa insolvente, que visará a satisfação dos credores da insolvência, depois de pagas as dívidas da massa (artigo 46.º). Também todo o seu passivo é agregado na insolvência, determinando-se o vencimento de todas as obrigações do insolvente não subordinadas a uma condição suspensiva, nos termos do artigo 91.º, e podendo os credores reclamar os seus créditos no âmbito do processo de execução universal que é o processo de insolvência,[220] nos termos dos artigos 128.º e seguintes.

Identifica-se, por conseguinte, um confronto entre a liberdade de actuação do devedor, no exercício dos seus direitos e poderes enquanto proprietário e administrador dos seus bens, e o direito dos credores à satisfação dos seus créditos através do património do devedor, que constitui a sua garantia patrimonial. No confronto entre a propriedade e a disponibilidade do devedor e a garantia patrimonial dos credores, o legislador pro-

---

[219] Exceptuando na situação de administração pelo devedor, prevista nos artigos 223.º e seguintes, ainda que a actuação do devedor seja fiscalizada pelo administrador da insolvência, nos termos do artigo 226.º.

[220] Para Menezes Leitão (*Direito da Insolvência*, p. 19), trata-se de uma "execução genérica ou total, uma vez que abrange todo o património do devedor e não apenas os bens necessários para fazer face a algum ou alguns dos créditos determinados."

nunciou-se claramente quanto à prevalência da garantia patrimonial dos credores na insolvência.[221]

No entanto, a garantia patrimonial dos credores assume nova configuração na insolvência: o património do devedor deixa de responder de forma individual em relação aos credores para passar a responder de forma colectiva perante todos os credores com créditos reconhecidos no processo de insolvência, de acordo com o princípio da igualdade entre credores. Em última instância, esse acervo de bens é liquidado e repartido pelos credores, nos termos do n.º 1 do artigo 1.º e dos artigos 156.º e seguintes.

Atendendo a que é o acervo de bens compreendido na massa insolvente que vai determinar a medida de satisfação dos credores, importa analisar a resolução em benefício da massa à luz dos princípios decorrentes do Direito Civil e que constituem o pilar do Direito da Insolvência, tentando posteriormente enquadrá-la no âmbito da matéria relativa à garantia patrimonial, nos termos assinalados *supra*.

3.1 Princípios

3.1.1 A Satisfação do Interesse dos Credores

O legislador foi expresso ao determinar a finalidade do processo de insolvência, identificando-a, no n.º 1 do seu artigo 1.º, com a satisfação dos credores.

São inúmeras as referências no Preâmbulo do CIRE ao sentido pretendido pelo legislador para a disciplina do Direito material e processual da Insolvência: "O objectivo precípuo de qualquer processo de insolvência é a satisfação, pela forma mais eficiente possível, dos direitos dos credores" (primeiro parágrafo do Ponto 3); "Sendo a garantia comum dos créditos o património do devedor, é aos credores que cumpre decidir quanto à melhor efectivação dessa garantia, e é por essa via que, seguramente, melhor se satisfaz o interesse público da preservação do bom funcionamento do mercado" (terceiro parágrafo do Ponto 3); "ao direito da insolvência compete a tarefa de regular juridicamente a eliminação ou reorganização financeira de uma empresa segundo uma lógica de mercado, devolvendo o papel central aos credores, convertidos, por força da insolvência, em proprietários

---

[221] SALVATORE SATTA, *Diritto Fallimentare* (3.ª ed.), Padova, Cedam, 1996, p. 211.

económicos da empresa" (quinto parágrafo do Ponto 3); "é sempre a vontade dos credores a que comanda todo o processo" (segundo parágrafo do Ponto 6); "A primazia que efectivamente existe, não é demais reiterá-lo, é a da vontade dos credores, enquanto titulares do principal interesse que o direito concursal visa acautelar: o pagamento dos respectivos créditos, em condições de igualdade quanto ao prejuízo decorrente de o património do devedor não ser, à partida e na generalidade dos casos, suficiente para satisfazer os seus direitos de forma integral" (quarto parágrafo do Ponto 6); "A afirmação da supremacia dos credores no processo de insolvência é acompanhada da intensificação da desjudicialização do processo" (primeiro parágrafo do Ponto 10).

São também inúmeras as referências à satisfação dos credores no próprio CIRE e múltiplas as suas concretizações. Destacamos as seguintes: (i) o artigo 1.º desde logo enuncia, no seu n.º 1, a satisfação do interesse dos credores como finalidade do processo de insolvência; (ii) o conceito de massa insolvente é igualmente apresentado em função da supremacia do interesse dos credores, encontrando-se estabelecido no n.º 1 do artigo 46.º que a massa insolvente se destina "à satisfação dos credores da insolvência"[222]; (iii) o n.º 2 do artigo 120.º, referente ao objecto do nosso estudo, apresenta um conceito de acto prejudicial e as suas concretizações em função da satisfação dos credores da insolvência; (iv) nos termos do n.º 1 do artigo 161.º, a prática de actos jurídicos que assumam especial relevância para o processo de insolvência dependem do consentimento prévio da comissão de credores ou da assembleia de credores, caso a primeira não exista, sendo que a concretização do conceito de actos jurídicos de especial relevo é feita tendo em consideração, nomeadamente, as perspectivas de satisfação dos credores da insolvência, nos termos do n.º 2 do mencionado artigo 161.º; (v) a recusa da exoneração do passivo restante pode ter fundamento no facto de o devedor ter violado as obrigações resultantes do artigo 239.º, em prejuízo da satisfação dos créditos da insolvência, nos termos da alínea a) do n.º 1 do artigo 243.º; (vi) nos termos do n.º 1 do artigo 246.º, a existência de prejuízo relevante para a satisfação dos credores da insolvência constituiu, igualmente, fundamento para a revogação da exoneração do passivo restante (para além da verificação de alguma das situações previstas nas

---

[222] "(...) depois de pagas as suas próprias dívidas, e, salvo disposição em contrário, abrange todo o património do devedor à data da declaração da insolvência, bem como os bens e direitos que ele adquira na pendência do processo."

alíneas b) e seguintes do n.º 1 do artigo 238.º e da violação pelo devedor, de forma dolosa, das suas obrigações durante o período de cessão).

Constituem também manifestação da prevalência do interesse dos credores no processo de insolvência a liquidação do património do devedor e a sua repartição pela totalidade dos credores, nos termos do n.º 1 do artigo 1.º e dos artigos 173.º e seguintes, quando não for possível proceder à sua recuperação, e a consagração de um plano de insolvência que vise o pagamento dos créditos sobre a insolvência, a liquidação da massa e a sua repartição pelos titulares daqueles créditos, e que apenas poderá afectar de forma diversa a esfera jurídica dos interessados ou terceiros mediante a respectiva autorização expressa (artigo 192.º, n.º 1).

Face à finalidade clara do processo de insolvência, importa analisar em que consiste a designada "satisfação dos interesses dos credores" e qual a sua origem.

Ao analisar a questão da garantia patrimonial, adiantámos já que a constituição da relação obrigacional pressupõe uma convergência de vontades entre dois sujeitos (o credor e o devedor), um objecto (a prestação) e um vínculo (uma relação entre os direitos e poderes de um contraente e os deveres do outro). O credor tem direito a uma prestação a realizar pelo devedor e o devedor está adstrito a adoptar uma conduta, positiva ou negativa, patrimonial ou não patrimonial, acordada com o credor. Essa conduta visa a prossecução e a concretização de um interesse do credor, que já está corporizado numa prestação ou resulta dela.

Tal como referido por Antunes Varela,[223] "O interesse do credor – assente na necessidade ou situação de carência de que ele é portador e na aptidão da prestação para satisfazer tal necessidade – é que define a função da obrigação. Função que consiste na satisfação do interesse concreto do credor, proporcionada através do sacrifício imposto ao devedor pelo vínculo obrigacional". Também assim, Menezes Cordeiro[224] refere que "O fim será a realização da prestação, com a satisfação do interesse do credor" e Almeida Costa[225] que "a satisfação do interesse do credor, cujo conteúdo exacto varia de caso para caso, constitui o fim e a razão de ser do vínculo obrigacional" e "o vínculo obrigacional destina-se, via de regra, tão-só a satisfazer o interesse do credor na prestação e não o interesse que o deve-

---

[223] ANTUNES VARELA, *op. cit.*, vol. I, p. 158.
[224] MENEZES CORDEIRO, *op. cit.*, vol. VI, p. 483.
[225] ALMEIDA COSTA, *op. cit.*, pp. 110, 112.

dor possa ter em realizá-la. É esse o fim valioso que, no caso, a ordem jurídica tutela". De acordo com o analisado pelos mencionados Autores, o interesse do credor surge como a função ou finalidade da obrigação e, por conseguinte, assume um papel principal na relação jurídica: ele é o início, é o limite e é o fim. Assim, a noção de interesse do credor assume significativo relevo no Direito Privado Português, influenciando marcadamente a disciplina da própria relação obrigacional.[226]

Com efeito, o regime do Direito das Obrigações está orientado, em primeiro lugar, para o interesse do credor, tendo subalternizado o do devedor. Definindo o conteúdo da prestação, o n.º 2 do artigo 398.º do CC é explícito ao referir que a prestação deve corresponder a um interesse do credor, digno de protecção legal. Também no n.º 1 do artigo 443.º do CC se determina que o contrato a favor de terceiro pode ser celebrado caso uma das partes assuma perante a outra – que tenha na promessa um interesse digno de protecção legal – a obrigação de efectuar uma prestação a favor de terceiro, estranho ao negócio. Nos termos do artigo 562.º do CC, aquele que estiver obrigado a reparar um dano deve reconstituir a situação que existiria, se não se tivesse verificado o acontecimento que obriga à reparação, *i.e.*, a satisfação plena do interesse do credor. O mesmo se diga relativamente à obrigação de indemnizar, prevista no artigo 566.º do CC. O artigo 767.º do CC prevê os sujeitos que podem fazer a prestação, indicando no n.º 2 que o credor não pode ser constrangido a receber a prestação de outrem que não o devedor, quando do contrato resulte que as partes estipularam expressamente que a prestação deveria ser por este realizada, ou quando a substituição o prejudique. De acordo com o disposto no n.º 2 do artigo 792.º do CC, apenas se considera temporária a impossibilidade da prestação enquanto, face à finalidade do contrato, se mantiver o interesse do credor. No artigo seguinte, relativo à impossibilidade objectiva parcial, concede-se ao credor o direito de resolver o contrato caso este não mantenha, justificadamente, o interesse no cumprimento da obrigação, ainda que parcial. O mesmo acontece no caso de impossibilidade de cumprimento por causa imputável ao devedor, prevista no artigo 802.º do CC, sendo conferido ao credor o direito de resolver o contrato, caso o cumpri-

---

[226] RUI DE ALARCÃO, *Direito das Obrigações* (Texto elaborado pelos Drs. J. Sousa Ribeiro, J. Sinde Monteiro, Almeno de Sá e J. C. Proença, com base nas lições do Prof. Doutor Rui de Alarcão ao 3.º Ano Jurídico), Coimbra, s. n., 1983, p. 58-60; PAULO MOTA PINTO, *Interesse Contratual Negativo e Interesse Contratual Positivo*, Coimbra, Coimbra Editora, 2008, vol. I, p. 491.

mento parcial não seja relevante face ao seu interesse, ou de exigir o cumprimento do que for possível, mantendo-se, em ambos os casos, o direito a indemnização. De acordo com o disposto no artigo 808.º do CC, a perda do interesse na prestação por parte do credor, posteriormente à mora ou à sua não realização no prazo por este razoavelmente fixado, determina que a obrigação se considere não cumprida, sendo a perda objectivamente determinada. Por fim, o artigo 837.º do CC prevê a necessidade de consentimento do credor para a dação em cumprimento.

Com o incumprimento generalizado das obrigações do devedor e a consequente impossibilidade de cumprimento (artigo 3.º, n.º 1), a função da obrigação acaba por ficar frustrada, na medida em que o devedor é já incapaz de cumprir os termos previamente acordados e de satisfazer o interesse do credor, digno de protecção legal, nos termos do n.º 2 do artigo 398.º do CC.

No entanto, a declaração de insolvência – que confirma a impossibilidade de o credor cumprir as suas obrigações – não determina (nem poderia determinar) a frustração absoluta da função da obrigação. Aliás, a obrigação persiste e, por conseguinte, também a sua finalidade deve persistir, independentemente do contexto de insolvência. A declaração de insolvência determina, ao invés, que a finalidade de um processo universal seja a função de todas as obrigações incumpridas: a satisfação do interesse dos credores, não já numa perspectiva individual, mas colectiva. Conforme referido por Stefania Pacchi Pesuci, "Il legislatore ha funcionalizzato la disciplina del fallimento alla salvaguardia dell'interesse dei creditori, interesse che permea ogni momento di questa procedura e che dalla disciplina è tutelato con una rigorosa (...) applicazione della *par condicio*."[227]

Assim, compreende-se a *ratio* do processo de insolvência, que resulta da própria história da obrigação e não apenas de uma intenção do legislador. A origem da obrigação exige, por conseguinte, que as normas do Direito da Insolvência, substantivas ou processuais, sejam interpretadas de acordo com a sua função: a satisfação do interesse dos credores.

Esta finalidade não se traduz numa *ditadura do interesse dos credores*. Este interesse convive com outros, como o princípio da boa fé e da tutela dos

---

[227] STEFANIA PACCHI PESUCI, "*Par condicio creditorum*, revocatoria fallimentare e garanzie prestate dal fallito", *Rivista del Diritto Commerciale e del Diritto Generale delle Obbligazioni*, LXXXVII (1989), p. 14.

terceiros,[228] o princípio da segurança e da certeza jurídicas, o princípio do interesse público, que devem ser ponderados e que o limitam em situações e aspectos concretos.[229]

No entanto, e apesar dessa por vezes difícil convivência, a satisfação dos interesses dos credores, numa perspectiva que defendemos ser privada e não pública, não deixa de ser o fim e a função do processo de insolvência,[230] e deve ser prosseguida em conjunto com outro princípio norteador do Direito da Insolvência: o princípio da *par conditio creditorum*.

3.1. 2 *Par Conditio Creditorum*

Como já anteriormente assinalámos, o princípio da *par conditio creditorum*, ou princípio da igualdade, encontra-se previsto no n.º 1 do artigo 604.º do CC e é identificado como subprincípio da responsabilidade patrimonial, ao lado do princípio da generalidade.

---

[228] Sobre este princípio vide MENEZES CORDEIRO, *Da Boa Fé no Direito Civil*, Coimbra, Almeidina, 2013.

[229] CATARINA SERRA, "O Fundamento público do processo de insolvência e a legitimidade do titular de crédito litigioso para requerer a insolvência do devedor", *RMP* CXXXIII (2013), pp. 103-104, refere que "A partir do momento em que se configura uma situação de insolvência torna-se necessário atender, não (ou não apenas) ao interesse(s) do(s) credor(es) que o devedor tenha efectivamente lesado, como acontece na execução singular, mas também ao imperativo (público) de evitar outras e mais graves lesões – dos interesses dos credores actuais e de quaisquer sujeitos susceptíveis de participar em relações jurídicas com o devedor, em suma: dos interesses relacionados com o universo das relações creditícias" e que "Além de uma via de realização dos interesses privados associados a certas posições subjectivas (um instrumento de tutela do crédito em sentido subjectivo), deve também ser considerado uma via de realização de interesses gerais ou públicos, designadamente dos que se associa à tutela do crédito enquanto bem ou interesse de carácter público (um instrumento de tutela do crédito em sentido objectivo)." Apesar de, subjacente ao processo de insolvência, se identificar um princípio de carácter público, pensamos que este não constitui a finalidade do processo de insolvência. Essa finalidade, como referido, é privada, porque tem origem no Direito das Obrigações. No entanto, deve ser harmonizada com outros princípios e interesses, entre os quais os de carácter público.

[230] Como resulta do ponto 3 do preâmbulo do CIRE: "Sendo a garantia comum dos créditos o património do devedor, é aos credores que cumpre decidir quanto à melhor efectivação dessa garantia, e é por essa via que, seguramente, melhor se satisfaz o interesse público da preservação do bom funcionamento do mercado." Vemos como o interesse público é secundarizado ao interesse privado dos credores.

Encontrando-se embora previsto no mencionado preceito, o princípio da igualdade não decorre automática nem exclusivamente daquela norma. Trata-se de uma norma de carácter quase programático, da qual não resulta para o devedor um dever de cumprir as suas obrigações garantindo um tratamento paritário de todos os credores.[231] Enunciado no artigo 604.º do CC, o princípio da *par conditio creditorum* vem a ser concretizado em regimes e normas particulares em que esteja em causa a relação jurídica entre o devedor e os seus credores e entre estes e a respectiva garantia patrimonial.[232] É o caso do Direito da Insolvência, onde este princípio assume a sua máxima concretização.[233]

De acordo com o acima referido, e como resulta do artigo 1.º, a finalidade do processo de insolvência é, em primeiro lugar, a tutela dos direitos dos credores,[234] direitos que, por força do incumprimento generalizado por parte do devedor, deixam de poder ser analisados sob uma perspectiva individual para serem tratados pela totalidade dos credores, no processo de execução universal que é o processo de insolvência. Já resulta do ponto 5 do Preâmbulo do CIRE que "a primazia que efectivamente existe, não é demais reiterá-lo, é a da vontade dos credores, enquanto titulares do principal interesse que o direito concursal visa acautelar: o pagamento dos respectivos créditos, em condições de igualdade quanto ao prejuízo decorrente de o património do devedor não ser, à partida e na generalidade dos casos, suficiente para satisfazer os seus direitos de forma integral". Com efeito, o princípio da igualdade não deriva apenas do artigo 604.º do CC, mas, sobretudo, do imperativo de justiça distributiva do prejuízo entre todos aqueles que contrataram com o devedor e que não têm título para ser pagos com preferência em relação aos restantes.[235]

---

[231] MATTEO RESCIGNO, "Contributo allo studio della *Par Condicio Creditorum*", *Rivista di Diritto Civile* XXX (1984), pp. 360-361. O mesmo Autor (p. 379) refere que "l'actuazione della *par condicio creditorum* non è legata all'espressa previsione di una normativa all'uopo determinada, ma si ricolleghi invece alla presenza di precise situazioni, o, se si vuole di determinati presupposti, di talché sarebbe proponible una utilizzazione di questo principio al di là dei confini apparentemente imposti dalla normativa esplicita."

[232] IDEM, *ibidem*, p. 361.

[233] PACCHI PESUCI, *loc. cit.*, p. 15.

[234] EADEM, *ibidem*, p. 15, n. 4.

[235] PIERO PAJARDI, "Il Sistema Revocatorio Ordinario, Fallimentare, Penale, Tra Teoria e Applicazioni", *Teoria e Pratica del Diritto* II.10(*Diritto Commerciale*), Milano, Giuffrè, 1990, p. 15. O mesmo Autor refere (p. 167) que, ao longo dos tempos, o legislador revelou uma fé

No processo de insolvência, o princípio da *par conditio creditorum* exige a tutela da colectividade dos credores, permitindo que todos possam concorrer em condições de igualdade a todo o património do devedor,[236] e converte o interesse individual de cada credor no interesse geral de que as pretensões dos credores sejam satisfeitas de forma paritária.[237]

Tal como acontece no âmbito do princípio da satisfação do interesse dos credores, ao longo do processo de insolvência são identificadas diversas concretizações deste princípio da igualdade. Aos credores é concedida, em paridade de circunstâncias, a possibilidade de requererem a declaração de insolvência do devedor, nos termos do n.º 1 do artigo 20.º. No próprio preceito, é feita expressa menção a que não releva a natureza do crédito ou o seu carácter condicional. Esta legitimidade constitui uma manifestação da *par conditio*.[238]

A agregação dos bens que compreendem o património do devedor, nos termos do artigo 46.º, e dos créditos de todos os credores no âmbito de um único processo, em que os direitos dos credores são exercidos de acordo com preceitos próprios do Direito da Insolvência, revelam a exigência de tratamento igualitário de todos os credores em relação ao conjunto do património do devedor, ao contrário do que acontece num processo de execução singular.[239] O mesmo se diga relativamente ao vencimento

---

na regra fundamental da igualdade, igualdade no sacrifício. Também neste sentido, Ac. STJ de 25.02.2014, proc. 251/09.2TYVNG-H.P1.S1 (Relator Ana Paula Boularot), segundo o qual "O processo de Insolvência constitui um procedimento universal e concursal, cujo objectivo é a obtenção da liquidação do património do devedor, por todos os seus credores: concursal (*concursus creditorum*), uma vez que todos os credores são chamados a nele intervirem, seja qual for a natureza do respectivo crédito e, por outro lado, verificada que seja a insuficiência do património a excutir, serão repartidas de modo proporcional por todos os credores as respectivas perdas (princípio da *par conditio creditorum*); é um processo universal, uma vez que todos os bens do devedor podem ser apreendidos para futura liquidação, de harmonia com o disposto no artigo 46º, nº1 e 2 do CIRE, normativo este que define o âmbito e a função da massa insolvente."

[236] RESCIGNO, *loc. cit.*, p. 364.

[237] IDEM, *ibidem*, p. 367.

[238] ANA COIMBRA, *O Princípio Par Condicio Creditorum e o Processo de Falência* (Relatório de Seminário de Direito Processual Civil relativo ao Mestrado em Ciências Jurídicas), Universidade de Lisboa – Faculdade de Direito, 1988 (texto policopiado), pp. 66-67.

[239] Como referido por SALVADOR DA COSTA, *O Concurso de Credores* (4.ª ed.), Almedina, 2009, p. 211, o concurso de credores previsto nos artigos 788.º do CPC tem um âmbito "mais limitado" do que o concurso de credores a que se faz referência no artigo 604.º do CC ("caso em que os credores têm o direito de ser proporcionalmente pagos pelo preço dos bens do devedor

de todas as obrigações do insolvente não subordinadas a uma condição suspensiva, em que se colocam todos os créditos na mesma posição face à insolvência (artigo 91.º), e à suspensão de acções executivas e proibição de instauração de novas acções (artigo 88.º).

No âmbito da resolução em benefício da massa, todos os credores são colocados em igualdade de circunstâncias, na medida em que beneficiarão dos respectivos efeitos, ainda que a interpretação literal do artigo 127.º pareça indicar um sentido contrário, admitindo a satisfação individual de determinados credores.[240]

Todos os credores têm direito a reclamar os seus créditos na insolvência, nos termos dos artigos 128.º e seguintes, e, caso se proceda à liquidação do património, ao pagamento dos seus créditos na proporção dos bens existentes, salvo o caso dos direitos garantidos (artigos 173.º e seguintes).

O princípio da igualdade vem consagrado de forma expressa e particular no artigo 194.º, referente ao plano de insolvência.[241] Este plano, que,

---

quando ele seja insuficiente para integral satisfação dos seus direitos de crédito"), uma vez que "a titularidade de uma causa legítima de preferência de pagamento é pressuposto necessário da intervenção no seu âmbito", visando "expurgar os bens objecto de execução dos direitos reais de garantia que os nerem, para evitar a sua desvalorização, sobretudo no interesse do exequente, do executado e dos respectivos adquirentes" e dependendo a sua estrutura "da natureza da acção executiva legalmente consagrada". Ora, na insolvência são chamados todos os credores, independentemente das causas de preferência de que sejam titulares, pelo que é nessa sede que o artigo 604.º do CC melhor se concretiza.

[240] Não é esse o nosso entendimento, conforme explanaremos *infra*, pp. 294-310.

[241] Ac. STJ de 22.05.2013, proc. 4694/08.0TBSTS-O.P1.S1 (Relator Tavares de Paiva): "Como é sabido a insolvência apresenta como um dos objectivos essenciais a de prosseguir a satisfação paritária dos interesses dos credores, de forma a impedir que após a declaração de insolvência algum credor possa vir a obter ou adquirir na satisfação do seu crédito uma posição privilegiada ou mais eficaz (mais rápida ou mais completa) do que os restantes credores. Trata-se do princípio *par conditio creditorum* que se encontra consagrado no art. 194 n.º 1 do CIRE segundo o qual o plano de insolvência obedece ao princípio da igualdade dos credores da insolvência, sem prejuízo das diferenciações justificadas por razões objectivas.". Também Ac. TRP de 26.11.2013, proc. 535/10.1TBSTS-E.P1 (Relator Francisco Matos): "Como corolário desta execução universal, declarada a insolvência, todos os credores do insolvente são chamados, num plano de igualdade, a exercerem os seus direitos no processo de insolvência (art.º 90.º, do CIRE); este tratamento igualitário dos credores, independente das relações comerciais ou até pessoais privilegiadas que cultivassem com o devedor, mostra-se salvaguardo com a privação imediata dos poderes de administração e de disposição dos bens integrantes da massa falida, os quais passam a competir ao administrador da insolvência (art.º 81.º, n.º 1, do CIRE) e encontra expressa consagração no art.º 194.º, n.º 1, do CIRE, quando refere que "o plano de

nos termos do n.º 1 do artigo 1.º, visa a recuperação do devedor para satisfazer da melhor maneira os interesses dos credores, obedece ao princípio da igualdade, que apenas pode ser posto em causa quando razões objectivas o justifiquem.

Também de forma expressa vem consagrada a igualdade entre os credores no artigo 242.º, não sendo permitidas execuções sobre os bens do devedor destinados à satisfação dos credores durante o período da cessão do rendimento disponível, prevista no artigo 239.º. Nesse caso, é determinada a nulidade da concessão de quaisquer vantagens aos credores da insolvência e excluída a compensação nos casos em que já seria na pendência do processo.

Esta breve análise permite-nos concluir que o princípio da *par conditio creditorum* não constitui apenas uma formulação genérica do Direito Civil adaptada para o Direito da Insolvência, mas um princípio presente e ordenador de toda a disciplina da insolvência, que servirá de parâmetro interpretativo das normas que compõem este Direito especial.

3.2 Inserção da Resolução em Benefício da Massa – análise preliminar

Na sequência da concretização do conceito de garantia geral das obrigações e da análise dos meios de conservação da garantia patrimonial, enunciando os princípios subjacentes a cada matéria, abordámos brevemente as vicissitudes que decorrem da declaração de insolvência do devedor e identificámos os princípios que assumem relevo significativo no Direito da Insolvência. Estaremos, agora, em condições de verificar o lugar da resolução em benefício da massa no Direito, para posteriormente procedermos à análise mais detalhada do respectivo regime.

Partiremos da noção apresentada pelo STJ, por Ac. de 20 de Março 2014, proc. 251/09.2TYVNG-I.P1 (Relator Azevedo Ramos): "A resolução em benefício da massa insolvente é um instituto especial do processo de insolvência, que se destina à tutela da generalidade dos credores do insolvente, na medida em que permite ao administrador da insolvência que a eficácia de negócios celebrados antes da declaração da mesma insolvência possa ser destruída, verificados que sejam certos requisitos."

insolvência obedece ao princípio da igualdade dos credores da insolvência, sem prejuízo das diferenciações justificadas por razões objectivas."

Sendo qualificada como instituto especial do processo de insolvência, importa saber de onde deriva este carácter de especialidade da resolução em benefício da massa: se pelo facto de se tratar de um mecanismo de um Direito especial (o Direito da Insolvência), ou se poderá qualificar-se como instituto especial relativamente ao Direito Civil, inserido no processo de insolvência.

Sabemos, à partida, que este instituto visa a tutela da generalidade dos credores do insolvente, pelo que apenas se poderá exercer em contexto de insolvência – *i.e.*, em contexto de impossibilidade de cumprimento pelo devedor da generalidade das suas obrigações vencidas –, e no âmbito do processo de insolvência. Estando em causa créditos e o respectivo incumprimento, a matéria relativa à garantia patrimonial e ao princípio da responsabilidade patrimonial é chamada a actuar, uma vez que o património que constituía a garantia patrimonial dos credores é agora massa insolvente e se destina à satisfação do interesse dos credores da insolvência, de acordo com o princípio da *par conditio creditorum* (concretização dos artigos 601.º e 604.º). Poderemos afirmar que a insolvência é o último estádio de actuação do princípio da responsabilidade patrimonial, sobretudo quando se prossegue para a liquidação e não para a recuperação da situação financeira do devedor.

Vemos, portanto, como a resolução em benefício da massa tem relação com a matéria da garantia patrimonial. Como refere Satta, o problema central de qualquer processo de insolvência reside na exigência de restabelecimento da garantia patrimonial[242] e a resposta dada pelo legislador a essa exigência é a resolução em benefício da massa, entendida como "la valvola di urezza del sistema della *par condicio*."[243]

Surge referido no mesmo Ac. STJ de 20 de Março 2014 que "Através do instituto da resolução em benefício da massa insolvente pretende-se a reconstituição do património do devedor (massa insolvente)", por meio da destruição dos efeitos dos actos prejudiciais à satisfação dos interesses dos credores. Esta finalidade não nos é estranha, remetendo-nos para os meios de conservação da garantia patrimonial.

---

[242] SATTA, *op. cit.*, p. 204.
[243] PACCHI PESUCI, *loc. cit.*, pp. 21-22. Como referido no Ac. STJ de 20.03.2014, proc. 251/09.2TYVNG-I.P1 (Azevedo Ramos), "Através do instituto da resolução em benefício da massa insolvente pretende-se a reconstituição do património do devedor (massa insolvente)."

Como vimos, os três meios de conservação da garantia patrimonial que analisámos têm como finalidade comum a conservação da garantia patrimonial e a actuação contra actos lesivos dos direitos dos credores na sua relação com o devedor e que afectem, nomeadamente, o exercício do poder de execução sobre o património do devedor, com vista à satisfação do interesse daqueles. No que respeita à resolução em benefício da massa, num contexto de insolvência já não será de identificar uma finalidade conservatória idêntica à da declaração de nulidade, da sub-rogação ou da impugnação pauliana, mas uma finalidade recuperatória[244] ou reconstitutiva do património do devedor. Acresce que, em contraste com a impugnação pauliana, os efeitos da resolução em benefício da massa aproveitam à totalidade dos credores, não apenas ao que apresentou a acção.

Será esta distinção suficiente para afastar a resolução em benefício da massa desses meios? Parece-nos que não, na medida em que se pode identificar uma natureza comum: a de protecção da garantia patrimonial dos credores, através da restituição dos bens à função de garantia dos credores,[245] e da tutela dos seus direitos. A função e o modo pelo qual são distinguidos os diferentes mecanismos derivam do momento substantivo em que o devedor se encontra: ainda capaz de cumprir as suas obrigações (meios de conservação) ou impossibilitado de cumprir as suas obrigações vencidas (resolução em benefício da massa).

Parece-nos assim de concluir que a resolução em benefício da massa é um mecanismo especial de protecção da garantia patrimonial, inserido no Direito da Insolvência, um Direito especial face ao Direito Civil, e, por conseguinte, com uma finalidade orientada de acordo com os princípios que lhe estão subjacentes: a satisfação do interesse dos credores e a *par conditio creditorum*. Destina-se a tutelar os direitos dos credores, restabelecendo a igualdade quebrada com a prática de actos prejudiciais.[246] Identifica-se aqui uma dupla finalidade: reconstruir o património do devedor e restabelecer a igualdade entre os credores.[247] Também a resolução funciona como *fiel escudeira* da garantia patrimonial.

---

[244] CASS. CIV., sez. Un., 17.12.2008, n. 29420, Cassa App. Torino, 19.6.2003, *La Nuova Giurisprudenza Civile Commentata* V (2009), p. 458.
[245] SATTA, *op. cit.*, p. 213.
[246] PACCHI PESUCI, *op. cit.*, p. 21.
[247] EADEM, *ibidem*.

No entanto, o facto de constituir um mecanismo especial não significa que afaste os restantes. Parece-nos que a resolução em benefício da massa, por ter pressupostos específicos e absorvendo, como veremos, os meios de conservação da garantia patrimonial[248], constitui um mecanismo de exercício exclusivo no prazo previsto na lei. Ainda assim, pensamos que não afasta os restantes meios de conservação da garantia patrimonial, que, na insolvência, se assemelharão à função da resolução em benefício da massa.

Com efeito, os meios de protecção da garantia patrimonial convivem entre si, operando os meios de conservação quando a resolução não for já possível. Como adiante veremos, seria injusto retirar aos credores direitos resultantes da responsabilidade patrimonial do devedor, numa fase em princípio final da satisfação dos respectivos créditos. Por isso, deverá admitir-se o exercício dos meios de conservação da garantia patrimonial quando a resolução em benefício da massa não for já possível.

Veremos doravante, e de forma mas concreta, como este ponto de partida influenciará a análise do conceito de actos prejudiciais e todo o regime da resolução em benefício da massa.

---

[248] No caso da acção de sub-rogação, entende SATTA, *op. cit.*, p. 213, que esta acção é absorvida e excluída da insolvência, com a substituição do devedor na administração e na disponibilidade dos seus bens pelo administrador da insolvência. O administrador da insolvência poderá exercer os direitos que ainda forem susceptíveis de exercício em substituição do devedor. No entanto, para os casos em que já não seja possível exercer o direito, a resolução em benefício da massa deverá operar, como analisaremos *infra*, p. 131.

Capítulo IV – Prejudicialidade na Insolvência

1. Prejudicialidade *Lato* e *Stricto Sensu*

No presente âmbito, *Prejudicialidade*[249] (*lato sensu*) corresponde a toda a disciplina que regula os actos objectivamente prejudiciais à massa insolvente, o pressuposto subjectivo da resolução, que se traduz na má fé dos terceiros, e os respectivos efeitos substantivos, em concordância com a terminologia adoptada pelo legislador nos artigos 120.º e seguintes ("podem ser resolvidos os actos prejudiciais", "Consideram-se prejudiciais", "Presumem-se prejudiciais"), reforçando a relação existente entre os efeitos dos actos praticados pelo devedor e a garantia patrimonial dos credores.

A concretização deste regime geral da *Prejudicialidade* no âmbito do Direito da Insolvência pode passar por um de três sistemas: absoluto, relativo ou misto.

No caso dos sistemas absolutos, todos os actos praticados pelo devedor que impliquem uma alteração do seu património ou uma diferente

---

[249] Este conceito de prejudicialidade não se confunde com o conceito utilizado no âmbito do processo civil, nomeadamente a respeito do regime de suspensão da instância, previsto nos artigos 272.º e seguintes do CPC. Nos termos do n.º 1 do mencionado preceito, pode ser ordenada a suspensão da causa que estiver dependente de outra que lhe seja prejudicial. "Entende-se por causa prejudicial aquela que tenha por objecto pretensão que constitui pressuposto da formulada": *cf.* LEBRE DE FREITAS e ISABEL ALEXANDRE, *Código de Processo Civil Anotado* (3.ª ed.), Coimbra, Coimbra Editora, 2014, vol. I, *ad* 272.º, p. 535. O conceito de prejudicialidade para efeitos do nosso estudo deriva do prejuízo que determinados actos do devedor podem gerar para os credores, e não com uma relação processual entre causas.

forma de administração durante determinado período de tempo anterior à declaração de insolvência devem deixar de produzir efeitos. Neste sistema, é fixado, por sentença do Tribunal, o momento a partir do qual o devedor se tornou insolvente, retroagindo os efeitos da declaração judicial de insolvência a essa data e, por conseguinte, afectando-se todos os actos praticados desde então.[250]

Já os sistemas relativos, prescindindo da fixação do momento da insolvência, adoptam o conceito de actos prejudiciais à massa, entendendo que apenas esses actos devem ser objecto de resolução, independentemente do momento em que tiverem sido praticados. O nexo de causalidade existente entre o acto e o prejuízo para a garantia patrimonial dos credores seria suficiente para fundamentar a resolução dos actos praticados pelo devedor.

Por fim, para os sistemas mistos, devem deixar de produzir efeitos não apenas os actos praticados num determinado período de tempo, como também actos que se considerem prejudiciais à massa. Para tanto, são fixados, para determinadas categorias de actos, períodos específicos em que se revelam os sintomas da insolvência ou em que fosse de presumir a subsistência da insolvência.[251]

A escolha de um dos mencionados regimes depende do bem jurídico ou do interesse mais relevante que se pretenda tutelar.

Optando por um sistema de reintegração absoluto, existem mais condições para incrementar a massa insolvente, uma vez que não seria necessária a verificação de pressupostos adicionais à existência de um período suspeito. No entanto, colocam-se problemas no âmbito da segurança jurídica, uma vez que poderão deixar de produzir efeitos quaisquer actos que tenham sido praticados no período estabelecido pelo legislador, independentemente da averiguação da má fé dos contratantes e do prejuízo causado aos credores.[252]

---

[250] SATTA, *op. cit.*, p. 215; FRANCESCO FERRARA, *Il Fallimento*, Milano, Giufffrè, 1966, p. 349; FRANCISCO LEÓN, "Acciones de Reintegración (art. 71.º)", *in* Ángel Rojo e Emilio Beltrán, *Comentario de La Ley Concursal*, Thomson Civitas, 2008, tomo I, pp. 297 *ssq*. No Código de Comércio italiano que precedeu a *Legge Fallimentare*, era proferida uma *sentenza di retrodatazione*. O mesmo acontecia no âmbito do Direito Espanhol, no Código de Comércio de 1829, vigorando o regime da *retroacción*.

[251] SATTA, *op. cit.*, p. 215; FERRARA, *op. cit.*, p. 349.

[252] Conforme refere BONSIGNORI, *loc. cit.*, p. 449, "Infatti si è sostenuto che il voler rendere revocabile ogni atto, anche il non pregiudizievole, potrebbe paralizzare la vita dell'impresa,

Por seu turno, os sistemas relativos, não obstante respondam de forma eficaz ao problema da segurança jurídica, revelam-se pouco satisfatórios para alcançar a finalidade pretendida com a resolução de actos em benefício da massa, dificultando o incremento da massa insolvente e, consequentemente, a valorização da garantia patrimonial dos credores.

Os sistemas mistos, por resultarem da combinação dos dois sistemas que acabámos de referir, apresentam as mesmas vantagens e desvantagens de um e de outro, salientando-se, de igual forma, a insegurança jurídica e a insuficiente salvaguarda dos interesses dos credores.[253]

Em rigor, o sistema adoptado pelo legislador português não pode ser enquadrado em nenhum dos sistemas de reintegração que identificámos, ainda que se possa aproximar dos sistemas mistos, de forma mitigada.

Verificou-se, *supra*, que a resolução em benefício da massa está pensada como uma forma de protecção dos interesses dos credores, intervindo sobre actos anteriores ao processo de insolvência que tenham provocado uma afectação negativa da garantia patrimonial dos credores.

No entanto, este regime dos actos prejudiciais à massa visa também disciplinar um conflito existente entre o direito dos credores e o direito dos terceiros, retirando a insolvência qualquer direito ao devedor em relação aos credores.[254] A solução encontrada pelo legislador, no âmbito da insolvência, para dirimir esse conflito foi criar uma disciplina particular de prova,[255] estabelecendo presunções de prejudicialidade e de conhecimento da situação de insolvência mais intensas do que aquelas que existem nos meios de conservação da garantia patrimonial previstos no CC, nomeadamente na impugnação pauliana.

De acordo com o já referido, o legislador português criou dois tipos de resolução em benefício da massa: a resolução condicional, prevista no artigo 120.º, e a resolução incondicional, prevista no artigo 121.º. Partiu, quer num caso, quer noutro, do carácter prejudicial dos actos praticados pelo devedor antes da declaração de insolvência e previu um período específico para a verificação da resolução, denominado *período suspeito*. Ambos os factores estão intrinsecamente associados: o momento da prática dos

---

favorendo il fallimento dell'imprenditore, a soddisfacimento di un interesse della collettività a che l'impresa venga eliminata dal mercato al primo sorgere del dissesto."
[253] QUETGLAS, *op. cit.*, p. 48.
[254] SATTA, *op. cit.*, p. 215.
[255] IDEM, *ibidem*.

actos constitui um indício forte da existência de um prejuízo para os credores e, portanto, para a sua qualificação como acto prejudicial. Identificam-se, aqui, as influências do sistema misto de reintegração.

Pretendeu-se igualmente fazer face aos sistemas absolutos e aos relativos, colmatando as falhas de um e de outro, nomeadamente no que respeita à segurança jurídica e à finalidade da resolução. No entanto, ao invés de apenas criar uma solução de junção de ambos, como se pretendeu inicialmente com o sistema misto, as legislações foram respondendo às dificuldades que se mantinham, evoluindo para soluções mitigadas, conciliando as soluções dos sistemas absoluto e relativo, *i.e.*, prevendo um regime de resolução dependente da verificação cumulativa do pressuposto da prejudicialidade do acto e da sua integração num determinado período suspeito, um sistema mais justo e mais conforme à realidade,[256] e acrescentando um requisito adicional, o da má fé, para garantir a protecção de terceiros.

A especialidade deste tipo de sistema passa, também, por outro aspecto: a previsão de presunções relativas ao carácter prejudicial e presunções de má fé de terceiros. A existência de presunções legais, tal como resulta do disposto no n.º 1 do artigo 350.º do CC, implica uma inversão do ónus da prova ou até uma exclusão da prova (no caso das presunções inilidíveis), escusando-se aquele que dela beneficia de provar o facto a que a presunção conduz. Desta forma, colmatam-se as dificuldades relativas à insegurança jurídica e à frustração dos fins da conservação da garantia patrimonial.

A resolução condicional parte do carácter prejudicial de determinados actos e da verificação da má fé dos terceiros intervenientes no acto que se pretende resolver, presumida de forma ilidível em determinados casos, como se verá *infra*. No entanto, está igualmente dependente da verificação de um terceiro pressuposto: "requisito temporal da resolubilidade."[257] Nos termos do n.º 1 do artigo 120.º, "Podem ser resolvidos em benefício da massa insolvente os actos prejudiciais à massa praticados dentro dos dois anos anteriores à data do início do processo de insolvência". É na resolução condicional que melhor se verifica a necessidade de conciliação dos diferentes sistemas de reintegração do património.

No caso da resolução incondicional, a lei elenca um conjunto de actos que se presumem prejudiciais à massa sem admissão de prova em contrá-

---

[256] IDEM, *ibidem*, p. 216.
[257] Expressão utilizada por CARVALHO FERNANDES e LABAREDA, *Código da Insolvência e da Recuperação de Empresas Anotado*, ad 120.º, ponto 5, p. 525.

rio. Caso sejam praticados no período identificado pelo legislador nas diferentes alíneas do n.º 1 do artigo 121.º, não dependerão de outros requisitos para serem imediatamente resolvidos, de acordo com o mesmo preceito. Poder-se-á identificar aqui a influência dos sistemas absolutos. Sendo praticados fora dos prazos contemplados, esses concretos actos implicam a verificação do requisito da má fé de terceiros, nos termos dos n.ºs 4 e 5 do artigo 120.º, presumindo-se esta até dois anos antes da data da declaração de insolvência.

Assim, em síntese, o sistema vigente no Direito da Insolvência português constitui um sistema de reintegração misto mitigado, em que a prejudicialidade dos actos praticados pelo devedor para a satisfação dos interesses dos credores assume papel de relevo, ao lado do requisito da má fé, sendo, em sua função, determinados o período suspeito e o tipo de actos que se enquadra nas presunções previstas no CIRE, bem como as excepções à resolubilidade.

Partindo das características gerais do sistema adoptado pelo legislador português, e dos princípios que a ele estão subjacentes, importará analisar concretamente cada um dos aspectos relevantes da *Prejudicialidade* (*lato sensu*): a prejudicialidade *stricto sensu*, a má fé e os efeitos substantivos da resolução em benefício da massa.

Concretizando, diremos que um dos aspectos fundamentais do regime previsto nos artigos 120.º a 127.º relaciona-se precisamente com a delimitação objectiva da noção de *actos prejudiciais à massa*.[258]

Conjugando o disposto nos n.ºs 1 a 3 do artigo 120.º e no n.º 1 do artigo 121.º, resulta a seguinte definição preliminar de actos prejudiciais: actos que diminuem, frustram, dificultam, põem em perigo ou retardam a satisfação dos credores da insolvência, praticados (ou omitidos[259]) dentro dos dois anos anteriores ao início do processo de insolvência, presumindo-se o carácter prejudicial de forma inilidível em determinados casos previstos na lei, sem dependência de outros requisitos.[260]

---

[258] ADELA SERRA RODRÍGUEZ, "El ejercicio de la acción pauliana y las acciones rescisórias concursales", *Revista de Derecho Patrimonial* XX (2008), p. 402.
[259] Relevamos a expressão "ou omitidos" atendendo a que, embora tenha deixado de constar do n.º 1 do artigo 120.º, por força da alteração introduzida no CIRE pela Lei n.º 16/2012, de 20 de Abril, se mantém nos n.ºs 3 e 4 do artigo 120.º e no n.º 1 do artigo 126.º do CIRE.
[260] Sobre o conceito de actos prejudiciais, *vide* MENEZES LEITÃO, *op. cit.*, pp. 199-200; MARIA DO ROSÁRIO EPIFÂNIO, *Manual de Direito da Insolvência* (6.ª ed.), Coimbra, Almedina, 2014,

No entanto, trata-se de definição muito limitativa, que faz perder de vista as questões jurídicas suscitadas a respeito da prejudicialidade objectiva de actos do devedor anterior à declaração da sua insolvência.

Por conseguinte, a delimitação do objecto da resolução em benefício da massa passará por percorrer cada um dos preceitos acima identificados, individualizando-os e procurando responder às questões jurídicas por eles suscitadas, e por buscar a sua *ratio*, de acordo com os critérios interpretativos gerais de Direito e com os princípios subjacentes a este instituto, já identificados.

O n.º 1 do artigo 120.º apresenta um conceito geral e abstracto de *actos prejudiciais à massa*, questionando-se se nesse conceito serão abrangidas as omissões entretanto retiradas deste número pela última alteração ao CIRE mas mantidas nos n.ºs 3 e 4 do mesmo preceito.

Por seu turno, o n.º 2 do mesmo preceito apresenta um conjunto de efeitos resultantes do carácter prejudicial dos actos do devedor, concretizando o disposto no número anterior. Neste âmbito, importará analisar a metodologia jurídica de interpretação a adoptar.

Por fim, o n.º 3 do artigo 120.º estabelece uma presunção *iuris et de iure* de prejudicialidade relativamente a determinados actos, elencados no n.º 1 do artigo 121.º, suscitando-se a questão de saber qual o alcance de cada um dos tipos de actos e em que medida o preceito permite a interpretação extensiva das suas alíneas.

2. Acto prejudicial à massa insolvente

2.1 Conceito de acto

Enunciando os princípios gerais da resolução em benefício da massa insolvente, o artigo 120.º dá início ao regime deste instituto com o conceito geral e abstracto de *actos prejudiciais à massa* praticados dentro dos dois anos anteriores à data do início do processo de insolvência. Esse conceito é concretizado no n.º 2, nos termos analisados na subsecção seguinte.

Previamente à análise do conceito *prejudiciais*, importa atentar no conceito de *acto*, atendendo a que, por força da anterior redacção do n.º 1 do

---

pp. 212 *ssq.*; ANA PRATA, JORGE MORAIS CARVALHO e RUI SIMÕES, *Código da Insolvência e da Recuperação de Empresas Anotado*, Coimbra, Almedina, 2013, *ad* 120.º, pp. 356 *ssq.*

artigo 120.º,²⁶¹ surgiram na doutrina alguns entendimentos relativamente à interpretação do mencionado preceito, nomeadamente no que diz respeito ao objecto da resolução: actos e omissões.

Previa o n.º 1 do artigo 120.º, na sua redacção original, que "Podem ser resolvidos em benefício da massa insolvente os actos prejudiciais à massa praticados ou omitidos dentro dos quatro anos anteriores à data do início do processo de insolvência". Na versão original, a referência a actos praticados ou omitidos constava, igualmente, dos n.ᵒˢ 3 e 4 do artigo 120.º e do n.º 1 do artigo 126.º.

Para Menezes Leitão,²⁶² a norma em causa deveria ser objecto de interpretação restritiva, "referindo-se apenas à omissão do exercício de direitos que poderiam ser exercidos pelos credores por via da acção sub-rogatória (cfr. art. 606.º CC), não abrangendo outras situações como o cumprimento de deveres ou ónus por parte do insolvente ou a adopção de condutas que ele não tenha realizado", uma vez que se revelava excessivo ficcionar a prática de actos que o devedor não praticou mas deveria ter praticado, alterando-se, por conseguinte, a situação patrimonial do insolvente, sem que a lei tivesse previsto um mecanismo para o efeito. No seu entender, o legislador português adoptou a redacção da lei alemã sem ter em consideração o § 129, 2, da *InsO*, onde o que está em causa não é uma forma de resolução mas de contestação ou de impugnação (*Anfechtung*).²⁶³

Também Carvalho Fernandes e João Labareda²⁶⁴ questionavam a admissibilidade da resolução de actos omitidos, "não só quanto ao regime por que opera, mas, a nosso ver, principalmente, pelo que respeita aos seus efeitos", pese embora com fundamentos distintos. Tentando dar um sentido útil ao preceito na parte a que se fazia referência a actos omitidos, os Autores distinguiam as situações em que a abstenção de um comportamento e, por conseguinte, o silêncio em sentido jurídico tinha valor de declaração, nos termos do artigo 218.º do CC, ou não tinha esse valor. No primeiro caso, "existe uma declaração negocial, em suma, uma situação

---

[261] Redacção vigente até à entrada em vigor da Lei n.º 16/2012, de 20 de Abril.
[262] MENEZES LEITÃO, *Direito da Insolvência* (3.ª ed.), Coimbra, Almedina, 2011, pp. 224-225; IDEM, *Código da Insolvência e da Recuperação de Empresas Anotado* (3.ª ed.), Coimbra, Almedina, 2006, *ad* 120.º, pp. 146-147.
[263] IDEM, *Direito da Insolvência*, cit.; IDEM, *Código da Insolvência e da Recuperação de Empresas Anotado*, cit.
[264] CARVALHO FERNANDES e LABAREDA, *op. cit.,ad* 120.º, pp. 428-429.

equivalente, *de iure*, a um acto praticado, com o conteúdo legal, usual ou convencional." No entanto, referiam que "a alteração introduzida na ordem jurídica pode mesmo ser intolerável, não só do ponto de vista das partes como de terceiro./ Pense-se na hipótese de a omissão consistir no não exercício de um direito a anulação". Mesmo existindo um silêncio com valor declarativo, apenas aquele que desse origem a um negócio jurídico seria susceptível de resolução.[265]

Por seu turno, Gravato Morais,[266] fazendo alusão à admissibilidade da impugnação pauliana de actos omitidos, entendia que "há espaço para que actos omitidos possam ser objecto de resolução em benefício da massa insolvente./ A ideia transmitida pelo preceito é, pois, a da amplitude máxima da figura em causa. Não se permite que nenhum acto em particular, qualquer que seja o seu género ou a sua espécie, fique de fora do regime resolutivo". A título exemplificativo, o Autor identifica, como omissão relevante para efeitos de subsunção ao então n.º 1 do artigo 120.º, a não promoção de execução específica de um contrato-promessa de compra e venda, quando a contraparte não tivesse cumprido os termos acordados.[267]

Com a entrada em vigor da Lei n.º 16/2012, de 20 de Abril, que veio alterar o CIRE, a redacção do n.º 1 do artigo 120.º foi reformulada, constando apenas, na versão em vigor, que "Podem ser resolvidos em benefício da massa insolvente os actos prejudiciais à massa praticados dentro dos dois anos anteriores à data do início do processo de insolvência". Conforme se pode verificar pelo confronto das duas redacções, a expressão "ou omitidos" foi retirada da redacção do mencionado preceito, o que poderia consubstanciar uma resposta aos problemas já acima identificados pela doutrina portuguesa. No entanto, as redacções dos n.os 3 e 4 do artigo 120.º e do n.º 1 do artigo 126.º não sofreram qualquer alteração, mantendo-se as expressões "praticados ou omitidos" e "prática ou omissão". Identifica-se uma incoerência sistemática, que pode suscitar dúvidas quanto à intenção do legislador quando alterou a redacção do n.º 1 do artigo 120.º, base das restantes normas.

---

[265] IIDEM, *ibidem*.
[266] FERNANDO DE GRAVATO MORAIS, *Resolução em Benefício da Massa Insolvente*, Coimbra, Almedina, 2008, p. 60.
[267] IDEM, *ibidem*.

Menezes Leitão[268] entende que, com a entrada em vigor da Lei n.º 16/2012, de 20 de Abril, "deixou de ser possível a resolução de omissões, ainda que por lapso a lei continua a fazer referência a essa possibilidade nos arts. 120.º, n.º 4, e 126.º, n.º 2" e que, por isso, a opção do legislador foi a mais acertada.

Ana Prata, Jorge Morais Carvalho e Rui Simões,[269] referindo que a análise do problema da resolubilidade dos actos omitidos ainda se justifica por força das referências ainda constantes no CIRE, defendem que "não é de afastar o entendimento de que as omissões que tenham causado prejuízos à massa possam ser supridas através da ficção de que o ato omitido teve lugar." No entanto, os Autores colocam o problema na ausência de regulação no que toca à competência para o exercício do direito de resolução de actos omitidos em benefício da massa insolvente: "tudo leva a crer que ele [o exercício do direito à resolução] cabe ao administrador da insolvência; e, aí, sim, não se afigura admissível que a este caiba competência para a prática de atos constitutivos de direitos; fora o tribunal a "resolver" ato omitido e não veríamos razão para grande escândalo."[270]

Também Pedro Pais de Vasconcelos[271] se pronunciou quanto a esta temática, entendendo que "Esta resolução (...) abrange as próprias omissões, como ressalta da redação dos n.ᵒˢ 3 e 4 do artigo 120.º do CIRE, naquilo em que refere atos «praticados ou omitidos» e à sua «prática ou omissão»". Para o Autor, "o administrador da insolvência pode mesmo, por exemplo, «resolver» a omissão de contestar uma ação ou mesmo de a propor dentro do prazo. Isto é de superlativa importância, porque uma maneira de perder um bem do património do devedor pode ser a não contestação pelo devedor antes de requerida a insolvência, duma ação de reivindicação, a não impugnação duma deliberação social, ou outras omissões."[272]

Quanto a nós, entendemos que a eliminação da referência a "omitidos" no n.º 1 do artigo 120.º, mesmo que tivesse sido acompanhada pela alteração aos n.ᵒˢ 3 e 4 do mesmo artigo e ao n.º 1 do artigo 126.º, não é relevante

---

[268] Menezes Leitão, *Direito da Insolvência* (5.ª ed.), p. 199; Idem, *Código da Insolvência e da Recuperação de Empresas Anotado*, ad 120.º, p. 150.
[269] Prata, Morais Carvalho e Simões, *op. cit.* ponto 2 ad 120.º, pp. 355-356.
[270] Iidem, *ibidem*.
[271] Pais de Vasconcelos, *loc. cit.*, pp. 204-205.
[272] Idem, *ibidem*. Carvalho Fernandes e Labareda, *op. cit.*, ad 120.º, n. 7, pp. 525-526, limitam-se a reconhecer o desaparecimento da referência à resolução de actos omitidos.

para determinar se omissões se encontram sujeitas à resolução em benefício da massa, não implicando um reconhecimento imediato de que não é admissível resolver omissões prejudiciais aos credores.

Com efeito, em primeiro lugar, o conceito de *acto* adoptado pelo legislador corresponde ao conceito de acto jurídico *lato sensu* e não ao conceito de *acção*, entendido como contrário ao conceito de omissão. Tal conclusão resultava já da anterior redacção do artigo 120.º: o legislador optou pela utilização do conceito de "acto prejudicial" e não de "acções ou omissões prejudiciais", optando pelo género ao invés da espécie. A simples inserção dos particípios passados "praticados" e "omitidos" constitui sinal de que o legislador adoptou um conceito lato de *actos prejudiciais*, caso contrário, teria optado por considerar resolvidos em benefício da massa insolvente não os actos, mas as acções e as omissões prejudiciais à massa insolvente.

Poder-se-ia pensar que a menção a actos ou acções corresponderia ao mesmo conceito, sendo que omissão seria o seu contrário. Se assim fora, seríamos levados a concluir que a alteração levada a cabo pela Lei n.º 16/2012, de 20 de Abril, foi de molde a esclarecer que apenas as acções poderiam ser objecto da resolução em benefício da massa. No entanto, parece-nos que não poderá ser essa a conclusão, acompanhando o entendimento de Gravato Morais[273] de que "a ideia transmitida pelo preceito é, pois, a da amplitude máxima da figura em causa".

A expressão *acto* deve remeter-nos para o conceito de actos jurídicos em sentido amplo, não existindo qualquer indicação expressa que nos leve a interpretá-lo restritivamente.

De acordo com o ensinamento de Baptista Machado,[274] "Os actos jurídicos, por seu turno, são modos de conduta humana dirigidos pela vontade (actuações ou condutas) que tanto podem consistir numa acção como numa omissão (podendo esta consistir já num simples omitir ou não fazer, já num tolerar)."[275] Resulta da definição apresentada pelo Autor que a omissão se integra no conceito de comportamento e, por conseguinte, de acto jurídico.

---

[273] Gravato Morais, *op. cit.*, p. 60.
[274] Baptista Machado, *Introdução ao Direito e ao Discurso Legitimador*, Coimbra, Almedina, 2011, p. 83.
[275] No entendimento de Baptista Machado, *op. cit.*, estes poderão consistir em simples actos jurídicos, *i.e.*, "condutas dirigidas pela vontade (...) que directa ou indirectamente apenas produzem uma consequência de facto que pode ser pressuposto de uma consequência jurídica, ainda que esta não tenha sido querida pelo agente", ou em "manifestações de ciência ou

Também Oliveira Ascensão[276] introduz o conceito de actos jurídicos como "actos voluntários que produzem efeitos de direito", subdistinguindo actos jurídicos simples ou em sentido estrito e acções. Mais refere que "O acto ilícito pode ser acção ou omissão. Ambas estas figuras se reunificam na noção de conduta, ou de comportamento./ De novo encontramos a ambiguidade terminológica. Fale-se também de acção em sentido amplo, para abranger a acção em sentido estrito, quer a omissão", sendo que "Há omissão quando o agente não interfere na realidade exterior para evitar um evento, quando o podia fazer: isso estava na dependência da sua vontade".[277]

Para além de integrar o conceito de omissão no conceito amplo de acção, Kaufmann[278] concretiza-o num "fazer não realizado mas esperado pela ordem jurídica, tendo em vista evitar um resultado juridicamente relevante."

O entendimento de que a omissão constitui um comportamento ao lado da acção foi objecto de maiores desenvolvimentos no âmbito do Direito

---

exteriorizações de vontade que directamente condicionam a consequência jurídica", dentro das quais se podem distinguir as declarações quase-negociais e os negócios jurídicos, sejam unilaterais sejam bilaterais. MENEZES CORDEIRO, *op. cit.*, vol. II, (Parte Geral – Negócio Jurídico), 2014, pp. 85-89, adopta a seguinte distinção, segundo a tradição de Paulo Cunha: "no negócio há liberdade de celebração e de estipulação, enquanto no acto *stricto sensu* apenas ocorre a primeira". Sobre o conceito de acto jurídico, vide MANUEL DE ANDRADE, *Teoria Geral da Relação Jurídica*, Coimbra, Almedina, 2003, vol. II, pp. 8-10.

[276] OLIVEIRA ASCENSÃO, *Direito Civil – Teoria Geral*, Coimbra, Coimbra Editora, 1999, vol. II (Acções e Factos Jurídicos), p. 110.

[277] IDEM, *ibidem*, vol. II, pp. 18-19. O Autor enquadra a omissão apenas no contexto da ilicitude. No entanto, como veremos de seguida, para que se considere uma omissão relevante para o Direito não é imperativo que ela resulte do não cumprimento de forma ilícita de um dever de agir.

[278] ARTHUR KAUFMANN, *Filosofia do Direito* (4.ª ed.), Lisboa, Fundação Calouste Gulbenkian, 2010, p. 152.

Penal.²⁷⁹ Destaque-se, entre nós, o pensamento de Figueiredo Dias,²⁸⁰ segundo o qual a construção do conceito de omissão se reporta a uma acção juridicamente esperada e devida pelo ordenamento penal.

No âmbito do Direito das Obrigações, Pedro Pitta e Cunha Nunes de Carvalho²⁸¹ defende que " o conceito jurídico de omissão, enquanto modalidade de comportamento jurídico" deve considerar-se "a abstenção voluntária de uma acção socialmente esperada". Para o Autor, é "possível a integração do conceito de omissão num conceito globalizante de comportamento", ao lado da acção, atendendo a que a omissão implica sempre uma representação de determinada acção esperada,²⁸² não no sentido de acção imposta pelo Direito, mas de acção "socialmente esperada", o que "permite a sua inclusão no conceito amplo de comportamento como conduta socialmente relevante."²⁸³ Acresce a existência de um nexo de causalidade entre a omissão e um acontecimento (e não apenas entre a acção e um acontecimento) que se verifica "quando, dadas as regras da experiência

---

[279] Ao contrário do que acontece com a acção que não suscita quaisquer dúvidas, questionou-se na doutrina, sobretudo no âmbito do Direito Penal, a integração da omissão no conceito de comportamento. Cf. PEDRO PITTA E CUNHA NUNES DE CARVALHO, *Omissão e Dever de Agir em Direito Civil*, Coimbra, Almedina, 1999, pp. 97-114, que enuncia algumas teses sobre o conceito de omissão, nomeadamente a tese mecanicista (Von Beling), segundo a qual a omissão constitui uma verdadeira forma de comportamento fío, correspondente a uma mera paralisação de nervos motores; a tese de *aliud facere* (Luden), de acordo com a qual o conceito de omissão é analisado sob o prisma da acção praticada em vez daquela que deveria ter sido levada a cabo, entendendo-se que a abstenção é um nada para o Direito e que, portanto, não constitui um comportamento; a tese valorativa (Radbruch), que nega a integração da omissão, juntamente com a acção, no conceito de comportamento, por a omissão não ter existência no mundo exterior e não reunir os elementos do conceito de acção (vontade, actividade e nexo de causalidade entre vontade e actividade); a tese normativista (Grispigni), que entende que a omissão constitui apenas um conceito normativo e que se concretiza na não realização de uma acção esperada e exigida pelo Direito; a tese finalista (Welsel), que tenta enquadrar o conceito de acção no conceito de comportamento, de acordo com a concepção finalista da acção, existindo omissão relativamente a todas as acções possíveis não praticadas.
[280] FIGUEIREDO DIAS, *Direito Penal, Parte Geral* (2.ª ed.), Coimbra, Coimbra Editora, 2012, tomo I, pp. 251-262, 905-913. Também RICARDO OLIVEIRA E SOUSA, "A omissão e o princípio da legalidade", *RMP* CXXIX (2012), pp. 231-273.
[281] NUNES DE CARVALHO, *op. cit.*, p. 128.
[282] Também OLIVEIRA ASCENSÃO, *op. cit.*, vol. II, p. 29, considera que "Omitir não é não fazer nada; nem é fazer outra coisa. Omitir é não fazer algo que se poderia fazer. Omitir é conceito relativo. (...) a omissão é ainda uma projecção de fins".
[283] NUNES DE CARVALHO, *op. cit.*, pp. 109, 115, 119, 123.

e as circunstâncias conhecidas ou cognoscíveis pelo sujeito, a prática do acto omitido teria, segura ou muito provavelmente, evitado esse evento, previsto ou previsível pelo sujeito", exigindo-se ainda que "o sujeito soubesse, ou tivesse a obrigação de saber que com o acto omitido teria evitado o evento."[284] O Autor conclui referindo que se encontram verificados todos os requisitos para que a omissão seja considerada comportamento, ao lado da acção: (i) a verificação de abstenção por parte do agente; (ii) voluntária; (iii) a ocorrência de um acontecimento; e (iv) a existência de um nexo de causalidade entre a abstenção voluntária e o acontecimento.[285]

Transpondo este entendimento para o nosso âmbito, cremos que a omissão, na resolução em benefício da massa, se enquadraria nos casos referidos pelo mencionado Autor em que não existe violação de uma norma jurídica, uma vez que o devedor é livre de gerir o seu património. No entanto, face à situação de insolvência do devedor (ainda que não declarada e iminente), que consiste no incumprimento generalizado das obrigações do devedor (artigo 3.º) e torna actual o mencionado poder virtual de execução, seria esperado, e juridicamente esperado, que o devedor não prejudicasse os credores, quer por via de acção, quer por via de omissão. Existindo um nexo de causalidade entre a abstenção voluntária do devedor e o prejuízo concreto para a massa insolvente, verificam-se todos os pressupostos para que as omissões sejam integradas no conceito de comportamento e, neste caso, de acto prejudicial à massa insolvente.

Este conceito de omissão deve, no entanto, ser interpretado de acordo com o princípio da autonomia privada e da liberdade jurídica do devedor, não se podendo considerar que todas as abstenções do devedor sejam juridicamente relevantes. Este conceito será balizado não apenas pelo princípio geral de que o devedor é livre nas suas decisões de administração e disposição do património, mas também por outros princípios, como *pacta sunt servanda* (artigo 406.º do CC) e boa fé, que ajudarão na concretização do conceito de omissão relevante e esperada.

Assim, o conceito de *actos* deve ser interpretado como comportamentos ou condutas dos quais resulte prejuízo para a massa insolvente, neles se incluindo quer acções, quer omissões.[286]

---

[284] IDEM, *ibidem*, pp. 126-127.
[285] IDEM, *ibidem*, p. 130.
[286] Como refere LEÓN, *loc. cit.*, p. 1305, "la noción de acto se ha de interpretar de una manera flexible. Se trata de un concepto abierto. La delimitación se ha de concretar en cada caso en

Em segundo lugar, não é estranho ao Direito a existência de meios de tutela dos credores contra omissões do devedor. Como já referido,[287] dentro dos meios de conservação de garantia patrimonial previstos no CC encontram-se dois que cumprem esse escopo: a acção sub-rogatória e a impugnação pauliana, ainda que esta a título subsidiário. No primeiro caso, é permitido aos credores substituir o devedor na prática de determinado acto ou exercício de direito quando este não age. No segundo caso, através da impugnação pauliana, pretende-se restaurar a possibilidade de o credor recorrer à acção sub-rogatória, nas situações em que já não fosse possível ao credor, por facto que lhe não fosse imputável, exercer o meio conservatório previsto nos artigos 606.º e seguintes do CC.[288] A este respeito, refere João Cura Mariano[289] que "só devem ser admitidas impugnações de omissões que correspondam ao exercício de uma vontade direccionada aos seus efeitos pré-determinados. Só são impugnáveis as omissões que ocorreram porque o seu autor visou com a respectiva abstenção obter exactamente os efeitos impostos por lei, contrato ou uso, tendo sido essa a sua vontade, apesar de a mesma ser irrelevante para se produzirem essas consequências. A falta de exercício de um direito no prazo previsto para a sua caducidade só será impugnável se o devedor visou precisamente com a sua inacção a perda desse direito."[290] Está aqui em causa a vontade de o devedor perder

---

atención a los fines de la norma. El criterio general que informa la delimitación legal es que pueden ser impugnadas mediante el ejercicio de estas acciones rescisorias especiales todas aquellas «actuaciones» del deudor que impliquen una disminución del patrimonio. Dentro del concepto de actos quedan compreendidas incluso las omisiones, como la relativa a la renuncia tácita al ejercicio de un derecho por parte del deudor o de una reclamación frente a un tercero."

[287] *Supra*, pp. 90-104.

[288] CURA MARIANO, *op. cit.*, pp. 119-122: "Não vemos razão para que este meio conservatório não tenha aplicação em tempo em que a sub-rogação já não pode intervir, desde que a não utilização desta última figura não seja imputável ao credor impugnante, o que sucederá se este desconhecia os elementos necessários ao exercício atempado da sub-rogação. Assim, a impugnação pauliana continuará apenas a intervir a título subsidiário, isto é, só quando o credor não disponha de outro meio eficaz que previna ou repare o prejuízo causado à sua garantia patrimonial" e "A impugnação pauliana restaurará, assim, a possibilidade de o credor impugnante recorrer à sub-rogação permitida pelo art. 606.º do C.C., funcionando aqui não só como meio de conservação subsidiário da garantia patrimonial dos credores, mas também como instrumento coadjuvante da sub-rogação na defesa dessa garantia."

[289] IDEM, *ibidem*, pp. 120-121.

[290] O Autor remete para o ensinamento de VAZ SERRA, *loc. cit.*, p. 254, e ALMEIDA COSTA, *op. cit.*, pp. 857-858, n. 1.

o direito que não exerceu atempadamente e não a sua má fé, que constitui outra exigência no que respeita a actos onerosos.[291]

Segundo resultou da nossa análise no âmbito do capítulo referente à garantia geral das obrigações, também a resolução em benefício da massa constitui um mecanismo de protecção da garantia patrimonial dos credores, devendo ser interpretada de acordo com os princípios imanentes da responsabilidade patrimonial e de cada um dos meios de conservação.

Nessa medida, pensamos que a questão em causa tem sido analisada numa perspectiva inversa àquela que deveria ser equacionada. Partindo dos princípios subjacentes a este meio de reconstituição da garantia patrimonial, como sejam o princípio da responsabilidade patrimonial, nas suas modalidades de princípio da generalidade e da *par conditio creditorum*, com a consequente aplicação do princípio da partilha nas perdas resultantes da insolvência, o problema que se nos apresenta é o de saber se o Direito é chamado a tutelar o interesse dos credores quando, dentro do período suspeito – e mesmo fora dele – são constituídas situações jurídicas prejudiciais aos credores mas que não resultaram de uma acção, *i.e.*, de uma declaração de vontade directa e explícita do devedor, nem de um negócio jurídico. Estamos naturalmente a chamar à colação o não exercício de direitos, nomeadamente de um direito de preferência, o não exercício de um direito a exigir uma prestação, fazendo decorrer propositadamente o prazo de prescrição, o não exercício do direito de execução específica no âmbito da celebração de um contrato-promessa de compra e venda[292], o não exercício do direito de actualização de rendas nos termos do NRAU, o não exercício de um direito processual de defesa ou de uma acção para tutela de um direito.[293]

Se atendermos à teleologia do Direito da Insolvência, e em particular deste instituto, rapidamente chegaremos à conclusão de que é injusto e contrário ao Direito que persistam situações jurídicas não enquadráveis em negócios jurídicos, criadas dentro do período suspeito, que lesem a garantia patrimonial dos credores e contribuam para a frustração do princípio da igualdade entre os credores, sem que seja possível actuar contra elas.[294] Esta conclusão intensifica-se com o facto de o processo de insol-

---

[291] CURA MARIANO, *op. cit.*, p. 121, n. 221.
[292] Exemplo identificado por GRAVATO MORAIS, *op. cit.*, p. 60.
[293] Como notou PAIS DE VASCONCELOS, *loc. cit.*, pp. 204-205.
[294] Veja-se, a título de exemplo, o caso do Direito Alemão, em que, no § 129.º, 2 da *InsO*, se consagra expressamente a equiparação das omissões a acções (*vide supra*, p. 52 *ssq*.)

vência ser, na vasta maioria dos casos, o momento final para o exercício de todos os direitos de defesa dos credores relativamente à massa insolvente.

Por conseguinte, parece-nos que não se deverá, à partida, excluir a possibilidade de, no processo de insolvência, o administrador da insolvência, no âmbito dos poderes que lhe foram conferidos ao abrigo do artigo 81.º, exercer direitos ou praticar actos que o não foram pelo devedor e são ainda possíveis, bem como agir contra omissões do devedor quando já não for possível exercer os correspondentes direitos ou praticar as acções devidas. Poderá admitir-se, inclusivamente, o exercício dessa faculdade pelos credores, nos termos dos artigos 606.º e seguintes do CC, face ao princípio da universalidade dos seus efeitos.

Podemos deparar, no entanto, com as dificuldades inerentes à estrutura da resolução em benefício da massa, identificadas por Menezes Leitão e Ana Prata, Jorge Morais Carvalho e Rui Simões, nomeadamente no que respeita à forma de exercício e ao seu âmbito. O primeiro Autor chama a atenção para o regime de contestação ou impugnação da *InsO*, o que nos leva a concluir que admitiria que, por via de acção, as omissões fossem "impugnadas em benefício da massa." Por seu turno, os segundos, embora admitam a susceptibilidade de as omissões causarem prejuízo aos credores, defrontam-se com o problema da competência, referindo que "não se afigura admissível que a este [administrador da insolvência] caiba competência para a prática de atos constitutivos de direitos; fora o tribunal a 'resolver' ato omitido e não veríamos razão para grande escândalo."

No entanto, antecipamos que não podemos concordar com o entendimento apresentado pelos mencionados Autores. Em primeiro lugar, entendemos que não se deverá afastar uma possibilidade de tutela dos interesses dos credores apenas com fundamentos processuais. Os Autores afastam a resolução de omissões em benefício da massa com fundamento no facto de o esquema da resolução extrajudicial não ser compatível com os efeitos pretendidos com a possibilidade de afectação das omissões, partindo do regime para a definição dos actos. Parece-nos que a perspectiva exigida não é essa mas a inversa. Já referia Paulo Cunha,[295] a respeito dos meios de garantia patrimonial, que "a cada uma dessas acções, de que dispõe processualmente o crèdor, corresponde uma distinta faculdade de direito substantivo, não sendo a acção mais do que a efectivação dessa faculdade

---

[295] CUNHA, *op. cit.*, tomo I, p. 318.

por meio da justiça pública." Afastar sem mais a resolução de omissões implica afastar uma faculdade de direito substantivo do credor que não se extinguiu, nem poderia extinguir-se, por via da insolvência do devedor. Em segundo lugar, veremos que a forma de exercício prevista para a resolução em benefício da massa não é contrária à *resolução* de omissões, sendo que esta pode ser extrajudicial ou judicial. Vimos também que a sub--rogação poderia ser extrajudicial ou judicial e que a acção pauliana admitia a impugnação de omissões, pelo que – pelo menos nos casos em que se admite impugnação pauliana –, se deveria admitir a resolução judicial em benefício da massa. Em terceiro lugar, no que respeita aos efeitos, parece--nos que não existe, igualmente, obstáculo à *resolução* de omissões, uma vez que a retroactividade prevista no n.º 1 do artigo 126.º facultaria o direito à prática do acto, mesmo que o respectivo prazo estivesse já esgotado,[296] permitindo o recurso à subrogação nos direitos do devedor, como se deixou expresso relativamente à impugnação pauliana.

Em suma, poderemos concluir que serão susceptíveis de resolução as omissões, no sentido de comportamentos legitimamente esperados e prejudiciais à massa insolvente, que correspondam ao exercício de uma vontade direccionada aos seus efeitos predeterminados (a perda do direito),[297] cujo direito já não seja possível exercer por via dos poderes de administração e disposição conferidos ao administrador da insolvência.

2.2 Conceito de acto prejudicial à massa insolvente

Tendo presente que o conceito de acto deve ser interpretado no seu sentido amplo, albergando as acções e as omissões levadas a efeito pelo devedor em prejuízo dos credores, importará agora, no âmbito desta secção, determinar o que se entende por *acto prejudicial à massa insolvente* e qual a sua extensão.

No n.º 1 do artigo 120.º, vem identificado o objecto da resolução em benefício da massa: actos prejudiciais à massa insolvente. No seu n.º 2, o legislador veio referir que "se consideram prejudiciais à massa os actos que diminuam, frustrem, dificultem, ponham em perigo ou retardem a

---

[296] Sobre a resolução em benefício da massa, PAIS DE VASCONCELOS, *loc. cit.*, p. 205. Sobre a impugnação pauliana, CURA MARIANO, *op. cit.*, pp. 121-122.
[297] IDEM, *ibidem*, pp. 120-121.

satisfação dos credores da insolvência". Ainda no que respeita ao carácter prejudicial, foi estabelecida, no n.º 3 do mesmo preceito, uma presunção *iuris et de iure* de prejudicialidade relativamente aos "actos de qualquer dos tipos referidos" no artigo 121.º, mesmo que praticados ou omitidos fora dos prazos aí previstos.

O legislador português adoptou uma formulação genérica e indeterminada do conceito de actos prejudiciais no n.º 1 do artigo 120.º,[298] não enunciando à partida os específicos actos que deveriam ser sujeitos a resolução em benefício da massa mas optando por uma cláusula geral ou por um conceito-tipo,[299] no seu n.º 2. Esta opção justifica-se não apenas pela natureza do próprio Direito da Insolvência, que é influenciado pelas circunstâncias socioeconómicas do país e, portanto, está mais sujeito a alterações sistemáticas, de acordo com as políticas legislativas do tempo em constante processo evolutivo. Justifica-se também pelo dinamismo crescente, pela criatividade humana no desenvolvimento da autonomia privada, no progressivo desapego do Homem a valores morais e éticos que influenciam as relações jurídicas estabelecidas com os outros sujeitos e na busca incessante do máximo proveito, sobretudo em contextos de insolvência ou de insolvência iminente.[300]

O n.º 2 do artigo 120.º pode incluir uma cláusula geral de actos prejudiciais, em contraposição a regulamentação casuística[301], na medida em que

---

[298] O mesmo fez o legislador espanhol, no n.º 4 do artigo 71.º da *Ley Concursal:* "Se trata de una genérica previsión en virtud de la cual se puede pretender la réscisión de cualquier operación que se considere prejudicial para la masa, pero sobre la que no existe presunción legal alguna, de forma tal que, quien interese la rescisión de aquélla habrá de acreditar la realidad del referido perjuidicio".

[299] Sobre a metodologia e linguagem jurídicas, em geral, *vide* KAUFMANN, *op. cit.*, pp. 101 *ssq.*; KARL ENGISCH, *Introdução ao Pensamento Jurídico* (10.ª ed.), Lisboa, Fundação Calouste Gulbenkian, 2008, pp. 205-274; BAPTISTA MACHADO, *op. cit.*, pp. 113-120; TEIXEIRA DE SOUSA, *Introdução ao Direito*, Coimbra, Almedina, 2013, pp. 302-312.

[300] Segundo BAPTISTA MACHADO, *op. cit.*, pp. 114, 119, o recurso a conceitos indeterminados e a cláusulas gerais "justifica-se, ou para permitir a adaptação da norma à complexidade da matéria a regular, às particularidades do caso ou à mudança de situações, ou para facultar uma espécie de osmose entre as máximas ético-sociais e o Direito, ou para permitir levar em conta os usos do tráfico, ou, enfim, para permitir uma «individualização» da solução" e permite "ao legislador abordar aquelas realidades sociais que, por isso mesmo se acham informadas por um dinamismo crescente, escapam a uma disciplina regulamentadora minuciosa estabelecida pela via da tipificação de hipóteses previamente definidas."

[301] ENGISCH, *op. cit.*, pp. 228 *ssq.*; BAPTISTA MACHADO, *op. cit.*, pp. 116, 118.

constitui uma "formulação da hipótese legal que, em termos de grande generalidade, abrange e submete a tratamento jurídico todo um domínio de casos."[302] Para lá da presunção prevista no n.º 3 do artigo 120.º, em que se identificam certos tipos de actos sujeitos a resolução incondicional, no que respeita ao carácter prejudicial não existe qualquer elaboração casuística por parte do legislador, excepto no caso das excepções expressamente previstas no n.º 6. Por conseguinte, poderá ser objecto de resolução em benefício da massa "todo o tipo de cenários susceptíveis de causar «prejuízo»"[303] e, portanto, todos os actos que possam estar incluídos no âmbito do n.º 2 do artigo 120.º, *i.e.*, que possam diminuir, frustrar, dificultar, perigar e retardar a satisfação do interesse dos credores da insolvência, desde que praticados no período previsto no n.º 1 do artigo 120.º.[304]

Parece-nos, também, possível entender que cada um dos "cinco elementos que – autonomamente considerados – nos permitem qualificar um acto como prejudicial à massa"[305] integra um conceito-tipo ou conceito ordenador[306] de acto prejudicial, determinado em função dos seus traços característicos, dos seus elementos essenciais e das suas notas dis-

---

[302] ENGISCH, *op. cit.*, p. 229, que refere (p. 233) que "Graças à sua generalidade, elas tornam possível sujeitar um mais vasto grupo de situações, de modo ilacunar com possibilidade de ajustamento, a uma consequência jurídica", neste caso à resolubilidade em benefício da massa.

[303] GRAVATO MORAIS, *op. cit.*, p. 50.

[304] Trata-se de duas primeiras condições para o exercício do direito de resolução em benefício da massa: uma de natureza material, relacionada com o carácter prejudicial de actos para a massa, e outra de natureza temporal, em que se determina o período em que a resolução ainda pode operar: *cf.* BORJA GARCÍA-ALAMÁN DE LA CALLE, "Efectos de la Declaración del Concurso sobre las Relaciones jurídico-privadas del deudor", *in* L. Fernández de la Gándara e M. M. Sánchez Álvarez (*edd.*), *Comentarios a la Ley Concursal*, Madrid, Marcial Ponds, 2004, p. 270.

[305] Expressão de GRAVATO MORAIS, *op. cit.*, p. 50.

[306] KAUFMANN, *op. cit.*, p. 134: "Os conceitos legais não são, abstraindo dos poucos casos de conceitos numéricos, unívocos, não são conceitos gerais e abstractos mas sim conceitos-tipo, conceitos ordenadores, em que não se verifica um tudo ou nada, mas sim um mais ou menos."

tintivas.[307] Um dos traços característicos é, sem dúvida, a descrição dos efeitos que decorre do n.º 2 do artigo 120.º.[308]

No entanto, estes elementos descritivos acabam por não ser suficientes para constituir critérios de determinação do carácter prejudicial de certos tipos de actos e para enquadrar situações concretas no conceito de acto prejudicial. Revela-se ainda necessário recorrer ao princípio geral da responsabilidade patrimonial e aos subprincípios e valorações que lhe subjazem, aplicáveis no âmbito do Direito da Insolvência, bem como à unidade interior do sistema.[309] Importa ter em conta, para a subsunção de um caso concreto à norma em causa, a especialidade deste instituto face aos restantes meios de conservação da garantia patrimonial, que constitui parâmetro interpretativo dos actos em causa: a idoneidade ou aptidão do acto para lesar a *par conditio creditorum*."[310]

---

[307] Noção de tipo de totalidade ou constitutivo apresentado por TEIXEIRA DE SOUSA, *op. cit.*, p. 308. O mesmo Autor refere (p. 310) que "Uma mesma expressão linguística pode ser vista como um conceito e como um tipo" e que, "mais do que proceder à delimitação de conceitos e ao enunciado de classificações, o legislador procura normalmente fornecer o enquadramento jurídico de certas matérias e para isso não é necessário (nem aliás conveniente) ir além da descrição dos elementos típicos do facto ou da situação que integra a previsão da regra jurídica. O legislador limita-se a recorrer à mesma dimensão tipológica que é habitualmente utilizada na linguagem do quotidiano."

[308] Remetemos para a explicação de GRAVATO MORAIS, *op. cit.*, p. 50.

[309] CLAUS-WILHELM CANARIS, *Pensamento Sistemático e Conceito de Sistema na Ciência do Direito* (4.ª ed.), Lisboa, Fundação Calouste Gulbenkian, 2008, pp. 66 *ssq.*; BAPTISTA MACHADO, *op. cit.*, pp. 307-311; LEÓN, *loc. cit.*, p. 1307: "en la delimitación del concepto de perjuicio es menester tener en cuenta la finalidad de las acciones de reintegración concursal. Estas acciones se dirigen a la protección de los acreedores concursales para la satisfacción colectiva de los créditos. Significa ello que, para delimitar el concepto de perjuicio, es necesario atender al *principio de paridad de trato*."

[310] PAJARDI, *op. cit.*, p. 88. Neste sentido, também o Ac. TRP de 18.12.2013, proc. 462/10.8TB-VFR-R.P1 (Carlos Portela): "Como bem é citado na decisão recorrida, para Carvalho Fernandes/João Labareda (*Código da Insolvência e da Recuperação Empresas anotado*, 2008, pp. 429 e seguintes), para além dos actos que implicam diminuição do valor da massa insolvente, são prejudiciais todos os que tornem a satisfação do interesse dos credores mais difícil ou mais demorada, sendo certo que tal critério está em consonância com a finalidade do processo de insolvência que visa a satisfação igualitária dos direitos dos credores." Como referido no Ac. TRP de 17.01.2012, proc. 2451/06.8TBVCD-E.P1 (Relator Rodrigues Pires), "Uma vez que o processo de insolvência visa a satisfação igualitária dos direitos dos credores, não é admissível a concessão de vantagens especiais a qualquer deles a partir do momento em que a situação de insolvência do devedor vem a ser conhecida. Daí que, caso o devedor tenha concedido alguma

Assim, tal como referido por Stefania Pacchi Pesuci,[311] "L'azione revocatoria fallimentare è lo strumento specifico diretto ad eliminare il pregiudizio conseguente al compimento, da parte del debitore, di atti a contenuto patrimoniale finalizzati al tentativo, vuoi di ristabilire una situazione economica compressa, vuoi di ritardare soltanto la dichiriazione di fallimento e destinati ad incidere, o quanto meno, ad ostacolare, il soddisfacimento dei creditori. Il pregiudizio può essere il frutto di atti con i quali il debitore ha sottratto (direttamente) beni alla garanzia patrimoniale o attraverso i quali ha modificato l'ordine di soddisfacimento dei creditori concorsuali inserendo titolari (non in via diretta ma indiretta) di pretese creditorie".

Conforme referido pela Autora, os actos susceptíveis de serem objecto de resolução em benefício da massa são actos de conteúdo patrimonial, que afectem directamente o património do devedor, diminuindo-o ou pondo em causa o princípio da igualdade entre credores. Estarão, por conseguinte, excluídos actos de natureza pessoal.[312]

Estes actos de conteúdo patrimonial poderão consistir em negócios jurídicos, em actos realizados para a sua execução e cumprimento (é o caso dos pagamentos e dos actos de extinção das obrigações, como resulta, aliás, das alíneas f) e g) do n.º 1 do artigo 121.º), em actos unilaterais e em actos declarativos de direitos, como é o caso da divisão de coisa comum.[313]

Importa também atentar ao conceito de prejuízo, questionando se, para operar a resolução em benefício da massa, é exigido um qualquer prejuízo, mesmo que mínimo, ou um prejuízo relevante.

A resposta a esta questão poderá ser encontrada nas alíneas b) e h) do n.º 1 do artigo 121.º. Com efeito, na alínea b) daquele preceito são afastados da resolubilidade os "donativos conformes aos usos sociais" e na alínea h) é considerado prejudicial o acto a título oneroso em que as obrigações assumidas pelo insolvente sejam manifestamente superiores às da contraparte. Destas duas alíneas retira-se que o prejuízo dos actos prati-

---

vantagem desse tipo no período suspeito anterior à declaração, a lei venha permitir à massa insolvente a recuperação das atribuições patrimoniais correspondentes."

[311] PACCHI PESUCI, *loc. cit.*, p. 22.

[312] Como o casamento, a adopção, a perfilhação, o divórcio ou a separação judicial de pessoas e bens que, embora tenham efeitos indirectos no património do devedor, não podem "ser limitado(s) pelo simples interesse da conservação da garantia patrimonial": *cf.* CURA MARIANO, *op. cit.*, pp. 108-109.

[313] SATTA, *op. cit.*, p. 245; PAJARDI, *op. cit.*, pp. 169-170; LEÓN, *loc. cit.*, p. 1305.

cados pelo devedor resulta de uma desproporção da saída de património relativamente àquele que entra, pelo que, para determinação do prejuízo de carácter geral nos termos dos n.ᵒˢ 1 e 2 do artigo 120.º, será necessário identificar um prejuízo relevante, que terá de ser aferido caso a caso.[314]

Poderá igualmente admitir-se a inclusão de outros prejuízos que não ponham em causa directamente a massa insolvente mas que, de forma indirecta, agravem a situação patrimonial do devedor. Borja García-Alamán De La Calle[315] apresenta como exemplo as operações estratégicas ou relativas à organização de um negócio que, sem produzirem um prejuízo económico-patrimonial directo, poderiam a longo prazo tornar-se prejudiciais para a situação patrimonial do insolvente e defende a interpretação extensiva do n.º 4 do artigo 71.º da *Ley Concursal* para permitir a inclusão destas situações.[316]

Concordamos com o entendimento do Autor, embora nos pareça que, face à amplitude do conceito de *actos prejudiciais à massa*, não seja necessário recorrer à interpretação extensiva, entendendo-se que possam ser prejudiciais um acto isolado ou um conjunto de actos (ainda que secundários) que contribuam, pela forma da sua execução, para a afectação da garantia patrimonial dos credores.

O pressuposto temporal é igualmente decisivo para o surgimento do direito à resolução em benefício da massa. O prazo de quatro anos previsto na versão original do n.º 1 do artigo 120.º foi alterado para dois anos com a Lei n.º 16/2012, de 20 de Abril. O encurtamento do prazo resulta de uma opção clara do legislador pela celeridade na conformação das situações jurídicas e pela segurança jurídica, em detrimento dos relevantes interesses dos credores.[317] Refira-se que aqui releva o momento da prática

---

[314] Borja García-Alamán de la Calle, *loc. cit.*, p. 272: "¿Basta un perjuicio, por mínimo que sea, para aceptar la rescisión o, ha de ser especialmente relevante? La norma no lo aclara y su interpretación queda en manos del Juzgador. A este respecto, tal vez sería aconsejable que se exija que la transcendencia del perjuicio tenga que ser relevante para legitimar la rescisión de una operación."

[315] Idem, *ibidem*.

[316] Idem, *ibidem*: "Aunque, *a priori*, esta interpretación parece no ser inmediatamente subsumibile en la letra de la norma que analizamos, tal vez, en determinados escenarios, cabría aceptar la rescisión de una operación de tal naturaleza."

[317] Como também referido a propósito da lei espanhola, "el legislador ha preferido dar preeminencia a la seguridade del tráfico jurídico y fortalecer la confianza de quienes lo integran": *cf.* Idem, *ibidem*, p. 273.

do acto, mesmo nos casos em que reflicta a execução de um acto anterior. Existe, por conseguinte, independência entre actos constitutivos e actos de execução, podendo os primeiros ficar imunes à resolução em benefício da massa, por não terem sido praticados durante o período suspeito, ao contrário dos segundos.[318]

No entanto, esta limitação temporal pode originar situações injustas, sendo impossível atacar actos indiscutivelmente prejudiciais para a massa mas praticados após os dois anos previstos no n.º 1 do artigo 120.º, por via da resolução de actos em benefício da massa[319]. Por essa razão se deverá admitir a possibilidade de o administrador da insolvência apresentar acções de impugnação pauliana, como se tem admitido nos ordenamentos jurídicos estrangeiros.[320]

Por último, refira-se que a lei não exige que, no momento do acto, o devedor se encontrasse em situação de insolvência.[321] Os únicos pressupostos para a resolução em benefício da massa são o carácter prejudicial do acto para a satisfação dos interesses dos credores e a realização ou omissão no período estabelecido na lei. Demonstrados estes dois requisitos, não poderá a contraparte alegar que o devedor não se encontrava em situação de insolvência para efeitos da determinação do carácter prejudicial do acto. Poderá, no entanto, ser relevante essa demonstração para a determinação da actuação de boa fé ou de má fé do terceiro, como veremos *infra*.

2.3 Concretização pela via do n.º 3 do artigo 120.º

Um auxiliar interpretativo para efeitos de preenchimento do n.º 2 do artigo 120.º é o n.º 1 do artigo 121.º, atendendo a que, em cada uma das suas alíneas, o prejuízo dos actos para a satisfação dos interesses dos credores é presumido *iuris et de iure*, não admitindo prova em contrário, nos termos do n.º 3 do artigo 120.º.[322]

---

[318] LEÓN, *loc. cit.*, p. 1306.
[319] BORJA GARCÍA-ALAMÁN DE LA CALLE, *loc. cit.*, p. 273.
[320] IDEM, *ibidem*, p. 273: o legislador deixou "abierta la puerta a las acciones de impugnación de los actos del deudor que, en su caso, procedan."
[321] LEÓN, *loc. cit.* p. 1306.
[322] A matéria das presunções vem regulada no Capítulo II do Título II do Livro I do Código Civil, dedicado à prova. Nos termos do artigo 349.º do CC, as presunções são "ilações que a lei ou o julgador tiram de um facto conhecido para firmar um facto desconhecido." Por outras

Reflexo dos sistemas absolutos, o legislador português, à imagem do que aconteceu no ordenamento jurídico espanhol, estabeleceu, no n.º 3 do artigo 120.º, uma presunção *iuris et de iure*[323] de prejudicialidade relativamente a determinado tipo de actos.[324] Resulta daquele preceito que os actos previstos no n.º 1 do artigo 121.º são sempre considerados prejudiciais à massa insolvente, para efeitos da resolução em benefício da massa e sem admissão de prova em contrário (artigo 350.º, n.º 2),[325] ainda que

palavras, o raciocínio presuntivo baseia-se na relação intrínseca entre dois factos: o facto demonstrado e o facto presumido. Através de um facto principal conhecido e já demonstrado, nomeadamente do conhecimento das suas características e das circunstâncias em que ocorreu, é possível concluir pela verificação provável de outro facto, sem necessidade de realização de prova directa. Numa definição apresentada por PIRES DE SOUSA, *Prova por Presunção no Direito Civil* (2.ª ed.), Almedina, Coimbra, 2013, p. 29, as presunções constituem um "raciocínio em virtude do qual, partindo de um facto que está provado (facto-base/facto indiciário), se chega à consequência da existência de outro facto (facto presumido), que é o pressuposto fáctico de uma norma, atendendo ao nexo lógico entre os dois factos." Poderá o nexo lógico que refere o Autor, *i.e.*, "um juízo de probabilidade qualificada que assenta e deriva de uma máxima de experiência, tida por aplicável no caso, segundo a qual perante a ocorrência de um facto gera-se uma probabilidade qualificada de que se tenha produzido outro" (p. 57), ser determinado pelo juiz, através de máximas da experiência – "noções extralegais e extrajudiciais a que o juiz recorre, as quais são colhidas nos conhecimentos científicos, sociais e práticos, dos mais aperfeiçoados aos mais rudimentares. Tais conhecimentos não representam a íntima convicção do juiz mas factores que surgem da vivência (experiência) colectiva e são apreensíveis pelo homem médio, adquirindo Autoridade precisamente porque trazem consigo essa imagem do consenso geral." (p. 78) –, constituindo-se uma presunção judicial nos termos do artigo 351.º do CC, ou ser determinado pelo legislador, aplicando-se com abstracção e generalidade às situações que se subsumam no preceito legal, constituindo-se, então, uma presunção legal, regulada no artigo 350.º do CC.

[323] Dentro das presunções, poder-se-á distinguir as presunções *iuris tantum*, presunções relativas ou presunções ilidíveis, que admitem prova em contrário, nos termos do n.º 2 do artigo 350.º do CC, e as presunções *iuris et de iure* (objecto do presente estudo), presunções absolutas ou presunções inilidíveis, em contraposição irrefutáveis, *cf.* BAPTISTA MACHADO, *op. cit.*, p. 112.

[324] Sobre a presunção de prejudicialidade, vide GRAVATO MORAIS, *op. cit.*, pp. 54-56.

[325] O regime das presunções está directamente relacionado com as normas respeitantes ao ónus da prova, na medida em que afastam de quem beneficie da presunção o ónus de demonstrar a verificação do facto presumido, de acordo com o disposto no n.º 1 do artigo 350.º do CC. Está igualmente relacionado com a matéria referente aos tipos de prova admitidos, atendendo a que, no caso das presunções *iuris tantum*, se admite a possibilidade de serem ilididas mediante prova em contrário, *i.e.*, "pela prova pela outra parte de que o facto presumido não é verdadeiro (cf. art. 344.º, n.º 1, CC)", enquanto nas presunções *iuris et de iure*, o direito de ilidir é vedado, nos termos do n.º 2 do artigo 350.º do CC, "pelo que não é permitido provar

praticados fora do período suspeito aí previsto, e que a sua resolubilidade, quando praticados dentro desse período previsto no n.º 1 do artigo 121.º, não está dependente de quaisquer outros requisitos, nomeadamente do pressuposto da boa fé, nos termos do n.º 4 do artigo 120.º.

A previsão de uma presunção legal *iuris et de iure* de prejudicialidade, ao lado de uma presunção legal *iuris tantum* de má fé, a que aludiremos *infra*[326], encontra fundamento no facto de a resolução em benefício da massa ter sido pensada como expediente de reconstituição da garantia patrimonial e de protecção do interesse dos credores, assim como de ter sido construída de forma a facilitar e agilizar a determinação do acervo de bens e direitos que integram a massa insolvente, face à inversão do ónus da prova, nos termos do artigo 350.º do CC.

As presunções legais são estabelecidas, na maioria dos casos, relativamente a factos que apresentem um nexo lógico forte com o facto principal e que levam o legislador a considerar que a sua verificação é quase certa, mas também são utilizadas como "meio de regular e compor da maneira que considera mais justa ou acertada um conflito de interesses",[327] quando se revela desproporcionalmente onerosa, para a parte a quem o facto aproveita, a sua prova. Nas palavras de Baptista Machado[328], "Dadas as dificuldades de prova de certos factos constitutivos de direitos em determinadas situações, a lei vem em socorro de uma das partes estabelecendo a seu favor uma presunção legal (...). É que o ónus da prova tem muitas vezes influência decisiva sobre a relação jurídica material – sobre o direito substantivo."[329]

---

que o facto presumido não é verdadeiro", *cf.* TEIXEIRA DE SOUSA, *op. cit.*, pp. 234-235. Como refere BAPTISTA MACHADO, *op. cit.*, p. 112, as presunções *iuris et de iure* são excepcionais relativamente às *iuris tantum*, que constituem a regra: "Na dúvida, haverá de entender-se, pois, que a presunção legal é apenas *iuris tantum*", *cf.* TEIXEIRA DE SOUSA, *op. cit.*, pp. 234-235.

[326] *vide infra*, pp. 221 *ssq.*
[327] BAPTISTA MACHADO, *op. cit.*, p. 113.
[328] IDEM, *ibidem*, pp. 112-113.
[329] PIRES DE SOUSA, *op. cit.*, pp. 20-21, identifica cinco ordens de razão subjacentes à criação de normas de presunção em geral: inductivo-probabilísticas (estabelecida de acordo com probabilidades normais, onde a probabilidade de erro é diminuta, como é o caso do regime de morte presumida previsto no n.º 1 do artigo 114.º do CC); valorativas ou garantistas (que "visam acautelar situações em que as decisões têm de ser tomadas num contexto de insuficiente informação", de que é exemplo a presunção de inocência do arguido); de procedimento (baseadas na confiança necessária na comunicação interpessoal para o processo deliberativo); de equilíbrio probatório (pretendendo-se "restabelecer um equilíbrio probatório entre as partes em conflito atenta a diferente dificuldade de prova que os factos relevantes apresen-

É esta precisamente a lógica que preside ao regime presuntivo previsto no CIRE para a resolução em benefício da massa. Com efeito, caso não tivesse sido prevista uma presunção de prejudicialidade absoluta, sem dependência de quaisquer outros requisitos (nomeadamente o subjectivo), como a prevista no artigo 121.º, poderiam consolidar-se na ordem jurídica actos em si prejudiciais para a massa insolvente apenas por falta de prova da má fé dos adquirentes. O legislador pretendeu acautelar precisamente este ponto, prevendo tipos de actos particularmente indicativos de um prejuízo para os credores,[330] cuja especial gravidade justifica a prevalência do interesse destes em detrimento do interesse de terceiros intervenientes, e facilitando a tarefa probatória a quem de direito.[331] Tendo presente a dicotomia de interesses em causa (credores e terceiros de boa fé), vemos, no regime da resolução incondicional, uma opção clara do legislador pela protecção do interesse da massa insolvente, *i.e.*, o interesse dos credores reconhecidos na satisfação dos seus créditos.[332]

Cada uma das alíneas será relevante para delimitar e concretizar o disposto no n.º 2 do artigo 120.º, não apenas em perspectiva negativa, na medida em que todos os actos nelas previstos são absolutamente prejudiciais, mas também positiva, concedendo ao intérprete índices de prejudicialidade fortes que poderão ser comuns a outros actos não enquadráveis na presunção *iuris et de iure*. Por essa razão, analisaremos cada uma das categorias de acto, extraindo delas a *ratio* de prejudicialidade que inquietou o legislador.

---

tam", como acontece nas presunções de paternidade previstas nas alíneas a) a e) do n.º 1 do artigo 1826.º do CC); de estabilização de expectativas institucionais (constituindo objectivo estabelecer uma normalidade nas expectativas e objectivos que as instituições pretendem cumprir, de que é exemplo a presunção de paternidade do marido da mãe, prevista no n.º 1 do artigo 1826.º do CC).

[330] Pajardi, *op. cit.*, p. 204.

[331] Ángel Martínez Gutiérrez, "La Protección de los adquirentes de buena fe en el sistema de reintegración de la Ley Concursal", *in* D. Jiménez Liébana (ed.), *Estudios de Derecho Civil en Homenaje al Profesor José González García*, Cizur Menor, Aranzadi, 2012, pp. 1010.

[332] Idem, *ibidem*. A técnica da presunção não é nova no CIRE, remontando ao Código Comercial de Ferreira Borges (ainda que fosse mais comum inicialmente a existência de uma presunção de má fé), e muito menos constitui uma inovação do legislador português, salientando-se a similitude de regime relativamente à presunção de prejudicialidade com a *Ley Concursal* (vide supra, pp. 65 ssq.).

2.3.1 Partilha – interpretação de acordo com o resultado

Entendeu o legislador que se presumem prejudiciais sem admissão de prova em contrário as partilhas que tenham sido celebradas menos de um ano antes da data de início do processo de insolvência e que tenham implicado o preenchimento do quinhão do insolvente com bens de fácil sonegação e o dos restantes co-interessados com a generalidade dos valores nominativos.

Para efeitos da al. a) do n.º 1 do artigo 121.º, *partilha* é o acto jurídico através do qual se faz cessar uma situação de indivisão relativamente a determinado conjunto de bens e se determina o preenchimento de determinada quota ou quinhão de que o devedor é titular com determinados bens.[333] O carácter prejudicial advém de o preenchimento do quinhão ser feito através da atribuição ao solvente de bens de fácil sonegação, *i.e.*, "bens não apreensíveis pelos credores".[334]

Por bens de fácil sonegação devem entender-se todos os bens facilmente circuláveis no comércio jurídico e facilmente dissipáveis do património do devedor,[335] onde não se encontram os bens imóveis, os bens móveis sujeitos a registo e os valores nominativos, como resulta do disposto na última parte da al. a) e do entendimento doutrinário.[336] O dinheiro é, por excelência, um bem de fácil sonegação.[337]

---

[333] Sobre o conteúdo da partilha por morte, *vide* CARVALHO FERNANDES, *Lições de Direito das Sucessões* (3.ª ed.), Lisboa, Quid Iuris, 2008, p. 355. Também JOSÉ JOÃO BAPTISTA, *Da Natureza Jurídica da Herança Indivisa e da Partilha entre Herdeiros no Direito Português* (Diss.), Universidade de Lisboa, Faculdade de Direito (texto policopiado), 1953-1954; PIRES DE LIMA e ANTUNES VARELA, *Código Civil Anotado*, Coimbra, Coimbra Editora, 1998, vol. VI, p. 164.

[334] VAZ SERRA, *loc. cit.*, p. 245: "A partilha ou divisão pode prejudicar os credores: o devedor procede, com outros condividentes, à partilha e nesta, por exemplo, é-lhe atribuída uma parte inferior àquela a que tinha direito ou composta por bens não apreensíveis pelos credores."

[335] GRAVATO MORAIS, *op. cit.*, pp. 84-85: "Aqui está apenas em causa uma possível ocultação dos bens, a ideia de a partilha ter subjacente o propósito de falicitar a mobilização de bens."

[336] CARVALHO FERNANDES e LABAREDA, *op. cit.*, ad 121.º, ponto 6, p. 530, e GRAVATO MORAIS, *op. cit.*, pp. 84-85.

[337] Como se refere no Ac. TRP de 18.02.2014, proc. 2452/07.9TBPVZ-C.P1 (Relator José Igreja Matos), "O dinheiro é, a nosso ver, manifestamente, um bem de fácil sonegação. Desde logo, porque o legislador assim o induz ao proceder a uma delimitação negativa do conceito quando contrapõe não serem os imóveis e os valores nominativos *bens de fácil sonegação*."

No entanto, e tal como salientado por Carvalho Fernandes e João Labareda,[338] essa atribuição não tem de ser exclusiva, bastando que, por força do advérbio *essencialmente*, "tais bens, pela sua qualidade ou pela sua quantidade, representem a *parte mais significativa* dos que preenchem o quinhão do insolvente". Acresce que se trata de um conceito relativo, apenas sendo possível a sua delimitação de acordo com os bens que integraram o quinhão dos restantes herdeiros. Deverá ser tida em consideração a totalidade dos bens objecto de partilha e o quinhão atribuído a cada interessado, de forma que, através do método comparativo, se possa concluir pela desigualdade e desproporcionalidade na distribuição dos bens de acordo com a sua quantidade e qualidade.

Existem várias espécies de partilha previstas no nosso ordenamento jurídico, sendo de assinalar a partilha resultante da dissolução e liquidação de uma sociedade (artigo 1018.º do CC), a partilha por cessação das relações matrimoniais (artigo 1689.º e 1790.º do CC) e a partilha hereditária (artigo 2101.º e seguintes do CC).[339]

As partilhas podem ser, igualmente, qualificáveis como extrajudiciais ou judiciais, sendo de incluir ambas as modalidades na previsão do preceito em análise, seguindo o entendimento de Carvalho Fernandes e João Labareda[340] e de Gravato Morais.[341] Saliente-se que, por força da entrada em vigor do Regime Jurídico do Processo de Inventário, aprovado pela Lei n.º 23/2013, de 5 de Março, o inventário para partilha de bens no âmbito sucessório ou conjugal passou a ser da competência dos cartórios notariais, ainda que os Tribunais tenham competência para a prática de determina-

---

[338] CARVALHO FERNANDES e LABAREDA, *op. cit.*, *ad* 121.º, ponto 6, p. 530.

[339] Poder-se-á sustentar a inclusão nesta norma da partilha em vida prevista no artigo 2029.º, se se entender que se trata de uma *partilha ex ante facto*, como qualifica ESPERANÇA PEREIRA MEALHA, "Partilha em vida e seus efeitos sucessórios", *Estudos em Homenagem ao Professor Doutor Inocêncio Galvão Telles*, Coimbra, Almedina, 2002, vol. I (Direito Privado e Vária), pp. 554-555. No entanto, seguindo o entendimento de CARLOS PAMPLONA CORTE-REAL, "A Partilha em Vida", *Cadernos de Ciência e Técnica Fiscal* CXLIX (1986), de que "a partilha surge como um «acto complexo, mas atomisticamente encarado», onde avultam uma «pluralidade de doações em vida» (...), cada qual «modalmente onerada com um encargo particional, exequível por via de tornas» (...) constituindo uma união de actos, ficcionadamente distintos, mas funcionalmente conexos" e que a sua essência é ser "pluralidade de doações em vida, com encargo modal de partilha", poder-se-á questionar a sua integração no disposto na al. b) do n.º 1 do artigo 121.º, com prazo mais alargado.

[340] CARVALHO FERNANDES e LABAREDA, *op. cit.*, *ad* 121.º, ponto 6, pp. 530-531.

[341] GRAVATO MORAIS, *op. cit.*, pp. 82-83.

dos actos (artigos 2.º e 3.º do mencionado Regime). Se, ao abrigo da anterior lei de processo, se entendia já que a partilha judicial cabia no âmbito da al. a) do n.º 1 do artigo 121.º, o mesmo deverá dizer-se relativamente à partilha levada a efeito nos termos do novo Regime. O processo de inventário visa, essencialmente, solucionar situações em que os interessados não estejam de acordo quanto à forma de partilha, e não garantir a distribuição de bens tendo em consideração a possibilidade da sua dissipação.[342]

Do exposto resulta que os elementos essenciais desta norma são a forma de preenchimento do quinhão e a comparação com o tipo de bens atribuídos aos restantes co-interessados.

Identificando um critério interpretativo, diremos que a afectação à massa insolvente se concretiza na atribuição ao insolvente de bens facilmente dissipáveis, o que poderá colocar em perigo a satisfação do interesse dos credores caso esses bens não sirvam para garantir o cumprimento das obrigações do devedor. Poderá, de igual modo, implicar uma diminuição mais célere e oculta do património do devedor. Por conseguinte, todos os actos que, não cabendo na al. a) do n.º 1 do artigo 121.º, impliquem que o devedor receba uma prestação cujo objecto seja um bem de fácil sonegação poderão ser considerados prejudiciais à massa insolvente.

Poderão ser igualmente sujeitos a resolução as partilhas cujo resultado se tenha revelado prejudicial para os credores mas não tenha implicado o preenchimento do respectivo quinhão com bens de fácil sonegação, como seria, por exemplo, o caso de o insolvente ter ficado com os bens com mais encargos.

2.3.2 Actos gratuitos – *Nemo liberalis nisi liberatus*

Analisando as diversas alíneas do n.º 1 do artigo 121.º, verificamos que a mais gravosa em termos de período suspeito é a al. b), referente aos actos celebrados a título gratuito pelo devedor. Este prazo corresponde, aliás, ao máximo previsto no n.º 1 do artigo 120.º.[343] Assim, podemos, à partida, concluir que os actos gratuitos são os únicos susceptíveis de serem resolvidos em benefício da massa e não exigem, em hipótese alguma, a verificação do requisito da má fé, como resulta da conjugação dos n.ºs 3 e 4 do

---

[342] IDEM, *ibidem*, p. 83.
[343] Também assim sucede no Direito Espanhol (artigo 71.º, n.º 2 da *Ley Concursal*).

artigo 120.º e da mencionada al. b) do n.º 1 do artigo 121.º.[344] Esta constatação deriva de não se revelar legítimo para o Direito que possa dispor gratuitamente quem não tenha cumprido as suas obrigações e muito menos quem se encontre numa situação de insolvência, incapaz de satisfazer as obrigações vencidas: *Nemo liberalis nisi liberatus*.[345]

Além disso, a prática de um acto gratuito durante o período suspeito previsto na lei indicia fortemente um nexo causal entre o acto e a situação de insolvência, considerando-se que o acto foi praticado quer porque o devedor já se encontrava em situação de insolvência, quer porque essa já estava próxima, intensificando-se, pela natureza do acto, a intenção de prejudicar os credores.[346]

O conceito de acto gratuito é mais amplo do que o conceito de doação.[347] Nesta categoria de actos, pode incluir-se todos os praticados a título de liberalidade, actos que atribuam uma vantagem à contraparte sem implicarem uma contraprestação[348], actos que impliquem um sacrifício sem o correspondente sacrifício da outra parte[349], actos que resultem do cumprimento de um dever moral, em suma, qualquer acto em que a uma das atribuições patrimoniais não corresponda outra equivalente e que seja realizado com a intenção ou causa de conceder uma vantagem à contraparte, sem nada receber em troca.[350] Trata-se de um conceito que abrange todas

---

[344] Tal como no Direito Italiano, a resolução de actos gratuitos não está dependente de qualquer factor subjectivo, nem da parte do devedor nem de terceiros, tendo apenas carácter objectivo, *cf.* MAFFEI ALBERTI, *Commentario Breve alla Legge Fallimentare*, Padova, CEDAM, 1981, p. 124.

[345] PAJARDI, *op. cit.*, p. 154.

[346] FERRARA, *op. cit.*, p. 348. Também BORJA GARCÍA-ALAMÁN DE LA CALLE, *loc. cit.*, p. 271, refere que "No es difícil encontrar la ratio de la norma: se trata de operaciones de liberalidad, lógicamente carentes de contrapartida material alguna, que no responden a criterios económicos y que objetivamente perjudican el patrimonio presente y futuro del deudor. A nuestro juicio, la previsión legal que analizamos es útil y justa, pues, de no existir, los actos de liberalidad constituirían los más sencillos vehículos para favorecer la poión de acreedores afines y para distraer, en consequencia, parte del patrimonio del concurso, en evidente perjuidicio de la masa."

[347] LEÓN, *loc. cit.*, p. 1308.

[348] ANTUNES VARELA, *op. cit.*, vol. I., p. 404.

[349] MENEZES CORDEIRO, *op. cit.*, vol. II, p. 106. Também SERRA RODRÍGUEZ, *loc. cit.*, pp. 407, segundo a qual "para estimar la gratuidad de cualquier acto (...) habrá que analizar si ha existido o no sacrifício patrimonial en la persona beneficiada por el mismo."

[350] LUIGI MOSCO, *Onerosità e Gratuità degli Atti Giuridici con particulare riguardo ai Contratti*, Milano, Francesco Vallardi, 1942, pp. 247, 272; LEÓN, *loc. cit.*, p. 1308.

as formas de diminuição de património, sem correspectivo, mesmo que não importem a transmissão de propriedade, não sendo necessário que a qualificação como gratuito resulte da posição de ambas as partes, mas apenas do insolvente.[351]

No âmbito da norma que analisamos, importa ter presente que estão em causa actos gratuitos e não apenas doações[352], bem como a distinção entre actos onerosos e gratuitos, não podendo confundir-se com a classificação de contratos bilaterais ou unilaterais ou sinalagmáticos ou não sinalagmáticos.[353]

Sendo que os conceitos de onerosidade e de gratuidade são conceitos de relação, na análise dos actos prejudiciais à massa importará atender às atribuições patrimoniais realizadas pelas partes.[354] No entanto, na prática jurídico-negocial importa ter também em consideração os sujeitos contratantes, os terceiros e a vontade das partes, na medida em que operações que poderiam ser qualificadas em abstracto como onerosas podem revelar-se gratuitas no contexto negocial concreto.[355]

---

[351] vide MAFFEI ALBERTI, op. cit., p. 125; SATTA, op. cit., pp. 219-220.
[352] Por essa razão, entendemos que não se revelaria necessária a indicação expressa do repúdio de herança ou legado, ao contrário do que refere GRAVATO MORAIS, op. cit., p. 87.
[353] Distinção para que alertam ANTUNES VARELA, op. cit., vol. I., pp. 404-405, e MENEZES LEITÃO, Direito das Obrigações, vol. I, p. 183; ALMEIDA COSTA, op. cit., pp. 368-369.
[354] ALMEIDA COSTA, op. cit., p. 370; MENEZES LEITÃO, op. cit., vol. I, p. 183.
[355] Concordamos com MENEZES CORDEIRO, op. cit., vol. II, p. 107, quando refere que a vontade das partes é determinante para a qualificação de um negócio jurídico como gratuito ou oneroso: "No verdadeiro negócio gratuito, a vontade livre do sacrificado determinou-se pela intenção de dar – animus donandi; apenas na presença deste factor têm aplicação as regras próprias das liberalidades./ Trata-se de um aspecto da maior importância: como será ponderado, o Direito não admite, em certas condições, desequilíbrios excessivos entre as partes; quando, porém, apareça um negócio gratuito, querido enquanto tal, o desequilíbrio é justo e admissível." Acrescentamos que apenas não será justo nem admissível quando o devedor já se encontrava em situação de insolvência ou de insolvência iminente, prejudicando os interesses dos credores.
É este o caso dos grupos de sociedades, alertando BORJA GARCÍA-ALAMÁN DE LA CALLE, loc. cit., p. 271, para a necessidade de clarificação das operações realizadas nestes contextos, "pues, de no hacerlo, pueden encontrarse inermes ante la imposibilidad material de explicar una operación cuyo transfondo no tiene por qué ser ilegítimo."

2.3.2.1 Concretização

a. Actos jurídicos unilaterais

No âmbito dos actos jurídicos unilaterais, destaquemos a figura geral da renúncia a direitos e, em particular, o repúdio de herança ou de legado, previsto expressamente na al. b) do n.º 1 do artigo 121.º. A renúncia é o acto jurídico pelo qual o titular de determinado direito o faz extinguir unilateralmente, sem necessidade de aceitação.[356] Para que possa ser enquadrada no conceito de acto gratuito para efeitos de resolução em benefício da massa, é necessário que essa extinção voluntária de um direito tenha implicado uma diminuição do património do devedor, criando um prejuízo para a garantia patrimonial dos credores[357] e que tenha sido feita com a intenção de, mesmo indirectamente, conceder uma vantagem a outrem, sem correspectivo.[358] Pode ser o caso da renúncia a um crédito resultante do incumprimento de um contrato sinalagmático ou a um direito de usufruto.

Seguirão também o regime dos actos gratuitos a renúncia à prescrição e o repúdio de herança ou legado. No primeiro caso, "visto que depende do devedor opor a prescrição, este pode arbitrariamente abster-se de o fazer e renunciar ao direito de a opor, e com isso prejudicar os seus credores."[359] Na insolvência, os interesses dos credores prevalecerão sobre os interesses dos titulares do direito prescrito[360], o que se fará valer por via da resolução em benefício da massa. Poderá o administrador da insolvência invocar posteriormente a prescrição. Por esta via, é conseguida a mesma tutela que, em situação de solvência, poderia ser alcançada através do n.º 2 do artigo 305.º do CC.[361] Assinale-se que aqui está em causa uma renúncia expressa, uma vez que a renúncia tácita cairá no conceito de omissão, segundo já

---

[356] MOSCO, *op. cit.*, pp. 296-297.
[357] VAZ SERRA, *loc. cit.*, p. 255; CURA MARIANO, *op. cit.*, p. 122.
[358] Como referido por VAZ SERRA, *loc. cit.*, p. 260, acompanhado por GRAVATO MORAIS, *op. cit.*, p. 88, embora seja em regra um acto gratuito, a renúncia pode constituir um acto oneroso, nomeadamente quando "feita em troca de uma contraprestação daquele que aproveita com ela."
[359] VAZ SERRA, *loc. cit.*, p. 258. O Autor faz equivaler a renúncia à prescrição a um reconhecimento de uma obrigação natural, integrando-a no conceito de acto gratuito (p. 260).
[360] IDEM, *ibidem*, p. 259.
[361] CURA MARIANO, *op. cit.*, pp. 123-124.

explanámos.³⁶² No segundo caso, o repúdio da herança ou de um legado pode implicar uma diminuição do património do devedor, com a inerente atribuição de vantagem aos restantes herdeiros.³⁶³ A resolução destes actos justifica-se quando se demonstre que se obteria vantagem com a aceitação da herança, incrementando a garantia patrimonial dos credores. Não se justifica a aceitação de uma herança com mais passivo do que activo, pelo que pensamos ser de interpretar restritivamente o preceito neste sentido. O mesmo se diga relativamente ao repúdio do legado, quando este esteja onerado e a própria oneração possa constituir um prejuízo para os credores. Por esta via, também se consegue resultado idêntico ao que resulta da faculdade de sub-rogação prevista no artigo 2067.º do CC, ainda que por via da resolução do acto prejudicial.³⁶⁴

b. Negócios jurídicos bilaterais

No âmbito dos negócios jurídicos bilaterais, identificam-se como tipicamente gratuitos a doação (artigo 940.º do CC) e o comodato (1129.º do CC), uma vez que deles só decorre uma atribuição patrimonial para uma das partes.³⁶⁵ Poderá igualmente incluir-se a remissão de dívida, nos termos do n.º 2 do artigo 863.º do CC.

A doutrina tem identificado alguns negócios jurídicos bilaterais em que as obrigações recíprocas apresentam carácter gratuito, ainda que parcialmente, não sendo "queridas pelos contraentes como *correspectivo* uma da outra."³⁶⁶

É o caso das doações modais, previstas no artigo 963.º do CC, realizadas com encargo a favor do doador ou de terceiro. Serão consideradas actos gratuitos, na medida em que importem um sacrifício para o donatário que não tenha equivalência económica à atribuição patrimonial realizada pelo respectivo doador,³⁶⁷ e "quando o não cumprimento do encargo *funcione*

---

[362] LEÓN, *loc. cit.*, p. 1305.
[363] GRAVATO MORAIS, *op. cit.*, pp. 87-88.
[364] CURA MARIANO, *op. cit.*, pp. 124-125.
[365] MENEZES LEITÃO, *op. cit.*, vol. I, p. 183; GRAVATO MORAIS, *op. cit.*, p. 87.
[366] ANTUNES VARELA, *op. cit.*, vol. I., p. 416. Também ALMEIDA COSTA, *op. cit.*, p. 369.
[367] ALMEIDA COSTA, *op. cit.*, p. 369.

como causa de resolução da doação (art. 966.º)."[368] É o caso do distrate de doação modal, que também deve ser qualificado como acto gratuito para efeitos da al. b) do n.º 1 do artigo 121.º, tal como decidido no Ac. TRP de 10 de Julho de 2014, proc. 1108/12.5T2AVR-D.C1 (Relator Arlindo de Oliveira).[369]

Também se poderá incluir as doações remuneratórias[370] e os *negotia mixta cum donatione* ou as doações mistas, na medida em que o elemento da liberalidade assuma preponderância e tenha sido utilizado o negócio oneroso para fazer a doação.[371] Objecto de resolução incondicional deverá ser apenas a parte gratuita do negócio.

Mesmo fora dos casos tipicamente gratuitos, os negócios jurídicos bilaterais por norma onerosos poderão ser celebrados sem prever a atribuição patrimonial a uma das partes. Será o caso de um pacto de reserva de propriedade, quando o devedor não tiver recebido qualquer benefício aquando da estipulação do pacto com o contrato de compra e venda.[372]

---

[368] ANTUNES VARELA, *op. cit.*, vol. I., p. 417. Também no sentido de que as doações modais constituem actos gratuitos, GRAVATO MORAIS, *op. cit.*, p. 90.
Entendendo que as doações modais são liberalidades, por não implicarem uma efectiva contraprestação, questionando-se o seu carácter bilateral, Ac. TRP de 10.07.2014, proc. 1108/12.5T2AVR-D.C1 (Relator Arlindo de Oliveira), remetendo para o ensinamento de MANUEL BATISTA LOPES, *Das Doações*, Coimbra, Almedina, 1970, pp. 111-112, e Ac. STJ de 28.02.2013, proc. 684/10.1TBPTG.E1.S1 (Relator Pereira da Silva).

[369] "Constituindo, assim, como constitui, a doação em causa um acto de encargo, também o distrate da mesma, ao anular os efeitos da doação, designadamente a transferência da propriedade do bem doado para a titularidade jurídica da donatária, reingressando na esfera jurídico-patrimonial dos seus pais e, por consequência, a fazer com que o respectivo bem deixe de responder pelas dívidas da insolvente, se traduz num acto de natureza gratuita, não envolvendo, para a insolvente, qualquer contrapartida económica, e prejudicial para os credores, em face do que, como já referido na sentença recorrida, se tem de considerar o acto em causa como enquadrável no disposto no artigo 121.º, n.º 1, al. b), do CIRE e, por isso, por verificados os limites temporais ali estabelecidos, susceptível de resolução incondicional em benefício da massa insolvente, tal como decidido na sentença recorrida."

[370] LEÓN, *loc. cit.*, p. 1308; GRAVATO MORAIS, *op. cit.*, p. 89; CURA MARIANO, *op. cit.*, p. 229.

[371] ANTUNES VARELA, *op. cit.*, vol. I., pp. 302-305, 416; MENEZES LEITÃO, *op. cit.*, p. 190; GRAVATO MORAIS, *op. cit.*, p. 89. LEÓN, *loc. cit.*, p. 1308, entende que se poderá resolver em benefício da massa a parte correspondente à liberalidade. Em sentido contrário, defendendo que em causa está o elemento oneroso e que se deve afastar a integração no conceito de acto gratuito, MAFFEI ALBERTI, *op. cit.*, p. 127.

[372] MAFFEI ALBERTI, *op. cit.*, p. 126.

c. Actos jurídicos plurilaterais

Os actos jurídicos plurilaterais podem ser complexos no respeitante à natureza das atribuições patrimoniais, uma vez que podem ser constituídos a título gratuito relativamente a uma das partes e a título oneroso relativamente a outra.[373] É o caso, a título de exemplo, dos pagamentos efectuados pelo insolvente para extinção de dívidas de terceiro (destacando-se os pagamentos feitos por sociedades para extinguir dívidas de sócios, administradores e gerentes e vice-versa, bem como pagamentos entre sociedades coligadas[374]), o contrato a favor de terceiro, a constituição de garantias a favor de terceiro, o pagamento de prémios referentes a um seguro de vida a favor de terceiro e a conversão de um seguro particular num seguro a favor de terceiro.[375]

d. Constituição de garantias

No que respeita à constituição de garantias por dívidas próprias, apenas se poderá considerar que existe um acto gratuito quando a garantia é prestada por créditos ainda não vencidos e quando não for atribuída ao devedor ou ao terceiro qualquer vantagem pela prestação da garantia, que é deste modo prestada em benefício exclusivo do credor.[376] O negócio de constituição da garantia assumirá a natureza do negócio constitutivo do débito, quando celebrados em simultâneo, ao passo que dependerá das atribuições patrimoniais realizadas quando ocorrer em data posterior à constituição do crédito.[377]

Quando estiver em causa uma garantia constituída a favor de terceiro, refira-se que será considerada um acto gratuito quando não importar para

---

[373] ANTUNES VARELA, *op. cit.*, vol. I., p. 417. Nos casos de relações triangulares, refere MENEZES LEITÃO, *op. cit.*, vol. I, pp. 183-184, que os contratos podem ser simultaneamente onerosos e gratuitos, sendo necessário analisar a natureza das atribuições patrimoniais. Será relevante, igualmente, a vontade das partes, tal como já assinalado.

[374] MAFFEI ALBERTI, *op. cit.*, p. 126; LEÓN, *loc. cit.*, p. 1310.

[375] Embora o contrato de seguro seja, em si, oneroso, o pagamento dos prémios em relação ao beneficiário já constitui um acto gratuito: *cf.* LEÓN, *loc. cit.*, p. 1309. Também é considerada gratuita a cessão de posição contratual no contrato de seguro feita em benefício próprio para terceiros, *cf.* MAFFEI ALBERTI, *op. cit.*, p. 127; SATTA, *op. cit.*, p. 222.

[376] MAFFEI ALBERTI, *op. cit.*, p. 126. FERRARA, *op. cit.*, p. 359.

[377] CURA MARIANO, *op. cit.*, p. 224.

o insolvente qualquer vantagem patrimonial, considerando-se que o não poderá ser quando for prestada em simultâneo com a constituição do crédito.[378] Autores há que consideram que a garantia constituirá acto gratuito quando for prestada sem qualquer correspectivo quer para o garante, quer para o devedor garantido ou para o credor garantido.[379]

O momento da constituição da garantia é indício relevante para duas questões: em primeiro lugar, para a qualificação do acto de constituição de garantia como oneroso ou gratuito; em segundo, para a qualificação do acto como gratuito ou como garantia, para efeitos dos artigos 120.º e 121.º, sendo certo que os actos gratuitos são, dentro do período suspeito, e em qualquer caso, resolúveis de forma incondicional, enquanto as garantias o são apenas nos seis meses previstos na al. c) e nos sessenta dias previstos na al. e) do n.º 1 do artigo 121.º, sujeitando-se, fora desse período, à resolução condicional prevista no artigo 120.º.[380] No que respeita a garantias sucessivas, deverá ter-se em conta a posição do credor e do devedor a favor de quem a garantia é prestada para que se possa valorar a sua natureza onerosa ou gratuita.[381]

---

[378] SERRA RODRÍGUEZ, *loc. cit.*, p. 407: "podría considerarse como acto dispositivo con causa gratuita el negocio constitutivo de hipoteca en garantía de deuda ajena, cuando es prestada espontáneamente por el deudor concursado, sin recibir compensación del acreedor hipotecario, ni del deudor garantizado; pero no podría serlo si el deudor garantizado obtiene alguna ventaja del acreedor que resulta beneficiado por la hipoteca, lo que, a juicio de J. L. Lacruz Berdejo, sucederá cuando el negocio constitutivo de hipoteca en garantía de deuda ajena fue simultáneo a la concesión del crédito por el acreedor hipotecario ya que éste, normalmente, habrá concedido el crédito al deudor en atención a la existencia de la garantía, que se presenta, de este modo, como un correspectivo al crédito («La causa en los contratos de garantía», RCDI, mayo-junio 1981, pgs. 747 a 749)." Também LEÓN, *loc. cit.*, p. 1310.

[379] MAFFEI ALBERTI, *op. cit.*, p. 126.

[380] No mesmo sentido, em Espanha, SERRA RODRÍGUEZ, *loc. cit.*, p. 407: "el momento en que se ha constituído la hipoteca, simultáneo o posterior al nacimiento del crédito, constituirá un indicio relevante a efectos de tener por acreditado el carácter gratuito u oneroso del acto constitutivo y, en consecuencia, presumir *iuris et de iure* o *iuris tantum* su carácter perjudicial para la masa del concurso (*cfr.* STS de 5 de junio de 2006 [RJ 2006, 3069])."

[381] SATTA, *op. cit.*, p. 221. LEÓN, *loc. cit.*, p. 1310, considera que a constituição de um pacto de reserva de propriedade em momento posterior à celebração do contrato de transmissão pode constituir acto gratuito quando o devedor não receber nenhuma contrapartida.

e. Negócios dissimulados

Pensamos poder incluir na resolução em benefício da massa os negócios dissimulados, quando for demonstrada a simulação relativa, nos termos do artigo 241.º do CC, *i.e.*, quando for demonstrado que as partes tenham pretendido celebrar um acto gratuito e não oneroso, embora lhe tenham dado essa aparência.[382]

2.3.2.2 Exclusão

Do âmbito de aplicação da norma estão expressamente excluídos os donativos conformes aos usos sociais, que, tal como resulta do n.º 2 do artigo 940.º do CC, não se integram no conceito de doação por neles faltar o espírito de liberalidade.[383]

A conformidade aos usos sociais poderá ser encarada do ponto de vista qualitativo, atendendo ao tipo de donativo e às circunstâncias em que é oferecido e a quem, ou quantitativo, relevando aqui a quantia oferecida[384]. Integrar-se-ão neste conceito os presentes de aniversário, de casamento ou referentes a outras festas de família, as gorjetas e outras liberalidades remuneratórias.[385]

Sobretudo no que diz respeito à questão da "grandeza relativa do seu montante"[386], importará interpretar restritivamente a expressão "conformes aos usos sociais" de modo a incluir um juízo de proporcionalidade entre o donativo e o património do devedor, seguindo o exemplo da lei italiana.[387] O devedor que se encontra em situação de insolvência ainda não declarada mantém toda a sua capacidade jurídica e os poderes de disposi-

---

[382] MAFFEI ALBERTI, *op. cit.*, pp. 126-127; SATTA, *op. cit.*, p. 222. Em sentido contrário, referindo que é mais prudente demonstrar o prejuízo nos termos gerais, LEÓN, *loc. cit.*, p. 1309, de quem discordamos, uma vez que o prejuízo decorre do carácter gratuito do acto. Será, ao invés, necessário demonstrar a existência de simulação relativa.

[383] PIRES DE LIMA e ANTUNES VARELA, *Código Civil Anotado* (2.ª ed.), Coimbra, Coimbra Editora, 1981, vol. II, p. 231.

[384] IIDEM, *ibidem*.

[385] IIDEM, *ibidem*. De acordo com o entendimento dos Autores, as gorjetas apenas deverão ser consideradas como donativos conformes aos usos sociais "quando sejam de uso corrente e sejam dadas no momento em que se recebem os serviços."

[386] IIDEM, *ibidem*.

[387] PAJARDI, *op. cit.*, p. 154; MAFFEI ALBERTI, *op. cit.*, p. 127; SATTA, *op. cit.*, p. 224.

ção e administração do seu património, sendo-lhe legítimo, sem que cause prejuízo aos credores, realizar donativos de acordo com a sua vontade.

No entanto, será contrário ao espírito da norma admitir a realização de donativos analisados singularmente como conformes aos usos sociais sem um limite, que deverá ser o limite do património do devedor e da razoabilidade da realização dos donativos face à sua situação económica.[388] Não se poderia permitir que o património do devedor fosse dissipado legitimamente através da realização de sucessivos e infindáveis donativos, em manifesto e deliberado prejuízo para os credores.

Por conseguinte, a excepção prevista na parte final da al. b) do n.º 1 do artigo 121.º deverá ser objecto de interpretação restritiva, entendendo-se que é exigível um juízo de proporcionalidade relativamente aos donativos realizados em conformidade com os usos sociais e o património do devedor.

2.3.2.3 Critério interpretativo

Como já acima assinalámos, esta alínea constitui critério interpretativo para a aferição da relevância do prejuízo, na parte em que se refere aos donativos. Exige-se que o prejuízo seja relevante para que a resolução em benefício da massa possa operar.

De resto, uma vez que os actos gratuitos são sempre resolúveis incondicionalmente, esta alínea não assumirá relevância para efeitos do n.º 2 do artigo 120.º. Resulta apenas que todos os actos que impliquem um sacrifício patrimonial para o devedor sem uma vantagem correspectiva são sempre prejudiciais. A falta de contrapartida equivalente ao sacrifício do devedor revela, por si só, o prejuízo para a satisfação dos interesses dos credores, razão pela qual o legislador entendeu que o carácter prejudicial é inerente ao acto, independentemente da actuação de má fé.[389]

2.3.3 Garantias reais – domínio e publicidade

O n.º 1 do artigo 121.º prevê duas alíneas referentes a garantias reais, com objecto diferenciador no momento da sua constituição e no período sus-

---

[388] Entende FERRARA, *op. cit.*, p. 360, que "per giudicare se la liberalità sia proporzionata al patrimonio del donante, si tiene conto di tutti gli elementi attivi e passivi del patrimonio."
[389] LEÓN, *loc. cit.*, p. 1309.

peito: c) e e).³⁹⁰ Nos termos da al. c), são resolúveis de forma incondicional as garantias reais constituídas relativamente a obrigações preexistentes ou de outras obrigações que as substituam, nos seis meses anteriores à data do início do processo de insolvência. Já a al. e) prevê a resolução das garantias reais constituídas em simultâneo com a criação das obrigações garantidas, dentro dos 60 dias anteriores à data do início do processo de insolvência.³⁹¹

No âmbito do regime da resolução em benefício da massa, é adoptado o mesmo conceito civilista de *garantias reais*, não sendo, ao contrário do que acontece na *Legge Fallimentare*³⁹², enunciadas garantias reais específicas, como o penhor ou a hipoteca. Neste âmbito, importará analisar o conceito adoptado nas als. c) e e) do n.º 1 do artigo 121.º e os seus elementos caracterizadores, de forma que possamos apresentar critérios interpretativos concretizadores do n.º 2 do artigo 120.º.

2.3.3.1 Conceito de garantia real

As garantias reais, na medida em que se integram no conjunto das garantias especiais, constituem um reforço da segurança relativamente à garantia geral das obrigações³⁹³ para determinados credores, aos quais é atribuída

---

[390] Não identificando fundamento para o tratamento em separado e em duas alíneas não sucessivas, CARVALHO FERNANDES e LABAREDA, *op. cit.*, ad 121.º, ponto 10, p. 532; GRAVATO MORAIS, *op. cit.*, n. 93, pp. 92-93; PRATA, MORAIS CARVALHO e SIMÕES, *op. cit.*, ad 121.º, n. 9, p. 364.

[391] No âmbito do n.º 3 do artigo 71.º da *Ley Concursal*, a constituição de garantias reais a favor de obrigações preexistentes ou de novas constraídas em substituição das anteriores está sujeita a uma presunção *iuris tantum*, podendo ser admitida prova em contrário: "El legislador presume su naturaleza ilegítima por cuanto, salvo que exista alguna acreditada causa que las justifiquen, tales operaciones determinan un perjuicio económico del património del concursado. En outro caso, sería sencillo – y habitual – para el deudor privilegiar la poión de sus acreedores afines desde el momento en que atisbase la posibilidad de entrar en situación concursal, ofreciendo, sin ninguna causa justificada, garantías a obligaciones que no las tenían, ena vidente perjuicio del resto de acreedores." *Cf.* BORJA GARCÍA-ALAMÁN DE LA CALLE, *loc cit.*, p. 271.

[392] Artigo 67.º, § 1, n.ᵒˢ 3 e 4 da *Legge Fallimentare*.

[393] CUNHA, *op. cit.*, tomo II, p. 2; ANTUNES VARELA, *op. cit.*, vol. II, p. 471; ALMEIDA COSTA, *op. cit.*, p. 881; MENEZES CORDEIRO, *op. cit.*, vol. IX, p. 533; MENEZES LEITÃO, *Direito das Obrigações*, vol. II, pp. 303-304; IDEM, *Garantias das Obrigações*, p. 85; ROMANO MARTINEZ e FUZETA DA PONTE, *op. cit.*, p. 71.

uma posição de vantagem, pela afectação de bens do devedor ou de terceiro ao pagamento preferencial de determinadas dívidas.[394]

Na doutrina, as garantias reais são identificadas como direitos reais de garantia, face à preferência especial que criam sobre determinados bens.[395] Nessa medida, as características dos direitos reais são-lhes aplicáveis, nomeadamente o carácter absoluto (em virtude da sua oponibilidade *erga omnes*,[396] por força da publicidade e da preferência em relação aos credores), a inerência (traduzida numa ligação especialmente intensa ou íntima entre o direito e a coisa,[397] de tal forma que "o titular pode atingir a coisa, enquanto se mantiver o seu direito, independentemente de quaisquer vicissitudes que possam atingi-la"[398]), a sequela (entendida como expressão dinâmica da inerência, por ser conferida a possibilidade ao titular de perseguir a coisa, mesmo quando na posse ou detenção de outrem, acompanhando-a nas suas vicissitudes)[399] e a prevalência (tradu-

---

[394] CUNHA, *op. cit.*, tomo II, pp. 112 e seguintes; MENEZES LEITÃO, *Direito das Obrigações*, vol. II, p. 304; IDEM, *Garantias das Obrigações*, p. 85; ROMANO MARTINEZ e FUZETA DA PONTE, *op. cit.*, p. 95.

[395] CUNHA, *op. cit.*, tomo II, pp. 118 *ssq.*; ALMEIDA COSTA, *op. cit.*, p. 883; MENEZES CORDEIRO, *op. cit.*, vol. IX, p. 543, que define garantias reais ou direitos reais de garantia como "permissões normativas de aproveitamento de coisas corpóreas, em termos de assegurar direitos de crédito (...) funcionalmente concebidos para garantir obrigações", através da via compulsória, impelindo o devedor a cumprir, e pela via da realização pecuniária, ficando a coisa adstrita preferentemente à satisfação do respectivo crédito. Para JOSÉ ALBERTO VIEIRA, *Direitos Reais*, Coimbra, Coimbra Editora, 2008, p. 324, "Os direitos reais de garantia são direitos funcionalmente dirigidos a assegurar que, em caso de incumprimento do devedor, o credor que deles beneficia possa ser pago através da coisa objecto do direito real de garantia e com prioridade relativamente aos demais credores do devedor que não tenham melhor garantia real sobre ela", consistindo o seu conteúdo fundamental "na atribuição ao titular de uma posição de supremacia quanto aos demais credores do Autor da garantia, conferindo-lhe preferência na satisfação do seu crédito através do produto da venda da coisa."

[396] Defendendo que a absolutidade não é característica essencial dos direitos reais, MENEZES CORDEIRO, *Direitos Reais*, Lex, 1993ʳ, pp. 301-316; IDEM, *Direitos Reais – Sumários*, AAFDL, 1998, pp. 63-67.

[397] VIEIRA, *op. cit.*, p. 210; MENEZES LEITÃO, *Direitos Reais* (4.ª ed.), Coimbra, Almedina, 2013, pp. 46-47

[398] MENEZES CORDEIRO, *Direitos Reais*, p. 63.

[399] IDEM, *ibidem*, pp. 45-46, 67; IDEM, *Direitos Reais – Sumários*, pp. 317-320; MENEZES CORDEIRO, *op. cit.*, p. 67; CARVALHO FERNANDES, *Lições de Direitos Reais* (4.ª ed.), Lisboa, Quid Iuris, 2003, pp. 68-71. *Contra*, JOSÉ ALBERTO VIEIRA, *Direitos Reais*, p. 212, nega a relação existente entre a inerência e a sequela, defendendo que esta última decorre do carácter ab-

zida na prioridade atribuída aos direitos reais de garantia sobre direitos de crédito e direitos da mesma natureza constituídos posteriormente).[400]

Deverão igualmente assinalar-se como características a possibilidade de constituição de garantias sobre bens do devedor ou de terceiro e a acessoriedade relativamente à dívida garantida, de onde resulta a função de garantia.[401]

Poder-se-á incluir no conceito todos os casos em que o crédito é reforçado por um título de preferência especial, que se pode concretizar tanto no exercício de poderes directos e imediatos sobre o bem (caso do penhor) como na atribuição de uma preferência de satisfação do crédito pelo produto da venda de bens (caso dos privilégios creditórios).[402] A atribuição de uma preferência "é quanto basta para a noção da garantia real"[403] e caracteriza-se pelo poder conferido a um credor de exercer um direito contra os restantes credores do mesmo devedor no que respeita à garantia geral, que variará consoante se trate de um credor comum ou de credor também preferente.[404]

São, por conseguinte, garantias reais típicas a consignação de rendimentos (artigos 656.º a 665.º do CC), o penhor (artigos 666.º a 685.º do CC), a hipoteca (artigos 686.º a 731.º do CC), os privilégios creditórios (artigos 733.º a 753.º do CC) e o direito de retenção (artigos 754.º a 761.º do CC).[405]

---

soluto dos direitos reais, pelo facto de o titular poder fazer valer o seu direito contra quem tem a coisa.

[400] A consideração da prevalência como característica típica dos direitos reais é alvo de divergência doutrinária. Defendendo a prevalência como característica essencial, e propugnando o ensinamento de Pires de Lima, MENEZES LEITÃO, op. cit., pp. 46-53 (51-52). Entendendo que a prevalência é uma consequência e a maior força do direito real e que apenas se verifica quando existe conflito de direitos, seguindo o entendimento de L. Pinto Coelho, mas limitando aos conflitos entre direitos reais e direitos de crédito (excluindo a prevalência dos direitos reais de garantia), OLIVEIRA ASCENSÃO, Direito Civil – Reais (5.ª ed.), Coimbra, Coimbra Editora, 2012, pp. 627-631; negando a prevalência como característica dos direitos reais, MENEZES CORDEIRO, Direitos Reais, pp. 320-325; IDEM, Direitos Reais – Sumários, pp. 67-68.

[401] CUNHA, op. cit., tomo II, pp. 133-139. Sobre a acessoriedade, também ROMANO MARTINEZ e FUZETA DA PONTE, op. cit., pp. 169-170.

[402] CUNHA, op. cit., tomo II, pp. 117-118, 134-135.

[403] IDEM, ibidem, tomo II, p. 118.

[404] IDEM, ibidem, tomo II, pp. 140-146.

[405] Sobre cada um dos direitos reais de garantia, MENEZES CORDEIRO, Direitos Reais, Lisboa, Lex, 1993ʳ, pp. 739-771; ALMEIDA COSTA, op. cit., pp. 912-983; MENEZES LEITÃO, Garantias das Obrigações, pp. 161-214; ROMANO MARTINEZ e FUZETA DA PONTE, op. cit., pp. 170-234; RUI PINTO DUARTE, Curso de Direitos Reais, Cascais, Principia, 2002, pp. 207-244.

No entanto, como referido por Romano Martinez e Fuzeta Da Ponte,[406] o CC adoptou um conceito amplo de garantias reais, não as circunscrevendo aos direitos reais, mas abrangendo garantias em que as características dos direitos reais de garantia não se verificam de pleno, em especial no caso de garantias reais sobre direitos (como é o caso do penhor de direitos) e universalidades (caso dos privilégios creditórios gerais).

Na doutrina, há quem enquadre no conceito de garantia real a penhora[407], o arresto[408] e as figuras em que o direito de propriedade opera como garantia.[409]

No que respeita à insolvência e, em particular, à resolução em benefício da massa, as als. c) e e) do n.º 1 do artigo 121.º apresentam um escopo específico: agir contra actos que constituem em si uma lesão à regra do tratamento paritário e proporcional de todos os credores.[410] Nessa medida, parece-nos que as características das garantias reais que mais relevarão nesta sede são a acessoriedade a um crédito (e, por conseguinte, a função de garantia, em contraposição à função de extinção do crédito que resulta das als. f) e g) do n.º 1 do artigo 121.º) e a criação de um vínculo real sobre

---

[406] ROMANO MARTINEZ e FUZETA DA PONTE, *op. cit.*, pp. 168-169, também acompanhados por GRAVATO MORAIS, *op. cit.*, p. 95.

[407] MENEZES LEITÃO, *op. cit.*, pp. 215-216, entende que a penhora é uma garantia real, mesmo resultando de um acto judicial, "na medida em que, além de impedir o executado de continuar a dispor dos bens penhorados, atribui ao exequente preferência na satisfação do seu crédito sobre esses bens, preferência essa que apenas cessa no caso de insolvência do executado." Também MENEZES CORDEIRO, *op. cit.*, pp. 771-772; ROMANO MARTINEZ e FUZETA DA PONTE, *op. cit.*, p. 167; PINTO DUARTE, *op. cit.*, p. 245. ALMEIDA COSTA, *op. cit.*, pp. 983-984, apesar de referir que a penhora não é uma garantia real, atribui-lhe os mesmos efeitos das garantias reais (a preferência e a sequela).

[408] MENEZES CORDEIRO, *op. cit.*, pp. 771-772; ROMANO MARTINEZ e FUZETA DA PONTE, *op. cit.*, p. 167; PINTO DUARTE, *op. cit.*, pp. 246-247; ALMEIDA COSTA, *op. cit.*, pp. 986-987, equiparando-a à hipoteca judicial.

[409] PINTO DUARTE, *op. cit.*, pp. 248-253. Nesses casos, a propriedade não tem como função a possibilidade de retirar utilidades da coisa sobre que incide mas a de garantia de créditos, de que são exemplo a reserva de propriedade e a locação financeira. O Autor enuncia o problema de saber se, quando a lei faz menção a garantias reais, se devem considerar integradas estas figuras e afirma que, embora possa não acontecer assim universalmente, há casos em que se imporá responder no sentido afirmativo, dando como exemplos os artigos 46.º, n.º 2 e 62.º, n.º 1 do CPEREF.

[410] PAJARDI, *op. cit.*, p. 233.

um determinado bem que o reserva à satisfação preferencial de um credor em detrimento dos restantes.[411]

2.3.3.2 Garantias sujeitas à resolução

Os artigos 120.º e 121.º deverão ser conjugados com o artigo 97.º, uma vez que nele está prevista a extinção de privilégios creditórios e de garantias reais, por força da própria declaração de insolvência. Nesses casos, não subsistindo as garantias, não haverá lugar a resolução em benefício da massa.[412]

No âmbito das als. c) e e) do n.º 1 do artigo 121.º, caberão apenas as garantias constituídas a título oneroso, uma vez que, quando esteja em causa uma garantia constituída a título gratuito, a resolução operará nos termos da al. b), como anteriormente referido.[413] Nas hipóteses previstas na al. c), deverá considerar-se que a garantia é onerosa quando for atribuída ao devedor uma vantagem correlativa à constituição da garantia, de que são exemplo a prorrogação de um prazo, um perdão total ou parcial de juros ou um perdão parcial da dívida.[414] Já no caso da al. d), uma vez que a garantia é constituída em simultâneo com o nascimento do crédito, a sua natureza corresponderá à do crédito.[415]

Relativamente à interpretação da expressão "garantias constituídas pelo devedor", Gravato Morais[416] entende que estarão excluídas todas as garantias que, contrario sensu, não tenham sido constituídas pelo devedor, como sejam as hipotecas legais e judiciais, a penhora e o arresto, os privilégios creditórios e o direito de retenção.

Se quanto às hipotecas judiciais e à penhora se pode aceitar o entendimento do Autor por existir uma norma expressa que afasta a preferência após o proferimento da sentença de verificação e graduação de créditos,

---

[411] PAOLA BARONTINI, "La revocatoria fallimentare dell'atto d'esercizio del diritto d'opzione : problemi di qualificazione della fattispecie", Banca borsa titoli di credito LXI (2008), p. 517.
[412] PAULA CRISTINA RODRIGUES MORAIS, A Sorte das Garantias nos Processos de Insolvência, (Diss.), Universidade de Lisboa, Faculdade de Direito, 2006 (texto policopiado), p. 118.
[413] Neste sentido, GRAVATO MORAIS, op. cit., pp. 93-94.
[414] Exemplos apresentados por VAZ SERRA, loc. cit., p. 245.
[415] IDEM, ibidem.
[416] GRAVATO MORAIS, op. cit., pp. 96-100. No mesmo sentido, PAULA RODRIGUES MORAIS, A Sorte das Garantias nos Processos de Insolvência (Diss.), Universidade de Lisboa, Faculdade de Direito, 2006 (texto policopiado), pp. 118-119.

nos termos do n.º 3 do artigo 140.º, colocam-se dúvidas quanto aos restantes casos.

No que respeita à hipoteca legal, dispõe o artigo 704.º do CC que estas garantias resultam imediatamente da lei e que não dependem da vontade das partes para a sua constituição, desde que exista a obrigação a que servirão de segurança. Pese embora resulte da norma que estas hipotecas não estão dependentes da vontade das partes, o que pensamos ser o fundamento para o afastamento da resolução, a sua constituição "nasce dum acto posterior à criação da respectiva norma («as hipotecas legais... *podem constituir-se*», como quem diz por acto das partes), que não pode deixar de ser, em obediência ao disposto no artigo 687.º, o *registo* da garantia."[417] Na medida em que "o acto de registo é que constitui o berço da garantia", do qual depende a sua existência jurídica, e estando em causa comportamentos voluntários que determinam o surgimento da garantia (e que podem, por consequência, extingui-las, como é o caso da renúncia), cremos que, como defende Piero Pajardi,[418] o acto de registo da hipoteca durante o período suspeito previsto nas als. c) e e) está sujeito à resolução em benefício da massa.[419]

Relativamente aos privilégios creditórios, a questão não se coloca no âmbito da resolução incondicional no que respeita aos privilégios previstos nas als. a) e b) do n.º 1 do artigo 97.º. Contudo, no que respeita aos restantes, pensamos que os privilégios creditórios serão resolúveis em benefício da massa na medida em que o for a causa dos créditos respectivos, face ao disposto dos artigos 733.º e 734.º do CC.

No que respeita ao direito de retenção, deveremos distinguir duas situações: o direito de retenção que surgiu para o credor pelo não cumprimento de um contrato já executado e o direito de retenção que resultou do não cumprimento de um contrato ainda em execução. No primeiro caso, por força da equiparação resultante dos artigos 758.º e 759.º do CC, pensamos que poderá concluir-se pela resolução do direito de retenção, até por força do princípio da igualdade das situações em causa (penhor e hipoteca). No

---

[417] ANTUNES VARELA, *op. cit.*, vol. II, p. 557.
[418] PAJARDI, *op. cit.*, pp. 195, 233-234. Admitindo também a sujeição da hipoteca legal à *azione revocatoria*, SATTA, *op. cit.*, pp. 243-244.
[419] Conforme já referido, apenas estarão sujeitas a resolução as hipotecas legais que não se enquadrem no disposto na al. c) do n.º 1 do artigo 97.º, uma vez que estas se extinguem com a declaração de insolvência.

segundo caso, assumindo o administrador da insolvência os poderes de administração e disposição do património do devedor, caber-lhe-ão todas as decisões relacionadas com a execução dos contratos pendentes, como resulta dos artigos 102.º e seguintes. Optando o administrador de insolvência pela actuação nos termos dos mencionados preceitos, parece-nos ser de excluir a resolução em benefício da massa, uma vez que o direito de retenção surge, agora, na consequência de um acto do administrador, no próprio processo de insolvência, e do reconhecimento judicial do crédito e dessa mesma garantia.[420]

Para efeitos de contagem dos prazos previstos nas als. c) e e) do n.º 1 do artigo 121.º do CIRE, revela o momento em que a garantia se considera efectivamente constituída, *i.e.*, em que se considera perfeita: o registo (no caso da hipoteca, por força do artigo 687.º do CC, uma vez que se trata de um registo constitutivo), a transmissão da posse (no caso do penhor com desapossamento) ou da celebração formal do negócio, como é o caso do penhor para garantia de créditos bancários.[421]

A resolução de qualquer garantia não implica a resolução do contrato principal que esteve na sua origem. Resolvendo-se a garantia, o crédito passará a ser quirografário em vez de ser garantido.[422]

2.3.3.3 Obrigações preexistentes e outras que as substituam

As garantias constituídas relativamente a obrigações preexistentes ou de outras que as substituam indiciam, por si, que a sua constituição foi realizada em prejuízo dos credores, uma vez que são expressão de uma autotutela sucessiva do credor, em resultado de uma perda de confiança no cumprimento,[423] depois de conhecer a relação contratual, de acompanhar as suas vicissitudes e de, inclusivamente, ter maior poder de pressão sobre

---

[420] Ac. TRP de 16.09.2013, proc. 127/11.3TYVNGB.P1 (Relator Carlos Querido).
[421] GRAVATO MORAIS, *op. cit.*, p. 104. Na doutrina italiana, entende-se que o momento relevante é o a celebração do contrato de constituição de garantia. Para PAJARDI, *op. cit.*, p. 235, o momento relevante é o "della pattuizione e non già quello della iscrizione che della prima è realizzazione ademptiva, dato che qui si indaga sulle motivazioni di una volontà negoziale e quindi sul momento del sorgere e della formulazione interiore di tali motivazioni." No mesmo sentido, FERRARA, *op. cit.*, p. 369: "è indeclinabile riferirsi al momento della concessione del diritto di garazia, non al compimento delle formalità prescritte per la sua costituzione."
[422] SATTA, *op. cit.*, p. 251.
[423] PAJARDI, *op. cit.*, p. 233.

o devedor. Conforme referido por Piero Pajardi,[424] "Questa garanzia non era nell'economia del sistema genetico ma si inserisce in quello funzionale a dimonstrazione di una 'diversa' valutazione della situazione".

A lei não faz qualquer distinção relativamente ao facto de a obrigação preexistente estar ou não vencida, pelo que, em ambos os casos, operará a resolução incondicional. No entanto, parece-nos que ambos revelam indícios de má fé, que poderão ser relevantes para fazer operar a resolução condicional, para os efeitos do n.º 3 do artigo 120.º.[425]

Poderão ser sujeitos a resolução incondicional nos termos da al. c) do n.º 1 do artigo 121.º a constituição de uma garantia em troca da prorrogação do prazo de vencimento,[426] a constituição de uma hipoteca em substituição de outra e sobre bens diversos,[427] a constituição de penhor sobre mercadorias para garantia de um crédito em conta-corrente ou de parte dele, com transferência da soma noutra conta-corrente não garantida.[428]

Quando a garantia for constituída em parte por débitos preexistentes e noutra parte por débitos simultâneos, a presunção da situação de insolvência estende-se a toda a relação.[429] Por conseguinte, revela-se necessário analisar toda a operação contratada entre as partes, não apenas olhar para a constituição da garantia.[430]

---

[424] IDEM, ibidem.
[425] No caso de as obrigações ainda não se encontrarem vencidas, poder-se-á dizer que, por não se verificar ainda o incumprimento, o credor poderia solicitar a constituição de uma garantia, não para se precaver de uma eventual insolvência, mas com o intuito de simplesmente reforçar o seu crédito. No entanto, no entendimento de SATTA, op. cit., pp. 242-243, nesses casos revelam-se particulares sintomas de insolvência e de conhecimento desse estado. Quanto a obrigações vencidas, para PAJARDI, op. cit., p. 234, trata-se de uma situação "di tale patologia di vita giuridica da impressionare fortemente in senso negativo." Por outro lado, pode pensar-se que é mais normal a constituição de uma garantia sobre créditos já vencidos, renunciando o credor à execução imediata do crédito em face do incumprimento e prevenindo-se de uma actual ou futura insolvência através da constituição de uma garantia (até porque, nos termos da impugnação pauliana, a garantia não seria afectada). Por essa razão, a análise destas duas situações deverá ser feita de forma casuística.
[426] PAJARDI, op. cit., p. 235. Para o Autor, "qualqunque forma anche novativa di proroga del debito preesistente non elimina la realtà della non contestualità."
[427] MAFFEI ALBERTI, op. cit., p. 139.
[428] PAJARDI, op. cit., p. 237.; MAFFEI ALBERTI, op. cit., p. 140.
[429] MAFFEI ALBERTI, op. cit., p. 142.
[430] FERRARA, op. cit., p. 375.

Poderão, no entanto, questionar-se as situações em que é constituída uma garantia relativamente a uma obrigação preexistente mas que sofreu uma modificação objectiva, tendo sido aumentado o valor do crédito. Nessas situações, dever-se-á analisar caso a caso,[431] sendo certo que nos parece que apenas ficará sujeito a esta alínea (e não à al. e) do n.º 1 do artigo 121.º) a situação em que a garantia for constituída por valor superior ao do aumento do crédito, abrangendo igualmente o valor anteriormente contratado.

Pese embora, nos termos do n.º 3 do artigo 120.º, o carácter prejudicial destes actos se encontrar sujeito a uma presunção *iuris et de iure*, incumbirá ao administrador da insolvência a prova de que a dívida preexistia ou que havia outra garantia que veio a ser substituída por aquela que se pretende resolver.[432]

2.3.3.4 Simultaneidade relativamente à constituição do crédito

A al. e) do n.º 1 do artigo 121.º estabelece que estão sujeitas a resolução em benefício da massa as garantias reais que tenham sido constituídas em simultâneo com a criação de obrigações garantidas.[433] No entanto, determina um prazo mais curto para que a resolução incondicional possa operar, relativamente à alínea anteriormente analisada.

A conjugação dos dois preceitos permite-nos concluir que é menos gravosa a constituição de uma garantia em simultâneo com o crédito do que a constituição de garantias relativamente a obrigações preexistentes ou em sua substituição. E isto acontece uma vez que a constituição em simultâneo não revela tão fortemente a intenção de privilegiar um credor em detrimento dos restantes: passará a existir um novo credor e um novo crédito, com uma garantia,[434] que estabelecerá uma nova relação contratual entre credor e devedor, enquanto, no outro caso, o credor já tinha essa qualidade antes da constituição da garantia e se encontrava já em posição de conhecer a situação económica do devedor.[435] Neste caso, existe uma

---

[431] LEÓN, *loc. cit.*, p. 1312.
[432] IDEM, *ibidem*.
[433] Neste preceito, estão incluídas as garantias prestadas por créditos futuros, *cf.* SATTA, *op. cit.*, p. 244.
[434] PAJARDI, *op. cit.*, p. 196.
[435] Conforme referido por PAJARDI, *op. cit.*, p. 195, quando garantia e crédito nascem em simultâneo, a operação jurídica tem-se por normal e assintomática, ao passo que, quando a

autotutela preventiva do credor, naquele uma autotutela sucessiva e, portanto, menos legítima.[436]

No caso em apreço, identifica-se uma dupla afectação: com a constituição do crédito, aumenta-se o passivo; com a garantia, cria-se um vínculo de preferência. No entanto, existe uma unidade entre a relação principal e a acessória, que faz tornar menos premente a defesa dos credores por via da resolução incondicional.[437]

Para que se considere que a garantia é simultânea ao crédito, é necessário que as declarações de vontade das partes revelem essa simultaneidade e não uma sucessão de vontades, orientada por interesses sucessivos: " (...) l'importante è accertare se le parti hanno «voluto» la copertura della garanzia fin dall'origine, anche se poi questa è stata constituita dopo."[438] O facto de existir uma vontade nova na pendência da relação contratual indicia que houve uma vicissitude entre as partes, nomeadamente uma perda de confiança relativamente à satisfação do crédito.

Não se exige uma simultaneidade absoluta, bastando que o negócio principal e o contrato de garantia sejam queridos pelas partes, mesmo que executados em momentos distintos.[439] É necessário que "la concessione della garanzia sia una condizione o patto per la nascita del credito."[440]

No entanto, exige-se que se trate de uma simultaneidade substancial e não meramente formal: não será resolúvel em benefício da massa, nos termos da al. e) do n.º 1 do artigo 121.º, a constituição de uma hipoteca em substituição do cancelamento de outra constituída simultaneamente ao crédito originário. A nova garantia não vem assumir a posição da primeira, sendo considerada, para todos os efeitos, como garantia constituída por débitos preexistentes,[441] caindo no âmbito mais alargado da al. c) do n.º 1 do artigo 121.º.

---

garantia é constituída sucessivamente ao crédito, há fortes indícios de conhecimento pelo credor da situação de insolvência do devedor. Por essa razão, a *Legge Fallimentare* não prevê nenhum regime presuntivo para as situações em que a garantia é constituída em simultâneo com o crédito. No CIRE, o prazo é reduzido para um terço.

[436] IDEM, *ibidem*.
[437] Assim, discordamos de GRAVATO MORAIS, *op. cit.*, p. 104, quando refere que não se identificam razões bastantes que justifiquem a discrepância entre os dois preceitos.
[438] PAJARDI, *op. cit.*, p. 197.
[439] MAFFEI ALBERTI, *op. cit.*, p. 142.
[440] FERRARA, *op. cit.*, p. 374.
[441] PAJARDI, *op. cit.*, p. 233.

2.3.3.5 Critério interpretativo

O princípio da *par conditio creditorum* revela-se de forma particular nestas als. c) e e) do n.º 1 do artigo 121.º: estas visam atacar causas legítimas de preferência que, nos termos do artigo 604.º do CC, constituem excepção ao mencionado princípio. Não está aqui em causa uma diminuição do património, identificável como um dano para os credores, mas uma lesão da regra do tratamento paritário e proporcional relativamente a todos os credores.[442]

Acresce que se identifica, igualmente, uma preocupação do legislador com o facto de o património do devedor não se encontrar plenamente disponível para a satisfação dos interesses dos credores, o que, apesar de não implicar uma diminuição do património global, contribui para a diminuição do grau de satisfação dos credores.

Nesse sentido, qualquer acto que tenha uma função de garantia e implique a prevalência de um determinado credor em relação aos restantes e/ou uma diminuição de património, em benefício de um determinado credor, e se não enquadre nos normativos acima descritos, está sujeito a resolução em benefício da massa, nos termos do n.º 2 do artigo 120.º.

Estarão, igualmente, sujeitas à resolução, agora nos termos do n.º 2 do artigo 120.º, "ogni forma anche indiretta, compresi i contratti di garanzia atipici innominati e con effetti condizionati e/o doppiamente indiretti."[443]

2.3.4 Garantias pessoais

Nos termos da al. d) do n.º 1 do artigo 121.º, são resolúveis em benefício da massa de forma incondicional a fiança, a subfiança, o aval e mandatos de crédito, em que o insolvente haja outorgado nos seis meses anteriores à data do início do processo de insolvência.

Enunciemos cada uma delas, com vista à identificação dos traços comuns.

---

[442] IDEM, *ibidem*; LEÓN, *loc. cit.*, p. 1312.
[443] PAJARDI, *op. cit.*, p. 171.

2.3.4.1 Enunciação

a. Fiança

A fiança é uma garantia das obrigações, prevista nos artigos 627.º e seguintes do CC, em que um terceiro relativamente a uma relação bilateral de crédito se obriga pessoalmente a garantir a satisfação do crédito do devedor (627.º do CC).[444] Esta garantia pressupõe a existência de uma relação triangular, em que intervêm sujeitos distintos,[445] sendo que um dos sujeitos (o fiador) se vincula com o seu património a satisfazer um crédito de um outro sujeito (o devedor) perante um terceiro sujeito (o credor), tornando-se, igualmente, devedor.[446]

Januário da Costa Gomes[447] identifica três pilares do regime da fiança: a acessoriedade, a função de segurança ou de garantia e o risco do negócio para o prestador da garantia.

A obrigação assumida pelo fiador é acessória relativamente à obrigação principal do devedor (artigo 627.º, n.º 2 do CC), sendo moldada *per relationem*, de acordo com a dívida principal.[448] A acessoriedade da garantia manifesta-se no facto de a obrigação do fiador não poder exceder a principal (artigo 631.º do CC), depender da validade da obrigação principal (artigo 632.º do CC), ter o mesmo conteúdo da obrigação principal (artigo 634.º do CC), conceder ao fiador os mesmos meios de defesa do devedor (artigo 637.º e 642.º do CC), bem como o benefício da excussão prévia

---

[444] COSTA GOMES, *op. cit.*, p. 63, identifica a fiança como a "estrela de primeira grandeza" das garantias pessoais. Mais se refere que, para lá do mandato de crédito, é a única garantia pessoal regulada no CC como garantia especial das obrigações. O mesmo Autor ("A Fiança no quadro das Garantias Pessoais. Aspectos de Regime", *Comemorações dos 35 anos do Código Civil e dos 25 anos da Reforma de 1977*, Coimbra Editora, Coimbra, 2007, p. 80) identifica a fiança como exemplo paradigmático das garantias pessoais, no sentido de figura central regulada no CC.
[445] Pese embora se possa admitir a "fiança de devedor" quando estejam em causa patrimónios separados que podem responder pela mesma dívida, *cf.* COSTA GOMES, *Assunção Fidejussória de Dívida*, p. 63.
[446] COSTA GOMES, "A Fiança no quadro das Garantias Pessoais. Aspectos de Regime", p. 80.
[447] IDEM, *ibidem*, p. 89.
[448] IDEM, *ibidem*, p. 83: "O devedor passa a dever o mesmo (o idem) que deve o devedor e não aquilo (id) que por este é devido." Sobre a acessoriedade, *op. cit.*, pp. 90-91.

(artigo 639.º do CC).⁴⁴⁹ Este benefício pode ser excluído por via de renúncia ou pela assunção do fiador como principal pagador (artigo 640.º do CC).

A fiança tem finalidade de garantia do crédito, não apenas de cumprimento como também de solvência do devedor, com manifestação na manutenção da responsabilidade em caso de insolvência do devedor, no n.º 2 do artigo 632.º do CC, não podendo o fiador invocar a anulabilidade da obrigação principal quando já a conhecia no momento em que se constituiu fiador, e no facto de o fiador não poder invocar a insuficiência hereditária da dívida em caso de morte do devedor (artigo 637.º, n.º 1, *in fine*).⁴⁵⁰

Por fim, a fiança é um negócio de risco, na medida em que o fiador pode ser responsabilizado pela totalidade da dívida, sem exigir do credor o equivalente ao sacrifício.⁴⁵¹

O fiador pode ser demandado pelo credor juntamente com o devedor ou sozinho, caso em que, mesmo que não goze do benefício da excussão prévia, pode chamar à demanda o devedor (artigo 641.º, n.º 1 do CC). O não chamamento equivale a renúncia ao benefício da excussão prévia (artigo 641.º, n.º 2 do CC). Cumprida a obrigação pelo fiador, este fica sub-rogado nos direitos do credor, na medida da satisfação daqueles, nos termos do artigo 644.º do CC.

A fiança pode assumir diferentes modalidades, como a de subfiança (artigo 630.º do CC), a fiança bancária (artigo 623.º, n.º 1 do CC),⁴⁵² a retrofiança, a fiança *omnibus*, a fiança à primeira solicitação.⁴⁵³

b. Subfiança

A subfiança vem regulada no regime da fiança, no artigo 630.º do CC. Constitui uma garantia pessoal de segundo grau, uma vez que é possível

---

⁴⁴⁹ O que traduz uma debilidade para o credor, *cf.* COSTA GOMES, *loc. cit.*, p. 84.
⁴⁵⁰ IDEM, *ibidem*, p. 91.
⁴⁵¹ IDEM, *ibidem*, pp. 95-96.
⁴⁵² Deverá incluir-se no preceito a fiança bancária, prevista no n.º 1 do artigo 623.º do CC, atendendo a que se trata de uma modalidade de fiança em que surge como prestador um banco e é tipicamente enquadrada em operações de concessão de crédito e "del credere", conforme referido por COSTA GOMES, *Assunção Fidejussória de Dívida*, p. 66.
⁴⁵³ Sobre as modalidades de fiança, *vide* MENEZES LEITÃO, *op. cit*, pp. 105-110; PESTANA DE VASCONCELOS, *Direito das Garantias* (2.ª ed., 2013, pp. 98-112; GRAVATO MORAIS, *op. cit.*, pp. 111-113.

a um fiador ser afiançado por um terceiro perante o credor.⁴⁵⁴ Aplicar-se-á o mesmo regime da fiança, sendo certo que, nos termos do artigo 643.º do CC, o subfiador goza do benefício da excussão prévia tanto em relação ao fiador como em relação ao devedor e, nos termos do n.º 4 do artigo 650.º do CC, não responde, perante os outros fiadores, pela quota do seu afiançado que se mostre insolvente, a não ser que resulte o contrário do contrato de subfiança.⁴⁵⁵

Conforme referido por Gravato Morais,⁴⁵⁶ a enunciação desta figura ao lado da fiança na al. d) do n.º 1 do artigo 121.º revela-se desnecessária, atendendo a que se trata de uma modalidade de fiança.

c. Aval

O aval constitui uma garantia pessoal das obrigações no âmbito dos títulos de crédito (artigos 30.º a 32.º e 77.º da LULL e artigos 25.º a 27.º da LUCH), pelo qual o avalista assume a responsabilidade pessoal pelo cumprimento da obrigação do avalizado.⁴⁵⁷ "Através do aval cambiário, se verifica a adjunção de um novo obrigado ao obrigado avalizado, aumentando, assim, as probabilidades de satisfação do crédito pelo credor cambiário."⁴⁵⁸

Ao contrário do que sucede com a fiança, o aval não é caracterizado pela acessoriedade, mas pela autonomia, uma vez que, nos termos do artigo 32.º II da LULL e do artigo 27.º, II da LUCH, a responsabilidade do avalista pela obrigação cartular se mantém ainda que a obrigação garantia seja nula, a não ser por vício de forma.⁴⁵⁹ Também não se caracteriza pela subsidiariedade, respondendo o avalista solidariamente com o avalizado,⁴⁶⁰ sem possibilidade de opor o benefício da excussão prévia.⁴⁶¹

---

⁴⁵⁴ MENEZES LEITÃO, *op. cit.*, pp. 105-106.
⁴⁵⁵ IDEM, *ibidem*; PESTANA DE VASCONCELOS, *op. cit.*, pp. 98-99.
⁴⁵⁶ GRAVATO MORAIS, *op. cit.*, p. 110.
⁴⁵⁷ Sobre o aval, MENEZES LEITÃO, *op. cit.*, pp. 115-121, e PESTANA DE VASCONCELOS, *op. cit.*, pp. 118-124.
⁴⁵⁸ COSTA GOMES, *Assunção Fidejussória de Dívida*, p. 75.
⁴⁵⁹ MENEZES LEITÃO, *op. cit.*, p. 117; COSTA GOMES, "A Fiança no quadro das Garantias Pessoais. Aspectos de Regime", p. 85, questiona se, por força da limitação dos meios de defesa do avalista aos vícios de forma, o aval manterá a sua função de garantia ou se já constituirá uma obrigação autónoma.
⁴⁶⁰ MENEZES LEITÃO, *op. cit.*, p. 117.
⁴⁶¹ PESTANA DE VASCONCELOS, *op. cit.*, p. 121.

No entanto, as figuras assemelham-se no que respeita ao conteúdo da responsabilidade, respondendo o avalista na mesma medida que o afiançado, nos termos do artigo 32.º da LULL, e no que respeita à sub-rogação do avalista, em caso de pagamento de letra, "nos direitos emergentes da mesma contra a pessoa a favor de quem foi dado o aval e contra os obrigados para com esta em virtude da letra (art. 32.º III LULL)."[462]

A natureza jurídica do aval tem sido alvo de divergência na doutrina, podendo identificar-se a teoria segundo a qual o aval tem natureza de fiança, a teoria que defende tratar-se de uma garantia pessoal híbrida e a teoria defensora da natureza de garantia autónoma do pagamento de letra.[463]

Também se admite a modalidade do aval geral.[464]

d. Mandato de crédito

O mandato de crédito surge, igualmente, inserido sistematicamente no capítulo das Garantias Especiais das Obrigações e na secção da Fiança.

Nos termos do n.º 1 do artigo 629.º do CC, "Aquele que encarrega outrem de dar crédito a terceiro, em nome e por conta do encarregado, responde como fiador, se o encargo for aceite". O mandato pode ser objecto de revogação pelo Autor do encargo até à concessão do crédito ou de denúncia a todo o tempo, sem prejuízo da responsabilidade por danos causados (n.º 2). Nos termos do n.º 3, o encarregado pode recusar o cumprimento do encargo quando a situação patrimonial dos outros contraentes ponha em risco o seu futuro.

Face às características do regime, questiona-se se a sua natureza será idêntica à da fiança. Entende-se, maioritariamente, que o mandato de crédito constitui um negócio típico, com elementos do mandato e da fiança, devendo ser-lhe aplicado o regime de cada uma das figuras de acordo com as similitudes existentes.[465]

---

[462] MENEZES LEITÃO, *op. cit.*, p. 118.
[463] Para uma enunciação das teorias e identificação dos respectivos defensores, MENEZES LEITÃO, *op. cit.*, pp. 120-121. Também PESTANA DE VASCONCELOS, *Direito das Garantias*, n. 330, p. 121
[464] MENEZES LEITÃO, *op. cit.*, pp. 119-120; PESTANA DE VASCONCELOS, *op. cit.*, pp. 122-124.
[465] MENEZES LEITÃO, *op. cit.*, pp. 113-114; PESTANA DE VASCONCELOS, *op. cit.*, pp. 115-116.

Relativamente à fiança, que é o que nos importa para efeitos da al. d) do n.º 1 do artigo 121.º, as divergências concretizam-se na forma e na faculdade de revogação prevista para o mandato de crédito, ao contrário do que sucede com a fiança (artigo 629.º, n.º 2 e artigos 627.º e 634.º do CC). No entanto, ambas as figuras equiparam-se no regime da responsabilidade, nos termos da lei, o que determina a aplicação do regime da fiança no que respeita "ao conteúdo e extensão da responsabilidade, aos meios de defesa do fiador, à sub-rogação em caso de pagamento, ao direito à liberação ou prestação de caução e à extinção da fiança."[466]

Pestana de Vasconcelos[467] adverte para o facto de "o aspecto central deste contrato [consistir] na obrigação de conceder crédito a um terceiro em nome e por conta do encarregado, portanto de celebrar o negócio de crédito com o terceiro indicado", podendo a finalidade de garantia ser afastada.

2.3.4.2 Traços comuns

Após análise de cada uma das garantias pessoais identificadas no preceito, importa identificar os traços comuns para depois podermos enunciar critérios interpretativos.

Todas as figuras enunciadas têm em comum a configuração de uma relação triangular, em que o devedor insolvente se constitui responsável fidejussório, e o facto de assumirem uma função de garantia de cumprimento. São, aliás, estes os pressupostos que identificamos como gerais para a interpretação da alínea em referência.

A acessoriedade e a autonomia variam consoante o tipo de garantia, o mesmo se dizendo relativamente à automaticidade e à responsabilidade.

2.3.4.3 Real interesse para o insolvente

A al. d) do n.º 1 do artigo 121.º faz depender a resolubilidade das garantias pessoais nela previstas de um segundo pressuposto: que as garantias não respeitem a operações negociais com real interesse para o insolvente.[468]

---

[466] MENEZES LEITÃO, *op. cit.*, p. 114. Também PESTANA DE VASCONCELOS, *op. cit.*, p. 117.
[467] PESTANA DE VASCONCELOS, *op. cit.*, pp. 116-117.
[468] Este critério já resulta da al. e) do artigo 158.º do CPEREF.

A não inclusão deste critério implicaria considerar resolúveis as garantias pessoais *supra* elencadas independentemente do contexto em que tivessem sido constituídas. Não estando em causa dívidas do próprio, em princípio o património do devedor não receberia qualquer contrapartida pela obrigação constituída, não se identificando uma razão atendível para o sacrifício do património do insolvente.[469]

No entanto, entendeu o legislador que a simples constituição de garantias pessoais não revela, só por si, indício bastante para fazer operar a resolução incondicional relativamente a estes actos, exigindo que a garantia não proporcione qualquer vantagem para o devedor, *i.e.*, para o seu património.

Concordamos com Carvalho Fernandes e João Labareda[470] quando enunciam como foco da norma não a operação negocial, mas o real interesse para o devedor. De facto, o que releva para afastamento do disposto na al. e) é o facto de a garantia ter sido constituída não apenas aproveitando ao credor mas também ao próprio fiador, o insolvente.[471] No entanto, como referido por Gravato Morais[472], esse interesse é apenas passível de determinar pela análise de toda a operação negocial, onde se encontra a constituição da garantia.

O interesse deverá ser patrimonial e "concreto, tangível e efectivo".[473] No entanto, cremos que deverá ser aferido em função do património do devedor e não do próprio devedor. O princípio da responsabilidade patrimonial assim exige, uma vez que a norma visa afectar actos que ponham em causa a satisfação do interesse dos credores, personificado na massa insolvente e, antes da insolvência, na garantia patrimonial. Assim, o real interesse deve ser aferido em função dos interesses do património e não em função de interesses próprios do devedor, que podem pôr em causa o princípio da igualdade, nomeadamente o interesse em favorecer um credor seu com a operação que realizar.[474]

---

[469] Carvalho Fernandes e Labareda, *op. cit.*, ad 121.º, n. 9, p. 532.
[470] Iidem, *ibidem*.
[471] Iidem, *ibidem*.
[472] Gravato Morais, *op. cit.*, p. 126.
[473] Idem, *ibidem*, pp. 126-127.
[474] Idem, *ibidem*, p. 127.

2.3.4.4 Critério interpretativo

Sendo certo que a resolução em benefício da massa visa a satisfação dos interesses dos credores e a garantia do princípio da *par conditio creditorum*, o mencionado preceito visará, em nosso entender, evitar que o património do devedor insolvente responda perante dívidas originariamente não próprias, aumentando o leque de credores na insolvência quando existe outro património vinculado ao seu pagamento e quando daí não resulte qualquer benefício para o insolvente.

Assim, poderão ser objecto de resolução quaisquer actos que contribuam para que se aumente a capacidade passiva do devedor insolvente, o que piora a relação entre a componente activa e a passiva do património,[475] sem que se identifique um real interesse para o património (assemelhando-se neste ponto à prejudicialidade que resulta dos actos gratuitos).

2.3.5 Pagamentos e formas de extinção de obrigações

O n.º 1 do artigo 121.º prevê duas alíneas referentes a pagamentos ou outras formas de extinção de obrigações: a al. f) referente aos pagamentos ou formas de extinção de obrigações não vencidas ocorridos nos seis meses anteriores à data do início do processo de insolvência, ou posteriormente a essa data, e a al. g) relativa aos pagamentos e formas de extinção ocorridos também nos seis meses anteriores ao início do processo de insolvência realizados em termos não usuais no comércio jurídico e que o credor não pudesse exigir.

Antes de passar à análise de cada uma das alíneas, refira-se que, para efeitos da resolução em benefício da massa, os pagamentos ou outras formas de extinção das obrigações constituem actos autónomos, sendo que a sua resolubilidade é independente da resolubilidade dos negócios que lhes deram origem.[476]

Poderão estar em causa pagamentos ou outras formas de extinção de obrigações realizados por um terceiro, por conta do devedor insolvente.[477]

---

[475] GIUSEPPE TERRANOVA, "Effetti del fallimento sugli atti pregiudizievoli ai creditori", *Commentario Scialoja-Branca, Legge Fallimentare a cura di Franco Bricola e Francesco Galgano*, Parte Generale, Art. 64-71, Bologna, Zanichelli, 1993, tomo I, p. 144.
[476] MAFFEI ALBERTI, *op. cit.*, p. 140.
[477] IDEM, *ibidem*.

Nestes casos, a prejudicialidade pode ser aferida de duas formas: numa primeira, existe um credor que é satisfeito em detrimento dos restantes credores; numa segunda, o terceiro pode vir reclamar o seu crédito no processo de insolvência, o que constituirá prejuízo caso a obrigação do terceiro seja mais onerosa do que a do credor que este veio substituir.[478]

2.3.5.1 Vencimento posterior – atribuição de preferência ilegítima

O CIRE prevê que sejam resolvidos em benefício da massa insolvente, independentemente da verificação de outros requisitos e sem admissão de prova em contrário, o "pagamento ou outros actos de extinção de obrigações cujo vencimento fosse anterior à data do início do processo de insolvência, ocorridos nos seis meses anteriores à data do início do processo de insolvência, ou depois desta mas anteriormente ao vencimento."[479]

No âmbito da alínea f) do n.º 1 do artigo 121.º, está em causa a satisfação de um crédito de um específico credor, antes do respectivo vencimento.[480] Nessa medida, entendemos ser de integrar no conceito de "pagamentos ou outros actos de extinção de obrigações" o cumprimento das obrigações, nos termos dos artigos 762.º e seguintes do CC, e todas as causas de extinção de obrigações para além do cumprimento, previstas nos artigos 837.º e seguintes do CC, como seja a dação em cumprimento (artigos 837.º a 840.º do CC), a consignação em depósito (artigos 841.º a 846.º do CC), a compensação (artigos 847.º a 856.º do CC), a novação (artigos 857.º a 862.º do CC), a remissão (artigos 863.º a 867.º do CC) e a confusão (artigos 868.º a 873.º do CC).[481]

O prazo para cumprimento de obrigações pode ser estipulado pelas partes (artigo 777.º do CC), quer em benefício do devedor, quer em benefício do credor, quer em benefício de ambos, nos termos do artigo 779.º

---

[478] IDEM, *ibidem*; PAJARDI, *op. cit.*, pp. 175-176;.
[479] Também assim acontece no Direito Espanhol (artigo 71.º, 2 da *Ley Concursal*): os actos celebrados a título gratuito e o cumprimento antecipado de obrigações constituem os dois tipos de actos sujeitos à presunção *iuris et de iure* prevista na *Ley Concursal*.
Como referem CARVALHO FERNANDES e LABAREDA, *op. cit.*, ad 121.º, n. 11, p. 532, esta alínea deve ser interpretada no sentido de abranger os pagamentos e formas de extinção de obrigações ocorridos até à data da declaração de insolvência, face ao disposto no artigo 81.º.
[480] O que difere da al. g), como veremos no subtítulo seguinte.
[481] Enunciando algumas formas de extinção das obrigações, MENEZES CORDEIRO, *Tratado de Direito Civil*, vol. IX, pp. 345-379; GRAVATO MORAIS, *op. cit.*, pp. 129-130.

do CC. Tal implica que, pese embora exista um prazo inicialmente estipulado, se pode antecipar o cumprimento das obrigações por acto unilateral ou bilateral antes do seu vencimento.

Para efeitos do mencionado preceito, interessará o prazo estipulado em benefício do devedor, bem como em benefício do credor e do devedor. Afastamos o prazo concedido em benefício do credor, uma vez que pressupõe o vencimento da obrigação mas não a *pagabilidade*.[482]

No caso de o prazo ser estipulado a favor do devedor, o que constitui a regra, não sendo necessária qualquer determinação das partes, a *pagabilidade* é determinada por um acto de vontade do próprio: o acto que traduz uma preferência em relação aos restantes credores quando o devedor já se encontra em situação de insolvência. Caso o pagamento seja efectuado no período suspeito previsto na al. f) do n.º 1 do artigo 121.º, a nosso ver a resolução incondicional deverá operar, considerando-se que ocorreu o cumprimento definitivo[483] de uma obrigação ainda não vencida. O credor ainda não podia exigir a prestação, pelo que o cumprimento é havido como renúncia ao benefício do prazo pelo devedor, por sua livre vontade.[484]

O pagamento de créditos ainda não vencidos e, portanto, não exigíveis, nos termos dos artigos 777.º e seguintes e do artigo 805.º do CC, traduz uma escolha do devedor relativamente aos credores que deveriam ser pagos. Essa escolha não será, no entanto, legítima quando o devedor se encontrar em situação de insolvência, uma vez que, não podendo cumprir as suas obrigações vencidas e optando por efectuar o pagamento de dívidas ainda nem sequer vencidas, o devedor dá um "segno di latente preferenzialità in violazione della *par conditio creditorum*".[485] Privilegiando determinados credores injustificadamente em detrimento de outros.[486]

Na verdade, um crédito com data de vencimento correspondente à data da declaração de insolvência ou a data posterior tornar-se-ia em princí-

---

[482] ANTUNES VARELA, *op. cit.*, vol. II, pp. 40-41; MENEZES CORDEIRO, *op. cit.*, vol. IX, p. 39; MENEZES LEITÃO, *Direito das Obrigações*, vol. II, p. 155. Poderá, no entanto, ser sujeito a resolução condicional.
[483] MENEZES CORDEIRO, *op. cit.*, vol. IX, p. 39.
[484] MENEZES LEITÃO, *op. cit.*, vol. II, p. 154.
[485] PAJARDI, *op. cit.*, p. 159. FERRARA, *op. cit.*, p. 362, considera que a subtracção de um ou mais bens ou direitos à massa insolvente constitui uma situação análoga à de enriquecimento.
[486] CARVALHO FERNANDES e LABAREDA, *op. cit.*, ad 121.º, n. 11, pp. 532-533, segundo os quais se visa "afastar situações de favorecimento de credores, com repercussões negativas no princípio da igualdade."

pio um crédito sobre a insolvência, nos termos do artigo 47.º do CIRE, sujeitando-se ao princípio da universalidade e da igualdade entre os credores. A não sujeição, nessas circunstâncias, de determinado credor ao concurso universal de credores, através da antecipação do pagamento do crédito de que é titular, constitui "il massimo dell'arbitrio iniquo nella deviante gestione della garanzia patrimoniale dovuta paritariamente a tutti i creditori."[487]

Estes são os fundamentos que subjazem à resolução incondicional prevista para os casos da al. f) do n.º 1 do artigo 121.º.

No entanto, relativamente à antecipação em benefício de ambas as partes,[488] importa saber se o entendimento é o mesmo ou se, todavia, a antecipação convencional determina o vencimento da dívida aquando do pagamento.

Piero Pajardi[489] entende que, quando o devedor exerce a faculdade de pagamento antecipado, está, na verdade, a efectuar o pagamento de um crédito vencido, pelo que o caso concreto não se subsumiria à norma referente aos pagamentos de créditos não vencidos. No mesmo sentido, Maffei Alberti[490] considera que a "clausula contrattuale di riscatto" não é atingida pela ineficácia prevista no artigo 65.º da *Legge Fallimentare*. A respeito do n.º 2 do artigo 71.º da *Ley Concursal*, Francisco León[491] entende que a cláusula que permita o pagamento antecipado de um mútuo com o fim de obter um perdão de juros não está abrangida pela norma.

---

[487] PAJARDI, *op. cit.*, p. 160. Como refere FERRARA, *op. cit.*, p. 362, "Non importa perciò che col pagamento anticipato il debitore abbia ottenuto un abbuono o che il debitore si fosse riservata la facoltà di liberarsi in anticipo da un debito oneroso per il decorso di interessi, o che le parti abbiano convenzionalmente anticipato la scadenza per giustificare il pagamento (salvo che ciò sia avvenuto in epoca anteriore al bienio), e neppure che il pagamento sia avvenuto con la prestazione della res debita o con una datio in solutum. In tutti questi casi si realizza egualmente quella sottrazione al concorso che la legge intende escludere."

[488] É comum nos contratos prever-se o pagamento em prestações de uma determinada dívida, conforme resulta do artigo 781.º do CC, com a possibilidade de antecipação total ou parcial do pagamento durante a execução do contrato. As obrigações são celebradas com prazo certo, nos termos dos artigos 777.º e seguintes do CC e, para além disso, faculta-se ao devedor a possibilidade de amortizar antecipadamente a dívida. É o caso do disposto no artigo 1147.º do CC. A antecipação pode, igualmente, acontecer quanto esteja em causa um único prazo certo. *Cf.* MENEZES CORDEIRO, *op. cit.*, vol. IX, p. 39; MENEZES LEITÃO, *op. cit.*, vol. II, p. 155.

[489] PAJARDI, *op. cit.*, p. 160.

[490] MAFFEI ALBERTI, *op. cit.*, p. 128.

[491] LEÓN, *loc. cit.*, p. 1310.

Pelo contrário, Ferrara[492] entende que a cláusula de pagamento antecipado não se exclui do âmbito de aplicação da lei que determina a ineficácia do acto, a não ser que esse acto tenha sido praticado com anterioridade ao período suspeito, e que "Non si può dire che avvalendosi della clausola il debitore fa scadere il termine, per cui il pagamento che egli effettua riguarda un debito scaduto: questo ragionamento formale urta contro il dato obbiettivo che a questo modo il creditore viene sottratto alla regola del concorso, ed è questo risultato che la legge intende evitare."[493]

Retornemos aos dois momentos acima enunciados: *pagabilidade* e *exigibilidade ou vencimento*. Parece resultar do entendimento de Menezes Leitão[494] que, no caso em que a cláusula de antecipação é estipulada pelas partes, há uma correspondência entre a *pagabilidade* da dívida e a sua *exigibilidade ou vencimento*, ao contrário do que sucede com os prazos estipulados em benefício individual do devedor ou do credor. Assim sendo, pressupondo que o vencimento ocorreria no momento do pagamento, não se poderia incluir estas situações no disposto na alínea em apreço.

No entanto, cremos mais conforme à *ratio* do preceito o entendimento de Ferrara. O prazo determinado inicialmente pelas partes é, para todos os efeitos, aquele que define o programa negocial entre elas. A faculdade de antecipação do pagamento surge como uma eventualidade, que se mantém na disponibilidade do devedor e não na do credor, tratando-se embora de um benefício para ambas as partes. Como resulta do artigo 1147.º do CC, o benefício do credor não está relacionado com o prazo, mas com as consequências do pagamento antecipado realizado pelo devedor. Nessa medida, não identificamos diferença relevante entre este benefício e aquele concedido exclusivamente ao devedor: aquele crédito poderia não ter sido pago naquele momento, não fosse a primeira intenção do devedor. Também neste caso relevam as exigências da al. f) do n.º 1 do artigo 121.º.

Mais flagrante seria quando a cláusula de antecipação fosse determinada em momento posterior ao do contrato inicialmente celebrado e dentro do período suspeito.

No momento do pagamento, a obrigação não se encontra ainda vencida e, para além disso, trata-se do exercício de uma faculdade que, no momento em que o devedor se encontra insolvente, indicia fortemente a intenção e

---

[492] FERRARA, *op. cit.*, p. 362.
[493] IDEM, *ibidem*, p. 362, n. 48.
[494] MENEZES LEITÃO, *op. cit.*, vol. II, pp. 154-155.

consciência do prejuízo para os credores, o que se coaduna com a *ratio* da al. f) do n.º 1 do artigo 121.º. Assim sendo, qualquer antecipação de pagamento que não corresponda ao vencimento da dívida estará a coberto da al. f) do n.º 1 do artigo 121.º.

Aos créditos não vencidos são equiparados os créditos condicionais à data da declaração de insolvência.[495]

Questiona-se se os pagamentos realizados antes do vencimento do crédito dizem respeito apenas a créditos quirografários ou, também, a créditos garantidos. Por um lado, entende-se que o pagamento de créditos garantidos até ao limite do valor da garantia não é susceptível de resolução porque, caso contrário, seria de admitir um locupletamento dos restantes credores em relação ao credor garantido; por outro lado, defende-se a indistinção dos créditos para efeitos da resolução, por não ser possível, no momento do pagamento, determinar o eventual dano para os restantes credores.[496]

Parece-nos que os pagamentos ou formas de extinção de obrigações deverão dizer respeito a ambos os tipos de crédito, embora com uma ressalva: quando os créditos garantidos são pagos pelo valor dos bens objecto da garantia, em rigor não existe um prejuízo para os credores, porque estes nunca poderiam contar com o valor desses bens até ao limite do crédito, excepto se também tivessem constituído garantia sobre o mesmo bem.[497] Assim, apenas serão incondicionalmente resolúveis os pagamentos realizados a credores garantidos quando o valor dos bens garantidos for inferior ao valor necessário para satisfazer integralmente o crédito.[498]

---

[495] SATTA, *op. cit.*, p. 226; PAJARDI, *op. cit.*, p. 161.
[496] Enunciando o problema, BONSIGNORI, *loc. cit.*, p. 483.
[497] SATTA, *op. cit.*, p. 225. Também neste sentido, FERRARA, *op. cit.*, p. 362, defende que "Diversa invece à la situazione quando il credito fosse assistito da garanzia reale sui beni dello stesso debitore: l'inefficacia del pagamento vale solo nei limiti in cui la somma pagata eccede il valore della garanzia. La tesi contraria, sostenuta sotto il codice abrogato per il motivo che la legge non distingue, a parte che sacrifica ingiustamente il creditore nel caso in cui egli non potesse rifiutare il pagamento, appare oggi in contrasto con la disciplina, la quale è subordinata all'esistenza obiettiva del pregiudizio (sottrazione al concorso) e quindi non può trovare applicazione nei casi in cui lo stesso non esiste".
[498] BONSIGNORI, *loc. cit.*, p. 484, adverte, no entanto, para o facto de o crédito poder encontrar-se parcialmente garantido e para o facto de poder ser causa de prejuízo a própria alienação do bem dado em garantia, quando daí resulte a insuficiência para o pagamento do credor.

2.3.5.2 Anormalidade do uso e inexigibilidade

Distinta da anterior é a al. g) do n.º 1 do artigo 121.º, que prevê a resolução incondicional de pagamentos ou outras formas de extinção de obrigações efectuados nos seis meses anteriores ao início do processo de insolvência em termos não usuais no comércio jurídico e que o credor não pudesse exigir. É distinta na medida em que não estão já em causa dívidas ainda não vencidas e em que está em causa a forma como se procede ao pagamento e à extinção de obrigações.[499] Cremos que, ao contrário do que acontece com a al. f), o foco deste preceito não reside tanto na satisfação do interesse do credor, de acordo com o programa negocial estipulado, mas na extinção da obrigação por meios não tipicamente associados ao cumprimento da relação jurídica e que excedem os expressamente previstos no CC como causa de extinção de obrigações.

Ao contrário do que sucede nos ordenamentos jurídicos italiano e espanhol, em que os actos praticados no normal exercício da actividade do devedor são expressamente excluídos dos mecanismos de reconstituição do património do devedor na insolvência,[500] o legislador português optou por estabelecer expressamente como actos resolúveis aqueles pagamentos e actos extintivos que escapam à normalidade do uso e que, por isso, colocam em causa o princípio da igualdade entre credores.[501] Apesar de se pretender tutelar o mesmo interesse, obtêm-se resultados distintos:

---

[499] Daí a diferente expressão "outra forma de extinção de obrigações". Ao contrário do que referem CARVALHO FERNANDES e LABAREDA, *op. cit.*, *ad* 121.º, n. 12, p. 533, a diferente redacção das als. f) e g) inculca a diversidade de situações em causa: na primeira, atenta-se ao próprio acto de pagamento ou de extinção de obrigações; na segunda, considera-se o modo através do qual esse acto de pagamento ou de extinção é realizado.

[500] O artigo 67.º, a) da *Legge Fallimentare* prevê que "Non sono soggetti all'azione revocatoria:a) i pagamenti di beni e servizi effettuati nell'esercizio dell'attività d'impresa nei termini d'uso" e o artigo 71.º, n.º 5, 1.º da *Ley Concursal* que "En ningún caso podrán ser objeto de rescisión 1.º Los actos ordinarios de la actividad profesional o empresarial del deudor realizados en condiciones normales."

[501] PRATA, MORAIS CARVALHO e SIMÕES, *op. cit.*, *ad* 121.º, n. 11, p. 365. Refere-se no Ac TRC de 22.03.2011, proc. 51/09.0TBSRT-I.C1 (Relator Jorge Arcanjo), que "A *ratio legis* contende com a protecção dos credores da massa insolvente, a fim se evitar favorecimentos injustificados, com violação do princípio da igualdade, presumindo (presunção *juris et de jure*) a lei (art. 121.º, n.º 1 *ex vi* art.120.º, n.º 3 do CIRE) que a actuação atípica, não usual, do devedor insolvente implica um dano para os credores. Trata-se, portanto, de um instrumento de defesa para a efectivação do princípio *par conditio creditorum*, ou seja, do tratamento igualitário dos credores, permitindo

num caso, permanecerão intocáveis os actos praticados nos termos usuais de comércio; no outro, que é o nosso, com a consagração pela negativa, admite-se a resolubilidade pela via condicional, desde que verificados os pressupostos necessários.[502]

Vejamos os seus termos e a sua concretização.

a. Em termos não usuais no comércio jurídico

Conforme referido por Larenz,[503] "Quando as normas jurídicas remetem para os usos do tráfego ou para o uso comercial, trata-se de um modo de comportamento normalmente esperado, quer dizer, de um tipo de frequência empírico". No caso concreto, a remissão para os usos do comércio jurídico é feita pela negativa, de forma a incluir na resolução incondicional actos que sejam praticados fora desse *standard*, *i.e.*, fora "de pautas normais de comportamento social correcto, aceites na realidade social."[504] Trata-se de "pautas «móveis», que têm que ser inferidas da conduta reconhecida como «típica» e que têm que ser permanentemente concretizadas, ao aplicá-las ao caso a julgar."[505]

Quando se faz referência na lei a pagamentos ou outras formas de extinção das obrigações em termos não usuais no comércio jurídico, o legislador utiliza um conceito indeterminado. Como referido pelo Ac. TRC de 22 de Março de 2011, proc. 51/09.0TBSRT-I.C1 (Relator Jorge Arcanjo), o conceito em causa é um conceito que carece de preenchimento valorativo, pelo que se deve partir do "elemento teleológico da norma, do 'critério da valoração social típica', um critério da normalidade, em face da ponderação do caso", tendo em consideração as partes, a relação contratual existente e a normal actividade do devedor, e não apenas a natureza da obrigação,

---

a recuperação para a massa insolvente dos bens ou vantagens patrimoniais praticados pelo devedor no período suspeito anterior à declaração de insolvência."

[502] Por essa razão, não é correcta a afirmação de GRAVATO MORAIS, *op. cit.*, p. 131, de que se pode "concluir *a contrario sensu* que se foram empregues os meios usuais não pode haver lugar à resolução do acto em benefício da massa". Admitimos, no entanto, que se pode extrair da norma que a utilização de meios normais constitui um indício de não prejudicialidade, o que não equivale a dizer que se exclui a resolubilidade.

[503] LARENZ, *Metodologia da Ciência do Direito* (4.ª ed.), Lisboa, Fundação Calouste Gulbenkian, 1997, pp. 660-661.

[504] STRACHE, *Das Denken in Standards*, p. 16, *apud* LARENZ, *op. cit.*, p. 660.

[505] LARENZ, *op. cit.*, p. 661.

como referem Carvalho Fernandes e João Labareda.[506] Por conseguinte, o conceito de normalidade não deve ser definido de forma abstracta, mas deve ser interpretado casuisticamente, de acordo com a conformidade aos usos comerciais vigentes e o momento em que se pratica o acto.[507]

Para concretização do mencionado conceito indeterminado, importa verificar se a anormalidade do uso se refere apenas ao objecto da contraprestação, *i.e.*, aos bens que são utilizados pelo devedor insolvente para cumprir a sua obrigação, como é o caso do dinheiro, de outros bens, de títulos de crédito, de valores mobiliários, ou também ao procedimento através do qual a obrigação é extinta, colocando o ângulo no próprio negócio em si e na forma de extinção da obrigação (*e.g.* compensação, dação em cumprimento).

Na doutrina italiana, Piero Pajardi[508] e Ferrara[509] entendem que a anormalidade diz respeito à modalidade e ao procedimento de extinção das obrigações, não tanto ao objecto material de pagamento.

Parece-nos que a anormalidade tanto poderá dizer respeito à modalidade de extinção de obrigações como ao meio utilizado para se fazer operar essa extinção e que ambos os elementos devem ser analisados de forma integrada. Embora se defenda que o cumprimento e as causas de extinção de obrigações previstas no CC são normais,[510] não se poderá excluir que, em concreto, possam ser não usuais na prática concreta do devedor e da contraparte.[511] Assim, tomando como exemplo o caso do Ac. TRC de 22 de Março de 2011, proc. 51/09.0TBSRT-I.C1 (Relator Jorge Arcanjo) e do Ac. TRC de 24 de Abril de 2012, proc. 221/09.0TBPNH-Q.C1 (Relator António Beça Pereira), em que se considerou meio normal de extinção de obrigações a dação em pagamento de equipamentos da insolvente que já não estavam a ser utilizados por esta, parece-nos que já não seria forma de

---

[506] CARVALHO FERNANDES e LABAREDA, *op. cit.*, *ad* 121.º, n, 12, p. 533.
[507] MAFFEI ALBERTI, *op. cit.*, p. 138.
[508] PAJARDI, *op. cit.*, p. 218.
[509] FERRARA, *op. cit.*, p. 365, entende que a anormalidade está "nel modo dell'estinzione".
[510] Ac. TRC de 22.03.2011, proc. 51/09.0TBSRT-I.C1 (Relator Jorge Arcanjo) e Ac. TRC de 24.04.2012, proc. 221/09.0TBPNH-Q.C1 (Relator António Beça Pereira)
[511] LEÓN, *loc. cit.*, p. 1314, para além de referir que é necessário verificar se o meio utilizado é normal no sector económico em que o devedor desenvolve a sua actividade, salienta que é também relevante para a concretização do conceito de normalidade a comparação entre a forma de extinção que pode estar sujeita à resolução incondicional e as formas por este anteriormente utilizadas.

extinção em termos usuais quando o objecto da dação em cumprimento fossem bens de utilização diária na actividade do insolvente, o que traduz um carácter fortemente prejudicial do acto.

Neste âmbito, importa assinalar que poderá haver actos que, não integrando as causas de extinção das obrigações previstas no CC, produzam o mesmo efeito extintivo e não sejam considerados meios normais de extinção de obrigações. Será o caso da resolução do contrato efectuada com fundamento, não na execução do contrato ou na alteração das circunstâncias, mas nas condições económicas do devedor que não pode pagar o preço e na intenção do credor diminuir o seu dano com a reversão da situação. Neste caso, a resolução realiza uma função de cumprimento com meios anormais de pagamento.[512] Embora se encontre prevista no artigo 840.º do CC, a dação *pro solvendo*, pela sua própria natureza de permitir que o credor possa obter mais facilmente a satisfação do seu crédito, deve estar sujeita à resolução condicional, considerando-se, para efeitos da norma, que se trata de uma forma de extinção não usual.[513]

Entende-se também que a cessão de bens pode configurar uma forma de extinção de obrigações anómala.[514]

A compensação pode ser configurada como meio anormal de pagamento, como é o caso da compensação entre um crédito não pecuniário e um débito pecuniário vencido.

Conforme referimos, o conceito de *termos não usuais no comércio jurídico* deve ser interpretado também de acordo com as partes no negócio. Deve analisar-se o critério da normalidade não apenas na perspectiva de quem paga, mas também de quem recebe. A título de exemplo, não deverá considerar-se normal a extinção de obrigações através da emissão de títulos de crédito ou de valores mobiliários ou através da disponibilização de mercadorias do devedor a quem não é vendedor habitual do devedor.[515]

---

[512] PAJARDI, *op. cit.*, p. 220.
[513] MAFFEI ALBERTI, *op. cit.*, p. 138, considera estarem sujeitas ao regime presuntivo as seguintes situações identificadas como *datio pro solutum*: a entrega de bens ao credor para que este possa vendê-los e satisfazer-se com o seu produto; a devolução de mercadorias adquiridas, quando não ocorra resolução do contrato; a prestação de serviços para cumprimento de uma obrigação em dinheiro; a transmissão de um imóvel construído pela empresa comitente para pagamento de serviços feitos num edifício por conta da sociedade falida.
[514] PAJARDI, *op. cit.*, pp. 177-178.
[515] BONSIGNORI, *loc. cit.*, p. 489.

b. "E o credor não pudesse exigir"

O alcance do pressuposto cumulativo previsto na al. g) do n.º 1 do artigo 121.º tem sido objecto de controvérsia.

Carvalho Fernandes e João Labareda[516] entendem que a exigibilidade se refere ao modo não usual de pagamento ou de extinção de obrigações, na medida em que "o legislador teve aqui em mente a hipótese de, por força de lei especial ou excepcional ou de convenção, esse modo normal estar previsto no caso concreto em que ocorrer."[517]

Pelo contrário, há jurisprudência que entende que "A exigibilidade significa, no contexto da norma, a possibilidade de reclamar do devedor o cumprimento da obrigação (direito do credor ao cumprimento) que pressupõe necessariamente o seu vencimento, e reflexamente a satisfação do interesse do credor por um dos meios e extinção das obrigações."[518]

Parece-nos que este último entendimento não merece acolhimento, por força da necessária interpretação conjugada das als. f) e g) do n.º 1 do artigo 121.º. Com efeito, interpretar a exigibilidade prevista na al. g) no sentido do não vencimento da obrigação seria retirar-lhe qualquer sentido, na medida em que os pagamentos ou outros actos de extinção de obrigações já estariam incluídos na alínea precedente. Nesta, o facto de o pagamento ou outro acto de extinção ocorrer antes do vencimento do crédito já revela, *per se*, o carácter profundamente prejudicial do acto que

---

[516] Carvalho Fernandes e Labareda, *op. cit.*, ad 121.º, n. 12, p. 533.
[517] No mesmo sentido, Gravato Morais, *op. cit.*, p. 132.
[518] Ac. TRC de 22.03.2011, proc. 51/09.0TBSRT-I.C1 (Relator Jorge Arcanjo), segundo o qual "Note-se que, não sendo a obrigação voluntariamente cumprida, a lei confere ao credor o direito de exigir judicialmente o cumprimento (art. 817.º CC), mas não a dação em cumprimento que apenas depende do seu assentimento (art. 837.º CC), o que significa que as outras formas de extinção das obrigações foram pensadas na perspectiva do devedor e até, em alguns casos, só com a prática e iniciativa dele (por exemplo, na compensação)./ Por isso, sai reforçado o entendimento de que a exigibilidade é da obrigação, entretanto extinta, por pagamento ou por outro acto de extinção. O que releva, dada a *ratio legis*, é se aquela obrigação concreta, que foi objecto de um acto extintivo entre o devedor e o credor, podia ou não ser exigível pelo credor. Basta atentar que se determinada obrigação foi extinta por acordo entre credor e devedor (seja por pagamento ou outro acto de extinção), no período suspeito anterior à declaração de insolvência, sem que estivesse vencida, é motivo suficiente para justificar a presunção de prejudicialidade." Este entendimento é seguido pelo Ac. TRC de 24.04.2012, proc. 221/09.0TBPNH-Q.C1 (Relator António Beça Pereira).

legitima a resolução incondicional, independentemente da forma como a extinção da obrigação é feita.

Assim, a al. g) apenas terá sentido útil se se considerar, como fazem os Autores *supra*, que o credor não poderia exigir aquela forma específica de extinção da obrigação, por não haver norma legal ou convenção entre as partes.[519]

No entanto, entendemos que a determinação da forma de extinção das obrigações por convenção entre as partes deve ser considerada com cautela, para efeitos da norma em causa. Assim, não será de considerar exigível pelo credor o pagamento ou forma de extinção da obrigação quando a convenção tenha sido celebrada durante o período suspeito, o que constitui indício forte e bastante para considerar que as partes tenham pretendido alterar os termos normais da negociação para prejudicar os credores.[520]

2.3.5.3 Critério interpretativo

A resolubilidade incondicional de pagamentos ou outras formas de extinção de obrigações visa proteger os credores da insolvência de prevalências concedidas a outros credores. No entanto, essas prevalências apenas revelam indício de prejudicialidade forte quando são realizadas antes do vencimento ou por outros meios não normais, não exigíveis.

Assim, para efeitos de preenchimento do n.º 2 do artigo 120.º, retira-se, *a contrario*, destes preceitos que: (i) todos os pagamentos ou formas de extinção de obrigações são susceptíveis de causar prejuízo aos credores, na medida em que o acervo de bens que compõe a massa insolvente é menor, em benefício de um credor que deveria encontrar-se nas mesmas circunstâncias dos restantes no processo de insolvência; e (ii) todos os actos que forem praticados fora de um âmbito negocial usual no comércio jurídico, mesmo que não sejam pagamentos ou outras formas de extinção de obrigações ou não se enquadrem em nenhuma das restantes alíneas, ou sejam exigíveis pelo credor, podem ser objecto de resolução.

---

[519] FERRARA, *op. cit.*, p. 367, defende que a previsão de um determinado modo de extinção da obrigação no contrato retira a sua anormalidade.
[520] MAFFEI ALBERTI, *op. cit.*, p. 138, refere que a cessão de créditos não é resolúvel quando tenha sido prevista como meio de extinção do débito simultaneamente ao surgimento do débito.

2.3.6 Actos onerosos – Desproporcionalidade nas prestações

A al. h) do n.º 1 do artigo 121.º consagra dois requisitos substantivos para que um acto possa ser resolvido de forma incondicional: o carácter oneroso do acto e a manifesta desproporção das obrigações assumidas. A estes acresce o requisito temporal, sendo que se exige que o acto tenha sido praticado no ano anterior à data do início do processo de insolvência.

Seguindo a definição de Antunes Varela,[521] um acto será oneroso quando dele resultem atribuições patrimoniais para as partes e quando se verifique que a atribuição de uma das partes "tem por *correspectivo, compensação* ou *equivalente* a atribuição da mesma natureza proveniente do outro."[522] Tal como referido por Almeida Costa,[523] "os contratos onerosos não supõem forçosamente um perfeito equilíbrio objectivo ou absoluta contrapartida económica das prestações", importando em regra "a equivalência subjectiva, quer dizer, a que corresponde à avaliação ou vontade dos contraentes."

É neste preciso âmbito que vem prevista a al. h): sabendo que não é necessária a existência de um perfeito equilíbrio entre as atribuições patrimoniais, é necessário que exista um equivalente razoável e proporcional entre as prestações para que o acto não fique sujeito à resolução incondicional.[524]

Importa, por conseguinte, interpretar o alcance da expressão "obrigações por ele assumidas que excedam manifestamente as da contraparte."

Entendem Carvalho Fernandes e João Labareda[525] que se configura "a clássica situação de *laesio ultra dimidium*, ou seja, a situação objectiva que também caracteriza a usura." Por seu turno, Gravato Morais[526] refere que é necessária uma desproporcionalidade relevante e significativa nas prestações, em que a parte mais onerada seja o devedor, sendo que o excesso

---

[521] Antunes Varela, *op. cit.*, vol. I, pp. 414-415.
[522] Mosco, *loc. cit.*, p. 82, considera que "in generale si ha atto oneroso tutte le volte che una persona mira a procurarsi un vantaggio, afrontando un sacrificio che sia in rapporto di stretta causalità col vantaggio che si vuol ricavare." Menezes Cordeiro, *op. cit.*, vol. II, p. 106, faz referência aos esforços económicos que têm de resultar para ambas as partes, em simultâneo e com vantagens correlativas.
[523] Almeida Costa, *op. cit.*, pp. 367-368.
[524] Gravato Morais, *op. cit.*, p. 135.
[525] Carvalho Fernandes e Labareda, *op. cit.*, ad 121.º, n. 13, p. 533.
[526] Gravato Morais, *op. cit.*, pp. 135-136.

manifesto deve ser verificado caso a caso, embora o Autor apresente um valor de 30% como susceptível de originar esta resolução.

No artigo 67.º, n.º 1 da *Legge Fallimentare*, estão sujeitos à *revocatoria* os actos onerosos praticados no ano anterior à declaração de insolvência, em que as prestações realizadas ou as obrigações assumidas pelo falido ultrapassem mais de um quarto do valor que lhe tinha sido oferecido ou prometido.[527] Para Maffei Alberti,[528] deve considerar-se manifesta a desproporção que exceda a margem de elasticidade e de álea própria dos contratos comutativos, em relação às circunstâncias, ao lugar e ao tempo em que foi celebrado o contrato, não sendo de utilizar o critério da lesão *ultra dimidium*.[529]

Parece-nos que o advérbio *manifestamente* deve ser interpretado efectivamente caso a caso, de acordo com as circunstâncias evidenciadas por Maffei Alberti e que deve configurar-se no sentido de desproporção não razoável, de acordo com o referido por Gravato Morais. A situação que se visa impedir é a diminuição do património do devedor sem uma correspondência razoável, que constitua um expediente para prejudicar os credores. Não se trata propriamente da *ratio* dos negócios usuários,[530] embora admitamos que estes se possam integrar na alínea em análise, por maioria de razão. Pode verificar-se que, em determinadas circunstâncias, alguns credores se possam aproveitar da fragilidade do devedor insolvente ou quase insolvente e obter benefícios excessivos e injustificados. No entanto, não é esse o pressuposto da alínea em referência, incluindo-se todas as demais situações em que o próprio devedor toma a iniciativa de realizar actos prejudiciais aos credores.

Parece-nos que, no momento da determinação do excesso manifesto, se deverá ter em consideração o valor médio que seria atribuído a prestação idêntica, nas mesmas circunstâncias, considerando igualmente valores como da inflação. Poderá atender-se a uma percentagem orientadora, como a que resulta da lei italiana. No entanto, o critério a seguir deverá ser o do *contraente médio*, colocado nas mesmas condições e circunstâncias do contraente, determinando-se o momento a partir do qual não existe qualquer

---

[527] Já Pajardi, *op. cit.*, p. 208, considerava essa percentagem.
[528] Maffei Alberti, *op. cit.*, pp. 136-137.
[529] Idem, *ibidem*, p. 136. Também Bonsignori, *loc. cit.*, p. 486.
[530] Está subjacente um grave desequilíbrio entre as contraprestações nos contratos onerosos comutativos mas são, igualmente, requisitos a existência de uma situação de inferioridade e a intenção de aproveitamento dessa situação, *cf.* Almeida Costa, *op. cit.*, pp. 707-708.

vantagem para o contraente com o sacrifício realizado. O excesso manifesto tanto pode ser analisado na perspectiva de que o insolvente assumiu um crédito superior ao que se justificava como que transmitiu bens por valor inferior ao seu valor real.[531]

Acresce que o excesso manifesto não pode ser tal que permita já identificar um contrato misto, com prevalência de doação, que sempre seria resolúvel nos termos da alínea b) do n.º 1 do artigo 121.º.

O momento determinante para aferir a desproporção das prestações é o momento em que o acto foi praticado e não os eventuais factos sucessivos (*e.g.* alteração do valor do bem por circunstâncias externas).[532] No entanto, como notado por Satta,[533] nas situações em que a desproporção seja eliminada pela valorização do bem, perde-se o interesse na resolução, uma vez que não existe dano actual.

Assim, a norma deverá ser interpretada restritivamente, entendendo-se que são resolúveis os actos onerosos em que a desproporção se mantém à data da declaração da insolvência.

Ser-nos-á, então, possível apresentar um critério interpretativo para a concretização do conceito de *actos resolúveis* em presença. A desproporção nas prestações de um acto oneroso é o ponto-chave desta alínea. Dá origem a uma diminuição do património evidente e a uma frustração da satisfação do interesse dos credores, podendo inclusivamente contribuir para o seu retardamento.

O facto de a desproporção ser manifesta intensifica as exigências da resolução em benefício da massa, razão pela qual é enquadrada no artigo 121.º.

---

[531] BONSIGNORI, *loc. cit.*, p. 487, identifica os seguintes exemplos de excesso manifesto: locação de um imóvel com uma renda desproporcional face à actividade exercida no locado; uma transacção em que o devedor dá mais do que aquilo que recebe; empreitada em que o lucro e as despesas do devedor foram bastante inferiores ao preço; venda de um estabelecimento comercial, quando no correspectivo não se teve em conta o seu aviamento; uma venda de mercadorias em que o preço era superior em 38% ao valor de aquisição. Na jurisprudência portuguesa, o Ac. TRC de 25.01.2011, proc. 7266/07.3TBLRA-H.C1 (Relator Pedro Martins) considerou o seguinte: "Verifica-se a hipótese da resolução incondicional do art. 121º/1h do CIRE quer quando se vendem dois prédios por quase 5 vezes menos do que o seu valor, quer quando os vendedores de dois prédios, que estão onerados por dívidas superiores ao seu valor, o declaram vender livre de ónus e encargos e por quase 5 vezes menos que o seu valor."
[532] FERRARA, *op. cit.*, p. 364.
[533] SATTA, *op. cit.*, p. 234. Também GRAVATO MORAIS, *op. cit.*, pp. 136-137.

No entanto, todo o acto oneroso em que não haja correspondência nas prestações poderá ser susceptível de resolução em benefício da massa, uma vez que implica uma saída de um bem ou de um direito e a entrada de um valor menor. As circunstâncias ditarão o carácter prejudicial do acto.

2.3.7 Autofinanciamento das sociedades

A al. i) do n.º 1 do artigo 121.º parece ser uma das mais específicas do elenco de resolução incondicional.[534] Isto resulta da natureza especial dos contratos de suprimento[535] e da relação de proximidade estabelecida entre a sociedade e o respectivo sócio, permitindo que este se encontre em posição especialmente favorável no conhecimento das vicissitudes da sociedade, ao contrário do que sucede com os credores sociais.[536]

Não obstante resulte do contrato de suprimento um direito do sócio a ser reembolsado, esse direito é fortemente condicionado pelos interesses da sociedade e dos respectivos credores sociais, como resulta do disposto no artigo 245.º do CSC, da al. g) do artigo 48.º e da alínea que agora analisamos.[537]

---

[534] Trata-se de uma disposição nova na legislação sobre a insolvência, pese embora não o fosse no ordenamento jurídico português, uma vez que já constava do n.º 5 do artigo 245.º do CSC, cf. GRAVATO MORAIS, op. cit., p. 137. CARVALHO FERNANDES e LABAREDA, op. cit., ad 121.º, n. 14, p. 533, identificam o regime como "o mais flagrante de resolução «incondicional»."
[535] Sobre os suprimentos, em geral, RAUL VENTURA, "O contrato de suprimento no Código das Sociedades Comerciais", O Direito, ano 121.º, I (1989), pp. 7-73, e Sociedades por Quotas, vol. II, Coimbra, Almedina, 1996; JORGE M. COUTINHO DE ABREU, "Suprimentos", Estudos em Homenagem ao Prof. Doutor Raúl Ventura, Coimbra, Coimbra Editora, 2003, pp. 71-80; MENEZES CORDEIRO, Manual de Direito das Sociedades, vol. II (Das Sociedades em Especial), Coimbra, Almedina, 2006, pp. 273-280; RUI PINTO DUARTE, "Suprimentos, Prestações Acessórias e Prestações Suplementares – Notas e Questões", Problemas do Direito das Sociedades, Coimbra, Almedina, 2002, p. 257-280; JOÃO AVEIRO PEREIRA, O Contrato de Suprimento (2.ª ed.), Coimbra, Coimbra Editora, 2001; ALEXANDRE MOTA PINTO, Do Contrato de Suprimento. O Financiamento da Sociedade entre Capital Próprio e Capital Alheio, Coimbra, Almedina, 2002.
[536] Como referido por MENEZES CORDEIRO, op. cit., p. 276, "O suprimento corresponde a um especial envolvimento do sócio no financiamento da sociedade ou, se se preferir, na sua capitalização".
[537] JORGE M. COUTINHO DE ABREU, Suprimentos, p. 77. CARVALHO FERNANDES e LABAREDA, op. cit., ad 121.º, n. 14, p. 533, identificam a natureza do regime com a natureza subordinada do crédito de suprimentos.

GARANTIA PATRIMONIAL E PREJUDICIALIDADE

Nos termos do n.º 1 e 6 do artigo 243.º do CSC, o contrato de suprimento é um contrato nominado, típico e não dependente de forma especial, "pelo qual o sócio empresta à sociedade dinheiro ou outra coisa fungível, ficando aquela obrigada a restituir outro tanto do mesmo género e qualidade, ou pelo qual o sócio convenciona com a sociedade o diferimento do vencimento de créditos seus sobre ela, desde que, em qualquer dos casos, o crédito fique tendo carácter de permanência". Este contrato pode assumir, então, duas modalidades e apresenta como elemento essencial o carácter de permanência,[538] atendendo a que as suficiências de capital próprio são supridas ainda que se recorra a novas entradas de capital.[539]

Trata-se, em suma, de uma forma de financiamento das sociedades[540] através dos próprios sócios, com carácter de permanência, ao invés do recurso a novas entradas de capital.[541] O seu regime aplica-se, nos termos do n.º 5 do artigo 243.º do CSC, ao crédito de terceiro contra a sociedade que o sócio adquira por negócio entre vivos, desde que no momento da aquisição se verifique alguma das circunstâncias previstas nos respectivos n.os 2 e 3.

O regime do reembolso dos suprimentos vem previsto no artigo 245.º do CSC. Não tendo sido estipulado prazo para o reembolso, determina o n.º 1 do mencionado preceito que o sócio credor não pode exigir a resti-

---

[538] Nos termos dos n.os 2 e 3 do artigo 243.º do CSC, constituem índices do carácter de permanência: (i) a estipulação de um prazo de reembolso superior a um ano, quer tal estipulação seja contemporânea da constituição do crédito quer seja posterior a esta. No caso de diferimento do vencimento de um crédito, computa-se nesse prazo o tempo decorrido desde a constituição do crédito até ao negócio de diferimento; (ii) a não utilização da faculdade de exigir o reembolso devido pela sociedade durante um ano, contado da constituição do crédito, quer não tenha sido estipulado prazo, quer tenha sido convencionado prazo inferior; tratando-se de lucros distribuídos e não levantados, o prazo de um ano conta-se da data da deliberação que aprovou a distribuição.

[539] COUTINHO DE ABREU, op. cit., p. 71.

[540] Pese embora se encontre previsto para as sociedades por quotas, o contrato de suprimento é admitido noutros tipos societários, como as anónimas e as em nome colectivo. RAÚL VENTURA, *O contrato de suprimento no Código das Sociedades Comerciais*, pp. 27-28, e *Sociedades por Quotas*, vol. II, pp. 89-90, COUTINHO DE ABREU, op. cit., pp. 78-80, e MENEZES CORDEIRO, op. cit., vol. II, p. 279, admitem a extensão do regime por aplicação analógica, embora no caso das sociedades em nome colectivo, face à responsabilidade ilimitada dos sócios, não sejam de aplicar por analogia as disposições que tutelam especialmente os interesses dos credores sociais externos. Pelo contrário, JOÃO AVEIRO PEREIRA, *O Contrato de Suprimento*, pp. 121-130, afasta a aplicação analógica, defendendo a possibilidade de interpretação extensiva.

[541] COUTINHO DE ABREU, *Suprimentos*, pp. 71-72; MENEZES CORDEIRO, op. cit., vol. II, pp. 273, 280.

tuição imediata a todo o tempo. O prazo ou é definido por acordo entre as partes ou fixado pelo tribunal (artigo 777.º, n.º 2 do CC).⁵⁴²

Dos n.ᵒˢ 2 a 6 do artigo 245.º do CSC resulta a disciplina de tutela dos credores sociais externos: é vedado aos credores de suprimentos requerer a insolvência da sociedade (n.º 2); declarada a insolvência, só há lugar ao reembolso de terceiros após o pagamento de créditos de terceiros e não é admissível compensação de créditos (n.º 3 e artigo 48.º, g) do CIRE); os reembolsos de suprimentos estão sujeitos a resolução incondicional em benefício da massa (n.º 5 e artigo 121.º, n.º 1, i) do CIRE); e são nulas as garantias reais prestadas pela sociedade relativas a obrigações de reembolso de suprimentos e extinguem-se as de outras obrigações, quando sujeitas ao regime de suprimentos (n.º 6).

No que respeita à resolução em benefício da massa, é apenas relevante o acto de reembolso do crédito de suprimentos, independentemente do prazo estipulado no contrato ou da mora da sociedade. Releva apenas que o reembolso tenha sido realizado no ano anterior ao início do processo de insolvência.⁵⁴³

Para efeitos na al. i) do n.º 1 do artigo 121.º, incluir-se-á no conceito de reembolso "não só a restituição da coisa do mesmo género e quantidade, mas qualquer acto pelo qual o devedor-sociedade se liberte da dívida à custa do seu património", quer sejam por qualquer uma das causas de extinção das obrigações previstas no CC, quer "por exemplo, a substituição, directa ou indirecta, da dívida resolúvel por outra dívida para com o mesmo devedor e a sub-rogação de terceiro, por pagamento por este efectuado ao credor."⁵⁴⁴

Também não releva o facto de o sócio não ser já titular do referido crédito de suprimentos, por o ter transmitido nos termos dos artigos 577.º e seguintes do CC. A resolução incondicional operará contra terceiro de má fé, nos termos do artigo 125.º.

---

⁵⁴² Sobre o regime de fixação do prazo, Raúl Ventura, *op. cit.*, pp. 64 ssq.; Idem, *Sociedades por Quotas*, vol. II, pp. 137 ssq.

⁵⁴³ Conforme referido por Raúl Ventura, *O contrato de suprimento no Código das Sociedades Comerciais*, p. 72, e *Sociedades por Quotas*, vol. II, p. 149, "Não interessa que esse reembolso tenha sido antecipado, relativamente a prazo estipulado, ou que tenha sido efectuado antes ou depois de a sociedade estar em mora, por decurso do prazo ou interpelação do credor; em todos esses casos apenas importa que tenha sido efectuado um reembolso."

⁵⁴⁴ Raúl Ventura, *O contrato de suprimento no Código das Sociedades Comerciais*, p. 72, e *Sociedades por Quotas*, vol. II, p. 150. Também neste sentido, João Aveiro Pereira, *O Contrato de Suprimento*, p. 104.

Constitui também manifestação de que os actos sujeitos a resolução incondicional são, à partida, independentes da resolubilidade do acto principal que lhe dera origem, na medida em que apenas está em causa o reembolso de suprimentos, não já o contrato de suprimento em si mesmo considerado. No caso concreto, entender o contrário seria prejudicar não apenas a sociedade, mas sobretudo os próprios credores, na medida em que seria retirado do património da sociedade um valor que responderia pelos seus créditos.

No que respeita à identificação de um critério interpretativo, cremos que as exigências de resolução incondicional no caso concreto do reembolso de suprimentos estão relacionadas com o facto de ser realizado um financiamento a uma sociedade pelo próprio sócio, que, *a priori*, conhece a sua condição económica actual e tem acesso a elementos privilegiados que o comum dos credores não tem.

Em nosso entender esta alínea está intimamente relacionada com a presunção *iuris tantum* de má fé, na medida em que a relação entre o devedor e o sócio é relevante para a resolução incondicional do reembolso de suprimentos.

Assim, parece-nos, à imagem do que sucede na *Ley Concursal*, em que se estabelece uma presunção de prejudicialidade relativamente a pessoas especialmente relacionadas com o devedor, que o facto de o acto ser praticado por alguém especialmente relacionado pode indiciar, por si, o carácter prejudicial do acto, devendo aferir-se as circunstâncias em que foi praticado. Obviamente a qualidade da pessoa, só por si, não determina a prejudicialidade, mas pode constituir um indício de que o acto tenha diminuído o património do devedor ou posto em causa o princípio da *par conditio creditorum*.

Acresce que outros actos ou negócios jurídicos realizados entre uma sociedade e um sócio, que não integrem o conceito de suprimento, podem ser objecto de resolução condicional, como poderá ser o caso do reembolso de prestações acessórias ou suplementares.

2.4 Actos sujeitos a resolução incondicional – conceitos amplos?

Vem sendo defendido pela doutrina portuguesa que o elenco dos actos prejudiciais à massa insolvente é taxativo, não podendo, à partida, ser resolvidos, de forma inilidível, outros actos que não aqueles expressamente identificados no mencionado preceito.⁵⁴⁵ É inclusivamente referido por Carvalho Fernandes e João Labareda⁵⁴⁶ que "só assim faz sentido na sua articulação com o art.º 120".

No entanto, a análise de cada uma das alíneas do n.º 1 do artigo 121.º com o intuito de identificar critérios interpretativos que permitem concretizar o conceito de *acto prejudicial* e do disposto no n.º 2 do artigo 120.º suscita--nos a questão de saber qual o efectivo alcance da resolução incondicional.

Esta dúvida é-nos colocada uma vez que, em primeiro lugar, estamos perante o catálogo mais vasto na história do Direito da Insolvência português e o catálogo mais vasto em comparação com os ordenamentos jurídicos estudados no âmbito do presente trabalho. Em segundo, o legislador optou por alguns conceitos amplos – e bastante amplos – nas várias alíneas do n.º 1 do artigo 121.º, o que nos faz questionar a absoluta taxatividade do disposto no n.º 1 do artigo 121.º. Em terceiro, o legislador faz expressa menção no n.º 3 do artigo 120.º a "actos de qualquer dos tipos referidos no artigo seguinte" e não simplesmente a "actos referidos no artigo seguinte". Em quarto, em resultado dos critérios interpretativos alcançados, questionamos se a intenção do legislador, ao articular o disposto no n.º 3 do artigo 120.º com o n.º 1 do artigo 121.º, foi partir de actos concretos para estabelecer a presunção de prejudicialidade *iuris et de iure*, ou, ao invés, partir dos princípios subjacentes à resolução em benefício da massa, nomeadamente do interesse dos credores e da *par conditio creditorum*, para construir um sistema de resolução incondicional não aberto, mas amplo.

2.4.1 Tipos de actos prejudiciais *iuris et de iure*

No âmbito da análise do sistema presuntivo estabelecido no Direito da Insolvência espanhol, Francisco León⁵⁴⁷ refere que "Las razones que fundamentan estas presunciones legales son heterogéneas. La Ley ha procedido a la tipificación de los supuestos concretos, evitando en lo posible emplear una técnica de conceptos jurídicos indeterminados. En todo caso, las presunciones de perjuicio necesariamente tienen que ser objeto de interpre-

---

⁵⁴⁵ MENEZES LEITÃO, *Direito da Insolvência*, p. 201; CARVALHO FERNANDES e LABAREDA, *op. cit.*, p. 432; GRAVATO MORAIS, *op. cit.*, p. 80.
⁵⁴⁶ CARVALHO FERNANDES e LABAREDA, *op. cit.*, ad 121.º, n. 5, p. 530.
⁵⁴⁷ LEÓN, *loc. cit.*, p. 1308.

tación restrictiva y no pueden aplicarse por analogía a supuestos distintos de los legalmente tipificados."

Não concordamos em absoluto com o entendimento do Autor, nem o poderemos transpor para o nosso caso, uma vez que nos parece que assenta num equívoco. Se em algumas das alíneas poderemos identificar conceitos determinados (como será o caso do disposto nas als. a), d) e i) do n.º 1 do artigo 121.º), noutras já assim não sucederá (como é o caso flagrante das als. b) e h) do mesmo preceito). Acresce que, nos casos das garantias reais e das formas de extinção das obrigações, pese embora o legislador adopte conceitos que já existem no Direito Civil e são nele concretizados, o facto é que não remete *tout court* para cada um dos actos que integram esses conceitos e que estão previstos expressamente no CC ou noutra legislação. Antes remete para um conceito geral que tem vindo a ser desenvolvido pela doutrina e pela jurisprudência.[548] Perante este quadro, não nos parece à partida que tivesse sido intenção do legislador restringir ao máximo a resolução incondicional porque foi o próprio a admitir a sua amplitude.

No entanto, verificamos que, em cada uma das alíneas, são identificadas características e condições que – essas sim – deverão ser interpretadas de forma taxativa, na medida em que indiciam um carácter fortemente prejudicial para a satisfação do interesse dos credores e que, por essa razão, não devem ficar sujeitas aos riscos inerentes à actividade probatória, resultantes do regime do ónus da prova, do tipo de prova e da livre apreciação do juiz (artigos 341.º a 396.º do CC e artigos 410.º a 526.º e n.º 5 do artigo 607.º do CPC), *i.e.*, ao risco de um terceiro ao acto (como será o administrador da insolvência) não conseguir demonstrar a prejudicialidade de determinados actos que o sejam, com grande probabilidade. Não se poderá admitir que sejam sujeitos a resolução incondicional, por exemplo, pagamentos ou outras formas de extinção de obrigações efectuados em termos não usuais no comércio jurídico, mas que pudessem ser exigidos pelo credor, mesmo que pudessem existir fundamentos fortes para sustentar a resolubilidade apenas com fundamento no primeiro critério. O legislador faz uma descrição dos elementos típicos do facto ou da situação, pese embora apresente

---

[548] Como já se mencionou, o conceito de garantia real pode abarcar não apenas direitos reais de garantia mas outras figuras que tenham a mesma função. O mesmo se diga relativamente às formas de extinção de obrigações, que poderão consistir nas causas previstas nos artigos 837.º a 873.º do CC, mas também nas formas de cessação dos vínculos contratuais, como a resolução do contrato, prevista nos artigos 432.º e seguintes do CC.

uma indeterminação quanto aos casos abrangidos nas diferentes alíneas. Por essa razão, parece-nos, neste caso concreto, existir uma prevalência do tipo.[549] O próprio legislador, como já se referiu, utiliza, no n.º 3 do artigo 120.º, a expressão "tipos".

Assim, parece-nos que estamos em condições de apresentar já uma primeira resposta às questões colocadas *supra*: a intenção primordial do legislador foi, não tanto elencar actos prejudiciais específicos, mas criar um regime favorável ao administrador da insolvência em termos de ónus da prova nas situações em que se torna evidente que os actos praticados ou omitidos pelo devedor e por terceiros são prejudiciais à massa e que, com forte probabilidade, tenham sido praticados com essa intenção. Existe um sintoma objectivo de prejudicialidade, tendo o acto uma tal índole que, se praticado dentro de um determinado período antes da declaração de insolvência, torna irrelevante a prova da prejudicialidade e o conhecimento da situação de insolvência por parte do terceiro.[550] O legislador entendeu que, nestes casos, a posição do terceiro não é merecedora de tutela,[551] o que se justifica face ao tipo de actos em causa e à suspeição da existência de intenção de prejudicar os credores quando o devedor já se encontra em situação de insolvência.

2.4.2 Interpretação Extensiva – análise de alguns casos

Tendo concluído pela amplitude das als. do n.º 1 do artigo 121.º, permitida pelo próprio legislador e pela sua técnica legislativa, afastamos à partida a limitação a uma interpretação restritiva dos preceitos, que implicaria circunscrever ao mínimo o que resulta da letra do preceito.

Mesmo tratando-se de uma norma de cariz excepcional, face ao regime geral previsto nos n.ºs 1, 2 e 4 do mesmo preceito, por prever uma presunção inilidível, nos termos da parte final do n.º 2 do artigo 350.º do CC, o n.º 1 do artigo 121.º, para efeitos do n.º 3 do artigo 120.º, pode ser objecto de interpretação extensiva, nos termos do artigo 11.º do CC.

A interpretação extensiva já vem sendo admitida em Portugal relativamente a algumas das alíneas do n.º 1 do artigo 121.º. Gravato Morais, embora

---

[549] Relativamente à relação entre conceitos e tipos, *cf.* TEIXEIRA DE SOUSA, *Introdução ao Direito*, pp. 310-312.
[550] SATTA, *op. cit.*, p. 217.
[551] IDEM, *ibidem*, p. 218.

defenda o carácter taxativo do n.º 1 do artigo 121.º,[552] admite a interpretação extensiva das als. c) e e) no que respeita à figura do penhor de direitos e da al. d) a outras garantias pessoais, como a garantia autónoma.[553]

Também na doutrina italiana se tem defendido a interpretação extensiva ou analógica de actos integrados no sistema presuntivo, embora, nos casos trabalhados, se trate de presunções *iuris tantum* e não *iuris et de iure*. É o caso de Piero Pajardi[554], Paola Barontini[555] e Maffei Alberti[556]. Sobretudo no que respeita às garantias reais, também a jurisprudência italiana tem julgado no sentido da inclusão na norma de negócios jurídicos obrigacionais que desempenhem funções de garantia, como a cessão de créditos e o mandato irrevogável para cobrança com cláusula de exclusividade.[557]

Deparamos, no entanto, à partida com um obstáculo, e que resulta do facto de estarmos a analisar a interpretação extensiva de uma norma que retira quaisquer possibilidades de contraprova à contraparte. Considerar que o artigo 121.º é mais amplo do que a sua letra pode dar origem a resultados que já se verificavam e criticavam nos regimes em que a defesa dos actos prejudiciais à massa era feita pela via do proferimento da "polémica figura de la retroacción."[558] Em que, por sentença, se fixava a data a partir da qual se considerava que todos os actos praticados pelo devedor eram nulos: a frustração de múltiplos actos no tráfico jurídico e económico do país, que seriam essenciais para a saída da insolvência.[559]

---

[552] Gravato Morais, *op. cit.*, p. 80.
[553] Idem, *ibidem*, pp. 120-125.
[554] Pajardi, *op. cit.*, p. 235, admite a interpretação extensiva ou analógica de formas de garantia equivalentes àquelas que se encontram expressamente identificadas na lei, "trattandosi di un sistema sanzionatorio e riparatorio organico eretto a regola generalíssima."
[555] Barontini, *loc. cit.*, p. 516, defende que "per quanto il testo normativo faccia espresso riferimento a «i pegni, le anticresi e le ipoteche», appare corretto ampliarne l'ambito anche ad altri atti (o programmi negoziali) che perseguono la medesima finalità."
[556] *Cf.* Maffei Alberti, *op. cit.*, p. 139, que refere que "Il n. 3 dell'art. 67 non contiene un elenco tassativo di garanzie (...), potendo quindi ricadere nell'ambito di applicazione della norma anche la cessione di credito pro solvendo con funzione di garanzia."
[557] Jurisprudência mencionada por Barontini, *loc. cit.*, p. 516, e por Giuseppe Terranova, "Pagamenti anomali e garanzie. Profili del sistema revocatorio fallimentare", *Banca Borsa Titoli di Credito* ns LIII (2000), p. 61.
[558] Borja García-Alamán de la Calle, *loc cit.*, pp. 268-269.
[559] Idem, *ibidem*, pp. 269-270: "No cabe duda que la amenaza de la rigorista extensión de la retroacción de una quiebra o de la incertidumbre sobre cual sería la postura jurisprudencial vigente en cada momento temporal han provocado un más que justificado recelo – un

Com efeito, admitir uma interpretação mais ampla do que a que resulta da letra do n.º 1 do artigo 121.º poderá criar uma situação bastante onerosa para os terceiros que se relacionam com o devedor, que se veriam à partida restringidos no seu direito de contraprova – apenas lhes sendo admitida a impugnação da resolução, por falta de fundamentação pelo administrador de insolvência – para além do que, como referido, poderá constituir um entrave às relações jurídicas em situações de dificuldades económicas, não havendo incentivo à contratação.

Para além disso, poder-se-á dizer que a resolução em benefício da massa não visa a prossecução cega do interesse dos credores, mas também protege os terceiros, permitindo-lhes a defesa.

Ainda que possamos concordar com o facto de a satisfação dos interesses dos credores não ser um valor absoluto e ser desproporcional a limitação em termos de prova que resulta do n.º 1 do artigo 121.º, parece-nos que o mesmo não se poderá dizer quanto ao n.º 3 do artigo 120.º, em relação ao qual propomos a interpretação extensiva, no seguimento dos Autores acima assinalados.

E assim será por dois motivos. Em primeiro lugar, o n.º 3 do artigo 120.º prevê uma presunção de prejudicialidade *iuris et de iure* determinada em função do tipo de acto e do inerente carácter prejudicial que resulta das características e condições que acima assinalámos. Essas características e condições podem identificar-se num conjunto mais amplo de actos que não aqueles expressamente previstos no n.º 1 do artigo 121.º, exigindo a mesma tutela, por força do princípio da igualdade. Em segundo lugar, esses actos, não se podendo integrar na resolução incondicional, apenas serão resolvidos se for demonstrada a má fé, o que concede uma possibilidade ao terceiro de demonstrar que, com a sua actuação, não visou prejudicar os interesses dos credores. Mais do que o princípio da satisfação do interesse dos credores, o princípio da igualdade exigirá o tratamento de situações iguais com o mesmo critério, razão pela qual se deve manter a defesa da amplitude das alíneas do n.º 1 do artigo 121.º para efeitos do n.º 3 do artigo 120.º.

verdadero temor – que ha frustrado la consumación de multitude de transaccionales en el tráfico jurídico y económico de nuestro país; oportunidades que habrían ayudado de manera efectiva y vital a salir adelante a muchas de las companhias que han atravessado situaciones de insolvência, abocadas finalmente a la desaparición."

Vejamos alguns casos em que poderá admitir-se a interpretação extensiva, por o espírito da norma a admitir, com recurso aos argumentos de identidade de razão (argumento *a pari*) e por maioria de razão (argumento *a fortiori*).[560]

2.4.2.1 Partilha

Conforme referido acima aquando da análise da al. a) do n.º 1 do artigo 121.º, os elementos essenciais desta norma são a forma de preenchimento do quinhão e a sua comparação com o tipo de bens atribuídos aos restantes co-interessados.

Por maioria de razão, deverá integrar-se na norma a partilha da qual não resulte nenhum bem para o insolvente, mas a correspondente torna dos restantes interessados. Não se trata de bens integrantes do património objecto de partilha, mas do seu equivalente.

Nesse sentido, poderia admitir-se, também, a cessão do quinhão hereditário realizada pelo insolvente a outro interessado. Esta questão foi, aliás, referida, pese embora não aprofundadamente, no Ac. TRL de 16.07.2013, proc. 1048/12.8TBPDL-C.L1-7 (Relator Tomé Gomes).[561] Parece-nos que, podendo a cessão funcionar como uma forma de partilha antecipada, na medida em que implica o mesmo resultado (*i.e.*, a não apreensão de bens pelos credores), se poderia admitir, por via de interpretação extensiva, a integração do caso concreto à norma.

2.4.2.2 Garantias reais

A questão que neste âmbito se coloca é saber se o conceito de garantias reais constantes das al. c) e e) do n.º 1 do artigo 121.º remete apenas para garantias reais clássicas e para os direitos reais de garantia ou se é extensível a outras figuras ou programas negociais[562] que desempenhem fun-

---

[560] Pires de Lima e Antunes Varela, *Noções Fundamentais de Direito Civil* (6.ª ed), Coimbra, Coimbra Editora, 1973, vol. I, pp. 170-171; Baptista Machado, *op. cit.*, p. 185; Teixeira de Sousa, *op. cit*, p. 375.

[561] No acórdão de 1.ª instância foi aplicada analogicamente a norma constante da al. a) do n.º 1 do artigo 121.º, sendo que o TRL questionou a possibilidade de aplicação analógica, face à natureza excepcional do preceito.

[562] Barontini, *loc. cit.*, p. 516.

ções semelhantes e que, da mesma forma, ponham em causa o princípio da igualdade entre os credores.[563]

Partimos das características das garantias reais que assinalámos como relevantes para a interpretação do n.º 2 do artigo 120.º: a função de garantia e a criação de um vínculo real sobre um determinado bem que o reserva à satisfação preferencial de um credor em detrimento dos restantes.[564]

É este o caso das formas de utilização da propriedade em garantia, como a reserva de propriedade, a alienação fiduciária em garantia e a locação financeira.[565] Adoptando o conceito amplo de garantias reais, como fazem Romano Martinez e Pedro Fuzeta da Ponte e Rui Pinto Duarte,[566] parece-nos que poderá ser admitida a integração destas figuras pela via da interpretação literal. Para quem defende um conceito restritivo, chegar-se-á ao mesmo resultado, por via da interpretação extensiva.

Conforme referido por Menezes Leitão,[567] as formas de utilização de propriedade em garantia têm assumido relevo significativo nas negociações, permitindo suprimir desvantagens das clássicas garantias reais sujeitas a registo ou que impliquem o desapossamento. Na medida em que permitem a subtracção do bem ao concurso de credores e se revelam garantias ocultas[568] e que apresentam as características acima assinaladas, estas figuras deverão integrar-se no disposto nas als. c) e e) do n.º 1 do artigo

---

[563] Conforme referido por LARENZ, *op. cit.*, pp. 672-673, "O direito garantido continua certamente a ser um direito, especialmente dirigido contra o devedor, a uma prestação que por ele deve ser realizada; não assegura ainda ao credor qualquer senhorio imediato sobre a própria coisa. Mas restringe o poder de disposição do devedor, e assim o seu poder jurídico-real, com eficácia perante terceiros, e garante ao titular o direito, em caso de insolvência do devedor, um privilégio face a outros credores. O titular do direito pode, por conseguinte, impedir que o terceiro frustre ou prejudique a realização da sua pretensão mediante a aquisição de um direito à coisa. Este poder de exclusão foi caracterizado como «direito negativo de senhorio». No entanto, não se trata aí de um direito real autónomo em relação ao crédito, mas precisamente de um fortalecimento do direito de crédito mediante um dos traços que, no restante, são próprios apenas de um direito real". Entende o Autor que "direito garantido" é um tipo jurídico e que não deve ser interpretado de acordo com o método conceptual-abstracto.

[564] BARONTINI, *loc. cit.*, p. 517.

[565] Sobre cada uma e sobre o respectivo regime, MENEZES LEITÃO, *Garantias das Obrigações*, pp. 221-248. PESTANA DE VASCONCELOS, *op. cit.*, pp. 418-626, identifica, também, figuras a locação-venda, a venda a retro, o reporte e o depósito em garantia.

[566] *Supra* pp. 162 ssq.

[567] MENEZES LEITÃO, *op. cit.*, p. 221.

[568] IDEM, *ibidem*.

121.º. Permitem que o credor, por ainda ser proprietário do bem, fique fora do processo de insolvência.

No entanto, chamamos à colação o facto de, em muitos destes casos, operar o regime previsto nos artigos 102.º e seguintes, como é o caso dos artigos 104.º e 108.º. Nestas situações, caberá ao administrador da insolvência a decisão relativamente à manutenção do contrato ou à sua cessação, nos termos dos preceitos referidos, ou à resolução em benefício da massa. No normal exercício dos seus poderes de administração, o administrador da insolvência deverá verificar qual a forma mais benéfica para o interesse dos credores, o que poderá não passar pela resolução em benefício da massa.

Decidindo o administrador resolver o acto, fá-lo-á beneficiando de uma presunção *iuris et de iure*.

Admitimos também por via da interpretação extensiva figuras como a cessão de créditos em garantia e um mandato irrevogável *in rem propriam* com cláusula de exclusividade para cobrança, como admitido pela doutrina italiana.[569] Estes contratos são bastante utilizados na prática bancária. Os primeiros podem constituir instrumentos de criação de uma garantia atípica em benefício do credor, através da cessão de créditos do devedor perante terceiro a esse mesmo credor, que pode exigi-los de imediato do terceiro, ainda que, tendo função de garantia, tenha de devolver o respectivo valor ao devedor em caso de cumprimento.[570] No caso específico do mandato, o devedor confere ao credor, com finalidade de garantia, um poder irrevogável e exclusivo para cobrança de determinada quantia, o que implica a renúncia ao poder de exigir o seu crédito, reservando-o ao mandatário, sendo que o credor procede à notificação do mandato ao terceiro, conferindo ao negócio particular relevância, que transcende a relação inter-individual e assume relevo também no confronto com terceiros. Justifica-se a aplicação do regime das garantias, uma vez que, com a cláusula de exclusividade, o titular do crédito é privado do poder de cobrar a prestação devida e, com a notificação, confere-se ao negócio a particular eficácia real que torna oponível a terceiros o vínculo constituído com o mandato.[571]

A eficácia real do direito de garantia pressupõe que haja um poder de um sujeito sobre determinado bem, que seja atribuído um direito de pre-

---

[569] BARONTINI, *loc. cit.*, pp. 515-518, e por TERRANOVA, *op. cit.*, p. 61.
[570] BARONTINI, *loc. cit.*, pp. 801-802.
[571] EADEM, *ibidem*, p. 518.

ferência, que se crie uma relação directa entre o titular do bem e o próprio bem. O vínculo de garantia incide negativamente sobre a composição qualitativa e quantitativa do bem, prejudicando os restantes eventuais credores.[572] É o que acontece nestes casos, pelo que se justifica a interpretação extensiva das als. c) e e) a instrumentos com função de garantia com os contornos identificados.

2.4.2.3 Garantias pessoais

Para efeitos do disposto na al. d) do n.º 1 do artigo 121.º, importa saber se a necessidade de tutela dos credores deriva de cada figura identificada, individualmente considerada, e do respectivo regime, ou se existe uma razão comum, de índole mais geral, que fundamente a resolução incondicional. Esta questão já vem sendo colocada pela doutrina e pela jurisprudência desde o CPC de 1939, em que o n.º 2 do artigo 1168.º determinava apenas a anulação das fianças de dívidas, passando pelo CPC de 1961, em que, na al. b) do n.º 1 do artigo 1200.º, se previa expressamente apenas a resolubilidade das fianças de dívidas, permanecendo no CPEREF, pese embora no conjunto de garantias pessoais tivesse sido incluído a subfiança e o mandato de crédito (al. e) do artigo 158.º do CPEREF).[573]

---

[572] EADEM, *ibidem*, p. 520.
[573] No sentido da não inclusão do aval nas normas citadas, pronunciaram-se Pedro de Sousa Macedo e Calvão da Silva e foram decididos os seguintes acórdãos: Ac. TRP de 30.04.2002, proc. 9250120 (Relator Augusto Alves); Ac. STJ de 07.06.1994, proc. 085386 (Relator Miguel Montenegro), sumário; Ac. STJ de 07.12.1994, proc. 086268 (Relator Figueiredo de Sousa), sumário. Em sentido contrário, pronunciaram-se PINTO COELHO, "A Falência e a Rescisão de Actos Prejudiciais à Massa, interpretação dos arts. 1168.º, 11699.º, e 1170.º do Código de Processo Civil", ROA III/IV (1943), pp. 146-147, incluindo, também, a garantia autónoma; MOTA PINTO, "Onerosidade e gratuitidade das garantias de dívidas de terceiro na Doutrina da Falência e da Impugnação Pauliana", *Estudos em Homenagem ao Prof. Doutor J. J. Teixeira Ribeiro*, Coimbra, Faculdade de Direito, 1983, pp. 115-117, que exclui apenas as garantias reais; MENEZES CORDEIRO, "Insolvência: da resolução e do aval em benefício da massa: o interesse de agir: anotação ao acórdão do Tribunal da Relação do Porto de 9 de Janeiro de 1990", ROA L (1990); IDEM, "Declaração de insolvência: fiança e aval: actos resolúveis em benefício da massa: interesse em agir: acórdão de 7 de Novembro de 1990 do Supremo Tribunal de Justiça", ROA L (1990); CARVALHO FERNANDES e LABAREDA, *op. cit.*, p. 418. Foram decididos os seguintes acórdãos: Ac. STJ de 07.11.1990, proc. 079483 (Relator Martins da Fonseca), sumário; Ac. TRP de 09.01.1990, recurso 8756, 4.ª Secção, *apud* MENEZES CORDEIRO, "Insolvência: da resolução e do aval em benefício da massa", pp. 161-180; Ac. TRP de 15.03.1993,

O carácter prejudicial para os credores deriva, à partida, da própria existência de uma relação triangular e intensifica-se consoante o responsável fidejussório possa exercer menos meios de defesa, obrigando-se a massa a responder perante mais um credor. Deriva, também, da função de garantia de cumprimento e do risco do negócio.

Nessa medida, parece-nos que a acessoriedade não é característica essencial para a determinação da prejudicialidade do acto. Pelo contrário, quanto mais fraca for a acessoriedade, menos exigências de tutela se equacionam, e quanto mais se aproximar da autonomia e da automaticidade, mais se intensificará o carácter prejudicial.

A consagração expressa de quatro figuras (em rigor, apenas três, uma vez que a subfiança pode integrar-se na fiança) não determina, por si só, a natureza taxativa do preceito, porquanto, pela aplicação do argumento por maioria de razão, deverá admitir-se que as garantias pessoais que revelam maior perigosidade em confronto com o regime paradigmático da fiança deverão ser integradas no preceito, pela via da interpretação extensiva, como defende Gravato Morais.[574]

É o caso da garantia bancária, que é uma garantia pessoal caracterizada tipicamente pela autonomia, em contraposição com a fiança, que é acessória, constituindo um negócio causal, tal como a fiança, face à função de garantia constante do contrato.[575] A autonomia concretiza-se na restrição de invocação de excepções perante o credor, intensificando-se ainda mais a posição do credor quando a garantia for automática.[576] Configuram-se hipóteses em que as garantias bancárias podem constituir verdadeiras fianças, porque são acessórias, mas mantendo-se automáticas, *i.e.*, à primeira solicitação.[577] Januário da Costa Gomes[578] chama a atenção para a maior perigosidade da garantia autónoma em comparação com a fiança, razão

---

proc. 9220600 (Relator Guimarães Dias), sumário; Ac. TRP de 10.05.1993, proc. 9250969 (Relator Araújo Carneiro), sumário; Ac. TRP de 14.02.1994, proc. 9331220 (Relator Abílio Vasconcelos), sumário.

[574] GRAVATO MORAIS, *op. cit.*, pp. 121-122.
[575] COSTA GOMES, *op. cit.*, pp. 66 *ssq.*, 72-73.
[576] IDEM, "A Fiança no quadro das Garantias Pessoais. Aspectos de Regime", pp. 85-86.
[577] IDEM, *Assunção Fidejussória de Dívida*, p. 69, chama a atenção para a distinção entre autonomia (a obrigação do garante não é acessória) da automaticidade (à primeira solicitação). Sobre a fiança ao primeiro pedido, *vide* COSTA GOMES, "A Fiança no quadro das Garantias Pessoais", pp. 114-116.
[578] COSTA GOMES, *Assunção Fidejussória de Dívida*, p. 74.

pela qual, existindo dúvida quanto ao carácter acessório ou autónomo da fiança, se deve considerar existir uma fiança.

Pensamos caber também no âmbito do preceito o seguro-caução e o aval do Estado, identificadas por Januário da Costa Gomes[579] como figuras que se inserem nas garantias pessoais típicas, ao lado do mandato de crédito, embora "menos seguramente" do que a fiança e o aval, e a carta conforto ou de patrocínio – qualificada pelo mesmo Autor como garantia pessoal atípica –, "nascidas directamente, 'de raiz' da prática negocial", ao lado da garantia autónoma.[580]

2.5 Excepções

O CIRE prevê igualmente excepções à prejudicialidade, retirando a determinados tipos de actos o carácter resolúvel em benefício da massa. Trata-se, expressamente, dos actos previstos no n.º 6 do artigo 120.º e no artigo 122.º. No entanto, para além destes dois preceitos, deveremos socorrer-nos dos n.ºs 2 e 3 do n.º 1 do artigo 120.º *a contrario* para identificar as situações excluídas do presente regime.

Começando por esta última parte, não poderão ser objecto de resolução em benefício da massa actos de natureza não patrimonial, actos que envolvam bens impenhoráveis, total ou parcialmente,[581] e actos que, pese embora pudessem enquadrar-se no âmbito do n.º 2 do artigo 120.º, não se revelaram, no concreto, prejudiciais à massa insolvente.

No que respeita ao disposto no artigo 122.º, determina-se que "Não podem ser objecto de resolução actos compreendidos no âmbito de um sistema de pagamentos tal como definido pela alínea a) do artigo 2.º da Directiva n.º 98/26/CE, do Parlamento Europeu e do Conselho, de 19 de Maio, ou equiparável".

Entende-se que a justificação da exclusão dos mencionados actos está relacionada com o facto de "las operaciones que han tenido lugar en el ámbito de los referidos mercados regulados están sometidas a un control

---

[579] IDEM, *ibidem*, pp. 76-78.
[580] Acompanhando, relativamente à interpretação extensiva do preceito, o entendimento de GRAVATO MORAIS, *op. cit.*, pp. 121-125.
[581] FERRARA, *op. cit.*, p. 370, identifica os bens necessários à vida familiar.

que constituye suficiente aval de transparencia e equivalencia de prestaciones (el valor de mercado está objetivamente fijado en las mismas)."[582]

Para efeitos da interpretação deste artigo, apenas releva o elemento objectivo do tipo de operação em causa e não o sujeito interveniente nos actos compreendidos no âmbito de um sistema de pagamentos.[583]

No que respeita ao disposto no n.º 6 do artigo 120.º, o legislador estabeleceu uma excepção à resolução em benefício da massa relativamente a negócios jurídicos praticados com a finalidade de "prover o devedor com meios de financiamento suficientes para viabilizar a sua recuperação", no âmbito do procedimento especial de revitalização, previsto nos artigo 17.º-A a 17.º-I[584], de providência de recuperação ou saneamento, ou de adopção de medidas de resolução previstas no título VIII do Regime Geral das Instituições de Crédito e Sociedades Financeiras, aprovado pelo Decreto-Lei n.º 298/92, de 31 de Dezembro, ou de outro procedimento equivalente previsto em lei especial.[585]

Em todos os casos acima enunciados, estamos perante fases pré-insolvenciais e pré-judiciais, em que se visa evitar o agravamento da situação financeira do devedor, promovendo actos e negócios tendentes à sua revitalização.

Por esta razão, compreende-se a excepção prevista no n.º 6 do artigo 120.º, que vem na sequência da alteração legislativa introduzida na *Ley Concursal*, que previu, precisamente, um regime excepcional para "determinados acuerdos de refinanciación". Em princípio, os actos tendentes

---

[582] Borja García-Alamán de la Calle, *loc. cit.*, p. 273.
[583] León, *loc. cit.*, p. 1315.
[584] Nos termos do n.º 1 do artigo 17.º-A, "O processo especial de revitalização destina-se a permitir ao devedor que, comprovadamente, se encontre em situação económica difícil ou em situação de insolvência meramente iminente, mas que ainda seja susceptível de recuperação, estabelecer negócios com os respectivos credores de modo a concluir com estes acordo conducente à sua revitalização."
Sobre os procedimentos de recuperação e sobre o processo especial de revitalização, *vide* Menezes Leitão, *Direito da Insolvência*, pp. 279-288; Nuno Salazar Casanova e David Sequeira Dinis, *PER – Processo Especial de Revitalização. Comentários aos artigos 17.º-A a 17.º-I do Código da Insolvência e da Recuperação de Empresas*, Coimbra, Coimbra Editora, 2014.
[585] Carvalho Fernandes e Labareda, *op. cit., ad* 120.º, n. 14, p. 528, enunciam o caso dos negócios celebrados em sede de processo de saneamento de empresa seguradora, no âmbito do Decreto-Lei n.º 94-B/98, de 17 de Abril, lei-quadro que regula a respectiva actividade, e o caso do SIREVE, aprovado pelo Decreto-Lei n.º 178/2012, de 3 de Agosto, e que consiste num procedimento extrajudicial de recuperação de empresas.

à recuperação do devedor não terão carácter prejudicial, para efeitos da resolução em benefício da massa.

No entanto, chamemos a atenção para o facto de o disposto no n.º 6 do artigo 120.º ser bastante mais amplo do que o disposto no artigo 71.º-Bis da *Ley Concursal*. Neste são estabelecidos limites e condições específicas para que os actos praticados no âmbito destes "acuerdos de refinanciación", ou ainda outros com estes conexos possam ser excluídos das acções rescisórias.[586] No caso português, a excepção tem carácter amplo, o que pode dar origem a situações injustas e fortemente prejudiciais para os credores.[587] No caso do procedimento especial de revitalização, bastará o voto de determinados credores, que poderão ver os seus créditos satisfeitos mais rapidamente do que o dos restantes e podendo constituir garantias para fazer prevalecer os seus créditos, beneficiando dos privilégios concedidos pela lei (artigo 17.º-H). As garantias prestadas e os financiamentos podem ser realizados com o intuito de prejudicar os credores e não com o intuito de revitalizar o insolvente.

Nessa medida, podemos concluir que o legislador disse mais do que aquilo que visava com a norma, uma vez que visou proteger actos que podem contribuir para a revitalização e permitir, através dos procedimentos enunciados, a criação de um expediente oculto para beneficiar ilegitimamente determinados credores. Por conseguinte, a norma deve ser objecto de interpretação restritiva,[588] entendendo-se que apenas se refere ao carácter prejudicial e não à conduta das partes, podendo o administrador da insolvência resolver actos que visaram criar um prejuízo para os credores.[589]

---

[586] *Supra*, pp. 65 *ssq*.
[587] Como refere MENEZES LEITÃO, "*A Responsabilidade pela abertura indevida do processo especial de revitalização*", p. 148, "A revitalização pode ser assim utilizada como uma forma de blindar negócios em prejuízo da massa insolvente."
[588] A respeito da interpretação restritiva e da não autonomização da redução teleológica, TEIXEIRA DE SOUSA, *Introdução ao Direito*, p. 379.
[589] A respeito do artigo 17.º-H e da relação com a resolução em benefício da massa, SALAZAR CASANOVA e SEQUEIRA DINIS, *op. cit.*, pp. 177-178, entendem que "Por outro lado, a garantia e o respectivo negócio constitutivo não se confundem com o negócio garantido. O artigo 17.º-H não visa proteger o negócio garantido, o qual pode ser declarado nulo, anulado e sujeito a impugnação pauliana. Imagine-se, por exemplo, que – no decurso do PER – o devedor celebrava com o credor um contrato de mútuo com hipoteca, coagindo ilicitamente o devedor. Naturalmente que, neste caso, tanto o mútuo como o negócio de constituição de

2.6 Apreciação

A finalidade e natureza da resolução em benefício da massa exigem que o conceito de actos prejudiciais seja interpretado de forma ampla,[590] incluindo actos e omissões e todos os actos de carácter patrimonial que caibam nas cláusulas gerais ou nos conceitos-tipo identificados no n.º 2 do artigo 120.º. Essa operação de preenchimento dos conceitos amplos apresentados pelo legislador deve ser realizada de acordo com os critérios interpretativos decorrentes das diversas alíneas do n.º 1 do artigo 121.º. Poderemos, por conseguinte, concluir que não têm razão Carvalho Fernandes e João Labareda[591] quando referem que "O conceito de prejudicialidade fixado no n.º 2 perde algum interesse por força da presunção inilidível estabelecida no n.º 3": o disposto no n.º 1 do artigo 121.º oferece critérios de interpretação fundamentais para o preenchimento dos conceitos constantes nos n.ºˢ 1 e 2 do artigo 120.º, que, dessa forma, ganham efectivo interesse, na medida em que permitem a identificação de uma multiplicidade de actos que poderão ser sujeitos a resolução condicional e que não caibam no âmbito do n.º 1 do artigo 121.º

De todo o *supra* exposto, resulta, em suma, que, para delimitar o conceito de prejuízo, é necessário atender ao sacrífico patrimonial que é legítimo que a colectividade dos credores suporte em consequência da

---

hipoteca são anuláveis. Se esse contrato de mútuo era usurário, o mesmo poderia ser anulado nos termos do artigo 282.º ou resolvido em benefício da massa insolvente./ Também o facto de a garantia convencionada nos termos do n.º 1 do artigo 17.º-H se manter não significa que o reembolso do empréstimo ou o pagamento de juros não possam ser resolvidos em benefício da massa insolvente. Seria o caso, por exemplo, do devedor que, numa situação de insolvência iminente, reembolsava antecipadamente o empréstimo que lhe foi concedido para evitar que o credor mutuanre fosse obrigado a reclamar créditos no processo de insolvência. O negócio garantido celebrado no âmbito do PER fica, porém, protegido da resolução em benefício da massa insolvente no caso previsto no n.º 6 do artigo 120.º, isto é, quando a sua finalidade seja prover o devedor com meios de financiamento suficientes para viabilizar a sua recuperação. Neste caso, o negócio é insusceptível de resolução em benefício da massa insolvente mesmo que não seja celebrado no decurso do PER, desde que o seja no âmbito do PER – o que inclui os negócios previstos no plano de recuperação." Parece-nos que os Autores têm razão quanto à primeira parte. No entanto, quanto à exclusão das garantias da resolução, parece-nos que se deverá atender à concreta finalidade dos negócios celebrados no âmbito do PER.

[590] LEÓN, *loc. cit.*, pp. 1307-1308.
[591] CARVALHO FERNANDES e LABAREDA, *op. cit.*, p. 526

insolvência.⁵⁹² Como decorre da *ratio* de alguns dos tipos de actos previstos no n.º 1 do artigo 121.º, não está apenas em causa a diminuição do património, mas também a diminuição do activo e do passivo e a violação do princípio da *par conditio creditorum*.

Referiremos de forma breve e exemplificativa alguns actos que podem ser sujeitos a resolução condicional, de acordo com os critérios e princípios já assinalados.

Um dos casos em que se evidencia a lesão da *par conditio creditorum* é o caso dos pagamentos. Ao contrário do que acontece com a impugnação pauliana, os pagamentos de créditos estão sujeitos à resolução em benefício da massa, quer sejam voluntários, quer sejam coactivos, por via da acção executiva.⁵⁹³ Sendo realizados já durante a insolvência do devedor, os mencionados actos dão origem a uma preferência na satisfação dos credores, preferência que é contrária ao tratamento igualitário dos credores.⁵⁹⁴

Na situação de insolvência, o dever de cumprir que incide sobre o devedor assume outros contornos: dever de cumprir de acordo com o princípio da igualdade, tratando o igual como igual e o diferente como diferente, na medida dessa diferença, sem privilegiar determinados credores em detrimento de outros. Tal circunstância revela que, antes da declaração de insolvência, já existe "uma verdadeira e própria indisponibilidade do património pelo devedor,"⁵⁹⁵ considerando-se inaceitável que um credor provoque um dano nos restantes credores quando aceita um pagamento pelo devedor.⁵⁹⁶

Para além dos pagamentos, serão resolúveis de forma condicional outras formas de extinção das obrigações, como a revogação de um contrato por mútuo consentimento, a resolução de um direito na sequência de uma perda de confiança no cumprimento ou por força de uma cláusula resolutiva expressa⁵⁹⁷ e a compensação.⁵⁹⁸

---

⁵⁹² LEÓN, *loc. cit.*, p. 1307.
⁵⁹³ FERRARA, *op. cit.*, p. 371; SATTA, *op. cit.*, p. 249.
⁵⁹⁴ SATTA, *op. cit.*, p. 210.
⁵⁹⁵ IDEM, *ibidem*.
⁵⁹⁶ IDEM, *ibidem*, p. 248.
⁵⁹⁷ PAJARDI, *op. cit.*, p. 171.
⁵⁹⁸ Entende FERRARA, *op. cit.*, p. 373, que "Il problema non è perciò, se nella compensazione vi sia un atto del debitore da revocare, bensì se l'effetto pregiudizievole dalla stessa innegabilmente recato possa comunque ricondursi alla frode del debitore e di chi se ne avvantaggiò." E, de facto, ao permitir a compensação, o devedor conferiu uma vantagem ao credor,

Um caso especial será o das contas-correntes.[599] Conforme referido por Menezes Cordeiro,[600] "o credor de parcelas incluídas em conta-corrente, pelo mecanismo da compensação, vai ser preferencialmente satisfeito pelo desaparecimento dos seus próprios débitos para com o devedor: em relação a elas, não há concurso de credores". Daqui resulta a prejudicialidade dos actos. No caso particular das contas-correntes bancárias, os depósitos realizados nas referidas contas que apresentem saldo negativo têm a natureza de acto de extinção da obrigação, razão por que estão sujeitos à resolução enquanto pagamentos.[601]

Atente-se que, nos termos do artigo 116.º, a declaração de insolvência determina o encerramento das contas respectivas, o que em nada inviabiliza a resolução em benefício da massa, uma vez que esta diz respeito aos valores que foram sendo colocados nessa conta e que beneficiaram o credor em detrimento dos restantes.

Acresce que poderão ser objecto de resolução em benefício da massa não apenas actos obrigacionais, mas também actos judiciais e legais, conforme já abordado a respeito das garantias. No campo dos actos judiciais, poderá questionar-se se as sentenças constituem acto susceptível de resolução em benefício da massa, quando importem a condenação do devedor na prestação de uma coisa ou de um facto, ou quando impliquem a cons-

---

utilizando um bem do seu património em proveito exclusivo do credor, fora do concurso universal de credores.

[599] O contrato conta-corrente comercial é um contrato típico e inominado, que implica para as partes a obrigação de "manter uma determinada relação de negócios sob a forma contabilística de uma conta-corrente", permitindo a consignação de valores à satisfação de determinados débitos, podendo as partes ficar, até ao encerramento da conta, na posição recíproca de credor e devedor. É comum a existência de contas-correntes bancárias, subespécies da comercial, celebradas com um bancário e sujeitas a normas próprias, integrando-se num contrato de abertura de conta e que pode incluir o depósito bancário. *Cf.* MENEZES CORDEIRO, *Direito Bancário* (5.ª ed.), Coimbra, Almedina, 2014, pp. 555, 560-561.

Na doutrina e na jurisprudência italianas, é comum a referência à resolubilidade de contas-correntes, que, sobretudo para as pessoas colectivas e para os comerciantes, constituem "un modo comodissimo e funzionale di realizzare finanziariamente e contabilmente dei pagamenti", "lo strumento, la provvista preventiva per potere leggitimare tecnicamente oltre che giuridicamente i pagamenti, immediati contestuali o futuribili che siano", *cf.* PAJARDI, *op. cit.*, p. 182.

[600] MENEZES CORDEIRO, *op. cit.*, p. 555.
[601] MAFFEI ALBERTI, *op. cit.*, p. 140.

tituição de uma alteração na ordem jurídica existente.⁶⁰² Tratando-se de um acto jurisdicional e não de um acto do devedor ou um acto decorrente de uma sua manifestação de vontade, as decisões judiciais não poderão ser objecto de resolução em benefício da massa.⁶⁰³ Em primeiro lugar, as decisões judiciais não transitadas em julgado estão sujeitas a formas de impugnação próprias, nomeadamente a reclamação e o recurso (artigos 613.º e seguintes e artigos 627.º e seguintes do CPC), que o administrador da insolvência pode exercer por via do artigo 85.º. Em segundo lugar, tratando-se de decisões já transitadas em julgado, as sentenças não poderão estar sujeitas ao regime da resolução em benefício da massa uma vez que "O caso julgado é uma exigência de boa administração da justiça, da funcionalidade dos tribunais e da salvaguarda da paz social, (...) expressão dos valores de segurança e certeza que são imanentes a qualquer ordem jurídica" e "consequência da caracterização dos tribunais como órgãos de soberania (art.º 113.º, n.º 1 CRP)."⁶⁰⁴ Apenas poderá a decisão ser objecto de revisão nos termos do artigo 969.º e seguintes do CPC, o que poderá o administrador da insolvência igualmente fazer, invocando simulação processual nos termos da al. g) do mencionado preceito.⁶⁰⁵ No entanto, poderão ser objecto de resolução os actos de execução da sentença que se revelem prejudiciais aos credores e que sejam praticados durante o período suspeito, mesmo que a sentença seja anterior a essa data, como um pagamento no âmbito de um processo executivo.⁶⁰⁶ Refira-se também que uma sentença judicial não é oponível ao processo de insolvência quando o acto que constitui a sua causa de pedir foi objecto de resolução.⁶⁰⁷

Distintos das decisões judiciais são os actos constitutivos dos direitos objecto de acção e os praticados em juízo pelas partes. No primeiro caso, nada impede o administrador da insolvência de resolver um acto de constituição de uma dívida que tenha sido reconhecido em Tribunal. O reconhecimento do seu carácter prejudicial não foi objecto de decisão

---

⁶⁰² Esta questão foi, igualmente, colocada por João Cura Mariano a respeito dos actos do devedor que podem ser objecto de impugnação pauliana (cf. CURA MARIANO, op. cit., pp. 110-117).
⁶⁰³ PAJARDI, op. cit., p. 173. Também CURA MARIANO, op. cit., pp. 112-113, no que respeita à impugnação pauliana.
⁶⁰⁴ TEIXEIRA DE SOUSA, Estudos sobre o Novo Processo Civil (2.ª ed.), Lisboa, Lex, 1997, p. 568.
⁶⁰⁵ PAZ FERREIRA, op. cit., p. 66; CURA MARIANO, op. cit., pp. 113-114.
⁶⁰⁶ PAJARDI, op. cit., p. 173; MAFFEI ALBERTI, op. cit., p. 140.
⁶⁰⁷ SATTA, op. cit., p. 253.

judicial, pelo que escapa ao alcance do caso julgado, nos termos do artigo 621.º do CPC. No segundo caso, é necessário distinguir o acto das partes do acto judicial, sendo que poderá ser objecto de resolução o primeiro e não o segundo, com os fundamentos acima explanados. Nos termos dos n.os 1 e 2 do artigo 283.º do CPC, as partes podem livremente desistir de todo ou parte do pedido[608] ou confessá-lo, no todo ou em parte,[609] a qualquer momento, bem como transigir no âmbito da instância judicial.[610] A confissão e a transacção fazem extinguir a causa, enquanto a desistência visa a extinção do direito que se pretendia fazer valer.[611] Estamos perante "negócios de autocomposição do litígio, com os quais é subtraído ao tribunal o poder de decidir a causa mediante aplicação do direito objectivo aos factos provados,"[612] mas cuja eficácia depende de sentença homologatória, nos termos do artigo 290.º do CPC. Nessa medida, demonstrando-se que foram praticados em prejuízo dos credores e de má fé, poderão esses negócios ser resolvidos em benefício da massa mesmo que transitada em julgado a sentença homologatória, da mesma forma que podem ser declarados nulos ou anuláveis por meio de acção, nos termos do artigo 291.º do CPC.[613]

No que respeita aos actos que decorrem de imposições legais, na medida em que são originados por "manifestações de vontade com efeitos jurídicos"[614] susceptíveis de causar prejuízos aos credores, parece-nos que devem estar sujeitos a resolução em benefício da massa.

Será este o caso da compensação legal, operada por via judicial. A compensação legal não é, em si mesma considerada, resolúvel. No entanto, já

---

[608] Caso em que o Autor, unilateralmente, reconhece que a sua pretensão é infundada, mesmo que em parte, cf. LEBRE DE FREITAS e ISABEL ALEXANDRE, *Código de Processo Civil Anotado*, vol. I, ad 283.º, p. 560.

[609] Reconhecendo o réu que a pretensão do Autor é fundada, cf. IIDEM, *ibidem*.

[610] Acordando as partes em colocar termo ao litígio, através de concessões recíprocas, cf. IIDEM, *ibidem*.

[611] Sobre os respectivos efeitos, vide IIDEM, *ibidem*, ad 284.º e 285.º, pp. 560-562.

[612] IIDEM, *ibidem*, ad 283.º, p. 559. Conforme referido pelos Autores, trata-se de verdadeiros negócios jurídicos de direito privado e manifestações do princípio do dispositivo, p. 560.

[613] Relativamente à impugnação pauliana, defendeu a impugnabilidade da confissão e da transacção judiciais, CURA MARIANO, *op. cit.*, pp. 114-115. *Contra*, SATTA, *op. cit.*, p. 253.

[614] No mesmo sentido, a respeito da impugnação pauliana, VAZ SERRA, *loc. cit.*, pp. 225-227, que faz referência às hipotecas legais que, como vimos, no processo de insolvência estão sujeitas ao disposto no n.º 3 do artigo 140.º, não sendo a preferência delas resultante na graduação e créditos.

estará sujeito à resolução em benefício da massa o que lhe deu origem, o seu pressuposto. Nesta eventualidade, determina-se a extinção de efeitos de uma das relações débito-crédito em que se baseava a compensação, acabando por se dar origem a um efeito extintivo da compensação em relação à massa insolvente.[615]

É também o caso das hipotecas legais, dos privilégios creditórios e do direito de retenção que não couberem no disposto nas als. c) e e) do n.º 1 do artigo 121.º, a que já fizemos referência *supra*.

3. Pressuposto subjectivo – má fé

Para além da prejudicialidade *stricto sensu* objectiva, nos termos *supra* analisados, constitui requisito geral da resolução condicional a má fé do terceiro, nos termos da primeira parte do n.º 4 e do n.º 5 do artigo 120.º.[616] Este requisito é, expressamente, afastado nos casos de resolução incondicional, salvo o disposto no n.º 2 do artigo 121.º.[617]

Este requisito não é novo no âmbito do Direito da Insolvência em Portugal, identificando-se a referência à fraude do devedor e dos terceiros já desde as Ordenações Manuelinas e sucessivamente ao longo das legislações seguintes.[618]

Nos ordenamentos jurídicos estrangeiros, a má fé constitui igualmente requisito para fazer operar os institutos equivalentes à resolução em benefício da massa, à excepção do espanhol, em que, como resulta do disposto no n.º 1 do artigo 71.º da *Ley Concursal*, as "acciones rescisorias" não estão dependentes da existência de "intención fraudulenta".

A inserção deste pressuposto no âmbito da disciplina deste instituto constitui a confirmação da opção do legislador por um sistema de recuperação da massa insolvente de carácter misto mitigado, não dependente

---

[615] MAFFEI ALBERTI, *op. cit.*, p. 141.
[616] MENEZES LEITÃO, *Direito da Insolvência*, p. 200.
[617] Um exemplo de norma que exige sempre a má fé do terceiro é o artigo 8.º do Regime Jurídico da Titularização de Créditos, aprovado pelo Decreto-Lei n.º 453/99, de 5 de Novembro, *cf.* GRAVATO MORAIS, *op. cit.*, pp. 146-147.
[618] Art. XVII, 1137 do Código Comercial de Ferreira Borges, artigo 721.º, § Único do Código Comercial de Veiga Beirão e artigos 1033.º do CC então vigente, artigo 256.º, § 1.º do Código de Falências de 1899, artigo 34.º do CPC de 1939, artigo 1202.º do CPC de 1961 e artigo 158.º do CPEREF: *vide supra*, pp. 36 *ssq.*

GARANTIA PATRIMONIAL E PREJUDICIALIDADE

apenas da existência de um acto objectivamente prejudicial, mas também da verificação da censurabilidade da conduta do terceiro.[619] Deparando com o conflito entre a protecção dos interesses dos credores e os direitos criados na esfera jurídica dos terceiros originados pelo acto objectivamente prejudicial, o legislador pretendeu conciliar os interesses em presença.

A consagração deste requisito no âmbito da resolução em benefício da massa constitui também, a nosso ver, manifestação da natureza de mecanismo de protecção de garantia patrimonial, influenciado sobretudo pelo regime da impugnação pauliana.[620]

3.1 Concretização do conceito de má fé

O legislador enumera, no n.º 5 do artigo 120.º, três circunstâncias que concretizam o conceito indeterminado de má fé[621] constante do n.º 4 do mesmo preceito, ao contrário do que sucede com a impugnação pauliana, em que o requisito da má fé surge enunciado de forma não concretizada no artigo 612.º do CC.

Nos termos do mencionado preceito, considera-se de má fé o terceiro que, à data do acto, tenha tido conhecimento de uma das seguintes circunstâncias: a) da situação de insolvência em que o devedor se encontrava; b) do carácter prejudicial do acto e de que o devedor se encontrava em insolvência iminente; c) do início do processo de insolvência.

No que diz respeito à primeira circunstância, está em causa não uma situação de insolvência declarada, mas uma situação de insolvência de facto actual[622], em que se verifica uma impossibilidade de cumprimento das obrigações vencidas (artigo 3.º, n.º 1) e/ou qualquer dos indícios previstos

---

[619] *Supra*, pp. 123 *ssq.*

[620] Com efeito, na vigência do CPEREF, apenas a impugnação pauliana colectiva estava dependente deste pressuposto subjectivo (artigo 158.º do CPEREF) e não a resolução, *cf.* CARVALHO FERNANDES e LABAREDA *Código dos Processos Especiais de Recuperação da Empresa e de Falência Anotado, ad* 158.º, pp. 415-419; IIDEM, *Código da Insolvência e da Recuperação de Empresas Anotado, ad* 120.º, p. 524. No nosso entender, e conforme já adiantado, a integração do regime da má fé no âmbito do instituto revela que foi intenção do legislador criar um mecanismo amplo de protecção dos interesses dos credores, assimilando os meios de conservação da garantia patrimonial previstos no CC.

[621] TEIXEIRA DE SOUSA, *Introdução ao Direito*, p. 306.

[622] CARVALHO FERNANDES e LABAREDA, *op. cit., ad* 120.º, n. 12, p. 527.

nas alíneas do n.º 1 do artigo 20.º.[623] Embora a situação de insolvência não constitua pressuposto para efeitos da concretização do carácter prejudicial dos actos praticados ou omitidos pelo devedor, não podendo o terceiro invocar a não verificação à data do acto, o seu conhecimento efectivo será determinante para a qualificação da conduta do terceiro como de má fé.

Relativamente à segunda circunstância, estará de má fé o terceiro que tivesse conhecimento de que o acto praticado ou omitido iria causar prejuízo aos credores, provocando a diminuição da garantia patrimonial ou a violação da *par conditio creditorum*. Para este efeito, servirão os critérios interpretativos do conceito de *acto prejudicial à massa* enunciados no subcapítulo precedente. No que respeita à circunstância cumulativa da insolvência iminente, acompanhamos Gravato Morais[624] no que respeita à amplitude do conceito, entendendo, no entanto, como fazem Carvalho Fernandes e João Labareda,[625] que o conceito de insolvência iminente só ganha sentido para efeitos da determinação da actuação de má fé do terceiro quando relacionado com o conceito de situação de insolvência actual que decorre da al. a) do n.º 5 do artigo 120.º. O devedor estará em insolvência iminente quando revele já alguns sintomas de insolvência, mas ainda se não encontre numa situação de insolvência actual, nomeadamente quando "sabia da situação financeira débil do devedor, e portanto de que ele estaria próximo ou no limiar da insolvência."[626] Poderemos incluir, neste âmbito, o conhecimento do início e da pendência de um processo especial de revitalização ou de qualquer um dos procedimentos extrajudiciais de recuperação (como o SIREVE).

Por fim, o conhecimento do início do processo de insolvência refere-se ao momento da apresentação do próprio devedor à insolvência (artigo 18.º) ou da apresentação do requerimento para declaração da insolvência do devedor por qualquer um dos legitimados previstos no n.º 1 do artigo 20.º.[627] Admitimos, no entanto, que o conhecimento do processo especial de revitalização possa ser integrado no âmbito desta alínea, nas situações

---

[623] Gravato Morais, *op. cit.*, pp. 66-67.
[624] Idem, *ibidem*, p. 68.
[625] Carvalho Fernandes e Labareda, *op. cit.*, *ad* 120.º, n. 12, p. 527.
[626] Gravato Morais, *op. cit.*, p. 68.
[627] Carvalho Fernandes e Labareda, *op. cit.*, *ad* 120.º, n. 12, p. 527, fazem referência ao aparente carácter ilógico desta alínea, face à data relevante para efeitos de contagem do período suspeito. Tal como referem os Autores, a consideração do início do processo de insolvência num e noutro caso tem fins distintos, podendo equacionar-se a prática de actos prejudiciais no período que medeia o início do processo de insolvência e a data da declaração de insolvência.

em que este foi indevidamente utilizado pelo devedor e pelos credores que consigo pactuaram.[628]

3.2 Prova do conhecimento ou da cognoscibilidade?

Ainda que o n.º 5 do artigo 120.º seja expresso quanto à exigência de conhecimento de uma das três circunstâncias assinaladas *supra*, coloca-se a questão de saber se é exigido o seu conhecimento real ou se releva a mera cognoscibilidade ou o dever de conhecimento.[629]

Esta questão tem sido especialmente analisada em Itália, onde a jurisprudência diverge quanto à exigência de conhecimento real e não meramente potencial, afastando a cognoscibilidade, à suficiência da cognoscibilidade de um sujeito de especial prudência e à constatação de que é admissível a prova por presunção, sempre que esta faça presumir que o terceiro, usando de uma normal diligência, avaliada de acordo com a específica situação objectiva e subjectiva, não poderia não ter tido conhecimento da situação de insolvência em que se encontrava o devedor.[630]

Em relação à resolução em benefício da massa, Gravato Morais[631] entende que "o terceiro que se relaciona com um determinado sujeito, especialmente na área comercial, deve ter uma particular prudência, uma justificada cautela na contratação, sem ser, portanto, demasiado ingénuo. Deve procurar apreciar, em termos gerais, o estado patrimonial daquele com quem estabelece negociações, sob pena de suportar na sua esfera jurídica o risco da resolução em benefício da massa insolvente", adoptando, assim, um conceito amplo de conhecimento.

Para tomar posição relativamente ao conteúdo da má fé, importa verificar qual a *ratio* da consagração deste regime e o que visa tutelar. Resulta das disposições conjugadas dos n.ºs 4 e 5 do artigo 120.º e do artigo 124.º

---

[628] A respeito da apresentação indevida do processo especial de revitalização, *vide* MENEZES LEITÃO, "A Responsabilidade pela abertura indevida do processo especial de revitalização", pp. 143-151.

[629] No âmbito do Direito Português, a questão é enunciada por GRAVATO MORAIS, *op. cit.*, p. 65.

[630] EMMA SABATELLI, "La prova della *scientia decoctionis* nella disciplina delle revocatorie fallimentari" (comentário à decisão do Corte di Cassazione. Sezione I, 28/02/2007), *Banca Borsa Titoli di Credito* LXI.4 (2008), pp. 420-449 (449).

[631] GRAVATO MORAIS, *op. cit.*, pp. 65-66.

que a resolução em benefício da massa visa dois objectivos: (i) proteger os terceiros de boa fé ao colocar limites à resolubilidade dos actos prejudiciais aos credores, não prevalecendo em absoluto os seus interesses; (ii) sancionar os sujeitos que tenham participado ou aproveitado do acto prejudicial quando conheciam alguma das circunstâncias previstas no n.º 5.[632]

A má fé consagrada no n.º 5 do artigo 120.º não resulta de uma qualquer norma que imponha aos terceiros deveres especiais de conduta em relação aos credores do devedor, que não são parte na relação jurídica e que podem não a conhecer.[633] Não existe nenhuma norma ou princípio que imponham legitimamente aos terceiros que, antes de contratarem com o devedor, procurem conhecer todas as suas circunstâncias de facto e que apenas estabeleçam relações jurídicas com o devedor caso não identifiquem nenhum sintoma de insolvência, adoptando o padrão de diligência de um homem médio.[634] Por conseguinte, não estamos no âmbito da boa fé objectiva.[635]

Do que se trata é da análise do conceito de boa fé subjectiva para determinar o alcance da má fé prevista no n.º 5 do artigo 120.º. Já referimos que se pretende sancionar a má fé, o que, conforme referido por Menezes Cordeiro,[636] faz existir uma "efectiva tensão no sentido da concepção ética". Significa que, neste âmbito, não está em causa um mero estado psicológico dos terceiros, de tal sorte que o administrador da insolvência se veria na contingência de provar exclusivamente um facto interior que é o conhecimento efectivo e não potencial. Pelo contrário, "sobrepõe-se, ao critério da ignorância-ciência, uma bitola de actuação correcta-incorrecta, que consome a primeira."[637] De acordo com o mesmo Autor, "Não interessa saber se o sujeito ignora; releva antes se agiu com cuidado necessário, sendo certo, que tal cuidado se reporta (...) às próprias realidades materiais que, no caso considerado, estejam em jogo."[638]

---

[632] Como refere MENEZES CORDEIRO, *Da Boa Fé no Direito Civil*, p. 511, "Na realidade, o Direito pretende proteger ou sancionar as situações jurídicas de base em jogo."
[633] Até porque, não sendo ilícito ao devedor a prática de actos que se venham a revelar prejudiciais aos credores, também não se identifica uma norma que determine especiais regras de conduta objectivas.
[634] SABATELLI, *loc. cit.*, p. 455.
[635] Sobre a boa fé objectiva como regra de conduta, *vide* MENEZES CORDEIRO, *op. cit.*, pp. 527 *ssq.*
[636] IDEM, *ibidem*, p. 512.
[637] IDEM, *ibidem*.
[638] IDEM, *ibidem*.

No caso em presença, seguindo o entendimento de Emma Sabatelli a respeito da lei italiana, o legislador pretendeu evitar que aqueles que tivessem conhecimento das circunstâncias elencadas no n.º 5 do artigo 120.º pudessem ver satisfeito o respectivo crédito, não se sujeitando ao princípio da *par conditio creditorum* e à partilha de perdas na insolvência. Nessa medida, não deve relevar o conhecimento efectivo nem a mera cognoscibilidade, até porque, neste último caso, estaria na prática em causa uma inversão do ónus da prova, uma vez que o administrador da insolvência apenas teria de demonstrar a cognoscibilidade pelo homem médio e não as circunstâncias concretas da situação do terceiro, cabendo-lhe a este a contraprova (o que contrariaria o regime da resolução em benefício da massa).[639] Deve atender-se ao conhecimento do terceiro, que pode ser revelado através de presunções que demonstrem indícios graves, precisos e coerentes das circunstâncias necessárias para preencher o conceito de má fé e que, naquela situação concreta, revelem que o terceiro conhecia ou deveria conhecer a situação de insolvência, o carácter prejudicial ou o início do processo de insolvência.[640] Como também referido por Menezes Cordeiro,[641] "reunidos os indícios, o juiz constata que a pessoa em causa deve encontrar-se nas referidas situações de ciência ou ignorância porque, das duas, uma: ou se encontra, de facto, nelas ou, não se encontrando, devia encontrar-se, dados os factores que o rodeiam."

Assim sendo, na determinação do conceito de má fé para efeitos do regime da resolução em benefício da massa, apenas se exclui a ignorância

---

[639] SABATELLI, *loc. cit.*, p. 450. Embora o STJ tenha decidido nesse sentido relativamente ao CPEREF, por Ac. de 06.05.2010, proc. 905-U/2001.C1.S1 (Relator Lopes do Rego), que "Num acto com a configuração típica da dação em pagamento – em que , pela natureza das coisas, está excluída a possibilidade de o devedor receber, como contrapartida da alienação de um bem, uma soma pecuniária facilmente dissipável em detrimento dos restantes credores – a consciência do prejuízo consistirá essencialmente na cognoscibilidade pelos outorgantes no acto de que o binómio extinção de crédito/ transmissão de bens nele contido irá provavelmente desencadear uma lesão efectiva do princípio da *par conditio creditorum*, envolvendo um injustificado privilégio obtido por um dos credores comuns do falido em detrimento dos demais: e tal cognoscibilidade implica que seja perceptível por quem actua no comércio jurídico em conformidade com os padrões de comportamento médio exigíveis aos agentes empresariais, segundo o nível de exigência de um «bonus paterfamilias» colocado perante as circunstâncias do caso, a existência de uma situação de insolvabilidade iminente ou próxima do contraente que, outorgando na dação, aliena um bem do seu património, como contrapartida da extinção de um débito da contraparte."

[640] SABATELLI, *loc. cit.*, p. 463.

[641] MENEZES CORDEIRO, *op. cit.*, p. 515.

desculpável, "no sentido de que, o sujeito tendo cumprido com os deveres de cuidado impostos pelo caso, ignora determinadas eventualidades".[642] O conhecimento das circunstâncias previstas no n.º 5 do artigo 120.º alberga, por conseguinte, todas as formas de dolo (directo, necessário e eventual) e a negligência consciente, enquadráveis no conceito de má fé.[643]

Outra questão que se pode colocar neste âmbito é saber se, numa relação plurilateral, é suficiente que o conhecimento das circunstâncias previstas no n.º 5 do artigo 120.º se refira apenas a uma ou se é necessário que se verifique em relação a todas para poder operar a resolução. Atendendo a que a norma em causa tem um escopo protector e não meramente sancionatório, parece-nos que será de prevalecer a protecção dos terceiros de boa fé, resolvendo-se o acto em relação aos de má fé.[644]

A prova do conhecimento e dos factos que constituem indício suficiente desse conhecimento cabe ao administrador da insolvência, à excepção do disposto no n.º 4 do artigo 120.º, onde se prevê uma presunção *iuris tantum* de má fé.[645]

3.3 Presunção *iuris tantum* de má fé

Prevê o n.º 4 do artigo 120.º que a má fé exigida para operar a resolução em benefício da massa (à excepção do que acontece com os casos previstos no n.º 1 do artigo 121.º, dentro do período suspeito neles previsto) se presume "quanto a actos cuja prática ou omissão tenha ocorrido dentro dos dois anos anteriores ao início do processo de insolvência e em que tenha participado ou de que tenha aproveitado pessoa especialmente relacionada com o insolvente, ainda que a relação não existisse a essa data."[646]

---

[642] IDEM, *ibidem*, p. 516.
[643] Como, aliás, defende João Cura Mariano, a respeito da impugnação pauliana (*cf.* CURA MARIANO, *op. cit.*, pp. 200 *ssq.*).
[644] Também neste sentido, CURA MARIANO, *op. cit.*, p. 206, relativamente à impugnação pauliana.
[645] GRAVATO MORAIS, *op. cit.*, p. 69.
[646] Na *Ley Concursal*, uma vez que as "acciones rescisorias" não estão dependentes da má fé do terceiro, consagrou-se, no n.º 3 do artigo 71.º, uma presunção *iuris tantum* de prejudicialidade relativamente aos "dispositivos a título oneroso realizados a favor de algunas de las personas especialmente relacionadas com el concursado." A relevância da qualidade dos sujeitos que participam ou se aproveitam dos actos é comum aos ordenamentos jurídicos, independentemente da forma pela qual o legislador assegura a protecção dos interesses dos credores.

Estaremos perante uma presunção *iuris tantum* de má fé[647] e, portanto, ilidível, distinguindo-se da presunção prevista no n.º 3 do mesmo artigo 120.º por admitir prova em contrário, *i.e.*, prova de que os actos foram praticados de boa fé pela pessoa especialmente relacionada com o devedor.[648]

Segundo já referimos a respeito da presunção de prejudicialidade *iuris et de iure*[649], o recurso pelo legislador a mecanismos de inversão do ónus da prova no âmbito da resolução em benefício da massa justifica-se pela própria natureza e função deste instituto, que visa a protecção do interesse dos credores e a salvaguarda do princípio da *par conditio creditorum*, mediante o restabelecimento da garantia patrimonial, pela forma mais célere e eficiente.

No âmbito concreto desta norma, a presunção de má fé apresenta um escopo específico: "Visou a lei acautelar as situações que, pela natureza dos vínculos tidos com o devedor, ou proximidade com este, merecem um regime particular, dado o maior risco que os «actos» que os envolvem, acarretam para o conjunto dos credores."[650]

Relativamente ao requisito temporal, atendendo a que o período de dois anos anterior ao início do processo de insolvência corresponde ao período suspeito previsto na regra geral do n.º 1 do artigo 120.º, a sua referência como pressuposto da presunção prevista no n.º 3 acaba por se revelar desnecessária.[651] Assim, poderão estar sujeitos à presunção *iuris tantum* de má

---

[647] Sobre o conceito de presunção e a distinção entre presunções *iuris tantum* e *iuris et de iure*, *supra* notas 336 e 337.

[648] No artigo 71.º, n.º 3 da *Ley Concursal*, estabelece-se, igualmente, uma presunção *iuris tantum* relativamente a pessoas especialmente relacionadas com o devedor. No entanto, ao contrário do que sucede no CIRE, esta presunção é de prejudicialidade e não apenas de má fé, até porque o n.º 1 do mesmo preceito estabelece que a afectação dos actos prejudiciais não está dependente da "intención fraudulenta": "La rescisión de una operación cuestionada en la que haya intervenido alguno de los que legalmente se consideran especialmente relacionados com el deudor sólo podrá evitarse desvirtuando tal presunción mediante la debida acreditación de la actuación de buena fe de las partes y evidenciando, además, la justificación y normalidad de la operación , esto es, su realización en condiciones no excepcionales y, por onde, la concurrencia de perjuicio para la masa", Borja García-Alamán de la Calle, *loc cit.*, p. 271.

[649] *vide supra*, pp 145 *ssq*.

[650] Ac. STJ de 25.03.2014, proc. 1936/10.6TBVCT-N.G1.S1 (Relator João Camilo). Como refere León, *loc. cit.*, p. 1311, a lei presume um "trato de favor".

[651] Face à alteração legislativa operada no n.º 1 do artigo 120.º, sem que tivesse sido acompanhada por uma alteração ao prazo previsto no n.º 4, deixam de relevar as questões enunciadas por Gravato Morais, *op. cit.*, pp. 70-71.

fé todos os actos prejudiciais praticados ou omitidos ao abrigo do disposto nos n.ºˢ 1 e 2 do artigo 120.º e qualquer um dos actos integrados num dos tipos de actos previstos no n.º 1 do artigo 121.º, fora dos prazos aí contemplados. Excluídos do âmbito do regime da má fé, seja presuntivo ou não, estão os actos gratuitos que beneficiam, em qualquer caso, da resolução incondicional, nos termos da alínea b) do n.º 1 do artigo 121.º.[652]

No que respeita ao segundo elemento da presunção, o legislador adoptou, à imagem do que sucedeu com o n.º 1 do artigo 120.º, uma cláusula geral como pressuposto:[653] pessoa especialmente relacionada com o devedor que tenha participado ou que tenha aproveitado do acto. Para determinar o alcance da cláusula geral "pessoas especialmente relacionadas com o devedor", e recorrendo a uma interpretação sistemática e teleológica, valerá o disposto no artigo 49.º, acompanhando o pensamento da doutrina e da jurisprudência.[654]

Nos termos do mencionado preceito, são elencadas pessoas consideradas especialmente relacionadas com o devedor pessoa singular, com o devedor pessoa colectiva e com o devedor património autónomo.

No que respeita à pessoa singular, são relevantes os laços de casamento e a relação com ex-cônjuge divorciado no período suspeito de dois anos (al. a) do n.º 1), de parentesco na linha recta ascendente, descendente e colateral no 1.º grau (al. b) do n.º 1) e respectivos cônjuges (al. c) do n.º 1) e a vivência em economia comum no período suspeito de dois anos (al. d) do n.º 1).

Relativamente ao devedor pessoa colectiva, são considerados especialmente relacionados os sócios, associados ou membros que respondam legalmente pelas dívidas, quer sejam actuais, quer tenham tido esse estatuto no período suspeito de dois anos anteriores ao início do processo de insolvência (al. a) do n.º 2), as pessoas com quem o devedor estivesse em rela-

---

[652] O que se justifica face às considerações já feitas a propósito da análise da alínea b) do n.º 1 do artigo 121.º, *supra*, pp. 3 e seguintes.
[653] Ac. TRC de 25.01.2011, proc. 7266/07.3TBLRA-H.C1 (Relator Pedro Martins).
[654] GRAVATO MORAIS, *op. cit.*, pp. 72-73; CARVALHO FERNANDES e LABAREDA, *op. cit.*, ad 120.º, n. 10, p. 526; MENEZES LEITÃO, *Direito da Insolvência*, pp. 93-95, 200; IDEM, *Código da Insolvência e da Recuperação de Empresas Anotado* (7.ª Ed), ad 120.º, pp. 150-151. Na jurisprudência: Ac. STJ de 01.07.2014, proc. 529/10.2TBRMR-C.C1.S1 (Relator Ana Paula Boularot); Ac. STJ de 25.03.2014, proc. 1936/10.6TBVCT-N.G1.S1 (Relator João Camilo); Ac. STJ de 20.03.2014, proc. 251/09.2TYVNG-I.P1 (Relator Azevedo Ramos); Ac. TRP de 05.12.2013, proc. 2041/10.0TJPRT-C.P1 (Relator José Manuel de Araújo Barros); Ac TRP de 28.04.2011, proc. 1447/08.0TBVFR-C.P1 (Relator Teles De Menezes).

ção de domínio ou de grupo, nos termos do artigo 21.º do CMV, dentro do período suspeito de dois anos (al. b) do n.º 2), os administradores de direito ou de facto do devedor, quer sejam actuais, quer tenham desempenhado esse cargo no período suspeito de dois anos anterior ao início do processo de insolvência (al. c) do n.º 2), e as pessoas relacionadas com alguma das anteriores nos termos do n.º 1 (al. d) do n.º 2).

Por fim, relativamente aos patrimónios autónomos, cabem no conceito de pessoas especialmente relacionadas os respectivos titulares e administradores, bem como as pessoas a elas ligadas por alguma das formas dos n.ºs 1 e 2 e, no caso de herança jacente, as pessoas ligadas ao Autor da sucessão nos termos do n.º 1 à data da abertura da sucessão ou nos dois anos anteriores.

A respeito da interpretação do artigo 49.º, tem-se questionado na doutrina se a sua enumeração é taxativa ou exemplificativa, permitindo, neste caso, a inclusão de pessoas que se considerem especialmente relacionadas, mas que não integrem o elenco.[655]

Por seu turno, a jurisprudência tem admitido maioritariamente o alargamento do preceito a outras situações que caibam no conceito de *pessoas especialmente relacionadas*, quer admitindo a enumeração exemplificativa, quer, mesmo que seja taxativa, a interpretação extensiva do preceito, face à sua natureza excepcional (artigo 11.º do CC), com o fundamento de que "o sancionamento imposto mostra-se profiláctico e cautelar, visando proteger os credores da Insolvente, fazendo regressar à massa os bens que dela foram indevida e irregularmente retirados".[656] Admitiram-se, como

---

[655] Entendem CARVALHO FERNANDES e LABAREDA, *op. cit.*, ad 49.º, n. 2, p. 314, que a enumeração é taxativa e não compreende aplicação analógica, face ao teor do texto legislativo e ao carácter excepcional do estatuto. Pelo contrário, MENEZES LEITÃO, *Direito da Insolvência*, pp. 94-95; IDEM, *Código da Insolvência e da Recuperação de Empresas Anotado*, ad 49.º, p. 97, considera que a enumeração é taxativa e se destina a concretizar o conceito previsto na al. a) do artigo 48.º, "nada impedindo, porém, que noutras situações exista uma relação especial correspondente, caso em que o regime da subordinação não poderia deixar de se aplicar." O Autor apresenta o exemplo da pessoa especialmente relacionada ser um sobrinho do devedor.
[656] Neste sentido, Ac. STJ de 01.07.2014, proc. 529/10.2TBRMR-C.C1.S1 (Relator Ana Paula Boularot); Ac. STJ de 25.03.2014, proc. 1936/10.6TBVCT-N.G1.S1 (Relator João Camilo); Ac. TRP de 05.12.2013, proc. 2041/10.0TJPRT-C.P1 (Relator José Manuel De Araújo Barros). Em sentido contrário (seguindo o entendimento de Carvalho Fernandes e Labareda), Ac. TRP de 09.07.2014, proc. 462/10.8TBVFR-L.P1 (Relator Manuel Domingos Fernandes).

pessoas especialmente relacionadas, primos[657], outras sociedades de que são administradores, filhos dos administradores da sociedade insolvente ou filhos do insolvente pessoa singular[658], pessoas que se assumem como garantes e representantes do devedor em negócios[659] e as instituições bancárias, pela especial relação mantida com os clientes (insolventes)[660]: "o disposto no artº 49º do CIRE não deve ser interpretado com um excessivo rigor formal, mas antes plástica e razoavelmente, de sorte a concluir-se, ou não, se o caso concreto encerra o *quid* essencial que lhe subjaz, a saber: se o credor reclamante, directa ou indirectamente, tem na sua posse informação sobre a situação do devedor que o coloque numa situação de superioridade face aos demais credores no que toca à definição ou condicionamento de factualidade de que o seu crédito emirja."[661]

Parece-nos, no entanto, como notado no Ac. TRC de 25 de Janeiro de 2011, proc. 7266/07.3TBLRA-H.C1 (Relator Pedro Martins), que, mesmo que se entendesse que o artigo 49.º é absolutamente taxativo, sempre seria de referir que a cláusula geral prevista no n.º 4 do artigo 120.º, por não remeter directamente para o disposto no mencionado preceito, admite a inclusão de outros casos para além dos que se encontram previstos no artigo 49.º.

4. Efeitos Gerais da Resolução em Benefício da Massa

A matéria referente aos efeitos da resolução em benefício da massa insolvente de actos prejudiciais praticados pelo insolvente, nos termos já expostos, não surge regulada apenas num artigo específico do CIRE, como poderia fazer crer a epígrafe do artigo 126.º.[662]

---

[657] Ac. STJ de 01.07.2014, proc. 529/10.2TBRMR-C.C1.S1, (Relator Ana Paula Boularot).
[658] Ac. STJ de 25.03.2014, proc. 1936/10.6TBVCT-N.G1.S1 (Relator João Camilo); Ac. TRG de 17.09.2013, proc. 1936/10.6TBVCT-S.G1 (Relator Manuela Fialho); Ac. TRP de 05.12.2013, proc. 2041/10.0TJPRT-C.P1 (Relator José Manuel De Araújo Barros).
[659] Ac. TRC de 25.01.2011, proc. 7266/07.3TBLRA-H.C1 (Relator Pedro Martins).
[660] Ac. STJ de 12.07.2011, proc. 509/08.8TBSCB-K.C1.S1 (Relator Gabriel Catarino).
[661] Ac. TRC de 02.02.2010, proc. 171/07.5TBOBR-C.C1 (Relator Carlos Moreira). Também neste sentido, Ac. TRG de 17.09.2013, proc. 1936/10.6TBVCT-S.G1 (Relator Manuela Fialho).
[662] Dispõe o n.º 1 do artigo 126.º que "A resolução tem efeitos retroactivos, devendo reconstituir-se a situação que existiria se o acto não tivesse sido praticado ou omitido, consoante o caso." Nos restantes números, é determinada a forma de reconstituição dessa situação inicial, prevendo-se a obrigação de restituição pelo terceiro e pela massa.

Este preceito deve ser interpretado em conjunto com o disposto no artigo 124.º, que estabelece a regra segundo a qual, havendo má fé ou tratando-se de uma das excepções previstas no final do n.º 1 do mencionado preceito, a resolução é oponível a transmissários posteriores ao acto prejudicial ou a outros terceiros que tenham sido afectados pela constituição de direitos sobre bens que lhe tenham sido transmitidos (n.os 1 e 2).

No entanto, o regime geral dos efeitos da resolução em benefício da massa apresenta outra particularidade: objecto de interpretação conjunta deverá ser igualmente a alínea e) do artigo 48.º, que qualifica como créditos subordinados os créditos da insolvência que, como consequência da resolução em benefício da massa insolvente, resultem para terceiro de má fé.[663]

Poderemos adiantar que a disciplina dos efeitos da resolução em benefício da massa é aquela que, para além do regime da impugnação pauliana previsto no artigo 127.º,[664] mais dúvidas traz relativamente à configuração deste mecanismo e à sua natureza jurídica. Se o artigo 127.º nos suscita questões relacionadas com a qualificação da resolução em benefício da massa como mecanismo de garantia patrimonial e com a relação entre os meios de conservação previstos no CC, como já analisámos e analisaremos *infra* a respeito da relação entre a resolução em benefício da massa e a impugnação pauliana,[665] os artigos 126º. e 124.º levantam dúvidas quanto à identidade da resolução em benefício da massa no plano dos efeitos.[666]

De facto, em geral, a doutrina remete a disciplina dos efeitos da resolução em benefício da massa para o regime da resolução do contrato no Direito Civil, previsto nos artigos 432.º e seguintes do CC[667], e para o dis-

---

[663] MENEZES LEITÃO, *Direito da Insolvência*, p. 205.
[664] CATARINA SERRA, *O Regime Português da Insolvência* (5.ª ed.), Coimbra, Almedina, 2012, p. 110, chama à colação para a perplexidade do disposto no artigo 127.º.
[665] *Infra*, pp. 294 ssq.
[666] GRAVATO MORAIS, *op. cit.*, pp. 190-196, aborda o problema como "questões de qualificação."
[667] Sobre a resolução do contrato no Direito Civil, em geral, BRANDÃO PROENÇA, *A Resolução do Contrato no Direito Civil, Do Enquadramento e do Regime*, Coimbra, Coimbra Editora, 2006; ROMANO MARTINEZ, *Da Cessação do Contrato* (2.ª ed.), Coimbra, Almedina 2006, pp. 66-85; BAPTISTA MACHADO, "Pressupostos da Resolução por Incumprimento", *Boletim da Faculdade de Direito de Coimbra* (número especial) – *Estudos em Homenagem ao Prof. José Joaquim Teixeira Ribeiro*, 1979; CATARINA MONTEIRO PIRES, "A prestação restitutória em valor na resolução do contrato por incumprimento", *Estudos em Homenagem a Miguel Galvão Teles*, Coimbra, Almedina, 2012, vol. II, pp. 703-722.

posto no artigo 289.º do CC quanto à declaração de nulidade e de anulabilidade, com as necessárias especialidades previstas no artigo 126.º.[668] Por seu turno, no que respeita à oponibilidade da resolução a transmissários posteriores, nos termos do artigo 124.º, faz-se referência ao afastamento deste regime em relação à figura da resolução civil (artigo 435.º do CC),[669] aproximando-o do regime da impugnação pauliana consagrado no artigo 613.º do CC.[670]

Em consequência, Gravato Morais[671] considera que o ponto de partida deste instituto é a resolução do contrato prevista nos artigos 432.º e seguintes do CC, embora se tenham acolhido "normas similares ou muito

---

Constituindo um "acto de dissolução de um vínculo obrigacional" (ROMANO MARTINEZ, *Da Cessação do Contrato*, p. 67), a resolução encontra o seu regime geral regulado nos artigos 432º a 436.º do CC. Nos termos conjugados do n.º 1 do artigo 432.º e do n.º 1 do artigo 406.º do CC, a resolução é genericamente admitida, podendo fundar-se na lei ou no acordo entre as partes. Existe, apenas, uma restrição ao direito de resolução do contrato, não podendo operar no caso em que a parte não possa restituir o objecto prestado, por causa não imputável ao outro contraente (artigo 432.º, n.º 2 do CC).

No que respeita aos efeitos, a resolução é equiparada à nulidade e anulabilidade do negócio jurídico, remetendo o artigo 433.º do CC para o regime previsto nos artigos 289.º e 290.º do CC. No entanto, a resolução apresenta algumas especificidades, previstas nos artigos 434.º a 436.º do CC. Por regra, a resolução tem efeito retroactivo, nos termos do n.º 1 do artigo 434.º do CC. Apenas assim não será em duas situações: quando resulte da vontade das partes e da finalidade do contrato que a retroactividade não era pretendida ou não se adequa (artigo 434.º, n.º 1 do CC); quando estejam em causa contratos de execução continuada ou periódica, caso em que não são abrangidas pelos efeitos da resolução as prestações já efectuadas, a não ser que tal seja exigido por força da vinculação entre as prestações e a causa da resolução (artigo 434.º, n.º 2 do CC).

A resolução do contrato não é oponível a terceiros, nos termos do n.º 1 do artigo 435.º, com a salvaguarda das situações em que é promovido o registo da acção de resolução que respeite a bens imóveis ou a bens móveis sujeitos a registo antes da aquisição do direito por parte do terceiro, de acordo com o disposto no n.º 2 do mesmo preceito.

[668] GRAVATO MORAIS, *op. cit.*, pp. 182-188; CARVALHO FERNANDES e LABAREDA, *op. cit.*, ad 126.º, em especial n. 3, pp. 541; MENEZES LEITÃO, *op. cit.*, p. 205; IDEM, *Código da Insolvência e da Recuperação de Empresas Anotado*, ad 126.º, p. 154; EPIFÂNIO, *op. cit.*, p. 218; PRATA, MORAIS CARVALHO e SIMÕES, *op. cit.*, ad 126.º CIRE, p. 375.

[669] CARVALHO FERNANDES e LABAREDA, *op. cit.*, ad 124.º, em especial n. 2, pp. 537-538; PRATA, MORAIS CARVALHO e SIMÕES, *op. cit.*, ad 126.º CIRE, p. 373.

[670] MENEZES LEITÃO, *Direito da Insolvência*, p. 204; IDEM, *Código da Insolvência e da Recuperação de Empresas Anotado*, ad 124.º, p. 153.

[671] GRAVATO MORAIS, *op. cit.*, p. 196

próximas às da anulabilidade e às de impugnação pauliana."⁶⁷² Menezes Leitão⁶⁷³ entende que esta "resolução" se aproxima muito mais da figura da impugnação pauliana.

Partindo destas premissas, iniciaremos a nossa análise pela identificação dos terceiros sujeitos aos efeitos da resolução em benefício da massa, aprofundando, posteriormente, esses efeitos em concreto e a sua conformidade com a unidade do sistema.

4.1 Oponibilidade da resolução a terceiros ao acto

O conceito de terceiro é utilizado, no âmbito da matéria que nos interessa, no n.º 4 do artigo 120.º, no artigo 124.º e nos n.ᵒˢ 3 e 4 do artigo 126.º, embora não no mesmo sentido.

No primeiro caso, deverá entender-se por terceiros as pessoas que intervieram no acto prejudicial ou que dele aproveitaram de forma directa (*dante causa* ⁶⁷⁴). Aqui não se tratará de um terceiro ao acto mas de um terceiro à relação existente entre devedor e credores.

No artigo 124.º, já se enquadram todos os terceiros ao acto, quer transmissários posteriores a que respeita o n.º 1 ou outros terceiros em benefício dos quais tenham sido transmitidos bens ou sobre os quais tenham sido constituídos direitos, nos termos do seu n.º 2.

Por fim, no artigo 126.º está previsto um conceito amplo de terceiros, que pode abranger, consoante o caso, os terceiros previstos no n.º 4 do artigo 120.º e aqueles que se enquadram no artigo 124.º, desde que se trate de terceiros de má fé ou sucessores a título universal ou terceiros beneficiários de um acto gratuito.⁶⁷⁵

Quanto aos terceiros que tenham participado ou aproveitado directamente do acto, não existem dúvidas de que a resolução lhes é sempre

---

⁶⁷² É o que parece resultar também do entendimento de Carvalho Fernandes e Labareda, *op. cit., ad* 126.º, em especial n. 3, p. 541, segundo os quais "Quanto ao regime de retroactividade estatuído, tem correspondência no regime comum da resolução, tal como definido na primeira parte do n.º 1 do art. 434.º do C.Civ."

⁶⁷³ Menezes Leitão, *Código da Insolvência e da Recuperação de Empresas Anotado, ad* 124.º, p. 153.

⁶⁷⁴ Expressão utilizada na doutrina italiana: *cf.* Pajardi, *op. cit.*, p. 129; Bonsignori, *loc. cit.*, p. 465.

⁶⁷⁵ Gravato Morais, *op. cit.*, pp. 182-183, 184, n. 246.

oponível, nos termos do n.º 1 do artigo 126.º,[676] desde que verificados os pressupostos previstos nos artigos 120.º e 121.º.

No que respeita aos restantes terceiros, prevê o artigo 124.º uma disciplina específica que afasta determinados sujeitos da regra geral do n.º 1 do artigo 126.º e das obrigações daí decorrentes e que se encontram previstas nos números seguintes. Este regime tutela ainda outros terceiros: os credores. O credor é terceiro relativamente ao vínculo estabelecido entre o devedor e o seu contraente. Nessa medida, o Direito tutela a sua posição jurídica através da retroactividade dos efeitos dos actos prejudiciais, criando um escudo protector que tutela a esfera jurídica patrimonial dos credores.[677]

O regime previsto no mencionado artigo 124.º constitui uma manifestação clara da prevalência do interesse dos credores no confronto com direitos constituídos por terceiros relativamente ao mesmo objecto. No entanto, não se trata de uma prevalência absoluta, na medida em que o princípio da satisfação do interesse dos credores é regrado pelo princípio da boa fé,[678] tornando inoponíveis os efeitos da resolução em benefício da massa a terceiros que tenham agido de boa fé.[679]

Tal como assinalado por Menezes Leitão,[680] "Este artigo inspira-se no art. 613.º do Código Civil", afastando-se do regime da resolução do contrato previsto no artigo 435.º do CC, segundo o qual a resolução, mesmo que expressamente convencionada, não é oponível a terceiros, excepto no caso de registo prévio da acção de resolução, o que só acontece relativamente a imóveis e a bens sujeitos a registo.[681]

---

[676] IDEM, *ibidem*, p. 182.
[677] PAJARDI, *op. cit.*, p. 106.
[678] Sobre a concretização deste princípio, *vide* MENEZES CORDEIRO, *op. cit., passim*.
[679] Como veremos, não se trata de uma especialidade do Direito da Insolvência, embora a finalidade ínsita no n.º 1 do artigo 1.º e os princípios inerentes a este Direito especial pudessem justificar uma regulamentação específica no que respeita a este conflito de direitos e de interesses.
[680] MENEZES LEITÃO, *op. cit., ad* 124.º, p. 153, IDEM, *Direito da Insolvência*, p. 204. No mesmo sentido, CARVALHO FERNANDES e LABAREDA, *op. cit., ad* 124.º, n. 4, p. 538, e GRAVATO MORAIS, *op. cit.*, p. 171.
[681] Fazendo referência ao afastamento do artigo 124.º relativamente ao artigo 435.º do CC, para além dos Aa. já mencionados *supra*, PRATA, MORAIS CARVALHO e SIMÕES, *op. cit., ad* 124.º, n. 3, p. 373.

Ora, daqui resulta um afastamento inequívoco em relação à resolução civil. E assim não poderia deixar de ser, uma vez que a *ratio* subjacente à protecção de terceiros no âmbito do artigo 435.º do CC é diferente da que subjaz à resolução em benefício da massa: no primeiro caso, face às vicissitudes contratuais *inter partes*, o terceiro merece protecção absoluta à excepção dos casos de registo, daí que também não se exija a boa ou a má fé,[682] nem a natureza onerosa ou gratuita do acto; no caso da resolução em benefício da massa, atendendo a que está em causa a afectação da garantia patrimonial dos credores e não a mera relação *inter partes*, os direitos dos terceiros deverão ser sacrificados quando também eles tenham participado ou beneficiado injustificadamente do acto, em prejuízo dos credores.

Sendo a impugnação pauliana um meio de conservação da garantia patrimonial que visa proteger o interesse do credor, atacando os actos que envolvam a diminuição da sua garantia patrimonial, e a resolução em benefício da massa também um mecanismo de protecção da garantia patrimonial destinado a atacar os actos prejudiciais à massa insolvente, justifica-se a adopção do mesmo critério de protecção de terceiros previsto no artigo

---

[682] Vaz Serra, "Resolução do Contrato", *BMJ* LXVIII (1957), pp. 51-52, defende que os terceiros de má fé também devem ser tutelados contra os efeitos da resolução, na medida em que o conhecimento do direito de resolução que os levou a adquirir um direito "não quer dizer que, ao adquirirem, tenham querido subordinar a sua aquisição ao não exercício do direito de resolução, o qual pode vir a não ser exercido, pois querem naturalmente, na ausência de declaração em contrário, fazer uma aquisição firme, sem subordinação a uma cláusula a eles estranha ou, se se trata de resolução legal, às consequências do comportamento de uma das partes no contrato a que eles, terceiros adquirentes, são alheios./ Portanto, a retroactividade da resolução do contrato seria meramente obrigacional, respeitando os direitos de terceiros adquirentes." Também Pires de Lima e Antunes Varela, *Código Civil Anotado* (4.ª ed.), Coimbra, Coimbra Editora, 1987, vol. I, anotação 1 *ad* 435.º, p. 411, referem que "não há, rigorosamente, na resolução, má fé de terceiros. Estes, embora conheçam a possibilidade legal ou contratual do exercício do direito de resolver o negócio, não têm de agir de harmonia com o exercício ou não exercício de tal direito."
Ainda que Romano Martinez, *Da Cessação do Contrato*, p. 217, suscite alguma perplexidade relativamente à irrelevância da actuação de má fé: "É evidente que o terceiro não tem a certeza de que, ao adquirir um direito, vai lesar o direito de outrem, pois tal lesão dependerá, pelo menos, de dois factores: o credor venha a resolver o contrato; e a impossibilidade de o devedor devolver a prestação cause prejuízo ao credor. Ainda assim, parece estranha a tutela de terceiro de má fé. Se, por exemplo, o comprador de uma jóia vendida com a cláusula de resolução, estando com dificuldades financeiras para pagar o preço, e na iminência de o vendedor resolver o contrato, doar o bem a terceiro que conhece perfeitamente a situação, não parece defensável a tutela do direito adquirido por terceiro."

613.º do CC no âmbito da resolução em benefício da massa, conforme resultou expresso no artigo 124.º. Segundo referido por Gravato Morais,[683] "pretende-se evitar que eventuais alienações sucessivas diminuam o leque de bens que integrariam a massa insolvente, com as consequências nefastas para os credores da insolvência."[684]

Como sucede na impugnação pauliana,[685] a oponibilidade da resolução em benefício da massa a transmissários posteriores ou terceiros a favor de quem tenham sido constituídos direitos sobre os bens transmitidos está dependente de dois pressupostos: (i) a verificação dos requisitos para a constituição do direito à resolução, consoante se trate de acto sujeito a resolução condicional ou incondicional e (ii) a má fé do terceiro no caso dos actos onerosos, à excepção da sucessão a título universal.

4.1.1 Resolubilidade em benefício da massa do primeiro acto

O primeiro requisito constitui o pressuposto essencial da aplicação do artigo 124.º: caso o acto praticado ou omitido pelo devedor para efeitos dos artigos 120.º e 121.º não venha a ser objecto de resolução por parte do administrador da insolvência ou não venha a ser reconhecido como tal por sentença transitada em julgado, não se poderá exigir dos terceiros a esse acto que procedam à reconstituição da situação que existiria caso não tivesse ocorrido o primeiro acto.[686] Trata-se de uma regra geral segundo a qual o direito dos terceiros é sacrificado única e exclusivamente se for igualmente sacrificado o direito da *dante causa*.[687]

Com efeito, as transmissões ou as constituições de direitos posteriores não constituem, em si, actos prejudiciais para a massa insolvente para os

---

[683] GRAVATO MORAIS, *op. cit.*, p. 174.

[684] IDEM, *ibidem*: "Se tal possibilidade não estivesse consagrada, tornar-se-ia muito simples que através de interposta pessoa fosse possível, com relativa facilidade, desviar determinados bens da massa insolvente."

[685] Sobre o regime na impugnação pauliana, em geral, *vide* CURA MARIANO, *op. cit.*, pp. 232-237.

[686] PIRES DE LIMA e ANTUNES VARELA, *Código Civil Anotado*, vol. I, p. 630, a respeito da impugnação pauliana, aplicando-se aqui o mesmo entendimento, referem que "É necessário, em primeiro lugar, que possa ser impugnada a primeira alienação (n.º 1, al. a)). Não o podendo ser, não se justifica a impugnação da subsequente, sob pena de se criar um grave e injusto gravame para o primeiro adquirente de boa fé."

[687] PAJARDI, *op. cit.*, p. 129. Também neste sentido, BONSIGNORI, *loc. cit.*, pp. 463-469.

efeitos dos artigos 120.º e 121.º, até porque, quando os bens ou direitos são transmitidos posteriormente, já não fazem parte da garantia patrimonial dos credores. Por conseguinte, estando dependentes da resolubilidade do primeiro acto, não poderão ser autonomamente sujeitos à resolução em benefício da massa.[688]

Sendo resolvido em benefício da massa o primeiro acto, não haverá obstáculo a que a resolução seja oponível a transmissões posteriores, independentemente do número, desde que verificados os pressupostos exigidos no artigo 124.º, *i.e.*, a má fé, apenas no caso dos actos onerosos, sendo esta dispensada, como analisaremos de seguida, no caso das transmissões por sucessão a título universal ou das transmissões a título gratuito.[689] Conforme referido por João Cura Mariano,[690] com aplicação também ao presente caso, "a má fé ou a gratuidade têm de estar sempre presentes em todos os actos de transmissão ocorridos, não podendo a impugnação pauliana operar «per saltum»". Utilizando uma expressão do mesmo Autor, caso não se demonstre a verificação de todos os pressupostos previstos no artigo 124.º, "quebra-se a corrente que vai permitindo a extensão do alcance"[691] da resolução em benefício da massa, uma vez que a retroactividade prevista no n.º 1 do artigo 126.º é relativa.

---

[688] Neste sentido, a respeito da impugnação pauliana, Paz Ferreira, *op. cit.*, p. 182: "Por definição, as subaquisições não são susceptíveis de produzir o prejuízo dos credores. Não é para protecção dos interesses do adquirente imediato (de boa fé) que se estabelece a necessidade de se verificarem, em relação ao primeiro acto, os requisitos da impugnabilidade. A justificação encontra-se, antes, no facto de a posição do subadquirente estar dependente da posição do adquirente imediato. Se a primeira aquisição, ainda que prejudicial aos credores, é plenamente eficaz, as subaquisições não podem ser atingidas, mesmo que o subadquirente saiba que a primeira aquisição prejudicou os credores. Se esta não pode ser atacada, o bem saiu regularmente do património do devedor através de negócio válido e plenamente eficaz e as subaquisições estarão a coberto da impugnação pauliana."

[689] Gravato Morais, *op. cit.*, p. 175: "Isto significa que, partindo do pressuposto de que ocorreu a primeira alienação do bem do agora insolvente para um adquirente, se este último alienou a coisa a outrem (terceiro comprador) que, por sua vez a transmitiu para um quarto adquirente, também em relação a este último a resolução opera." Neste sentido, também Menezes Leitão *Direito da Insolvência*, p. 204; Idem, *Código da Insolvência e da Recuperação de Empresas Anotado*, ad 124.º, p. 153; Epifânio, *op. cit.*, p. 217; Prata, Morais Carvalho e Simões, *op. cit.*, ad 124.º, n. 2, p. 372. No âmbito da impugnação pauliana, Pires de Lima e Antunes Varela, *Código Civil Anotado*, Vol. I, p. 631: "À segunda transmissão pode seguir--se uma terceira. Não há senão que aplicar os mesmos princípios."

[690] Cura Mariano, *op. cit.*, p. 234.

[691] Idem, *ibidem*.

Embora tenhamos falado agora em transmissões, o mesmo regime e as mesmas considerações aplicam-se à situação prevista no n.º 2 do artigo 124.º: constituição de direitos sobre os bens transmitidos em benefício de terceiros. Pires de Lima e Antunes Varela[692] identificam neste âmbito, entre outros, a constituição de uma hipoteca, de um usufruto e de uma servidão.[693] Para Carvalho Fernandes e João Labareda,[694] no âmbito do n.º 2 do artigo 124.º, estão os direitos reais de gozo, de garantia ou de aquisição, não sendo de excluir os direitos pessoais de gozo.[695] Quanto a nós, cremos que a expressão "constituição de direitos sobre os bens transmitidos" poderá englobar não apenas direitos reais menores (uma vez que nos parece estar em causa no n.º 1 apenas o direito de propriedade por acto entre vivos)[696], como também os mencionados direitos pessoais de gozo, como o arrendamento, na medida em que os mencionados direitos, embora de natureza obrigacional, tenham repercussão no valor económico do bem e constituam verdadeiros ónus reais sobre os bens,[697] impedindo o livre exercício do direito de propriedade.

---

[692] PIRES DE LIMA e ANTUNES VARELA, op. cit., vol. I, p. 631.
[693] Os mesmos exemplos são enunciados por CURA MARIANO, op. cit., p. 235.
[694] CARVALHO FERNANDES e LABAREDA, op. cit., ad 124.º, n. 4, p. 538
[695] Suscitando dúvidas relativamente aos direitos pessoais de gozo, referindo que se trataria de uma aplicação analógica, PRATA, MORAIS CARVALHO e SIMÕES, op. cit., ad 124.º, n. 4, p. 373.
[696] Entendendo que se inclui também o usufruto, GRAVATO MORAIS, op. cit., p. 173.
[697] A título de exemplo, a propósito da aplicação do disposto no artigo 824.º do CC, considerou-se que o arrendamento, apesar de constituir um direito obrigacional, assemelhava-se a um ónus real, pela repercussão no valor económico dos bens onerados, razão pela qual se admitiu a aplicação analógica relativamente ao n.º 2 do mencionado preceito, cf. Ac. STJ 5425/03.7TBSXL.S1, de 27.05.2010 (Relator Álvaro Rodrigues). No entanto, no caso do n.º 2 do artigo 124.º, a expressão é ampla, ao contrário do que acontece com o n.º 2 do artigo 824.º do CC. Por essa razão, parece-nos, ao contrário de PRATA, MORAIS CARVALHO e SIMÕES, op. cit., ad 124.º, n. 4, p. 373, que não há lugar a interpretação analógica, cabendo ainda os direitos pessoais de gozo, com a configuração por nós assinalada na letra do n.º 2 do artigo 124.º.

4.1.2 Má fé e suas excepções

Para além do requisito da resolubilidade do primeiro acto, o artigo 124.º exige também a existência de má fé do terceiro no caso dos actos onerosos, a não ser nos casos excepcionais da última parte do respectivo n.º 1, que dispensam o requisito da má fé. Esta disciplina justifica-se pelo seguinte: no confronto com o direito dos credores, apenas merecerão tutela do Direito os terceiros que não partilharam do mesmo intuito de prejudicar os credores, mesmo que a título de negligência, e aqueles que não tiveram uma vantagem patrimonial sem qualquer sacrifício da sua parte e em prejuízo dos credores do devedor.[698]

Começando pelas excepções, no caso dos actos transmitidos por sucessão a título universal, os sucessores assumem a posição jurídica do *de cuius*.[699] No caso das transmissões a título gratuito, considera-se quase como se tivesse ocorrido uma transmissão directa do devedor para o terceiro adquirente, recebendo este uma vantagem de um acto *per se* inidóneo a produzir os correspondentes efeitos.[700] Em qualquer caso, um dos sujeitos que receberam o bem gratuitamente obteve uma vantagem, face à ausência de sacrifício económico da sua parte. No entanto, essa vantagem resultou de um acto prejudicial para os credores do devedor e, nessa medida, não lhes é oponível. Justifica-se, portanto, a sujeição destes actos em benefício da massa, independentemente da má fé ou da boa fé.

Refira-se que a natureza da transmissão é independente da natureza do primeiro acto, não se revelando necessário que a primeira aquisição também tenha sido realizada a título gratuito. Apenas relevará a má fé da parte do primeiro acto, mesmo nos casos de resolução incondicional.

Assim, demonstrando-se a sucessão a título universal ou a gratuidade do acto, a resolução será sempre oponível, independentemente da má fé.

---

[698] Ainda a respeito da impugnação pauliana mas aplicando-se o mesmo entendimento, Vaz Serra, "Responsabilidade patrimonial", p. 197: "Quanto aos terceiros, a distinção entre actos onerosos e gratuitos, para o efeito de se exigir a má fé no primeiro caso e não no segundo, parece de conservar: naqueles, a aquisição do terceiro fez-se com sacrifício de uma contraprestação e, por isso, não é razoável que esteja sujeito à acção pauliana [também à resolução em benefício da massa] se não houve má fé da sua parte; nestes, diversamente, o terceiro tem um puro lucro com o acto e, não devendo locupletar-se injustamente em prejuízo dos credores do devedor, é justo que a acção se admita mesmo que não tenha procedido de má fé."
[699] Gravato Morais, *op. cit.*, p. 179.
[700] Bonsignori, *loc. cit.*, p. 464.

Pelo contrário, relativamente aos actos onerosos, resulta do artigo 124.º que a verificação da má fé do terceiro é sempre necessária para efeitos de oponibilidade da resolução, uma vez que o terceiro de boa fé se encontra protegido contra os efeitos da resolução em benefício da massa.[701] E, como já antecipado, essa verificação é necessária independentemente do número de transmissões ocorrido, sob pena de se quebrar o fundamento de oponibilidade.[702] Como referido por Gravato Morais,[703] "Basta, assim, que um dos transmissários esteja de boa fé para que não se verifique um dos requisitos da disposição e, portanto, que o acto praticado seja inteiramente eficaz em relação a este."

No entanto, os efeitos que se produzirão sobre os terceiros, quando esteja em causa um acto a título oneroso, dependerão da natureza do acto translativo originário e, igualmente, da valoração da conduta do primeiro adquirente.

Com efeito, caso estejamos perante acto prejudicial nos termos do n.º 2 do artigo 120.º, teremos várias hipóteses: (i) estando a parte de boa fé, não há lugar à resolução, pelo que o acto oneroso posterior não releva, independentemente da boa ou má fé do terceiro, como vimos; (ii) encontrando-se a parte de má fé e o terceiro adquirente de boa fé, a resolução é inoponível a este último; (iii) por fim, estando ambas as partes de má fé, a resolução é oponível ao terceiro adquirente.

Se estiver em causa um acto susceptível de resolução incondicional, vislumbram-se os seguintes cenários: (i) estando a parte de boa fé e o terceiro adquirente de boa fé, a resolução não é oponível a este último; (ii) estando a parte de boa fé e o terceiro adquirente de má fé, a resolução é oponível ao terceiro adquirente; (iii) encontrando-se a parte de má fé e o terceiro adquirente de boa fé, a resolução é inoponível a este último; (iv) por fim, estando ambas as partes de má fé, a resolução é oponível ao terceiro adquirente.

A diferença relativamente aos tipos de resolução encontra-se no facto de, nos termos do artigo 121.º, não relevar a má fé para efeitos da resolubi-

---

[701] SATTA, op. cit., pp. 231-232.
[702] GRAVATO MORAIS, op. cit., p. 177; MENEZES LEITÃO, Direito da Insolvência, p. 204; IDEM, Código da Insolvência e da Recuperação de Empresas Anotado, ad 124.º, p. 153; EPIFÂNIO, op. cit., p. 217; PRATA, MORAIS CARVALHO e SIMÕES, op. cit., ad 124.º, n. 2, p. 372. A respeito da impugnação pauliana, vide CURA MARIANO, op. cit., p. 234.
[703] GRAVATO MORAIS, op. cit., p. 177.

lidade dos actos nele indicados (apenas para a primeira transmissão). No entanto, mesmo relativamente a esses actos, para os efeitos do artigo 124.º, é sempre exigida a alegação e demonstração da má fé do terceiro adquirente.

Na eventualidade de o primeiro negócio ter sido celebrado a título gratuito, questiona-se a amplitude do ónus da prova que recai sobre o terceiro relativamente à sua boa fé.[704] Pode entender-se, por um lado, que seria suficiente a prova, pelo administrador da insolvência, de que o terceiro sabia que o primeiro negócio tinha sido celebrado a título gratuito.[705] Por outro lado, pode entender-se que essa prova não é suficiente e que se revela necessário provar que o terceiro conhecia a situação de insolvência do primeiro alienante.[706]

Tendemos a concordar com a segunda posição. O conhecimento da natureza de um acto não revela, por si só, o conhecimento das circunstâncias em que foi praticado. Não sendo suficiente, ter-se-ia de demonstrar qualquer uma das circunstâncias previstas no n.º 5 do artigo 120.º. Só assim se poderá demonstrar que o intuito do negócio – retirar da garantia patrimonial um determinado bem, em prejuízo dos credores ou para beneficiar o devedor, em detrimento dos credores – contaminou a vontade do terceiro adquirente.

No que respeita ao conceito da má fé, importa verificar em que medida é aplicável ao disposto no artigo 124.º o regime previsto nos n.ºs 4 e 5 do artigo 120.º, *i.e.*, se a má fé do transmissário tem o mesmo conteúdo de má fé da parte do primeiro acto e se é aplicável a presunção *iuris tantum* de má fé prevista no n.º 4 do artigo 120.º.[707]

Poderemos equacionar a questão por três vias: (i) ou consideramos que a má fé do terceiro adquirente consiste no conhecimento da resolubilidade do acto e, por conseguinte, do seu carácter prejudicial e da existência de má fé da parte, quando exigida;[708] (ii) ou consideramos que a má fé se concretiza nos termos do n.º 5 do artigo 120.º, tendo o terceiro de conhecer qual-

---

[704] De acordo com o entendimento de BONSIGNORI, *loc. cit.*, p. 465, "si è dimostrato che la buona fede consiste nella non conoscenza di una consapevolezza: il subacquirente non conosceva cioè che il suo dante causa – primo acquirente sapeva dell'insolvenza del debitore – primo alienante."

[705] FERRARA, *op. cit.*, p. 410, *apud* MAFFEI ALBERTI, *op. cit.*, p. 125.

[706] SATTA, *op. cit.*, p. 170; PROVINCIALI, vol. II, p. 1018 (*apud* MAFFEI ALBERTI, *op. cit.*, p. 125).

[707] Enunciando e pronunciando-se quanto a esta questão, GRAVATO MORAIS, *op. cit.*, p. 177.

[708] MAFFEI ALBERTI, *op. cit.*, p. 135, considera que a má fé do terceiro adquirente se traduz no conhecimento das causas que determinaram ineficaz o acto precedente.

quer uma das circunstâncias previstas nas diferentes alíneas, aplicando-se a presunção de má fé; (iii) ou consideramos, seguindo Gravato Morais,[709] que não se pode fazer uma transposição directa do regime previsto no artigo 120.º, sendo necessário adaptá-lo ao contexto concreto: o terceiro não contratou com o devedor insolvente e pode nem sequer o conhecer.

Parece-nos que a primeira hipótese não seria praticável, face à lógica da resolução em benefício da massa no que respeita ao ónus da prova. Considerar que a má fé corresponderia ao conhecimento da resolubilidade do acto implicaria, em determinados casos, a demonstração de que o terceiro conhecia qualquer uma das circunstâncias previstas no n.º 5 do artigo 120.º, o que, como referido por Maria do Patrocínio da Paz Ferreira[710] a respeito da impugnação pauliana, "seria extremamente difícil". Onerar o administrador da insolvência com esta prova seria determinar, à partida, o fracasso da resolução.

No que respeita à segunda e à terceira hipóteses, parece-nos que, ao contrário do que defende Gravato Morais, não se revela necessária qualquer adaptação do regime, transpondo-se directamente os critérios de determinação da má fé previstos no n.º 5 do artigo 120.º. Aliás, a concretização do Autor não dista do disposto no mencionado preceito.

Poder-se-á, porventura, questionar se será de aplicar a presunção de má fé prevista no n.º 4 do artigo 120.º.[711] Gravato Morais[712] entende que esta questão não pode ter uma resposta afirmativa, porquanto "é o administrador da insolvência que tem o ónus de provar a má fé do(s) terceiro(s) transmissários". O Autor refere, no entanto, que "De todo o modo, pensamos que representam indícios fortes da má fé a especial relação de proximidade existente entre o terceiro transmissário e o que contratou com o devedor insolvente (ou até com o próprio insolvente)."[713] Já Bonsignori[714]

---

[709] GRAVATO MORAIS, op. cit., p. 177: "Assim, se o terceiro transmissário tinha (ou devia ter) conhecimento, aquando da realização do negócio, de que o seu contraente directo tinha adquirido de uma pessoa em situação de insolvência, ou ainda tinha (ou devia ter) conhecimento do carácter prejudicial do acto e que aquele sujeito se encontrava em situação de insolvência iminente, ou eventualmente do início do processo de insolvência, parece-nos estar verificada, em qualquer das hipóteses equacionadas, a situação de má fé do terceiro."
[710] PAZ FERREIRA, op. cit., p. 144.
[711] Tal como refere GRAVATO MORAIS, op. cit., p. 178.
[712] IDEM, ibidem.
[713] IDEM, ibidem.
[714] BONSIGNORI, loc. cit., p. 466.

entende que se não pode aplicar por analogia os artigos que prevêem as presunções aos casos dos terceiros adquirentes, porque se trata de um *ius singulare* e porque a extensão aos adquirentes de uma presunção de conhecimento deve resultar de forma expressa da própria lei.

Não pomos em causa o ónus da prova que indiscutivelmente recai sobre o administrador da insolvência, nem que o regime presuntivo constitui um regime excepcional no que respeita à má fé. No entanto, parece-nos que a situação do artigo 124.º ainda cabe no âmbito do n.º 4 do artigo 120.º, ao contrário do que acontece com a situação da resolução incondicional em que não há fundamento para justificar que também relativamente a transmissários a resolução não depende do pressuposto da má fé, uma vez que aí está em causa sobretudo o carácter prejudicial do acto e não a valoração da conduta dos intervenientes. Parece-nos, por conseguinte, que a má fé prevista no artigo 124.º deve ser concretizada de acordo com os critérios já avançados a respeito do artigo 120.º, inclusivamente no que respeita à presunção, quando se verifiquem os seus pressupostos, *i.e.*, quando o acto posterior tenha sido praticado dentro dos dois anos anteriores ao início do processo de insolvência e quando "tenha aproveitado pessoa especialmente relacionada com o insolvente, ainda que a relação não existisse a essa data". Esta presunção justifica-se para as situações em que, por exemplo, o primeiro adquirente seja um intermediário entre o devedor insolvente e um posterior transmissário, para efeitos do artigo 124.º, visando, desta forma, evitar uma resolubilidade flagrante. Concordamos, no entanto, com Gravato Morais[715] no sentido de se não poder extrapolar a presunção para uma especial relação com o adquirente mas apenas com o insolvente, o que não inviabiliza a conclusão anterior.

Resulta, por conseguinte, *a contrario* do preceito em causa que os terceiros de boa fé que não sejam sucessores a título universal e para os quais não tenham sido transmitidos bens ou constituídos direitos sobre bens a título gratuito não estão sujeitos aos efeitos da resolução em benefício da massa.

4.2 Alcance da eficácia retroactiva

Determina o n.º 1 do artigo 126.º que a resolução em benefício da massa tem eficácia retroactiva e implica a reconstituição da situação que existi-

---

[715] Gravato Morais, *op. cit.*, p. 178.

ria se o acto não tivesse sido praticado ou omitido. Como referido *supra*, a doutrina tem analisado os efeitos deste instituto à luz das normas consagradas no CC, referentes à resolução do contrato e ao regime da nulidade e da anulabilidade, face à correspondência de regimes.

No entanto, parece-nos que, previamente à remissão para os mencionados regimes, deverá ter-se em consideração as particularidades e os fundamentos jurídicos da resolução em benefício da massa.[716]

Em primeiro lugar, importa salientar que os actos prejudiciais à massa insolvente não são nulos nem anuláveis, não existindo qualquer vício "no plano da «constituição» ou do «ser negocial»"[717] que impeça a produção dos correspondentes efeitos *ab initio*, como aliás vem sendo assinalado pela doutrina.[718] Até porque, se focarmos a nossa atenção no acto praticado, verificamos que a resolução em benefício da massa constitui um mecanismo que visa, essencialmente, proteger terceiros (os credores), afectados pelos efeitos do acto praticado ou omitido, e não uma das partes.[719] Também

---

[716] LEÓN, *loc. cit.*, p. 1330

[717] BRANDÃO PROENÇA, *A Resolução do Contrato no Direito Civil*, p. 24.

[718] Em Portugal, GRAVATO MORAIS, *op. cit.*, p. 47, defende que "os actos resolúveis não se configuram, nem são havidos, como actos inválidos, seja do ponto de vista formal, seja sob o prisma substancial, atendendo naturalmente à inexistência de vícios que os afectem. (...) Do que se trata aqui é de, em razão dos interesses supremos da generalidade dos credores da insolvência, sacrificar outros interesses havidos como menores (os dos que contratam com o devedor insolvente e eventualmente os dos que negoceiam com aqueles, portanto todos os terceiros em relação ao devedor insolvente) em função do empobrecimento patrimonial daqueles credores, por via da prática de actos num dado período temporal, designado como suspeito, que precede a situação de insolvência." Nos ordenamentos jurídicos italiano e espanhol, também neste sentido, MAFFEI ALBERTI, *op. cit.*, p. 130-131; BONSIGNORI, *loc. cit.*, pp. 442-443; TERRANOVA, *Effetti del fallimento sugli atti pregiudizievoli ai creditori*, p. 12; SABATELLI, "La prova della *scientia decoctionis* nella disciplina delle revocatorie fallimentare", pp. 452-453; LEÓN, *loc. cit.*, p. 1299.

[719] Ac. TRP de 26.11.2012, proc. 1056/09.6TBLSD-D.P1 (Relator Carlos Gil), segundo o qual "Como já escrevemos no acórdão por nós relatado no Tribunal da Relação de Coimbra, de 24 de Maio de 2011, no processo nº 1791/08.6TBLRA-K.C1, acessível no *site* da DGSI e que seguiremos de perto com as devidas adaptações, a resolução em benefício da massa insolvente é um instituto especial do processo de insolvência que se destina à tutela da generalidade dos credores do insolvente na medida em que permite ao administrador da insolvência que a eficácia de toda uma panóplia de actos seja destruída, verificados que sejam certos requisitos de ordem temporal, subjectiva e objectiva. (...) A resolução contende com a eficácia do acto. Embora a resolução negocial seja equiparada nos seus efeitos à nulidade ou anulabilidade do negócio jurídico (artigo 433.º do Código Civil), do que se trata é da cessação, em regra retroactiva, dos efeitos do negócio resolvido e não da invalidação do mesmo negócio por força

não se coaduna com o regime da nulidade e da anulabilidade o facto de a resolução em benefício da massa poder ser exercida por via extrajudicial, confirmando-se todos os efeitos dos actos prejudiciais em caso de preclusão do direito de impugnação previsto no artigo 125.º.

Em segundo lugar, a remissão *tout court* para o regime dos efeitos da resolução do contrato e do artigo 289.º do CC parece-nos o resultado da equiparação entre dois institutos com o mesmo *nomen iuris*, embora com naturezas e teleologias bastante distintas.[720]

No que respeita à resolução do contrato, já tivemos a oportunidade de assinalar a dissemelhança em relação ao objecto, estando em causa na resolução civil em geral contratos e na resolução em benefício da massa *actos prejudiciais à massa*.[721] Acresce que, no âmbito da resolução em benefício da massa, estão em causa, em regra, actos já perfeitos, que não estão em execução, ao contrário do que sucede com a resolução civil, em que "pressupondo a perfeição negocial [se] contende com uma inexecução"[722] e em que se "procura apenas eliminar o «vício» de uma relação contratual truncada no seu desenvolvimento."[723] Como refere Brandão Proença, "a resolução, mormente a legal, surge motivada por factores supervenientes e exteriores ao próprio «corpo» negocial, que geram situações violadoras da disciplina contratual originária (...) ou estados de desequilíbrio entre as prestações (...)", tutelando "o duplo interesse liberatório-recuperatório" e permitindo "ao contraente adimplente (ou com aptidão para tal) uma nova composição contratual."[724]

Ora, à partida, a resolução em benefício da massa distancia-se da resolução civil[725] por, em primeiro lugar, como acontece relativamente à impugnação pauliana, dar origem à "secundarização da primitiva relação credor-devedor (a relação essencial da resolução no momento da «tur-

---

da verificação de factos impeditivos da produção dos efeitos do negócio objecto de resolução." Também LEÓN, *loc. cit.*, p. 1299.

[720] LEÓN, *loc. cit.*, p. 1331, assinala igualmente a não coincidência entre o regime das "acciones rescisorias" previstas na *Ley Concursal* e as do CC, que se deve "a las implicaciones de la satisfacción colectiva de los acreedores concursales, según el principio de paridad de trato, en la ordenación de los efectos de las acciones rescisorias concursales".

[721] *vide supra*, pp. 127 *ssq*.

[722] BRANDÃO PROENÇA, *op. cit.*, p. 24.

[723] IDEM, *ibidem*, p. 32.

[724] IDEM, *ibidem*, pp. 64-65

[725] Conforme assinalado por GRAVATO MORAIS, *op. cit.*, pp. 190-191.

bação» e da «liquidação» resolutiva)" e ao "aparecimento de uma relação dominante credor-terceiro adquirente susceptível de se transformar numa relação triangular credor-terceiro-devedor,"[726] e por, em segundo lugar, visar, também no que respeita à resolução em benefício da massa, "a «crítica», [pelos credores], de um comportamento positivo ou negativo do devedor que é causa directa e imediata da «lesão da consistência prática do direito de execução»,"[727] que neste caso se traduz na situação de insolvência e na impossibilidade de satisfação do interesse dos credores. Com efeito, o acto é resolúvel em benefício da massa na medida em que, na data em que foi praticado, se considera que, pela sua natureza e pelas circunstâncias em que foi realizado, lesou a satisfação dos interesses da totalidade dos credores na situação actual de insolvência e de concurso universal. Não se trata aqui de uma vicissitude na relação contratual, mas da prevalência de um interesse maior, por força da insolvência, e que é a protecção dos credores, em respeito pelo princípio da *par conditio creditorum*.[728]

Por conseguinte, o sentido da eficácia retroactiva entre as partes, concretizada numa "relação de liquidação"[729] no âmbito da resolução civil, tem de ser distinto do sentido da eficácia retroactiva prevista no artigo 126.º. Daí que, seguindo o entendimento de Francisco León,[730] "La finalidad de la protección de los acreedores justifica un tratamiento normativo específico de los efectos de la declaración de ineficacia del acto que se rescinde".

Assim, importa reter o que de essencial se visa com a resolução em benefício da massa, interpretando o disposto no artigo 126.º de acordo com a sua finalidade: a resolução visa que o prejuízo causado à garantia patrimonial dos credores, pela prática dos actos identificados nos artigos 120.º e 121.º, seja eliminado e que possam estes ser satisfeitos com o acervo de bens e direitos integrantes da garantia reconstituída.[731] Essa reconstituição

---

[726] Brandão Proença, *op. cit.*, p. 58.
[727] Idem, *ibidem*, p. 57.
[728] Trata-se de mais um argumento a acrescer à previsão do regime de inoponibilidade para fundamentar a proximidade com a figura da impugnação pauliana, *cf.* Menezes Leitão, *Direito da Insolvência*, p. 204; Idem, *Código da Insolvência e da Recuperação de Empresas Anotado*, ad 124.º, p. 153.
[729] Brandão Proença, *op. cit.*, p. 160.
[730] León, *loc. cit.*, p. 1330.
[731] Gravato Morais, *op. cit.*, p. 47, refere que "A finalidade prosseguida é, pois, a da reintegração no património do devedor (ou melhor da massa insolvente) para efeito de satisfazer os direitos dos credores."

não deixa de equivaler à reversão à massa dos bens e direitos saídos indevidamente, à imagem do que sucedia no âmbito do Código Civil de 1962 e do CPEREF, sendo que se considerava que os actos eram ineficazes.[732]

Por isso, parece-nos que a retroactividade prevista no n.º 1 do artigo 126.º também não se pode considerar total, como acontecia no âmbito do direito pretérito,[733] pretendendo-se uma " «liquidação» adequada à própria finalidade normal (ou funcionalidade) do direito."[734] o restabelecimento da garantia patrimonial dos credores. Por conseguinte, parece-nos que, também no CIRE, estamos perante uma forma de ineficácia *stricto sensu* relativa.

Vejamos em pormenor a efectivação da eficácia *ex tunc*.

---

[732] A respeito do CPC de 1961, MARIA DO PATROCÍNIO DA PAZ FERREIRA, *Impugnação Pauliana – Aspectos Gerais do Regime*, p. 166 (167), referia que "é dele [do meio técnico da ineficácia] que a lei se socorre sempre que apenas pretende subtrair aos efeitos prejudiciais de um determinado negócio aqueles que poderiam ser por ele atingidos, em virtude de serem titulares de um direito que considera prevalente./ É o que nomeadamente sucede na falência e na insolvência: os actos praticados pelo falido ou pelo insolvente não são inválidos; apenas não podem produzir os seus efeitos sobre a massa enquanto não forem atingidos os objectivos institucionais da falência. (...) para proteger os interesses dos credores perante actos do devedor que provocam a sua insolvência ou agravam a insolvência pré-existente, apenas havia que tornar irrelevantes esses actos em relação aos credores que por eles poderiam ser prejudicados." A mesma Autora (*op. cit.*, pp. 192-193), a propósito da análise da impugnação pauliana exercida nos termos do artigo 1201.º do CPC de 1961, considerava que "contrariamente ao que sucede na impugnação pauliana individual, esses efeitos irão aproveitar a todos os credores, anteriores ou posteriores, em virtude do princípio do tratamento igualitário dos credores. Para atingir este objectivo, imposto pela própria natureza dos processos colectivos de execução, não é necessário que se destruam os efeitos do acto, sendo suficiente que o valor obtido na execução que se segue à procedência da impugnação reverta para a massa." Relativamente ao CPEREF, CURA MARIANO, *op. cit.*, pp. 90-91: "esta reversão do bem à massa falida não significava uma invalidação do negócio impugnado, uma vez que este não sofria de qualquer vício na sua formação ou execução que justificasse tal sanção. (...)/ Daí que se pudesse dizer que também os efeitos da impugnação colectiva se inseriam na categoria de simples ineficácia *stricto sensu* dos negócios jurídicos, em que um obstáculo exterior se opunha à produção de alguns efeitos jurídicos do negócio jurídico afectado. O obstáculo era igualmente o interesse da preservação da garantia patrimonial dos credores dos intervenientes nesse negócio que importava tutelar. O efeito indirecto neutralizado era o da subtracção dos bens negociados à possibilidade deles poderem ser utilizados na satisfação dos interesses dos credores./ Esta ineficácia, tal como na impugnação individual, também era parcial, porque apenas exigia a reversão do bem, na medida em que se revelasse necessário para satisfazer os interesses do credor reagente. Mas já não era relativa, mas sim absoluta, porque funcionava relativamente a todos os credores reconhecidos no processo de insolvência."

[733] CURA MARIANO, *op. cit.*, p. 91.
[734] BRANDÃO PROENÇA, *op. cit.*, p. 165.

4.2.1 Reconstituição pelo terceiro

Nos termos conjugados dos n.ᵒˢ 1 e 3 do artigo 126.º, o terceiro encontra-se obrigado a restituir à massa a prestação recebida ou a apresentar o correspondente valor, quando a restituição *in natura* não for possível.[735] Será o caso, por exemplo, de o bem ter sido transmitido a terceiro de boa fé, nos termos do artigo 124.º.

Da leitura de todo o artigo 126.º resulta que o preceito está pensado para negócios jurídicos bilaterais ao determinar a obrigação de restituição do objecto prestado (muito devido à equiparação com a resolução civil). No entanto, esta *restituição* deve ser interpretada em sentido amplo, adaptando-se ao tipo de acto susceptível de resolução, nos termos dos artigos 120.º e 121.º, e como decorrência do n.º 1 do artigo 126.º e da necessária reconstituição da situação que existiria se o acto não tivesse sido praticado.

Poder-se-ia dizer que o artigo 126.º ajuda na delimitação do objecto da resolução em benefício da massa, afastando, por exemplo, a resolução de omissões.[736] No entanto, tal argumento não merece acolhimento nem parece ser decisivo para o encurtamento da extensão do artigo 120.º.

Em primeiro lugar, no seguimento de Vaz Serra,[737] o conceito de restituição deve ser interpretado em sentido amplo, admitindo as situações em que, ao invés de existir uma prestação a restituir, se pretende negar a eficácia do acto: "É o que se dá quando este se traduzir simplesmente

---

[735] À imagem do § 143 da *InsO*. Pretende-se, por esta via, reconstituir o património do devedor, colocando-o na mesma situação em que se encontrava antes da celebração do negócio prejudicial, através de uma acção de restituição para as situações em que a restituição em espécie é possível ou de uma acção de indemnização, *cf.* Braun, *op. cit.*, pp. 288-289. A prova da impossibilidade de restituição do bem cabe à contraparte.
Na *Ley Concursal*, os n.ᵒˢ 1 e 2 do artigo 73.º determinam a condenação do terceiro à restituição do bem, incluindo os respectivos frutos e juros, ou ao pagamento do valor do bem quando saiu do património do devedor, acrescido de juros. Encontrando-se o terceiro de má fé, está igualmente obrigado a indemnizar os danos e prejuízos sofridos pela massa insolvente. León, *loc. cit.*, p. 1332. Também Manuel Díaz Martínez e Santiago Iglesias Escudero, "Las acciones de reintegración y la constitución de garantías hipotecarias a favor de entidades de crédito: una excepción al régimen general", *Revista de Derecho Concursal e Paraconcursal* XVI (2012), p. 221.
[736] Neste sentido, Menezes Leitão, *Direito da Insolvência*, p. 205; Idem, *Código da Insolvência e da Recuperação de Empresas Anotado*, ad 120.º, n. 4, e 126.º, n. 2, pp. 150 e 154; Carvalho Fernandes e Labareda, *op. cit.*, ad 126.º, n. 3, p. 541.
[737] Vaz Serra, *loc. cit.*, p. 296.

em relações obrigacionais entre o devedor e o terceiro: constituição de uma obrigação, fiança, remissão de dívida em favor de terceiro, *etc.*" É o que acontece nas "relações de cariz meramente obrigacional".[738] Por esta razão, Gravato Morais defende que "a restituição deve, nalguns casos, ser entendida «cum grano salis»,"[739] acrescentando os exemplos da celebração de um contrato-promessa e de uma hipoteca.

No caso concreto das garantias, resolvido o respectivo negócio constitutivo, o crédito deixa de estar onerado e é convertido em crédito comum.[740] A resolução da garantia não é meramente relativa, sendo produzidos efeitos relativamente a todos os credores e não apenas em relação ao credor garantido.[741] A resolução em benefício da massa de uma garantia produzirá efeitos positivos para os restantes credores: (i) é eliminado um crédito garantido, o que beneficia outros credores garantidos sobre o mesmo bem e mesmo os restantes credores; (ii) o bem fica desonerado.[742]

---

[738] GRAVATO MORAIS, *op. cit.*, p. 183.
[739] IDEM, *ibidem*.
[740] PAJARDI, *op. cit.*, p. 165.
[741] A respeito da hipoteca, SERRA RODRÍGUEZ, *loc. cit.*, p. 410, refere que "La hipoteca queda revocada, se extingue, con las subsiguientes consecuencias registrales, dejando libre el bien sobre el que recaía, que queda así «reintegrado» en la massa activa, aunque no se recupera en sentido estricto, al no haber salido del patrimonio salvo supuestos de transmisión fiduciaria en garantía."
[742] EADEM, *ibidem*. A este respeito, suscitam-se duas questões: em primeiro lugar, como se enquadra o crédito de que a garantia era acessória, quando se trata de uma hipoteca em garantia de dívidas próprias; em segundo lugar, o que acontece às vantagens patrimoniais que o credor garantido concedeu ao devedor em contrapartida pela constituição da garantia, *cf.* SERRA RODRÍGUEZ, *loc. cit.*, p. 410.
Quanto à primeira questão, o crédito será convertido em crédito comum e devidamente reconhecido nessa qualidade. O crédito não passou a surgir com a resolução em benefício da massa. Pelo contrário, tanto já existia que serviu de base à constituição da garantia. Por conseguinte, é de qualificar como crédito da insolvência e não como crédito da massa. Nesta situação, CARRASCO PERERA, *Los Derechos de Garantía en la Ley Concursal*, Madrid, 2004, p. 345 (*apud* SERRA RODRÍGUEZ, *loc. cit.*, pp. 410-411), defende que "es preferible para el acreedor que se rescinda el préstamo hipotecario, pues al menos la restituición de lo recibido sí será deuda de la masa, al nacer de la rescisión postconcursal, no del préstamo preconcursal." Relativamente à segunda, importa distinguir entre garantias constituídas em simultâneo com os créditos e garantias constituídas relativamente a créditos preexistentes. Na primeira situação, será difícil identificar a contraprestação inerente à constituição da garantia, atendendo a que a garantia foi constituída como causa de outro contrato, a ela subjacente. O crédito resultante desse contrato já está reconhecido no processo de insolvência, pelo que neste caso não haverá outra prestação a restituir. Já no caso de garantias constituídas relativamente a

No caso da constituição de uma obrigação, a reconstituição da situação anterior poderia passar pela exclusão do credor da lista de credores. Poderia ser uma consequência justa, na medida em que o terceiro não contribui para o aumento do património do falido.[743] No entanto, não se pode esquecer que esse terceiro é, efectivamente, um credor do insolvente e terá de reaver aquilo que prestou. Sendo que, na grande maioria das situações, o processo de insolvência é o último momento para a satisfação dos créditos dos credores, ainda que de forma parcial, seria contrário ao Direito e aos imperativos de justiça impedir que o terceiro integrasse o concurso universal.[744] Afinal, este, mesmo agindo de má fé, teria injustificadamente uma sanção pior do que os restantes terceiros intervenientes em actos resolvidos em benefício da massa.

Em segundo lugar, face à amplitude do objecto da resolução (actos prejudiciais à massa) nos termos já analisados,[745] poderão ser objecto de resolução outros actos que não se enquadrem em negócios jurídicos bilaterais e que se não insiram no tipo de actos referido anteriormente: é o caso das omissões. Nestes casos, a restituição deve ser interpretada no sentido preciso de reconstituição à situação que existiria se o devedor tivesse decidido agir: ao momento da opção.[746] Ao contrário do que vem sendo referido por parte da doutrina,[747] a resolução de omissões não passaria por ficcio-

---

dívidas pré-existentes, tendo sido oferecida alguma vantagem pelo credor ao devedor pela constituição da garantia, deverá entender-se que, com a resolução em benefício da massa, nasce o direito à contraprestação correspondente a esse benefício, que se pode ter traduzido na concessão de uma moratória ou no perdão de parte da dívida. Esse crédito deverá ser, então, qualificado como crédito da massa, cf. SERRA RODRÍGUEZ, loc. cit., p. 411.
No caso de a garantia já ter sido executada, o administrador da insolvência resolverá o contrato de garantia e poderá ocorrer uma de duas situações: ou o bem é restituído à massa, desonerado, provando-se a má fé dos terceiros adquirentes, nos termos do artigo 124.º do CIRE, ou exigir-se-á a restituição à massa das quantias recebidas pelo credor garantido pela execução da garantia, encontrando-se os adjudicatários do bem de boa fé e protegidos, nos termos do mencionado artigo 124.º do CIRE, cf. SERRA RODRÍGUEZ, loc. cit., pp. 411-412.

[743] PAJARDI, op. cit., p. 133.
[744] IDEM, ibidem, p. 134.
[745] vide supra, pp. 139 ssq.
[746] Neste sentido, PAIS DE VASCONCELOS, loc. cit., p. 205: "Nestes casos, a 'resolução' da omissão só pode consistir na prática do acto, mesmo depois de esgotado o respectivo prazo. O efeito preclusivo normal é afastado por preceito especial. Assim se impede que constitua um facto consumado (uma omissão consumada)."
[747] MENEZES LEITÃO, Direito da Insolvência (5.ª ed.), p. 200, refere que "A resolução de uma omissão implicaria considerar-se praticado o acto omitido, o que teria como resultado poder-se

nar que o acto esperado tivesse sido praticado e que, desde então, tivessem sido produzidos os correspondentes efeitos. Passa antes por permitir ao administrador da insolvência a prática do acto esperado, eliminando, assim, o prejuízo que resultou para os credores da sua omissão. Trata-se, simplesmente, de regressar ao momento em que o devedor ainda podia exercer o direito em causa, não podendo o terceiro opor as consequências que resultaram da omissão do devedor.[748]

Assim, no âmbito dos poderes de administração e de disposição transmitidos para o administrador de insolvência nos termos do artigo 81.º, em que não se enquadrava o poder de praticar esse acto em concreto por força do decurso do prazo para o seu exercício, o efeito da resolução passaria por conferir esse poder ao administrador da insolvência: o exercício de um direito prescrito, como um direito de preferência, o exercício do direito de execução específica de um contrato, uma intervenção processual num processo ainda em curso.[749]

Como anteriormente analisado, o exercício do direito à resolução em benefício da massa de omissões apenas pode ser feito mediante acção judicial, sendo que, nessa acção, o administrador da insolvência peticionará a reconstituição da situação que existiria caso o direito não tivesse sido objecto de preclusão, bem como a produção dos efeitos do acto esperado mas omitido. A sentença, de natureza constitutiva, nos termos da al. c) do n.º 3 do artigo 10.º do CPC, determinará a produção dos efeitos pretendidos e condenará a contraparte em conformidade. Poderá também, caso o pedido seja nesse sentido, fixar um prazo para o exercício do respectivo direito, sob pena de este precludir após o decurso desse prazo, em cumprimento do princípio do pedido (artigo 3.º, n.º 1 do CPC).

Poder-se-ia contrapor a esta ideia o facto de a extinção do efeito preclusivo normal por em causa os princípios da segurança e da certeza jurídicas, podendo afectar direitos de terceiros já constituídos. No entanto,

---

alterar toda a situação patrimonial do insolvente, ficcionando-se retroactivamente a prática de actos que ele não realizou, o que é excessivo."
[748] Vaz Serra, *loc. cit.*, p. 253; Cura Mariano, *op. cit.*, p. 121.
[749] Trata-se da mesma possibilidade que é conferida em sede de impugnação pauliana, quando a sub-rogação já não é possível, *cf.* Vaz Serra, *loc. cit.*, pp. 252-254; Cura Mariano, *op. cit.*, pp. 120-122. No caso específico das intervenções processuais, caso tenha sido proferida sentença com trânsito em julgado, apenas será de admitir a apresentação de recurso de revisão, com fundamento em simulação processual, nos termos da al. g) do artigo 696.º do CPC: *cf.* Cura Mariano, *op. cit.*, p. 113.

recordemos que, para a resolução operar, é necessário a demonstração da má fé do terceiro e dos transmissários, nos termos do n.º 4 do artigo 120.º e do artigo 124.º. A má fé do terceiro destrói a necessidade da sua tutela pelo ordenamento jurídico, pelo que não parece colocar-se qualquer obstáculo, também do ponto de vista dos efeitos, à resolução de omissões.[750]

Assim sendo, após o exercício do direito pelo administrador da insolvência, o terceiro estará vinculado a agir ou a prestar, de acordo com o tipo de acto em causa, sem poder excepcionar qualquer efeito preclusivo.

Por fim, a obrigação de restituição do terceiro variará segundo o acto tenha sido praticado a título gratuito ou oneroso, de boa ou má fé, uma vez que, nos termos do n.º 6 do artigo 126.º, o adquirente a título gratuito de boa fé apenas se encontra obrigado a restituir na medida do seu enriquecimento.

A doutrina portuguesa tem assinalado a falta de justificação do disposto no n.º 6 do artigo 126.º, que cria uma situação de injustiça relativamente aos adquirentes a título oneroso de boa fé.[751] Eberhard Braun[752], a respeito de preceito equivalente na *InsO* (§ 143.º, 2), refere que se trata de um privilégio atribuído aos adquirentes a título gratuito, sem, no entanto, se pronunciar quanto ao fundamento do regime. No artigo 73.º da *Ley Concursal* não se estabelece qualquer regime especial para os adquirentes a título gratuito, ainda que Francisco León[753] comente que "En los actos a título gratuito, podría pensarse que quedase obligado a devolver a la masa únicamente aquello en que se hubiera enriquecido." Pensamos que dificilmente se coaduna este preceito com a resolução de actos gratuitos, uma vez que, nestes casos, o indício de prejuízo é de tal forma grave que se presume sempre *iuris et de iure*, não sendo necessária a verificação do requisito da má fé (uma vez que o período suspeito é de dois anos, tal como no n.º 1 do artigo 120.º). Pensamos apenas que este regime possa justificar-se por a massa insolvente não estar obrigada a qualquer restituição no caso dos actos praticados a título gratuito e resolvidos em benefício da massa, de forma diversa ao que acontece com os actos a título oneroso.

---

[750] Tal como defendido por PAIS DE VASCONCELOS, *loc. cit.*, pp. 204-205.
[751] MENEZES LEITÃO, *op. cit.*, pp. 205-206; IDEM, *Código da Insolvência e da Recuperação de Empresas Anotado*, ad 126.º, n. 5, p. 155; CARVALHO FERNANDES e LABAREDA, *op. cit.*, ad 126.º, n. 7, p. 542; SERRA, *op. cit.*, p. 110.
[752] BRAUN, *Commentary on the German Insolvency Code*, ad § 143.º da *InsO*, n. 4, p. 289.
[753] LEÓN, *loc. cit.*, p. 1332.

Caso a obrigação de restituição não seja cumprida pelo terceiro, dispõe o n.º 2 do artigo 126.º que o administrador da insolvência pode apresentar acção judicial para efectivar a reconstituição da situação que existiria caso o acto não tivesse sido praticado, quer *in natura*, quer pelo valor correspondente, bem como para efectivar as consequências previstas no n.º 3 do artigo 126.º. A acção pode ser apresentada contra o obrigado à restituição (o terceiro que participou ou aproveitou directamente do acto e os transmissários previstos no artigo 124.º) e tem carácter urgente.[754]

Daqui resulta que, quando a resolução é efectuada pela via extrajudicial, não constitui título executivo que permita ao administrador da insolvência agir directamente sobre o património do terceiro.[755] O administrador da insolvência, ainda que tenha legitimidade para fazer operar a resolução em benefício da massa sem recurso a uma acção judicial, não tem legitimidade para agir directamente sobre a esfera jurídica do terceiro e para tornar efectivos os efeitos previstos no artigo 126.º do CIRE.

No seguimento da nossa análise relativamente à forma de efectivação do direito de resolução (extrajudicial ou judicial), entendemos que, ao contrário do que defendem Menezes Leitão[756] e Gravato Morais[757], não estamos perante uma acção de condenação em que o pedido se limita à condenação do terceiro à restituição. A acção a que se refere o n.º 2 do artigo 126.º deve ter os seguintes pedidos cumulativos: o pedido de reconhecimento do direito de resolução em benefício da massa e um pedido de condenação dos correspondentes efeitos. Em primeiro lugar, esta acção pode constituir o meio adoptado pelo administrador da insolvência para exercer o direito à resolução em benefício da massa nos termos dos artigos 120.º e 121.º, razão por que deverão ser formulados ambos os pedidos.[758] Em segundo lugar, mesmo que a forma adoptada tenha sido a extrajudicial, os pedidos

---

[754] Gravato Morais, *op. cit.*, pp. 184-185; Carvalho Fernandes e Labareda, *op. cit.*, ad 126.º, n. 4, p. 541; Menezes Leitão, *Direito da Insolvência*, p. 205; Idem, *Código da Insolvência e da Recuperação de Empresas Anotado, ad* 126.º, n. 3, p. 155.

[755] No CIRE não se prevê qualquer disposição especial que confira exequibilidade à carta com aviso de recepção enviada pelo administrador de insolvência para resolver um determinado acto nos termos dos artigos 120.º e 121.º do CIRE. Por conseguinte, a carta não constitui título executivo contra o terceiro, nos termos do artigo 703.º, alínea d) *a contrario* do CPC.

[756] Menezes Leitão, *Código da Insolvência e da Recuperação de Empresas Anotado, ad* 126.º, n. 3, p. 155.

[757] Gravato Morais, *op. cit.*, pp. 185-186.

[758] Prata, Morais Carvalho e Simões, *op. cit.*, *ad* 126.º, n. 3, p. 375.

deverão ser idênticos, uma vez que poderão subsistir vícios de conhecimento oficioso, que se não sanam no ordenamento jurídico por força do não exercício do direito de impugnação previsto no artigo 125.º: é o caso da nulidade da comunicação resolutiva por falta de fundamentação ou por inexistência do direito ao exercício da resolução.[759] Será sempre necessário um juízo de *acertamento* pelo juiz relativamente ao direito invocado.

Sendo proferida decisão de mérito favorável e permanecendo o terceiro em incumprimento, este ficará sujeito à sanção preventiva e repressiva consagrada no n.º 2 do artigo 771.º do CPC,[760] que inclui a sujeição a procedimento criminal, e poderá ser demandado pela massa insolvente nos termos gerais da responsabilidade civil.[761]

4.2.2 Reconstituição pela massa

O reverso da obrigação de restituição que recai sobre o terceiro é a obrigação de a massa insolvente reconstituir a situação que existiria se o acto não tivesse sido praticado ou omitido.

Os n.ºs 4 e 5 do artigo 126.º disciplinam a obrigação de *restituição* a cargo da massa insolvente, o que literalmente só abarca os negócios jurídicos bilaterais que impliquem um dever de prestar para a massa insolvente. Nessa medida, haverá que realizar a mesma adaptação a que se fez referência a respeito da obrigação de reconstituição pelo terceiro.

Nos termos dos preceitos identificados, a restituição *in natura* do objecto prestado pelo terceiro tem lugar exclusivamente nas situações em que se possa identificar e separar o bem em causa do acervo de bens que cons-

---

[759] O que é, aliás, reconhecido por MENEZES LEITÃO, *op. cit.*, *ad* 125.º, n. 4, p. 154.
[760] Dispõe o mencionado preceito:
1) *Quando solicitado pelo agente de execução, o depositário é obrigado a apresentar os bens que tenha recebido, salvo o disposto nos artigos anteriores.*
2) *Se o depositário não apresentar os bens que tenha recebido dentro de cinco dias e não justificar a falta, é logo ordenado pelo juiz arresto em bens do depositário suficientes para garantir o valor do depósito e das custas e despesas acrescidas, sem prejuízo de procedimento criminal.*
3) *No caso referido no número anterior, o depositário é, ao mesmo tempo, executado, no próprio processo, para o pagamento do valor do depósito e das custas e despesas acrescidas.*
4) *O arresto é levantado logo que o pagamento esteja feito, ou os bens apresentados, acrescidos do depósito da quantia de custas e despesas, que é imediatamente calculada.*
[761] CARVALHO FERNANDES e LABAREDA, *op. cit.*, *ad* 126.º, n. 5, p. 541; GRAVATO MORAIS, *op. cit.*, pp. 186-187.

tituem a massa insolvente. Caso contrário, a massa ficará obrigada a restituir o valor correspondente, que constituirá dívida da massa na medida do respectivo enriquecimento à data da declaração de insolvência e dívida da insolvência quanto ao eventual remanescente (n.º 5).[762]

É neste âmbito que se exige a conciliação com o disposto na al. e) do artigo 48.º, que determina que o eventual crédito sobre a insolvência que resulte para terceiro de má fé após o exercício do direito de resolução pelo administrador da insolvência seja classificado como crédito subordinado.

Este regime assemelha-se ao estatuído no artigo 73.º da *Ley Concursal*: o crédito que resultou para o terceiro é qualificado como crédito sobre a massa e deve ser satisfeito simultaneamente à restituição por parte do terceiro.[763] A este respeito, Manuel Díaz Martínez e Santiago Iglesias Escudero[764] referem que o terceiro de boa fé beneficia de um género de excepção de não cumprimento, uma vez que a satisfação do seu crédito constitui "condición de exigibilidad" da obrigação de restituição que sobre si recai. Mais referem que desta forma se superou uma posição censurável defendida na jurisprudência espanhola ao abrigo do direito anterior que determinava que, em consequência da nulidade dos actos ou contratos, o terceiro, mesmo de boa fé, estava vinculado a reintegrar a massa, sem que lhe tivesse de ser restituída a prestação por si efectuada e qualificando-se o seu crédito como crédito concursal e não da massa, "lo que suponía un enriquecimiento injusto de la masa activa". Os terceiros qualificados como de má fé vêem o seu crédito ser qualificado como crédito subordinado (artigos 73.º, 92.º e 158.º da *Ley Concursal*).[765]

No Direito Alemão, o § 143 da *InsO* determina a obrigação de restituição pelo terceiro à massa insolvente, nos termos do regime do enriquecimento sem causa, sem, no entanto, especificar os termos da obrigação da massa.

Pelo contrário, no artigo 71.º da *Legge Fallimentare* estabelece-se que o terceiro que restituir o que tiver recebido é admitido ao passivo falimen-

---

[762] Para CARVALHO FERNANDES e LABAREDA, *op. cit.*, ad 126.º, n. 6, p. 541, "Se tivermos presente o regime de pagamento destas duas modalidades de dívidas, facilmente se compreende que a preocupação do legislador foi a de assegurar o regime mais favorável ao terceiro quanto ao que, na prestação, por ele feita e que deva ser reconstituída, constituir enriquecimento da massa."
[763] LEÓN, *loc. cit.*, pp. 1332-1333.
[764] DÍAZ MARTÍNEZ e IGLESIAS ESCUDERO, *loc. cit.*
[765] *Cf.* IIDEM, *ibidem*; LEÓN, *loc. cit.*, p. 1333. Sobre os efeitos das acções rescisórias espanholas, BORJA GARCÍA-ALAMÁN DE LA CALLE, *loc cit.*, pp. 275-276.

tar pelo seu eventual crédito, afastando-se a possibilidade de restituição *in natura*.[766] Nas palavras de Piero Pajardi,[767] "Quanto ha ricevuto il fallito ed è divenuto comunque di sua proprietà non può più uscire dal suo patrimonio, cristallizzato alla dichiriazione di fallimento in forza di questa, quale che sia la sorte del titolo di acquisto: questa è l'ultima trincea della regola della par condicio creditorum". Esta ideia vem justificar o facto de o terceiro, apesar de ter de restituir a prestação que recebeu do devedor, não poder ver ser-lhe restituído *in natura* o objecto por si prestado, inserindo-se no acervo de credores e recebendo na medida da composição da massa insolvente.[768] Bonsignori[769] defende que a ineficácia do acto vale para os terceiros ao acto prejudicial (os credores ou outros terceiros de boa fé) e não para as partes, *i.e.*, para o devedor agora insolvente e para o terceiro que participou ou que beneficiou do acto resolúvel. Na medida em que se trata de uma retroactividade meramente obrigacional, o Autor defende o afastamento da possibilidade de restituição *in natura* e da qualificação do crédito como sendo crédito da massa, que rejeita.

É inegável que a opção do legislador português se afasta da opção do legislador italiano, aproximando-se do regime do Direito Espanhol. O terceiro ou recebe directamente o bem ou é satisfeito com prioridade em relação aos credores da insolvência, por ser, na grande medida da prestação, considerado credor da massa. Parece-nos que resulta da lei a remissão implícita para o regime do enriquecimento sem causa consagrado na lei civil, nomeadamente o disposto nos artigos 479.º a 481.º do CC,[770] consi-

---

[766] A admissão do crédito da contraparte ao passivo resultada do regime do CPEREF. Nos termos do n.º 3 do artigo 159.º, "No caso de a contraparte ter direito a restituição, é o seu valor considerado como crédito comum."

[767] PAJARDI, *op. cit.*, p. 132.

[768] IDEM, *ibidem*, p. 135, referindo uma cristalização do património do devedor aquando da declaração de insolvência: "«Tutto» deve essere restituito al patrimonio del fallito in favore dei creditori mentre da questo patrimonio «nulla» può uscire se non in forma concorsuale e com le modalità delle eventuali falcidie relative."

[769] BONSIGNORI, *loc. cit.*, pp. 460-462.

[770] Sobre o enriquecimento sem causa, vide MENEZES LEITÃO, *O Enriquecimento sem causa no Direito Civil* (Dissertação de Doutoramento em Ciências Jurídicas na Faculdade de Direito da Universidade de Lisboa), *Cadernos de Ciência e Técnica Fiscal* CLXXVI (1996); IDEM, *Direito das Obrigações*, vol. I, pp. 427-505; MENEZES CORDEIRO, *Tratado de Direito Civil*, vol. VIII (Direito das Obrigações), Coimbra, Almedina, 2014ʳ, pp. 137-283; ALMEIDA COSTA, *op. cit.*, pp. 489-516; ANTUNES VARELA, *op. cit.*, vol. I, pp. 470-518.

derando-se que a massa tem um enriquecimento indevido quando, recebendo a prestação do terceiro, permanece com a contraprestação.

No entanto, considerando os princípios subjacentes à resolução em benefício da massa e a sua finalidade, parece-nos que o regime instituído no artigo 126.º não se revela justo, sobretudo no que diz respeito à posição dos credores em confronto com a dos terceiros.

É inquestionável que o acto praticado é válido, apenas se questionando a sua eficácia e os seus limites. Por conseguinte, o acto produziu efeitos na esfera jurídica do devedor, na esfera jurídica do credor (terceiro), na esfera jurídica dos credores do devedor, na esfera jurídica dos credores do terceiro e na esfera jurídica dos subadquirentes, determinando a cristalização dos bens que compreendem o património do devedor para que possam satisfazer os credores. Parece-nos que esta cristalização dos bens que compreendem a massa insolvente ocorre não apenas por força da perda pelo devedor dos seus poderes de administração, nos termos do artigo 81.º, mas, sobretudo, por imperativo do princípio da igualdade dos credores. A distribuição do património, depois do pagamento das dívidas da massa, nos termos do n.º 1 do artigo 172.º, e da satisfação dos credores garantidos, de acordo com o disposto nos artigos 174.º e 175.º, será feita na proporção dos créditos dos credores comuns, em cumprimento do princípio da *par conditio creditorum*, conforme resulta do artigo 176.º. Satisfeitos estes créditos, seguem-se os créditos subordinados, nos termos do artigo 177.º. Agora, importa perceber que fundamento legitima que o terceiro participante no acto seja tratado como credor da massa, uma vez que este vem a ser favorecido em relação aos credores em benefício dos quais se exerceu a acção.

Poder-se-á dizer que se verifica um enriquecimento ilegítimo da parte da massa, atendendo a que esta é obrigada à reconstituição da situação que existiria se não tivesse sido praticado o acto, *i.e.*, é obrigada a restituir o que prestou. Se não tivesse ocorrido o acto, no património do devedor encontrar-se-ia apenas o objecto restituído pelo terceiro, não já a sua contraprestação.

No entanto, embora a lei se tenha encaminhado nesse sentido, não poderemos olvidar que, em primeiro lugar, o acto praticado teve uma causa, e uma causa lícita, e que, por força da prevalência do interesse dos credores e do princípio da igualdade, deixou de produzir alguns dos seus efeitos (veja-se o artigo 124.º). Em segundo lugar, a reconstituição à situação que existiria, nos termos que parecem decorrer do artigo 126.º, em rigor já não é possível, uma vez que o sujeito da relação jurídica, que era o devedor, deixou de o ser, encontrando-se agora numa situação de insolvência. A obrigação de restituição ao terceiro não afecta apenas a esfera jurídica do devedor, mas, sobretudo, a dos credores.

Nessa medida, parece-nos que o sistema italiano é mais justo, porque chama todos os intervenientes a participar nas perdas e nos prejuízos causados pela insolvência, em situação de igualdade. Na verdade, também o terceiro foi credor do devedor, com a diferença de que foi integralmente satisfeito (passando a ser um terceiro). Ao que acresce que participou num acto prejudicial. Não se revela justo impor apenas aos credores (que também eles estão empobrecidos em relação à massa porque não receberam ainda a sua contraprestação) o sacrifício da insolvência.

Por conseguinte, entendemos que não existe qualquer diferença que legitime um tratamento desigual entre sujeitos que se relacionaram com um devedor insolvente. Embora o acto seja resolvido na pendência da insolvência, os seus efeitos repercutem-se num momento passado, em que o devedor ainda era solvente e capaz de cumprir. Com este regime, os terceiros de boa fé serão colocados em melhor posição do que os credores de boa fé que contrataram com o devedor e que não causaram prejuízo aos seus pares. O princípio da *par conditio creditorum* é igualmente lesado, uma vez que os terceiros conseguem, através dos efeitos da resolução em benefício da massa, satisfazer-se em primeiro lugar do que os restantes credores, aqui, sim, sem título legítimo.

4.3 Encerramento do processo de insolvência e novo processo de insolvência – vicissitudes e consequências

De acordo com o disposto na al. a) do n.º 2 do artigo 233.º, o encerramento do processo de insolvência que ocorra antes do rateio final determina a ineficácia das resoluções em benefício da massa iniciadas pelo administrador da insolvência, excepto se tiver sido atribuída competência ao administrador da insolvência para a defesa nas acções dirigidas à sua impugnação, nos casos em que tenha decorrido o prazo de caducidade previsto no artigo 125.º e quando tenha transitado em julgado decisão judicial que tenha julgado improcedente a acção de impugnação.

No seguimento das nossas conclusões nos pontos anteriores, esta norma deverá ser objecto de interpretação extensiva, incluindo igualmente no cômputo das excepções a decisão transitada em julgado que tenha reconhecido o direito à resolução e condenado nos respectivos termos.

A ineficácia prevista neste preceito deverá ser considerada apenas para efeitos do processo de insolvência encerrado. Entendemos que, em caso de novo processo de insolvência do mesmo devedor iniciado com fundamento na al. f) do n.º 1 do artigo 20.º (incumprimento de obrigações previstas num plano de insolvência ou num plano de pagamentos), poderão estar sujeitos a resolução em benefício da massa actos relativamente aos quais tivesse sido exercido o direito de resolução (fora os casos excepcionalmente previstos na al. a) do n.º 2 do artigo 233.º), por força da ineficácia decorrente do encerramento sem rateio.

5. Fundamento da Resolução em Benefício da Massa – processual ou substantivo

O estudo das origens da resolução em benefício da massa e da sua relação com a garantia geral das obrigações, através da enunciação de princípios, permitiu-nos caminhar para o conhecimento do fundamento jurídico deste instituto do Direito da Insolvência. A identificação da finalidade do instituto, a conclusão relativamente à amplitude do seu objecto e a análise dos sujeitos afectados pela resolução e dos efeitos que para eles decorrem constituem marcas de identidade de um mecanismo ao serviço da comunidade jurídica, em situações de insolvência.

Seguindo as várias doutrinas identificadas pela doutrina italiana, iremos agora ao encontro do pressuposto jurídico da resolução em benefício da massa.

Sob uma perspectiva estrutural, a resolução em benefício da massa poderia ser entendida como um mecanismo meramente processual, que garantisse a produção dos efeitos da acção executiva, *i.e.*, que tornasse indisponíveis certos bens e que os fizesse retornar ao património, de forma a que fosse possível continuar para as restantes fases do processo executivo da insolvência. Este entendimento foi seguido em Itália relativamente à *revocatoria fallimentare* nos anos trinta do século passado.[771] Neste sentido,

---

[771] ERMANNO BOCCHINI, "Teoria dell'informazione e revocatoria fallimentare", *Rivista di Diritto Civile* LV (2009), p. 122. O Autor identifica como seguidores desta tese Carnelutti e Satta.

não haveria lugar a um entendimento sobre a prejudicialidade como afectação negativa geral de direitos.

Esse entendimento veio a ser desenvolvido posteriormente pelas teorias substantivas, que analisaram os actos prejudiciais não já como actos de natureza processual, mas como actos de natureza substantiva, buscando o fundamento jurídico da resolução em benefício da massa no direito substantivo.[772]

Dentro desta teoria, que veio a tornar-se prevalecente, destacaram-se as seguintes sub-teorias:

5.1 Teoria indemnizatória – dano

De acordo com a teoria indemnizatória, a prejudicialidade corresponde a um dano para os credores, em resultado de uma actuação ilícita do devedor e do terceiro. A resolução em benefício da massa ou institutos equivalentes noutros ordenamentos jurídicos teriam uma função de ressarcimento dos credores pelos actos ilícitos praticados pelo devedor e terceiros com culpa e que geraram um dano de forma causal na esfera jurídica dos credores, nos termos da responsabilidade civil.[773]

Esta teoria, a que se junta a da nulidade dos actos, já se encontra ultrapassada, uma vez que não existe o dever de garantir uma reserva de bens à disposição dos credores para fazer face ao conjunto das dívidas ainda durante a insolvência.[774]

5.2 Teoria da anti-indemnizatória – partilha das perdas

Em oposição à teoria precedente, defendeu-se que o dano não constituía pressuposto objectivo da *revocatoria fallimentare*, não sendo feita pela lei qualquer referência a este conceito. O termo *prejuízo* era apenas utilizado como adjectivo dos actos, não como pressuposto. Para os defensores desta teoria, o fundamento deste instituto estaria no princípio da partilha das perdas, *i.e.*, na ideia de que os efeitos da insolvência deveriam ter consequências não apenas na esfera jurídica dos credores como também na dos

---

[772] IDEM, *ibidem*.
[773] Defenderam esta teoria, entre outros, Ferrara e Provincialli (*cf.* BOCCHINI, *op. cit.*).
[774] BONSIGNORI, *loc. cit.*, pp. 442-443.

terceiros que contrataram com o devedor já em situação de insolvência. Trata-se de uma ideia de redistribuição das perdas resultantes da insolvência do devedor, ou seja, da insuficiência da garantia patrimonial para satisfação dos direitos de todos os credores,[775] segundo o conceito de justiça distributiva do sacrifício.[776] A resolução em benefício da massa serviria, precisamente, como instrumento para redistribuir as perdas resultantes da insolvência.[777] Esta repartição de perdas verifica-se independentemente da existência de um nexo de causalidade entre a perda em si mesma considerada e o acto lesivo.[778]

5.3 Teoria da informação – informação do terceiro

A teoria da informação centra a sua atenção no conhecimento da situação da insolvência pelos terceiros, afastando a teoria anterior e trazendo à colação o princípio da auto-responsabilidade. De acordo com esta teoria, o instituto em análise foi construído não sobre o pressuposto do dano ou do prejuízo para os credores ou para o devedor, mas sobre a ideia de mercado como sistema de informação, visando tutelar o mercado contra a insolvência, não apenas em razão da assimetria informativa, mas também do oportunismo dos agentes envolvidos.[779]

O princípio da auto-responsabilidade traduz-se da seguinte forma: o acto praticado deve apenas deixar de produzir efeitos quando o terceiro conhecia a situação de insolvência do devedor ou não o conhecia, por culpa sua, quando lhe era exigido o contrário. Neste último caso encontra-se o regime dos actos gratuitos e dos actos onerosos considerados anormais nas práticas de mercado.[780]

Para esta teoria, a manutenção dos actos praticados pelo devedor que sejam eventualmente prejudiciais dependerá da prova do conhecimento do estado de insolvência do devedor pelo terceiro, o que implicará verificar se essa falta de conhecimento lhe era imputável, bem como a prova de

---

[775] BOCCHINI, *op. cit.*, pp. 122-123.
[776] PAJARDI, *op. cit.*, p. 136.
[777] MAFFEI ALBERTI, "Il danno nella revocatoria", pp. 151 ssq., apud BONSIGNORI, *loc. cit.*, p. 443.
[778] MAFFEI ALBERTI, *Commentario Breve alla Legge Fallimentare*, p. 131.
[779] BOCCHINI, *op. cit.*, pp. 125, 130.
[780] IDEM, *ibidem*, pp. 130-131.

um contexto de assimetria informativa, sem o qual apenas se poderá concluir que o sujeito aproveitou a informação que tinha para tirar um benefício de forma oportunista.[781]

5.4 Apreciação

Importa referir que, em Portugal, a questão do fundamento da resolução em benefício da massa não tem sido equacionada nos mesmos moldes que em Itália, em cuja doutrina nos sustentámos para apresentar as teorias processualista e substantiva. Maiores desenvolvimentos foram feitos no âmbito do estudo da impugnação pauliana, identificando-se, como possíveis fundamentos, a responsabilidade civil, o enriquecimento sem causa e a colisão de direitos.[782]

De acordo com o que temos referido ao longo deste trabalho, a resolução em benefício da massa, mais do que uma fase processual no âmbito do Direito da Insolvência, constitui um mecanismo de direito substantivo inserido no direito processual da insolvência, que visa reconstituir a garantia patrimonial dos credores (agora *personificada* na massa insolvente), afectando actos e relações jurídicas e protegendo situações jurídicas merecedoras de tutela.[783] É, por conseguinte, de afastar uma tese meramente processualista.

Relativamente às teorias substantivas, e começando pela teoria indemnizatória, fundada na prática de actos ilícitos e numa função de ressarcimento de um dano pela resolução em benefício da massa, parece-nos que esta é também de afastar. Como se disse na doutrina a respeito da impugnação pauliana,[784] também neste caso não se poderá falar em ilicitude, porquanto os actos prejudiciais à massa praticados num período em que o devedor já se encontra em situação de insolvência, mesmo que meramente iminente, não se tornam contrários à lei por afectarem a garantia patrimonial dos credores. Não existe qualquer norma que confira o carác-

---

[781] IDEM, *ibidem*, p. 130.
[782] MENEZES LEITÃO, *Direito das Obrigações*, vol. II, pp. 298-300; IDEM, *Garantias das Obrigações*, pp. 77-80; CURA MARIANO, *op. cit.*, pp. 79-95.
[783] Para Bonsignori, o fundamento da *revocatoria fallimentare* não pertence totalmente ao direito substantivo, nem ao processual, "situandosi invece in quella dimensione intermedia fra diritto e processo" (BONSIGNORI, *loc. cit.*, p. 445).
[784] CURA MARIANO, *op. cit.*, pp. 91-92.

ter de ilícito à não manutenção pelo devedor do seu património, de molde a garantir a satisfação dos credores, ou que atribua essa qualificação aos actos que contribuem para que o devedor se encaminhe para uma situação de insolvência. Aliás, a única forma de sanção para o devedor no âmbito do processo de insolvência é a qualificação da insolvência como culposa, prevista no artigo 186.º do CIRE.

A indisponibilidade do património que resulta da insolvência do devedor, antes da sua declaração, não constitui uma proibição legal de administração e disposição dos seus bens pelo próprio devedor, mas antes o fundamento para a não produção de efeitos pelo acto depois de declarada a insolvência e de chamados todos os credores à execução universal que é o processo de insolvência.[785]

Acresce que, para além do pressuposto da ilicitude, a teoria indemnizatória pressupõe igualmente a reparação de um dano. Embora no CIRE se faça referência a "actos prejudiciais", tal não significa que constitua pressuposto do exercício da resolução em benefício da massa o ressarcimento de um dano, nos termos da responsabilidade civil. A insolvência constitui, *in se*, um dano e um prejuízo para os credores, na medida em que marca o momento em que o devedor não é capaz de cumprir as suas obrigações vencidas (artigo 3.º). Mas esse dano ou prejuízo, que constitui pressuposto objectivo da resolução em benefício da massa, é, antes, a lesão da *par conditio creditorum*[786] e a necessidade de conservação da garantia patrimonial do devedor até ao momento da liquidação.

A teoria anti-indemnizatória defende precisamente que o dano não constitui pressuposto objectivo da resolução em benefício da massa. A resolução em benefício da massa fundar-se-ia numa relação de comunhão entre todos os intervenientes: os credores e os terceiros.

Segundo tivemos oportunidade de manifestar no âmbito do subcapítulo anterior,[787] concordamos em parte com a filosofia desta teoria. O resultado do processo de insolvência deveria, à imagem do que acontece no Direito

---

[785] Nas palavras de BONSIGNORI, *loc. cit.*, p. 445, "Mi sembra piuttosto che nel vigente sistema revocatorio tale indisponibilità non sia sancita da un apposito divieto, ma risulti di fatto come conseguenza *a posteriori* dell'assoggettabilità del bene all'espropriazione, o comunque dell'indisponibilità-inefficacia dell'atto di disposizione."

[786] Identificando a *par condicio* enquanto tratamento paritário proporcional entre os credores como finalidade especial do sistema revocatório falimentar italiano, PAJARDI, *op. cit.*, p. 87.

[787] *Supra*, pp. 249-253.

Italiano, consistir na redistribuição pelos credores da perda originada pela incapacidade do devedor de cumprir as suas obrigações vencidas. O terceiro interveniente do acto a resolver entraria no acervo de credores e tornar-se-ia, ele próprio, participante nas perdas.

No entanto, parece-nos que não poderemos olvidar a crítica a esta teoria, feita nomeadamente por Ermanno Bocchini,[788] quando diz que a distribuição da perda é a distribuição do dano, do prejuízo. Não é possível equacionar a redistribuição de uma perda resultante da insolvência afastando o pressuposto do dano, uma vez que esse entendimento só faz sentido quando se baseia na existência de um prejuízo ou de um dano, que é a insolvência.

Agora, não nos parece que o fundamento da resolução em benefício da massa seja, em primeiro lugar, comunhão nas perdas.[789] O objectivo deste instituto não é que todos os intervenientes assumam uma parte das consequências da insolvência. O que está aqui em causa é a garantia de que não existe nenhuma violação ao princípio da igualdade entre os credores. Nesse sentido, Bonsignori[790] refere que a redistribuição das perdas originadas pela insolvência constitui o modo para alcançar a igualdade de tratamento de credores. Entende o Autor que esta teoria da redistribuição de perdas deve ser conciliada com "la caratteristica peculiare dei procedimenti fallimentari, e cioè la concorsualità,"[791] entendida como "strumento per la realizzazione della tendenziale partecipazione al procedimento di tutti i creditori e poi di una sempre più pregnante difesa della parità di trattamnto fra di loro."[792] Daqui resulta que a teoria da partilha nas perdas não dá uma resposta completa nem directa à questão do fundamento jurídico da resolução em benefício da massa.

Também não podemos concordar em absoluto com a teoria da informação. Ao pôr em relevo o conhecimento da situação da insolvência, esta teoria acaba por tomar a posição dos terceiros e defender um regime de

---

[788] BOCCHINI, *loc. cit*, p. 123.
[789] PAJARDI, *op. cit.*, p. 87, depois de identificar como finalidade especial do sistema revocatório italiano o tratamento paritário e proporcional entre os credores, faz referência à solidariedade como segunda regra jurídica relevante, reforçando a necessidade do cumprimento do princípio da igualdade.
[790] BONSIGNORI, *loc. cit.*, p. 450.
[791] IDEM, *ibidem*, p. 442.
[792] IDEM, *ibidem*, p. 450.

tutela de terceiros, baseado numa lógica de mercado e dependente do contexto informativo. Ora, o fundamento da resolução em benefício da massa não reside na necessidade de garantir que os terceiros que não conheciam a situação de insolvência, sem culpa, não sejam afectados pela resolução do acto. Como já se referiu, o fundamento é o restabelecimento da garantia patrimonial dos credores, traduzida na prática pela reconstituição da massa insolvente. A tutela dos terceiros é um limite a esse fundamento, imposto pelas normas gerais de Direito e pelo respeito do princípio da boa fé. Equacionar como fundamento jurídico da resolução a assimetria informativa e a protecção do mercado é desvirtuar a *ratio* do processo de insolvência, em benefício de raciocínios económicos.

Nenhuma das teorias apresentadas nos satisfaz. No entanto, parece-nos que deverão ainda equacionar-se as teses referentes ao enriquecimento sem causa e à colisão de direitos, à semelhança do que acontece com a impugnação pauliana.

A resolução em benefício da massa pode igualmente fazer "surgir uma pretensão à restituição do enriquecimento por desconsideração de património."[793] Neste caso em particular, não constitui uma acção pessoal, mas um meio de restituição à massa, através de simples resolução por carta registada com aviso de recepção (admitindo-se também o exercício por meio de acção judicial), na medida do interesse dos credores, "dos bens com que estes contavam para garantia dos seus créditos."[794] Isto resulta do teor dos n.ᵒˢ 5 e 6 do artigo 126.º. De acordo com esta tese, a insolvência seria o momento-chave para a determinação da legitimidade da causa de aquisição, sendo de concluir que, dentro do período suspeito, qualquer aquisição seria constituída sem uma *causa retentionis* legítima. Esta causa ilegítima justificaria o dever de restituição e teria como razão de ser a contribuição do terceiro para a diminuição do acervo de bens ou do respectivo valor que constituíam a garantia dos credores, agora massa insolvente.[795]

Por seu turno, a teoria da colisão de situações jurídicas afasta a ideia de enriquecimento sem causa, defendendo que o enriquecimento do bene-

---

[793] Expressão utilizada por Menezes Leitão a respeito da impugnação pauliana (*Direito das Obrigações*, vol. II, pp. 325; *Garantias das Obrigações*, p. 79).
[794] BONSIGNORI, *loc. cit.*, p. 458; MENEZES LEITÃO, *Direito das Obrigações*, vol. II, p. 325; IDEM, *Garantias das Obrigações*, p. 79.
[795] Ideia transposta do ensinamento de MENEZES LEITÃO, *op. cit.*, vol. II, pp. 326; IDEM, *Garantias das Obrigações*, pp. 79-80.

ficiário do acto continua a ter uma causa justificativa, no que respeita à impugnação pauliana. Admitimos a extensão ao regime da resolução em benefício da massa. Esta teoria adequa-se igualmente a este instituto, na medida em que o legislador, ao criar um regime especial para a insolvência, deparou com o mesmo dilema entre a protecção da expectativa jurídica dos credores e o direito do beneficiário do acto. Do preâmbulo resulta claramente a opção pela defesa do primeiro interesse. O mesmo diga-se relativamente ao regime da resolução em benefício da massa: no caso dos actos gratuitos, dos onerosos celebrados de má fé e daqueles sujeitos a resolução incondicional, o direito dos credores prevalece e o beneficiário é obrigado a restituir o objecto do negócio.[796]

Consideramos que o fundamento jurídico da resolução em benefício da massa passa, efectivamente, pelo resultado da conciliação de interesses jurídicos que o legislador foi chamado a realizar. De facto, a prevalência do interesse dos credores coloca o enfoque no necessário restabelecimento da respectiva garantia patrimonial e no consequente cumprimento do princípio da igualdade entre os credores. Qualquer terceiro que contrate com o devedor no período suspeito não deixa de ser seu credor, um credor que beneficia de uma prestação de forma imediata quando o devedor já se encontra em situação de insolvência e, portanto, incapaz de satisfazer os créditos vencidos. Ainda assim, o devedor cumpre, tornando o terceiro, novo credor, privilegiado em relação aos restantes. Por essa razão, entendeu o legislador que, em determinadas circunstâncias, o terceiro deveria participar nas perdas resultantes da insolvência, trazendo-se agora à colação a teoria da comunhão das perdas, consequência da necessária garantia da *par conditio*.

Relativamente à tese do enriquecimento sem causa, na senda da opinião de João Cura Mariano,[797] parece-nos que, durante o período suspeito determinado pela lei, não existe fundamento para considerar ilegítima a causa dos negócios. O devedor mantém todos os poderes de gestão e disposição do seu património, não lhe sendo vedada a celebração de negócios jurídicos. O momento que determina uma afectação prática e jurídica dos poderes do devedor relativamente ao seu património é o que resulta do disposto no artigo 81.º. Por conseguinte, todos os actos praticados pelo

---

[796] Ideia transposta do entendimento de CURA MARIANO, *op. cit.*, pp. 92-95.
[797] IDEM, *ibidem*, pp. 92-95.

devedor com terceiros após a declaração de insolvência estarão destituídos de causa legítima, o que fundamenta a aplicação das normas do enriquecimento sem causa. Aliás, é isso que resulta expressamente do n.º 6 do artigo 81.º.

O regime para os actos praticados antes da declaração de insolvência terá de ser, inevitavelmente, diferente daquele que se encontra previsto para os actos praticados depois da publicação da sentença prevista no artigo 36.º. Os actos não deixam, igualmente, de ser válidos; geram uma obrigação de restituição, mas foram praticados antes de o devedor ser privado dos poderes de disposição, pelo que se não poderá considerar que o tenham sido sem causa legítima.

Em conclusão, o fundamento jurídico da resolução em benefício da massa é o restabelecimento da *par conditio*, sujeita, no entanto, aos limites impostos pela tutela de terceiros e conjugada com o princípio da solidariedade, chamando às vicissitudes da insolvência os beneficiários dos actos praticados de forma gratuita e dos actos onerosos praticados de má fé.[798]

Toda a disciplina da resolução em benefício da massa está construída em torno da salvaguarda dos interesses dos credores e do princípio da igualdade. Identificado o seu fundamento, será imperioso analisar a forma de exercício de acordo com as coordenadas até agora avançadas.

---

[798] Em sentido semelhante, quando refere que a finalidade principal é o tratamento paritário e proporcional dos credores e a segunda regra é a solidariedade, PAJARDI, *op. cit.*, p. 87.

Capítulo V - O Exercício da Resolução em Benefício da Massa

1. Mecanismo da Resolução em Benefício da massa

Equacionado o regime substantivo da resolução em benefício da massa, e tendo já presente que tipo de actos poderá estar-lhe sujeito e em que condições, importará verificar em que moldes pode ser exercido o direito à resolução em benefício da massa: quem o pode exercer; por que procedimento; em que prazo e quais os meios de defesa contra o exercício deste direito. Estará aqui em causa a análise dos artigos 123.º e 125.º, relativos à "Forma de resolução e prescrição do direito" e à "Impugnação da resolução", respectivamente.

A doutrina e a jurisprudência têm-se pronunciado relativamente a estes dois preceitos, suscitando algumas questões relevantes que abordaremos no âmbito do presente trabalho.

Em primeiro lugar, retomaremos uma questão já avançada a propósito do conceito de acto: qual o procedimento previsto e possível para fazer operar a resolução em benefício da massa e em que moldes. Pese embora não exista referência na letra da lei, questiona-se também se a resolução, quando realizada por via extrajudicial, está sujeita a algum dever de fundamentação e qual a sua extensão.

Em segundo, suscita-se a questão de saber quem tem legitimidade para fazer operar a resolução, confrontando com o sujeito ou os sujeitos titulares do direito subjectivo que com a resolução em benefício da massa se pretende acautelar. Quando os sujeitos não são distintos, a questão não se coloca. Havendo dissemelhança, importará verificar qual o papel do legitimado e de que forma os titulares do direito poderão garantir a sua protecção.

Em terceiro, e embora a questão do prazo esteja esclarecida na doutrina e na jurisprudência quanto à natureza, faremos uma breve referência a esta matéria, trazendo à colação acórdãos onde a questão do prazo tem sido suscitada. Aproveitaremos igualmente para nos pronunciarmos quanto a entendimentos que têm sido realizados a propósito da extensão do regime do prazo de caducidade a outros meios de defesa ao dispor dos credores no âmbito do Direito da Insolvência.

Em último lugar, qualificaremos o tipo de acção judicial em causa no artigo 125.º. Neste âmbito, uma vez que as questões relativas ao ónus da prova têm sido colocadas a este respeito, analisaremos a quem incumbe a demonstração dos factos e através de que meio processual.

1.1 Procedimento

Prevê o artigo 123.º, nos seus n.ºs 1 e 2, que "A resolução pode ser efectuada (...) por carta registada com aviso de recepção" ou, enquanto o negócio não estiver cumprido, "ser declarada, sem dependência de prazo, por via de excepção". Tem sido questionado na doutrina e na jurisprudência qual o âmbito do n.º 1 do mencionado artigo 123.º: se apenas permite que a resolução em benefício da massa possa ser exercida por via extrajudicial, indagando-se, neste caso, se a adopção da formalidade indicada é imperativa ou se são permitidas outras formas de resolução mais ou igualmente solenes, ou se pode ser igualmente exercida pela via judicial, através de notificação judicial avulsa ou acção judicial. Relativamente ao n.º 2, suscita-se a dúvida quanto à resolução de negócios ainda não cumpridos se efectuar apenas mediante defesa por excepção ou também por via de acção.

No que respeita ao n.º 1 do artigo 123.º, na doutrina, adoptando uma posição menos formalista, Catarina Serra[799] pronuncia-se no sentido de a resolução em benefício da massa poder ser efectuada por carta registada com aviso de recepção ou por outras formas como a simples declaração à

---

[799] SERRA, *op. cit.*, p. 109.

contraparte, remetendo para o disposto no n.º 1 do artigo 436.º do CC.[800] Perfilhando uma interpretação literal do preceito, Menezes Leitão[801] sustenta que a resolução apenas pode ser efectuada por via de declaração à outra parte, com a formalidade exigida na lei, excluindo a via judicial com base no facto de o direito de acção judicial apenas se encontrar previsto para os destinatários da resolução nos termos do artigo 125.º e para o administrador nos termos do n.º 2 do artigo 126.º. No sentido de que a resolução em benefício da massa pode operar não apenas pela forma prevista no n.º 1 do artigo 123.º mas também por via de acção judicial pronunciam-se Car-

---

[800] Nos termos do qual "a resolução do contrato pode fazer-se mediante declaração à outra parte". Refere a Autora que "Costuma dizer-se que o sistema português é, como o alemão, um sistema eminentemente "declarativo" – um sistema de resolução efectuada por mera declaração à contraparte – e não, como o italiano, um sistema de resolução judicial", *op. cit.*, p. 109, n. 179. Parece, ao contrário de PRATA, MORAIS CARVALHO e SIMÕES, *op. cit., ad* 123.º, p. 370, que a Autora fundamenta o seu entendimento na equiparação entre a resolução em benefício da massa e a resolução do contrato consagrada no CC, invocando a ideia de "sistema «eminentemente» declarativo."

[801] MENEZES LEITÃO, *Direito da Insolvência*, p. 203; IDEM, *Código da Insolvência e da Recuperação de Empresas Anotado, ad* 123.º, n. 2, pp. 152-153.

valho Fernandes e João Labareda[802], Gravato Morais[803], Ana Prata, Jorge Morais Carvalho e Rui Simões[804] e João Cura Mariano[805].

Em relação ao disposto no n.º 2 do artigo 123.º, Carvalho Fernandes e João Labareda[806] pronunciam-se no sentido de não se identificar fundamento para a resolução não poder operar por acção ou por declaração à contraparte, à imagem do que prevê o n.º 2 do artigo 287.º do CC, em que o preceito se inspira, e Ana Prata, Jorge Morais Carvalho e Rui Simões[807]

---

[802] CARVALHO FERNANDES e LABAREDA, op. cit., ad 123.º, n. 4, p. 536. Para os Autores, relativamente à resolução pela via extrajudicial, é necessário respeitar a formalidade mínima exigida pela lei (carta registada com aviso de recepção e, em relação à via judicial: "Como é manifesto, não fica excluído o recurso aos meios judiciais, quer por via de notificação, quer de acção ou excepção (...). Não cremos, realmente, que possa extrair-se do art.º 126.º, n.º 2, a conclusão de que está afastada a utilização de acção para o exercício da resolução mesmo na hipótese aí contemplada. É até natural que o administrador aproveite a acção de resolução para o fim referido no art.º 126.º."

[803] GRAVATO MORAIS, op. cit., pp. 151-157, entende que o legislador tem "clara preferência pelo meio que especificadamente se consagra", admitindo outros meios equivalentes, como a entrega da declaração em mão com o comprovativo da assinatura do destinatário ou a notificação através de advogado, de solicitador ou de solicitador de execução, bem como a notificação judicial avulsa e a instauração de acção judicial. O Autor, embora questione o interesse específico da adopção por essa via, dada a onerosidade e a menor celeridade da acção judicial, defende que a resolução por via judicial não fica excluída, uma vez que se permitem a defesa por excepção, o exercício da acção prevista no artigo 126.º e o encurtamento do prazo de impugnação da resolução previsto no artigo 125.º.

[804] PRATA, MORAIS CARVALHO e SIMÕES, op. cit., ad 123.º, pp. 370-372, entendem que, embora a lei não seja clara no sentido da exigência de carta registada com aviso de recepção, se deve interpretar o preceito no sentido da sua imposição, "face à falta de clareza e à necessidade de assegurar que a declaração de resolução seja recebida pelo destinatário." No que respeita à via judicial, os Aa. defendem que "o administrador da insolvência pode socorrer-se da via judicial para a própria resolução e para obter a restituição a que ela dê direito."

[805] CURA MARIANO, op. cit., p. 316: "Apesar de o direito de resolução poder ser exercido extrajudicialmente, pela forma acima descrita, nada impede que o administrador o exerça através da proposição de acção judicial, em que prove a existência dos pressupostos do direito de resolução, podendo cumular com o pedido de resolução, o pedido de restituição dos bens recebidos na sequência do negócio resolvido."

[806] CARVALHO FERNANDES e LABAREDA, op. cit., ad 123.º, n. 5, p. 537.

[807] PRATA, MORAIS CARVALHO e SIMÕES, op. cit., ad 123.º, pp. 371-372: "Cremos que a terminologia e a ratio da norma não são compatíveis com a restrição da parte final. A «declaração de resolução» parece supor iniciativa – judicial ou não – do sujeito que resolve. A independência de prazo tem que ver com os efeitos materiais da resolução: não estando o negócio cumprido, nada há a devolver. Ora, não se vê por que haveria esta «declaração» de estar limitada à arguição judicial e à via de excepção."

entendem que a resolução dos negócios em curso pode ser feita também por via de acção e a todo o tempo até ao encerramento do processo de insolvência. Na jurisprudência, é admitido o exercício da resolução por acção judicial.[808]

Verificada a doutrina e a jurisprudência a respeito da forma de exercício do direito de resolução, cremos que o ponto de partida para a análise desta questão tem sido o instituto da resolução civil e a inspiração da resolução em benefício da massa no seu regime.[809] No entanto, em nosso entender, o enfoque deverá ser dado ao direito que se pretende efectivar e ao objecto que se visa atacar através deste instituto: o direito de resolver actos prejudiciais à satisfação do interesse dos credores.

Pese embora as similitudes de regime que se possa identificar, partir do homónimo civilista para interpretar todo o regime da resolução em benefício da massa revela-se incoerente, uma vez que a função dos institutos e os correspondentes objectos não se revelam semelhantes.[810]

---

[808] Ac. TRL de 15.04.2010, proc. 389/05.5TBFUN-D.L1-6 (Relator Pereira Rodrigues) e Ac. TRP de 12.04.2011, proc. 707/07.1TBPRD-D.P1 (Relator Rodrigues Pires), casos em que foi exercido pela via judicial o direito à resolução de contratos de compra e venda celebrados em 2003 e 2006 respectivamente. Também admitindo a resolução por via judicial: Ac. TRP de 09.07.2014, proc. 816/10.0TYVNG-X.P1 (Relator Freitas Vieira); Ac. TRP de 02.07.2013, proc. 462/10.8TBVFR-P.P1 (Relator M. Pinto dos Santos); Ac. TRP de 20.11.2012, proc. 132/09.0TB-BAO-K.P1 (José Igreja Matos).

[809] CARVALHO FERNANDES e LABAREDA, op. cit., ad 123.º, n. 4, p. 536; MENEZES LEITÃO, *Direito da Insolvência*, p. 203; IDEM, *Código da Insolvência e da Recuperação de Empresas Anotado*, ad 123.º, pp. 152-153; SERRA, op. cit., p. 109, n. 179; PRATA, MORAIS CARVALHO e SIMÕES, op. cit., ad 123.º, p. 370.

[810] Temos assinalado as diferenças dos dois regimes. A resolução civil "surge como o poder unilateral de extinguir um contrato (*maxime* bilateral) válido, em virtude de circunstâncias posteriores à sua conclusão e frustrantes (o facto subjectivo de um certo incumprimento) do interesse na execução contratual ou desequilibradoras (o facto objectivo de uma anómala alteração ou não verificação das condições contratuais pressupostas) da relação de equivalência económica entre as prestações e desencadeando uma norma «liquidação» retroactiva", mais se acrescentando a "natureza potestativa ou conformativa do direito de resolução (...), o seu carácter facultativo (o seu relativo condicionamento (...) e o seu escopo liberatório e (eventualmente) não recuperatório." Na sequência da definição por si apresentada, BRANDÃO PROENÇA, *A Resolução do Contrato no Direito Civil, do Enquadramento e do Regime*, pp. 74-75, embora admita que não se encontra isenta de críticas, face aos "traços atípicos doutrinais-legais (...) que fazem dela [da resolução] uma figura híbrida (no concernente à sua conceitualização) ou «incoerente» (na sua aplicação)", de que são exemplo os artigos 1140.º e 2248.º do CC (o primeiro referente à faculdade de resolução do comodato por justa causa e o segundo à faculdade de resolução de uma disposição testamentária pelo não cumprimento de um encargo),

Como temos assinalado, a resolução em benefício da massa, ao contrário da resolução civil, constitui um meio de reconstituição da garantia patrimonial dos credores, podendo inserir-se no conjunto de mecanismos de protecção da garantia patrimonial. Por conseguinte, os direitos em causa são os direitos dos credores quando essa garantia patrimonial é afectada, *i.e.*, quando a satisfação do seu crédito é posta em risco pela situação de insolvência do devedor. Essa garantia geral pode ser prejudicada, como vimos, e como resulta inclusivamente da análise dos mecanismos previstos no CC de conservação da garantia patrimonial,[811] por comportamentos do devedor por acção ou por omissão.

Partindo deste princípio, forçoso será concluir que a forma consagrada no CIRE para o exercício da resolução em benefício da massa não se coaduna, na íntegra, com a amplitude da previsão do n.º 1 do artigo 120.º e com a *ratio* do instituto e da sua integração nos meios de protecção da garantia patrimonial. Em primeiro lugar, a resolução em benefício da massa não limita o objecto a uma categoria de actos, como são os contratos, mas estende-o a *actos prejudiciais*, no sentido de comportamentos do devedor com relevo para o Direito e que, por acção ou omissão, tenham causado prejuízo aos credores. Em segundo, não se aplica a situações de incumprimento contratual ou de alteração das circunstâncias no âmbito da relação contratual, uma vez que os actos típicos sujeitos a resolução em benefício da massa são actos "já integralmente praticados ou omitidos".[812]

Por conseguinte, qualquer interpretação limitada à letra do artigo 123.º sem considerar o disposto no n.º 1 do artigo 120.º é contrária à teleologia deste instituto. Enquanto direito ao restabelecimento da garantia patrimonial, a resolução em benefício da massa não pode ficar coarctada ao seu *nomen iuris*. Neste sentido, concordamos com Pedro Pais de Vasconcelos[813] quando refere que "Esta resolução não é a mesma que está nos artigos 432.º e seguintes dos CC e abrange as próprias omissões, como ressalta da redacção dos n.ᵒˢ 3 e 4 do artigo 120.º do CIRE, naquilo em que refere actos «praticados ou omitidos» e à sua «prática ou omissão»."

---

considera que os casos excepcionais justificados "não contendem com a unidade da resolução" e que resulta do conceito apresentado.

[811] *vide supra*, pp. 80 *ssq*.

[812] José Vieira Cunha, "Breves notas sobre alguns dos efeitos da declaração de insolvência", *Maia Jurídica* III.2 (2005), pp. 90-91; Gravato Morais, *op. cit.*, p. 191.

[813] Pais de Vasconcelos, *loc. cit.*, pp. 204-205.

Ao contrário de Catarina Serra,[814] entendemos que a resolução em benefício da massa por via declarativa apenas pode ser efectuada por carta registada com aviso de recepção; caso contrário, seríamos obrigados a admitir as formas de resolução especiais para cada tipo de contrato (como é o caso da locação, que pode ser exercida judicialmente, nos termos do artigo 1047.º do CC). Tendo em consideração que a *ratio* do preceito é garantir que a comunicação chegue ao conhecimento real do terceiro que tenha participado ou aproveitado do acto prejudicial, admitimos o recurso a outras formas extra-judiciais equiparadas à carta registada com aviso de recepção (ou mais solenes), como defende Gravato Morais.[815]

Em todas as restantes situações não enquadráveis na extinção de efeitos por via declarativa, como serão, a título de exemplo, as omissões e as resoluções de contratos prejudiciais à massa (que visam precisamente afastar os credores do concurso[816] e que implicariam uma repristinação de efeitos), os princípios da segurança e certeza jurídicas exigirão o recurso à via judicial, como "expressão da consagração do direito à acção"[817] e como tem sido admitido pela jurisprudência.

Poder-se-ia contrapor dizendo que, caso tivesse sido essa a intenção do legislador, o n.º 2 do artigo 123.º não faria sentido. No entanto, sublinhe-se que o mencionado preceito está equacionado para as situações especiais em que os negócios ainda se encontram em curso e prevê uma norma especial relativamente ao prazo de caducidade, que analisaremos abaixo, o que não suscita obstáculo à interpretação aqui proposta. Parece-nos que, também nestes casos, o exercício do direito de resolução em benefício da massa por via de acção é admitido, embora no prazo de caducidade previsto no n.º 1 do artigo 123.º, ao contrário do que defendem Ana Prata, Jorge Morais Carvalho e Rui Simões.[818] Existem situações completamente distintas: a invocação por via de excepção apenas ocorreria caso o administrador da insolvência deixasse de cumprir o contrato em execução, o que sinaliza a prejudicialidade; pelo contrário, admitir a apresentação de acção a todo o

---

[814] SERRA, *op. cit.*, p. 109.
[815] GRAVATO MORAIS, *op. cit.*, p. 155.
[816] BRANDÃO PROENÇA, *A Resolução do Contrato no Direito Civil, do Enquadramento e do Regime*, p. 33: "a resolução evita que o credor fique sujeito a um concurso de credores, o que não aconteceria caso recorresse à acção de cumprimento."
[817] Ac. TRP de 20.11.2012, proc. 132/09.0TBBAO-K.P1 (José Igreja Matos).
[818] *Cf.* PRATA, MORAIS CARVALHO e SIMÕES, *op. cit.*, ad 123.º, pp. 371-372.

tempo implicaria que o contrato continuasse a ser cumprido, mesmo após o decurso do prazo do n.º 1 do artigo 123.º, o que nos parece constituir uma aceitação do negócio como não prejudicial à massa. Nessa medida, mesmo nos casos dos negócios em curso, é possível o direito de resolução do contrato inicial, em si já definitivo, por via judicial, desde que praticado no prazo de caducidade previsto no CIRE.

Poderia também contrapor-se que o exercício do direito de resolução por via de acção, para lá de oneroso, é menos célere. Com efeito, apenas assim será se não for exercido o direito de impugnação da resolução por via declarativa, ao que acresce que a acção terá carácter de urgência, aplicando-se as normas referentes às acções susceptíveis de serem apresentadas pelo administrador da insolvência. A insolvência não pode justificar tudo, quando interesses mais elevados se contrapõem, nomeadamente o interesse dos credores.

1.2 Fundamentação

Encontrando-se prevista a resolução dos actos prejudiciais à massa por via de comunicação à contraparte nos termos expostos *supra*, tem sido suscitada, sobretudo na jurisprudência, a questão de saber se existem exigências de fundamentação a que o administrador da insolvência se encontre adstrito, face à ausência de previsão legal expressa.

Antes de passar à análise deste ponto, notamos apenas que, ao analisar a jurisprudência dos nossos Tribunais, verificámos que uma das grandes causas do insucesso da resolução em benefício da massa é precisamente a falta de fundamentação nas cartas resolutivas, limitando-se os administradores da insolvência a repetir o texto da lei, sem alegar factos concretos e suficientes para a verificação da existência do direito à resolução.[819] Esta

---

[819] Veja-se os seguintes acórdãos: Ac. STJ de 20.03.2014, proc. 251/09.2TYVNG-I.P1 (Relator Azevedo Ramos); Ac. STJ de 25.02.2014, proc. 251/09.2TYVNG-H.P1.S1 (Relator Ana Paula Boularot); Ac. STJ de 29.04.2014, proc. 251/09.2TYVNG-R.P1.S1 (Relator Pinto de Almeida); Ac TRP de 01.10.2013, proc. 251/09.2TYVNG-H.P1 (Relator Maria João Areias); Ac. TRP de 07.10.2013, proc. 251/09.2TYVNG-I.P1 (Relator Abílio Costa); Ac. TRP de 11.03.2013, proc. 2756/09.6TBOAZ-D.P1 (António Eleutério); Ac TRP de 17.01.2012, proc. 2451/06.8TBVCD-E.P1 (Relator Rodrigues Pires); Ac. TRP de 26.11.2012, proc. 1056/09.6TBLSD-D.P1 (Relator Carlos Gil).

circunstância torna ainda mais relevante a concretização de um eventual dever de fundamentação.

Na jurisprudência, destacam-se duas linhas de pensamento relativamente ao dever de fundamentação da carta resolutiva. Por um lado, entende-se que, na carta resolutiva, devem ser indicados pelo administrador da insolvência os factos concretos que fundamentam o direito à resolução em benefício da massa, uma vez que só dessa forma se poderá garantir o exercício do direito de impugnação da contraparte, previsto no artigo 125.º. Nesse caso, não será admitido suprimento dessa deficiência em sede de contestação à impugnação.[820] Por outro lado, é assumida uma posição mais moderada que, embora reconheça que o terceiro deve conhecer previamente os factos concretos ou fundamentos que legitimaram o exercício do direito à resolução em benefício da massa, para efeitos de exercício do seu direito de impugnação entende que devem ser indicados pelo administrador da insolvência, de forma genérica e sintética, os pressupostos da resolução operada, dos quais se possa depreender a razão

---

[820] Ac. STJ de 17.09.2009, proc. 307/09.1YFLSB (Relator Mário Cruz); Ac. TRP de 26.11.2012, proc. 1056/09.6TBLSD-D.P1 (Relator Carlos Gil); Ac. TRP de 17.01.2012, proc. 2451/06.8TB-VCD-E.P1 (Relator Rodrigues Pires); Ac. TRP de 18.02.2013, proc. 462/10.8TBVFR-J.P1 (Relator Caimoto Jácome); Ac. TRL de 15.04.2010, proc. 389/05.5TBFUN-D.L1-6 (Relator Pereira Rodrigues); Ac TRP de 01.10.2013, proc. 251/09.2TYVNG-H.P1 (Relator Maria João Areias); Ac. TRP de 02.07.2013, proc. 462/10.8TBVFR-P.P1 (Relator M. Pinto dos Santos); Ac. TRP de 07.10.2013, proc. 251/09.2TYVNG-I.P1 (Relator Abílio Costa); Ac. TRP de 11.03.2013, proc. 2756/09.6TBOAZ-D.P1 (António Eleutério); Ac. TRP de 12.04.2010, proc. 2975/08.2TJVNF--D.P1 (Relator Pinto Ferreira); Ac. TRG de 26.03.2009, proc. 1274/07.1TBBRG-Q.G1 (Relator Gouveia Barros); Ac. TRG de 12.04.2011, proc. 1264/09.0TBVCT-P.G1 (Relator Maria Luísa Ramos); Ac. TRG de 05.11.2009, proc. 5583/05.6TBBCL.G1 (Relator Conceição Bucho); Ac. TRP de 27.11.2012, proc. 4694/08.0TBSTS-O.P1 (Relator M. Pinto dos Santos); Ac. TRP de 17.09.2013, proc. 1315/12.0TBVFR-J.P1 (Relator Anabela Dias Silva).

do exercício do direito.[821] O vício que se aponta às comunicações resolutivas por falta de fundamentação é o da nulidade.[822]

No que diz respeito à doutrina, é entendimento generalizado que a resolução necessita de fundamentação,[823] sob pena de nulidade, de acordo com o entendimento de Menezes Leitão.[824] Gravato Morais[825] entende que "Dado que esta resolução carece de «específica fundamentação» é essencial que sejam invocados os «fundamentos» que a originam, os quais têm conteúdo bem diverso da típica resolução extrajudicial."

Não obstante a jurisprudência venha a identificar duas correntes de pensamento relativamente a esta questão – uma mais exigente em termos de fundamentação dos factos concretos e outra mais moderada, permitindo uma invocação genérica e sintética –, entendemos que é comummente considerada necessária a indicação de fundamentação suficiente relativamente ao direito potestativo invocado para que a contraparte possa

---

[821] Ac. STJ de 25.03.2014, proc. 1936/10.6TBVCT-N.G1.S1 (Relator João Camilo); Ac. TRP de 29.09.2009, proc. 252/06.2TBMDB-K.P1 (Relator Maria do Carmo Domingues); Ac. TRP de 24.11.2011, proc. 297/09.0TBCPV-E.P1 (Relator Deolinda Varão); Ac. TRP de 05.12.2013, proc. 2041/10.0TJPRT-C.P1 (Relator José Manuel de Araújo Barros); Ac. TRP de 18.12.2013, proc. 462/10.8TBVFR-R.P1 (Relator Carlos Portela); Ac. TRP de 18.12.2013, proc. 462/10.8TBVFR-R.P1 (Carlos Portela); Ac. TRP de 05.12.2013, proc. 2041/10.0TJPRT-C.P1 (Relator José Manuel de Araújo Barros); Ac. TRP de 24.11.2011, proc. 297/09.0TBCPV-E.P1 (Relator Deolinda Varão);

[822] Ac TRP de 01.10.2013, proc. 251/09.2TYVNG-H.P1 (Relator Maria João Areias); Ac. TRP de 24.11.2011, proc. 297/09.0TBCPV-E.P1 (Relator Deolinda Varão); Ac TRP de 17.01.2012, proc. 2451/06.8TBVCD-E.P1 (Relator Rodrigues Pires); Ac. TRP de 27.11.2012, proc. 4694/08.0TBSTS-O.P1 (Relator M. Pinto dos Santos).

[823] MENEZES LEITÃO, *Direito da Insolvência*, p. 203; IDEM, *Código da Insolvência e da Recuperação de Empresas Anotado*, ad 123.º, n. 4, p. 153; GRAVATO MORAIS, *op. cit.*, p. 164; no mesmo sentido deste último Autor, CARVALHO FERNANDES e LABAREDA, *op. cit.*, ad 123.º, n. 6, p. 537; PRATA, MORAIS CARVALHO e SIMÕES, *op. cit.*, ad 123.º, p. 360, referem que "Parece prevalecer na jurisprudência um entendimento "disciplinar" do mecanismo da resolução em benefício da massa, a que se tem aludido também a respeito da resolução do contrato de agência (Ferreira Pinto, *Contratos de Distribuição*, pp. 406-407), orientação que "parece impedir que, em posterior litígio judicial, o resolvente possa invocar outros factos, para além daqueles que indicou na comunicação à contraparte (princípio da imutabilidade da causa de resolução)."

[824] MENEZES LEITÃO, *Direito da Insolvência*, p. 203; IDEM, *Código da Insolvência e da Recuperação de Empresas Anotado*, ad 123.º, n. 4, p. 153. No mesmo sentido, LUÍS M. MARTINS, *Perseguir Bens e Direitos Alienados na Insolvência*, 2009 (artigo disponível em *www.insolvencia.pt/artigos/637--perseguir-bens-e-direitos-alienados-na-insolvencia.html*).

[825] GRAVATO MORAIS, *op. cit.*, p. 164.

exercer cabalmente o seu direito de defesa.[826] Por conseguinte, parece-nos não existirem dúvidas quanto a que o administrador da insolvência não possa limitar-se a reproduzir os termos da lei, apenas identificando o acto e referindo que existe prejudicialidade e má fé nos termos dos artigos 120.º e 121.º.

Neste âmbito, no que respeita à resolução em benefício da massa por via extrajudicial (sobre a qual se têm pronunciado os Tribunais), a exigência de fundamentação suficiente deriva de a constituição do direito de resolução em benefício da massa estar depende da verificação dos factos que resultam do disposto nos artigos 120.º e 121.º. Neste ponto, o problema é comum à resolução civil, não obstante as apontadas diferenças entre as figuras: o direito em causa é um "direito potestativo extintivo dependente de um fundamento".[827] Conforme referido por Baptista Machado, "porque a cada concreto fundamento da resolução corresponde um também concreto direito de resolução, é que a declaração de resolução, como acto de exercício de um concreto direito potestativo, deve indicar o fundamento concreto do direito exercido, sob pena de ineficácia (...) Do próprio teor literal da declaração de resolução, ou pelo menos do contexto de circunstâncias que a acompanham e que possam funcionar como factos concludentes, deve pois poder inferir-se qual o fundamento concreto que justifica a resolução."[828] Ao exercer o direito, é necessário identificar os seus pressupostos legitimadores[829] de forma suficientemente precisa, sem o que não seria possível aferir do exercício legítimo da resolução em benefício da massa.[830]

Quanto ao grau de suficiência, cremos que não será bastante uma indicação genérica e sintética dos fundamentos da resolução, como vem defendendo a linha de pensamento jurisprudencial mais moderada. Nada obsta a que a fundamentação seja sintética, não sendo exigível ao administrador da insolvência que fundamente um acto privado como se de um acto juris-

---

[826] A título de exemplo, Ac STJ de 25.02.2014, proc. 251/09.2TYVNG-H.P1.S1 (Relator Ana Paula Boularot); Ac STJ de 20.03.2014, proc. 251/09.2TYVNG-I.P1 (Relator Azevedo Ramos); Ac. TRP 09.07.2014, proc. 462/10.8TBVFR-L.P1 (Relator Manuel Domingues Fernandes);
[827] BAPTISTA MACHADO, *loc. cit.*, pp. 130-131.
[828] BAPTISTA MACHADO, *loc. cit.*, n. 10, pp. 11-12; IDEM, *Obra Dispersa*, Braga, Scientia Ivridica, 1991, vol. I, p. 133-134.
[829] FERREIRA PINTO, *Contratos de Distribuição, Da tutela do distribuidor integrado em face da cessação do vínculo*, Lisboa, Universidade Católica, 2013, p. 406.
[830] ROMANO MARTINEZ, *Da Cessação do Contrato*, pp. 183-184.

dicional se tratasse (artigo 205.º da CRP) ou administrativo (artigo 268.º da CRP).[831] No entanto, na comunicação de resolução deverão constar os factos concretos e essenciais que determinam o nascimento do direito à resolução em benefício da massa, o que poderá não se coadunar com uma indicação genérica de fundamentos. Tal como referido no Ac. STJ de 29 de Abril de 2014, proc. 251/09.2TYVNG-R.P1.S1 (Pinto de Almeida), "Parece excessivo que se exija que a declaração de resolução contenha uma exaustiva indicação de todos os factos que a justificam. Todavia, essa declaração há-de integrar os factos concretos essenciais que revelem as razões invocadas para a destruição do negócio e permitam ao destinatário da declaração a sua posterior impugnação. Só nesta medida, conhecedor desses factos e razões, este terceiro fica em condições de os poder impugnar, como a lei lho permite". Assim, mais do que concretos, deverão ser identificados aquando do exercício do direito de resolução em benefício da massa os factos concretos essenciais que o fundamentam.

Aliás, admitindo o exercício do direito de resolução por via judicial, o dever de fundamentação por via extrajudicial deverá equiparar-se-lhe, considerando-se idêntico o ónus de alegação. Como resulta do n.º 1 do artigo 5.º do CPC, "Às partes cabe alegar os factos essenciais que constituem a causa de pedir e aqueles em que se baseiam as excepções invocadas." O administrador da insolvência deve igualmente especificar os preceitos legais em que se subsumem os factos por si alegados e que sustentam o direito invocado.[832]

Em primeiro lugar, e comum a ambas as formas de resolução em benefício da massa, terá de constar da comunicação da resolução ou da petição inicial a indicação da declaração de insolvência do devedor, o início do processo de insolvência, o acto praticado anteriormente a esse início e a respectiva data, para fundamentar o exercício deste meio de protecção da garantia patrimonial.

Em especial no que respeita à resolução condicional, os factos essenciais serão os factos concretos que determinam o carácter prejudicial do

---

[831] Neste sentido, concordamos com o teor dos seguintes acórdãos: Ac. TRP 09.07.2014, proc. 462/10.8TBVFR-L.P1 (Relator Manuel Domingues Fernandes); Ac. TRP de 29.09.2009, proc. 252/06.2TBMDB-K.P1 (Relator Maria do Carmo Domingues).
[832] Embora nem a contraparte nem o Tribunal estejam vinculados aos fundamentos de direito, cf. Ac. TRP de 02.07.2013, proc. 462/10.8TBVFR-P.P1 (Relator M. Pinto dos Santos) e Ac. TRP de 27.11.2012, proc. 4694/08.0TBSTS-O.P1 (Relator M. Pinto dos Santos).

acto, nos termos do n.º 2 do artigo 120.º, e os factos concretos de onde se possa concluir pela má fé, nos termos do n.º 5 do artigo 120.º. Na hipótese do n.º 4 do artigo 120.º, e uma vez que está em causa uma presunção *iuris tantum*, o administrador da insolvência está dispensado da indicação dos factos concretos de onde resulte a má fé,[833] mas encontra-se obrigado a indicar os factos que se integram nos pressupostos previstos no mencionado preceito: data da prática do acto e pessoa especialmente relacionada.

Relativamente à resolução incondicional, atendendo a que no n.º 3 do artigo 120.º se encontra consagrada uma presunção *iuris et de iure*, o administrador da insolvência está dispensado da fundamentação do carácter prejudicial do acto.[834] No entanto, tem de identificar o acto e a respectiva data de celebração, bem como os factos que permitem fazer operar a mencionada presunção e integrar o acto concreto em qualquer uma das alíneas do artigo 121.º.[835] Não se encontrando a resolução dependente de

---

[833] GRAVATO MORAIS, *op. cit.*, p. 164.
[834] Ac. TRP de 17.09.2013, proc. 1315/12.0TBVFR-J.P1 (Relator Anabela Dias da Silva): "estando em causa actos enquadráveis em alguma das alíneas do n.º 1 do art.º 121.º o AI está dispensado da alegação dos fundamentos de facto da prejudicialidade e da má fé do terceiro, já que neste caso se presumem *juris et de jure*."
[835] GRAVATO MORAIS, *op. cit.*, p. 164. Como resulta do Ac. STJ de 25.03.2014, proc. 1936/10.6TBVCT-N.G1.S1 (Relator João Camilo) "No caso de resolução condicional regulada no art. 120º do CIRE exige-se que se invoque o acto que se resolve, a causa que leva a considerar o acto como prejudicial, e o circunstancialismo que integre a má fé, se não vigorar a presunção *iuris tantum* prevista no n.º 4 do mesmo artigo. Já no caso da resolução incondicional do art. 121º do mesmo diploma legal, exige-se a identificação do acto que se resolve, e tratando-se da situação da al. h) do seu nº 1 – como foi o caso apreciado definitivamente na sentença de 1.ª instância –, a indicação da data em que foi outorgado, a data do início do processo de insolvência e a factualidade de que resulta o excesso manifesto de obrigações assumidas pela insolvente em relação às obrigações da contraparte." Também no Ac. TRP de 17.09.2013, proc. 1315/12.0TBVFR-J.P1 (Relator Anabela Dias da Silva) se refere que "Por se tratar de declaração receptícia e por estarem em causa factos constitutivos do direito que a massa insolvente exercita através do respectivo AI, a carta pela qual se procede à resolução em benefício da massa deve, nos casos do art.º 120.º do CIRE, conter os fundamentos de facto que a determinam, ou seja, deve ele que [sic] identificar o negócio que é objecto do acto resolutivo, a data da sua celebração e as **circunstâncias que o reconduzam a algum dos casos previstos nas alíneas do n.º 1 do art.º 121.º do CIRE**, e os que caracterizam a má fé do terceiro, em suma, deve enumerar os factos que traduzem a prejudicialidade do acto para a massa insolvente, *cfr.* n.ᵒˢ 1 a 5 do referido art.º 120.º do CIRE. Contudo, estando em causa actos enquadráveis em alguma das alíneas do n.º 1 do art.º 121.º o AI está dispensado da alegação dos fundamentos de facto da prejudicialidade e da má fé do terceiro, já que neste caso se presumem "juris et de jure"." (sublinhado nosso)

quaisquer outros requisitos, o administrador de insolvência não terá de alegar outros factos para além dos já enunciados. Assinale-se, no entanto, que, apesar de a resolução não estar dependente da má fé do terceiro, a produção dos efeitos do acto já estará, pelo que sempre o administrador da insolvência terá de fundamentar a resolução.

Resulta, por conseguinte, que também relativamente aos actos de resolução incondicional é necessária fundamentação. De acordo com o teor do Ac. TRP de 17 de Janeiro de 2012, proc. 2451/06.8TBVCD-E.P1 (Relator Rodrigues Pires), "Ora, o que se tem entendido, a nosso ver, é que nos casos de resolução «condicional» o administrador da insolvência tem que alegar factos dos quais resulte a prejudicialidade dos actos por ele visados e também a má fé do adquirente, situação que já não se verifica nos casos previstos no art. 121.º do CIRE. **Mas daí não se extrai a conclusão de que a resolução incondicional possa ser efectuada sem que seja fundamentada.** É que o administrador da insolvência, neste caso, ao emitir a declaração de resolução sempre teria que a fundamentar factualmente com referência ao que se mostra preceituado na alínea a) do n.º 1 do art. 121.º do CIRE, que acima se transcreveu. Se se admitisse a possibilidade de nos casos de resolução incondicional o Administrador de Insolvência não fundamentar a respectiva declaração, estaria a impedir-se o exercício do direito de impugná-la nos termos do art. 125.º do CIRE, o qual ficaria assim restringido aos casos de resolução «condicional»" (sublinhado nosso).[836]

Não concordamos em absoluto com o que vem sendo referido em alguma jurisprudência no sentido de que "embora não exija para a sua plena eficácia uma justificação completa que esgote todos os fundamentos, deverá, contudo, conter os elementos fácticos suficientes que permitam ao destinatário saber o porquê da resolução, e essa suficiência deverá ser objecto de análise casuística."[837] A suficiência da fundamentação deve ser aferida de acordo com o tipo de acto em causa, é um facto. Todavia, parece-nos existirem pressupostos vinculativos que não permitiram uma análise total caso a caso. Enquadrado o acto numa das formas de resolução, será necessário alegar os factos já identificados, sem os quais não opera o direito de resolução em benefício da massa.

---

[836] Deste modo, parece-nos pouco rigoroso referir que não é necessário cumprir um dever de fundamentação no caso da resolução incondicional.
[837] Ac. STJ de 25.02.2014, proc. 251/09.2TYVNG-H.P1.S1 (Relator Ana Paula Boularot); no mesmo sentido Ac. STJ de 20.03.2014, proc. 251/09.2TYVNG-I.P1 (Relator Azevedo Ramos).

No que respeita à consequência da falta de fundamentação da resolução, tratando-se de um vício intrínseco (uma vez que essa falta impede a constituição do direito potestativo de resolução), apenas será de concluir que a comunicação realizada é nula, nos termos do artigo 294.º do CC. Por conseguinte, como já referido, a nulidade poderá ser invocada pela parte afectada não apenas em sede de impugnação da resolução, como também na acção prevista no n.º 2 do artigo 126.º,[838] podendo igualmente o juiz conhecê-la oficiosamente, nos termos do artigo 286.º do CC.

No caso da resolução por via judicial, os factos essenciais que se integram na causa de pedir devem ser identificados na petição inicial, apenas sendo permitida a alteração da causa de pedir nos termos do artigo 264.º e do n.º 1 do 265.º do CPC, *i.e.*, por acordo das partes ou na sequência de confissão do réu. No entanto, a alegação dos factos concretos essenciais que determinam a constituição do direito de resolução constitui ónus da parte, nos termos do n.º 1 do artigo 5.º do CPC, pelo que a sua não invocação determinará a improcedência da acção.

1.3 Legitimidade – O papel do administrador da insolvência

O n.º 1 do artigo 123.º determina que a resolução em benefício da massa pode ser efectuada pelo administrador da insolvência. Entende Menezes Leitão[839] que este preceito "é muito claro no sentido de que a mesma compete exclusivamente ao administrador da insolvência."[840] Pelo contrário, Gravato Morais,[841] inspirando-se no regime previsto no n.º 1 do artigo 72.º da *Ley Concursal*, vem admitir a possibilidade de os credores exercerem o direito à resolução em benefício da massa, "desde que, por um lado, se denuncie o acto eventualmente resolúvel e se intime, justifi-

---

[838] Neste sentido, MENEZES LEITÃO, *Código da Insolvência e da Recuperação de Empresas Anotado*, ad 125.º, n. 4, p. 154. Entendendo que se trata de uma situação de nulidade, aplicando o regime geral do CC, Ac. TRG de 26.03.2009, proc. 1274/07.1TBBRG-Q.G1 (Relator Gouveia Barros). Em sentido contrário, defendendo que se aplica o prazo de caducidade previsto no artigo 123.º, Ac. TRP de 27.11.2012, proc. 4694/08.0TBSTS-O.P1 (Relator M. Pinto dos Santos).
[839] MENEZES LEITÃO, *Direito da Insolvência*, p. 202; IDEM, *Código da Insolvência e da Recuperação de Empresas Anotado*, ad 123.º, n. 2, p. 152.
[840] No mesmo sentido, PRATA, MORAIS CARVALHO e SIMÕES, *op. cit.*, ad 123.º, n. 3, p. 370.
[841] GRAVATO MORAIS, *op. cit.*, pp. 148-150.

cadamente, o administrador da insolvência a actuar e este não o faça num prazo razoável."[842]

Parece-nos relevante, antes de tomarmos posição relativamente à legitimidade para o exercício da resolução em benefício da massa, verificar as vicissitudes dos direitos e poderes do devedor e dos credores com a declaração de insolvência e atentarmos no papel do administrador da insolvência, sobretudo no âmbito deste instituto.

Com efeito, relativamente ao devedor, dispõe o n.º 1 do artigo 81.º que este, com a declaração de insolvência, fica privado imediatamente, por si ou pelos seus administradores, dos poderes de administração e de disposição dos bens integrantes da massa insolvente.[843] Mais refere o mencionado preceito, em conjugação com o seu n.º 4, que os referidos poderes passam a competir ao administrador da insolvência e que este assume a representação do devedor para todos os efeitos de carácter patrimonial que interessem à insolvência.[844] O devedor fica igualmente privado da sua capacidade judiciária, cabendo ao administrador da insolvência a sua substituição em juízo nas acções a que se refere o artigo 85.º,[845] com excepção do disposto no n.º 5 do artigo 81.º.

No que diz respeito aos credores, comecemos pelo disposto no artigo 90.º, segundo o qual os direitos dos credores apenas poderão ser exercidos "no processo de insolvência e segundo os meios processuais regulados no CIRE."[846] Trata-se de uma concretização do princípio da generalidade e do princípio da *par conditio creditorum*: da mesma forma que todo o patri-

---

[842] Entendimento que não é aceite pela restante doutrina. Menezes Leitão (*Direito da Insolvência*, pp. 202-203) refere que "essa omissão do administrador da insolvência, para além de implicar a sua responsabilização perante os credores (art. 59.º), poderá determinar a sua substituição por outro (art. 56.º) que concretize a resolução. Já não será, porém, admissível que os credores se substituam ao administrador da insolvência, praticando actos que cabem na sua exclusiva esfera de competência." No mesmo sentido, PRATA, MORAIS CARVALHO e SIMÕES, *op. cit., ad* 123.º, n. 3, p. 370.

[843] Mantendo-se os mencionados poderes no que respeita a bens patrimoniais não incluídos na massa insolvente, com a salvaguarda do n.º 2 do artigo 81.º, relativo a rendimentos ou bens futuros susceptíveis de penhora, *cf.* CARVALHO FERNANDES e LABAREDA, *op. cit., ad* 81.º, pp. 338-343.

[844] Sobre o que se deve entender por efeitos de natureza patrimonial, *vide* MENEZES LEITÃO, *op. cit.*, p. 149.

[845] MENEZES LEITÃO, *Direito da Insolvência*, p. 158; IDEM, *Código da Insolvência e da Recuperação de Empresas Anotado, ad* 85.º, n. 3, p. 122.

[846] CARVALHO FERNANDES e LABAREDA, *op. cit., ad* 90.º, n. 2, p. 364.

mónio do devedor passa, com a declaração de insolvência do devedor, a integrar um núcleo intangível de bens destinado aos fins da insolvência,[847] *i.e.*, à satisfação do interesse dos credores (artigo 1.º, n.º 1, e artigo 46.º, n.º 1), também os credores passam a ter de exercer os seus direitos no âmbito de um único processo executivo universal, em concurso com os seus pares e em condições de igualdade.[848] Daí também que o artigo 88.º preveja a suspensão das diligências executivas iniciadas anteriormente ao processo de insolvência e obste à instauração de novas acções pelos credores.[849]

Do exposto, resulta que, também no caso dos credores, a insolvência afecta a forma de exercício dos seus direitos, constituindo o artigo 90.º "um verdadeiro ónus posto a cargo dos credores".[850] A questão estará na forma como esta limitação se conjuga e se harmoniza com a finalidade principal e essencial do processo de insolvência (a satisfação do interesse dos credores) e de que maneira se concretiza, sobretudo no que respeita ao papel do administrador da insolvência.

A resolução em benefício da massa constitui uma concretização, senão a mais flagrante, desse ónus imposto aos credores, como decorrência do disposto no artigo 90.º. Esta visa atingir os actos prejudiciais aos credores e, por isso, está construída como mecanismo de protecção da sua garantia patrimonial, para tutela dos seus direitos, já não por via singular, mas por via colectiva. Por essa razão, tendemos a defender que a resolução em benefício da massa constitui o meio exclusivo mas amplo de protecção dos interesses dos credores no âmbito da insolvência, relativamente a actos prejudiciais anteriormente praticados pelo devedor.[851]

Sendo certo que resulta do teor literal do n.º 1 do artigo 123.º que o administrador da insolvência faz operar a resolução em benefício da massa, poderemos questionar se o administrador da insolvência, para além de representante e, em alguns casos, substituto do devedor, também será

---

[847] MENEZES LEITÃO, *Direito da Insolvência*, pp. 85-86.
[848] GONÇALO ANDRADE CASTRO, "Efeitos da declaração de insolvência sobre os créditos", *Direito e Justiça* XIX (2005), pp. 264-265; MENEZES LEITÃO, *op. cit.*, p. 160; CARVALHO FERNANDES e LABAREDA, *op. cit.*, ad 90.º, n. 2, p. 364.
[849] MENEZES LEITÃO, *op. cit.*, pp. 157-159.
[850] CARVALHO FERNANDES e LABAREDA, *op. cit.*, ad 90.º, n. 2, p. 364.
[851] O próprio artigo 127.º, ao determinar estabelecer a fronteira entre a resolução em benefício da massa e a impugnação pauliana acaba por revelar que a resolução deve ser vista como meio aglutinador de todos os direitos que resultavam, antes da insolvência, para os credores no domínio da sua garantia patrimonial.

representante dos direitos dos credores ou, inclusivamente, seu substituto, na medida em que passa, por efeito da insolvência, a exercer todos os direitos que poderiam ser exercidos pelos credores contra o devedor antes da insolvência, no âmbito da garantia geral do património, ou se o exercício desses direitos não é exclusivo e legitima a actuação subsidiária dos credores, assim como acontece no Direito Espanhol.

Poderemos simplesmente partir da ideia de que o administrador da insolvência age, em todo o processo, na qualidade de representante do devedor e do seu património e que lhe compete uma função específica: substituir o devedor na gestão do seu património e satisfazer paritariamente, na medida do património existente, os credores do insolvente, em cumprimento do disposto no n.º 1 do artigo 1.º. Esta visão justificaria o entendimento de que a resolução em benefício da massa tem a natureza da resolução civil, atendendo a que o administrador da insolvência resolveria os actos na qualidade de representante de uma das partes, o devedor.[852]

Por outro lado, poderemos entender que o administrador da insolvência, ao assumir a administração e a disponibilidade dos bens do devedor, assume como sua função reintegrar a garantia que o património do devedor constitui para os credores, em defesa destes. Nessa medida, o administrador da insolvência agiria como representante dos credores no exercício deste direito e, portanto, como *fiel escudeiro* da garantia patrimonial dos credores, personificada na massa insolvente. O administrador faria a gestão do património do devedor com o objectivo de o reintegrar e de satisfazer, da melhor maneira possível, mais justa e paritária, os interesses dos credores.

O papel do administrador da insolvência poderá também ser visto como o de um terceiro, que, designadamente na resolução em benefício da massa, se encontra numa situação de plena autonomia em relação ao património do devedor e em relação aos terceiros que contrataram com o devedor.[853]

---

[852] ROMANO MARTINEZ, *Da Cessação do Contrato*, p. 167-169. Parece também ser esta a ideia de SATTA, *op. cit.*, p. 213, quando refere que "sarebbe del tutto inesatto dire che, semplicemente, il curatore sostituisce e rappresenta il creditore nell'esercizio di questa azione. Vero è invece che il curatore trova nel patrimonio del debitore, in quanto destinato alla soddisfazione dei creditori, gli elementi per la sua reintegrazione, e li fa valere come amministratore del patrimonio medesimo."

[853] BONSIGNORI, *loc. cit.*, p. 470.

Ao administrador da insolvência seria atribuído um poder exclusivo e discricionário de reconstituição do património.[854]

Parece-nos que o papel do administrador da insolvência não poderá ser visto no primeiro sentido, uma vez que falha nesse entendimento a questão da protecção dos interesses dos credores, que está subjacente ao instituto da resolução em benefício da massa. A massa insolvente, podendo ser considerada uma espécie de património autónomo,[855] destina-se à satisfação dos interesses dos credores (artigo 46.º, n.º 1), não tendo um interesse próprio e distinto que legitimasse o exercício da resolução em benefício da massa e a afectação do interesse dos terceiros.

O administrador da insolvência exerce uma função complexa no processo de insolvência.[856] Por um lado, o administrador supre uma incapacidade decorrente da insolvência do devedor na administração, disposição e actuação processual deste. Por outro, exerce, em particular na resolução em benefício da massa, direitos que os credores não podem exercer individualmente no processo de insolvência por força do artigo 90.º: são direitos de exercício colectivo e no âmbito de um procedimento universal. Nessa medida, não nos parece que se possa considerar o administrador um terceiro em relação aos credores na resolução em benefício da massa porque, inevitavelmente, os substitui no exercício dos seus direitos.

Por outro lado, não poderemos deixar de concordar que a actuação do administrador de insolvência é autónoma,[857] sendo-lhe conferido, com a declaração de insolvência do devedor, o poder exclusivo e discricionário de reconstituir o património do insolvente, de acordo com a liberdade de administração que lhe é concedida.[858] No entanto, esses poderes, que já

---

[854] IDEM, *ibidem*, p. 471.
[855] PAJARDI, *op. cit.*, p. 107.
[856] Como salientam CATARINA SERRA (*op. cit.*, pp. 52-53), para quem o administrador da insolvência "tem o espinhoso encargo de defender e tentar conciliar dois grupos de interesses naturalmente opostos: por um lado, os interesses do insolvente, sujeito que ele representa para todos os efeitos de caráter patrimonial (*cfr.* art. 81.º, n.º 4) –; por outro lado, os interesses comuns dos credores, sendo – como é – o fim último do processo a satisfação o mais completa possível do máximo número de credores" e PAIS DE VASCONCELOS, *loc. cit.*, pp. 190-191. Entendemos, no entanto, que, no âmbito específico da resolução em benefício da massa, o administrador da insolvência deve agir no interesse dos credores por a satisfação dos seus interesses ser o fim primeiro e principal do processo de insolvência (artigo 1.º, n.º 1).
[857] PAIS DE VASCONCELOS, *loc. cit.*, pp. 192-193.
[858] BONSIGNORI, *loc. cit.*, p. 471.

resultavam para o devedor, são funcionalizados, são poderes-deveres, que exigem do administrador da insolvência uma actuação diligente no sentido da prossecução dos interesses dos credores.[859] Daí que sempre que o administrador da insolvência não tenha exercido a resolução em benefício da massa "em termos informados, livre de qualquer interesse pessoal e segundo critérios de racionalidade insolvencial", estará sujeito a responsabilidade civil pelos prejuízos causados aos credores.[860]

A ponderação da função do administrador da insolvência com os poderes-deveres de que é titular faz-nos concluir que, no âmbito específico da resolução em benefício da massa, o administrador da insolvência tem legitimidade exclusiva para exercer o direito de resolução em benefício da massa, não podendo os credores exercê-lo em sua substituição e em caso de inércia[861]. Uma qualquer legitimidade subsidiária teria de estar expressamente prevista na lei, como sucede na *Ley Concursal*, pelo que é de afastar entendimento contrário.

No caso de apresentação de acção judicial, o administrador é parte legítima, podendo, no entanto, ser admitido que qualquer credor possa intervir em litisconsórcio voluntário ou como interveniente principal ou assistente,[862] sendo certo que os efeitos aproveitam à colectividade dos credores, não nos termos do artigo 123.º, mas nos termos dos artigos 601.º e seguintes do CC e do artigo 30.º do CPC.

Em caso de inércia do administrador da insolvência, os credores poderão notificá-lo para exercer o direito de resolução em benefício da massa, justificando devidamente a razão pela qual a resolução deve operar. Decorrendo o prazo, a comunicação poderá servir para efeitos de responsabilização civil do administrador da insolvência quando tiver resultado dano

---

[859] Sobre os poderes de administração como poderes-deveres no âmbito das sociedades comerciais, *vide* COUTINHO DE ABREU, *Responsabilidade civil dos administradores de sociedades* (2.ª ed.), Coimbra, Almedina 2010, p. 25, n. 38; ANA PERESTRELO DE OLIVEIRA, *A Responsabilidade Civil dos Administradores nas Sociedades em relação ao grupo*, Coimbra, Almedina, 2007, p. 106; ADELAIDE MENEZES LEITÃO, "Responsabilidade dos administradores para com a sociedade e os credores sociais por violação de normas de protecção", *Estudos dedicados ao Professor Doutor Luís Alberto Carvalho Fernandes*, Lisboa, Universidade Católica, 2011, vol. I, pp. 34-40; RICARDO A. SANTOS COSTA, "Deveres gerais dos administradores e gestor criterioso e ordenado", *Direito das Sociedades em Revista*, Coimbra, Almedina, 2011, pp. 159-162.
[860] PAIS DE VASCONCELOS, *loc. cit.*, p. 201, *a contrario*, e pp. 204-205.
[861] PAJARDI, *op. cit.*, p. 108.
[862] BONSIGNORI, *loc. cit.*, p. 472.

para os credores. Poderão também os credores apresentar acção pauliana, nos termos do artigo 127.º, nos termos melhor explanados *infra*.[863]

1.4 Prazo

Nos termos do n.º 1 do artigo 123.º, a resolução em benefício da massa pode ser exercida no primeiro prazo que se verificar dentro dos seguintes: o prazo de seis meses contado do conhecimento do acto e o prazo de dois anos sobre a data da declaração de insolvência.

Embora na epígrafe do preceito conste que se trata de prazos prescricionais, a doutrina tem questionado a sua natureza, defendendo Menezes Leitão[864], Carvalho Fernandes e João Labareda[865] e Ana Prata, Jorge Morais Carvalho e Rui Simões[866] que se trata de prazos de caducidade e Gravato Morais[867] que estão em causa prazos de prescrição.

Parece-nos ser de acolher a posição maioritária, uma vez que o direito de resolução em benefício da massa é um direito potestativo e um direito temporário, estando sujeito a um prazo certo: aquele que resulta do artigo 123.º.[868]

A este respeito, transcrevemos parte do teor do Ac. TRP de 12 de Maio de 2014, proc. 3324/10.5TBSTS-F.P1 (Relator Manuel Domingos Fernandes), que nos parece elucidativo: "não obstante a referência à prescrição que consta da epígrafe do citado artigo 123.º, não nos parece que nesta norma se estabeleça outra coisa senão um prazo de caducidade do direito de requerer a resolução do acto. Na verdade, pensamos que é na diferença dos conceitos de exercício do direito e de exigibilidade que se pode, num primeiro momento, descortinar a distinção entre a prescrição e a caducidade. Estando subjacente à exigibilidade o cumprimento de uma obrigação insatisfeita, a prescrição integra a inexigibilidade. Sendo o exercício que perspectiva a realização do direito a modificar, extinguir ou constituir uma relação jurídica, a caducidade integra a falta de exercício. Enquanto que a

---

[863] *Infra*, pp. 302 *ssq*.
[864] MENEZES LEITÃO, *op. cit.*, p. 204.
[865] CARVALHO FERNANDES e LABAREDA, *op. cit.*, *ad* 123.º, n. 3, p. 536
[866] PRATA, MORAIS CARVALHO e SIMÕES, *op. cit.*, *ad* 123.º, n. 2, p. 370.
[867] GRAVATO MORAIS, *op. cit.*, pp. 161-162.
[868] PEDRO PAIS DE VASCONCELOS, *Teoria Geral do Direito Civil* (7.ª ed.), Coimbra, Almedina, 2012, pp. 336-337.

limitação da exigibilidade tem o escopo de colocar termo a uma situação antijurídica, a limitação do exercício tem a finalidade, nos direitos potestativos, de fazer cessar um estado de sujeição e, nos direitos subjectivos, de acelerar ou abreviar a sua realização. Portanto, o citado normativo ao estabelecer o prazo de seis meses, a contar do respectivo conhecimento por parte do Administrador, para que este exerça o direito potestativo de resolver os actos prejudiciais à massa, visa, em nosso modesto entendimento, abreviar o estado de sujeição decorrente do mesmo, estabelecendo, pois, atento o que acima ficou exposto, um prazo de caducidade."

Sendo o prazo previsto no artigo 123.º um prazo de caducidade e não um prazo prescricional, não haverá lugar a suspensão ou interrupção, mesmo em virtude de substituição do administrador da insolvência, por ausência de disposição legal que o determine.[869]

O prazo de caducidade de seis meses é iniciado com o conhecimento do acto. Este conhecimento deve ser aferido em função do acto em si mesmo considerado e não dos pressupostos que fazem operar a resolução em benefício da massa, sob pena de, como defendido no acórdão supramencionado, "Efectivamente, a entender-se no sentido propugnado pela recorrente seria admitir que o administrador de insolvência podia resolver o acto em qualquer altura, pois que, então, esse prazo só começava a correr desde que tivesse conhecimento dos fundamentos resolutórios. (...) A adoptar--se aquela interpretação do preceito em análise, seria colocar nas mãos do administrador da insolvência um instrumento de fácil e indefinida dilação do prazo, o que contrariaria, em absoluto, os princípios da segurança e da estabilidade dos negócios jurídicos que o legislador quis proteger."

O prazo para exercício do direito de resolução por via judicial é o mesmo que se encontra previsto no artigo 123.º, devendo o administrador da insolvência apresentar a competente acção judicial até essa data. Iniciada esta acção, serão de cumprir os prazos previstos na lei de processo, e não os previstos no CIRE.

---

[869] Ac. TRP de 12.05.2014, proc. 3324/10.5TBSTS-F.P1 (Relator Manuel Domingos Fernandes).

1.5 Meios de defesa contra a resolução

O artigo 125.º prevê um meio de reacção judicial contra a resolução em benefício da massa operada pelo administrador da insolvência: a impugnação da resolução. Nos termos do mencionado preceito, o direito de impugnar a resolução caduca no prazo de três meses e exerce-se por meio de acção proposta contra a massa insolvente, como dependência do processo de insolvência.

A respeito da aplicação do mencionado artigo, tem-se suscitado algumas questões na doutrina e na jurisprudência, nomeadamente no que diz respeito à legitimidade (uma vez que nada é referido na lei), ao tipo e à natureza da acção em causa, ao ónus da prova e aos termos subsequentes do processo.

1.5.1 Legitimidade

Sendo o meio de defesa contra a resolução em benefício da massa exercido pela via judicial, mediante apresentação da correspondente acção, importa verificar quem pode exercer a acção e contra quem pode ser apresentada.

No que respeita à segunda questão, o artigo 125.º é claro ao determinar que o direito de impugnar a resolução em benefício da massa se exerce contra a massa insolvente. No entanto, o preceito nada refere quanto à legitimidade activa, sendo necessário determiná-la de acordo com o artigo 30.º do CPC e com os artigos 120.º, 121.º, 123.º e 124.º.

Nos termos do mencionado artigo 30.º do CPC, o Autor é parte legítima quando tem interesse directo em demandar, aferindo-se esse interesse de acordo com a utilidade derivada da procedência da acção (n.os 1 e 2). Não sendo feita qualquer referência na lei, os titulares do interesse relevante serão os sujeitos da relação controvertida, tal como configurada pelo Autor (n.º 3).[870]

Sendo certo que a resolução em benefício da massa é um mecanismo de protecção da garantia patrimonial dos credores e que tem por objecto os actos prejudiciais à massa insolvente (que corporiza os interesses dos

---

[870] Sobre a legitimidade processual, *vide* TEIXEIRA DE SOUSA, "A Legitimidade Singular em Processo Declarativo", *BMJ* (1979); J. P. REMÉDIO MARQUES, *Acção Declarativa à Luz do Código Revisto* (3.ª ed.), Coimbra, Coimbra Editora, 2011, pp. 372-384;

credores) identificados nos artigos 120.º e 121.º, os interessados em agir contra a resolução serão todos os que tenham participado ou tirado proveito do acto[871] e todos os que estiverem sujeitos aos efeitos da resolução.

Assim, terão legitimidade para impugnar a resolução a contraparte no acto resolvido, os transmissários posteriores a quem a resolução for oponível nos termos do n.º 1 do artigo 124.º e os terceiros afectados pela constituição de direitos sobre os bens transmitidos em seu benefício, nos termos do n.º 2 do artigo 124.º.[872]

No que respeita à legitimidade do insolvente, limitando-se a sua perda de capacidade aos poderes de administração e disposição, nos termos do artigo 81.º, e a capacidade judiciária nos termos do artigo 85.º, concordamos com Carvalho Fernandes e João Labareda quando defendem que o devedor também tem interesse em agir contra a resolução operada pelo administrador da insolvência, "no caso de o acto resolvido ter envolvido a produção de efeitos pessoais ou patrimoniais que não interessam à insolvência e que possam cessar em consequência da resolução."[873]

1.5.2 Tipo e natureza da acção e ónus da prova

Tem sido questionado, sobretudo na jurisprudência, o tipo e natureza da acção de impugnação prevista no artigo 125.º: se acção de simples apreciação negativa ou acção declarativa de condenação.

Carvalho Fernandes e João Labareda[874] fazem menção a que, "no silêncio da lei, o regime da acção declarativa", beneficiando do carácter de urgência, nos termos do artigo 9.º do CIRE.

João Cura Mariano[875] entende que se trata de uma acção de simples apreciação negativa e que cabe ao demandado a prova da existência dos

---

[871] Utilizando aqui os mesmos termos que se encontram previstos no .º 4 do artigo 120.º.
[872] CARVALHO FERNANDES e LABAREDA, op. cit., ad 125.º, n. 4, p. 539; GRAVATO MORAIS, op. cit., p. 166; EPIFÂNIO, op. cit., p. 218; PRATA, MORAIS CARVALHO e SIMÕES, op. cit., ad 123.º, p. 374. Também Ac. STJ de 29.04.2014, proc. 251/09.2TYVNG-R.P1.S1 (Relator Pinto de Almeida).
[873] CARVALHO FERNANDES e LABAREDA, op. cit., ad 125.º, n. 4, p. 539. No mesmo sentido, GRAVATO MORAIS, op. cit., p. 166; EPIFÂNIO, op. cit., p. 218, n. 730; PRATA, MORAIS CARVALHO e SIMÕES, op. cit., ad 123.º, p. 374. Também neste sentido, Ac. TRL de 06.03.2008, proc. 1610/2008-8 (Relator Salazar Casanova).
[874] CARVALHO FERNANDES e LABAREDA, op. cit., ad 125.º, n. 5, p. 539.
[875] CURA MARIANO, op. cit., p. 317.

pressupostos do direito de resolução exercido e Maria Do Rosário Epifânio[876] faz referência, em nota, a jurisprudência no sentido da qualificação da acção como de simples apreciação negativa.

Com efeito, é esse o entendimento da jurisprudência maioritária: invocando que a impugnação visa a negação dos factos invocados aquando do exercício da resolução pelo administrador da insolvência e demonstração da inexistência ou da não verificação dos pressupostos legais da resolução declarada pelo administrador da insolvência, a jurisprudência vem qualificando a acção de impugnação como uma acção de simples apreciação negativa, nos termos da alínea a) do n.º 3 do artigo 10.º do CPC, defendendo que ao administrador da insolvência cabe a prova da verificação dos pressupostos da resolução e não ao impugnante a prova da sua não verificação, de acordo com o disposto no n.º 1 do artigo 343.º do CC.[877]

Julgamos que a divergência entre os dois entendimentos não está tanto na qualificação da espécie de acção em causa, mas na qualificação dos factos e na consequente distribuição do ónus da prova.

---

[876] EPIFÂNIO, *op. cit.* pp. 217-218, n. 728.
[877] Neste sentido, Ac. STJ de 20.03.2014, proc. 251/09.2TYVNG-I.P1 (Relator Azevedo Ramos); Ac STJ de 29.04.2014, proc. 251/09.2TYVNG-R.P1.S1 (Relator Pinto de Almeida); Ac. STJ de 25.02.2014, proc. 251/09.2TYVNG-H.P1.S1 (Relator Ana Paula Boularot); Ac. STJ de 17.09.2009, proc. 307/09.1YFLSB (Relator Mário Cruz); Ac. TRL de 16.07.2013, proc. 1048/12.8TBPDL-C.L1-7 (Relator Tomé Gomes); Ac. TRP de 09.07.2014, proc. 816/10.0TYVNG-X.P1 (Relator Freitas Vieira); Ac. TRP de 24.11.2011, proc. 297/09.0TBCPV--E.P1 (Relator Deolinda Varão); Ac. TRP de 09.07.2014, proc. 462/10.8TBVFR-L.P1 (Relator Manuel Domingos Fernandes); Ac. TRP de 17.09.2013, proc. 1315/12.0TBVFR-J.P1 (Relator Anabela Dias da Silva); Ac. TRP de 26.11.2012, proc. 1056/09.6TBLSD-D.P1 (Relator Carlos Gil); Ac. TRP de 18.02.2013, proc. 462/10.8TBVFR-J.P1 (Relator Caimoto Jácome); Ac. TRC de 21.05.2013, proc. 928/11.2TBFIG-J.C2 (Relator Falcão de Magalhães); Ac. TRP de 02.07.2013, proc. 462/10.8TBVFR-P.P1 (Relator M. Pinto dos Santos); Ac. TRP de 07.05.2013, proc. 5857/11.7TBMTS-E.P2 (Fernando Samões); Ac. TRP de 20.11.2012, proc. 132/09.0TBBAO-K.P1 (Relator José Igreja Matos); Ac. TRP de 24.11.2011, proc. 297/09.0TBCPV-E.P1 (Relator Deolinda Varão); Ac. TRP de 17.09.2013, proc. 1315/12.0TBVFR-J.P1 (Relator Anabela Dias Silva); Ac TRG de 26.03.2009, proc. 1274/07.1TBBRG-Q.G1 (Relator Gouveia Barros); Ac TRG de 05.11.2009, proc. 5583/05.6TBBCL.G1 (Relator Conceição Bucho); Ac. TRP de 18.02.2013, proc. 462/10.8TBVFR-J.P1(Relator Caimoto Jácome); Ac. TRP de 26.11.2012, proc. 1056/09.6TBLSD-D.P1 (Relator Carlos Gil); Ac. TRP de 27.11.2012, proc. 4694/08.0TBSTS--O.P1 (Relator M. Pinto dos Santos); Ac. TRC de 24.05.2011, proc. 1791/08.6TBLRA-K.C1 (Relator Carlos Gil).

Com efeito, não existem dúvidas quanto à qualificação da acção como acção declarativa de simples apreciação.[878] Nos termos do da al. a) do n.º 3 do artigo 10.º do CPC, estas acções visam "obter unicamente a declaração da existência ou inexistência de um direito ou de um facto". É o que está em causa no disposto no artigo 125.º: saber se pode ser resolvido em benefício da massa o acto prejudicial invocado pelo administrador da insolvência.

Sendo que o direito à resolução constitui um direito potestativo que pode ser exercido extrajudicialmente e cujo nascimento depende da verificação dos pressupostos previstos nos artigos 120.º e 121.º,[879] a pretensão do interessado na impugnação da resolução será no sentido da declaração por via judicial da não verificação dos respectivos pressupostos, para pôr fim a uma "situação de incerteza objectiva."[880] Ora, é precisamente este o fim da acção declarativa de simples apreciação negativa,[881] pelo que tem razão a jurisprudência que se pronunciou neste sentido.

No âmbito desta acção de impugnação, pode o interessado invocar questões formais relacionadas, *e.g.*, com a falta de fundamentação ou com a falta de forma da comunicação (artigo 123.º), ou questões substantivas concernentes à verificação dos pressupostos da resolução (artigos 120.º e 121.º).[882]

No que respeita ao ónus da prova para esta espécie de acção declarativa, prevê o n.º 1 do artigo 343.º do CC que compete ao réu a prova dos factos constitutivos do direito que se arroga. Trata-se de uma excepção ao disposto no artigo 342.º do CC, segundo o qual quem invoca um direito tem o ónus da prova relativamente aos factos constitutivos desse direito, competindo à contraparte a prova dos factos impeditivos, modificativos ou extintivos do direito contra si invocado.[883] Conforme referido por Castro Mendes, a inversão do ónus da prova no caso das acções de simples

---

[878] Sobre as espécies de acções e, em particular, sobre a acção de simples apreciação, CASTRO MENDES, *Direito Processual Civil*, AAFDL, 1986-1989, vol. I, pp. 236-241; JOSÉ LEBRE DE FREITAS, *Introdução ao Processo Civil – Conceitos e princípios gerais à luz do novo código* (3.ª ed.), Coimbra, Coimbra Editora, 2013, pp. 29 ssq.; REMÉDIO MARQUES, *Acção Declarativa à Luz do Código Revisto*, pp. 125-132.

[879] Ac. STJ de 20.03.2014, proc. 251/09.2TYVNG-I.P1 (Relator Azevedo Ramos).

[880] REMÉDIO MARQUES, *op. cit.*, p. 128.

[881] CASTRO MENDES, *op. cit.*, p. 237.

[882] Ac. STJ de 25.02.2014, proc. 251/09.2TYVNG-H.P1.S1 (Relator Ana Paula Boularot); Ac. TRP de 01.10.2013, proc. 251/09.2TYVNG-H.P1 (Relator Maria João Areias).

[883] Quanto ao ónus da prova e respectiva inversão, PIRES DE LIMA e ANTUNES VARELA, *Código Civil Anotado*, vol. I, pp. 305-308; CASTRO MENDES, *Direito Processual Civil*, pp. 238-241.

apreciação negativa "só se impõe quando o réu previamente se arrogue injustificadamente certo direito, ou seja, o afirme extrajudicialmente em detrimento do Autor."[884] Ao comunicar por carta registada com aviso de recepção, o administrador está a arrogar um direito à resolução de determinado acto em benefício da massa, por força do seu carácter prejudicial e da verificação de má fé, quando exigida. Justifica-se, nessa medida, que caiba ao administrador da insolvência a prova do direito que se arroga e não ao impugnante. Apenas não incumbirá ao administrador da insolvência a prova dos factos sujeitos a presunção, como é o caso dos n.ºs 3 e 4 do artigo 120.º.

A dúvida está agora quanto à prova exigida ao Autor da impugnação para que a acção de simples apreciação negativa que este apresenta seja procedente.

Gravato Morais,[885] seguido pelo Tribunal da Relação de Lisboa,[886] entende que cabe ao Autor a prova dos factos extintivos do direito à resolução e que esses factos se concretizam naqueles que demonstram que não se verificou o direito arrogado pelo administrador da insolvência, invocando o disposto no n.º 2 do artigo 342.º do CC.

Quanto à primeira parte, concordamos com o entendimento. Ao Autor caberá a prova da existência de factos impeditivos, modificativos ou extintivos do direito invocado pelo administrador da insolvência, em coerência, também, com as presunções estabelecidas no CIRE.

No entanto, a questão é que a não verificação dos pressupostos para o exercício do direito de resolução (não existência de prejudicialidade ou de má fé) não constitui matéria de excepção peremptória e, portanto, não cabe no conceito de factos impeditivos, modificativos ou extintivos que obstam à procedência da acção.[887] Ao impugnar a resolução, o interessado limita-se a apresentar de forma antecipada a contraprova do direito invocado pelo administrador da insolvência, impugnando os factos que este vem alegar para sustentar a resolução, nos termos do artigo 346.º do CC.[888] Trata-se de defesa por impugnação e não de defesa por excepção

---

[884] CASTRO MENDES, *op. cit.*, p. 240.
[885] GRAVATO MORAIS, *op. cit.*, p. 167.
[886] Ac. TRL de 24.09.2009, proc. 725/06.7TBTVD-I.L1-8 (Relator António Valente); Ac TRL de 09.03.2010, proc. 520/06.3TBLNH-F.L1-7 (Relator Pires Robalo).
[887] Ac. TRP de 09.07.2014, proc. 462/10.8TBVFR-L.P1 (Manuel Domingos Fernandes).
[888] Ac. STJ de 20.03.2014, proc. 251/09.2TYVNG-I.P1 (Relator Azevedo Ramos).

peremptória. Nessa medida, como referido pela jurisprudência maioritária que já assinalámos, os factos a alegar pelo impugnante que se limitem à não verificação dos pressupostos da resolução em benefício da massa não poderão constituir factos extintivos do direito resolutivo.

A impugnação, em princípio, visa a negação dos factos alegados pelo administrador da insolvência. No entanto, isto não significa que o Autor não possa desde já exercer defesa antecipada por excepção, alegando, a título de exemplo, "factos extintivos do direito de resolução exercido pelo administrador da insolvência, como seja, por exemplo, a caducidade desse direito potestativo por ter sido exercido para além dos seis meses em que foi conhecido o acto objecto da resolução, ou por terem decorrido mais de dois anos sobre a data da declaração da insolvência (artigo 123.º, n.º 1, do CIRE)."[889] Nesse caso, a não alegação e a não demonstração desses factos poderá implicar a improcedência da impugnação.

Acresce que entender que cabe ao impugnante o ónus da prova da não verificação dos pressupostos da resolução se revela contrário ao regime da presunção *iuris tantum* prevista no n.º 4 do artigo 120.º, uma vez que, como referido por certa jurisprudência,[890] "se o legislador tivesse querido que o ónus da prova da falta dos pressupostos da resolução fosse dos impugnantes, não teria consagrado a presunção *juris tantum* prevista no n.º 4 do art.º 120.º: não faria sentido fazer recair sobre os impugnantes o ónus de ilidir a presunção de má fé na situação ali prevista se, nos termos gerais (fora daquela situação específica), eles já tivessem de provar a boa fé."

Por fim, refira-se que, podendo ser exercido o direito de resolução em benefício da massa por via de acção judicial, como acima defendido, sempre cabe ao administrador da insolvência a prova da constituição do direito à resolução e da verificação dos pressupostos. O interessado exerce o seu direito de defesa e o princípio do contraditório em sede de contestação, aplicando-se, em termos de prova, o disposto no n.º 2 do artigo 342.º do CC. Ao invés de uma contraprova antecipada, como ocorre no âmbito de uma acção de apreciação negativa, a prova faz-se depois da invocação do direito e do cumprimento do ónus previsto no n.º 1 do artigo 342.º do CC.

---

[889] Ac. TRP de 26.11.2012, proc. 1056/09.6TBLSD-D.P1 (Relator Carlos Gil).
[890] Ac. TRP de 09.07.2014, proc. 816/10.0TYVNG-X.P1 (Relator Freitas Vieira); Ac. TRP de 24.11.2011, proc. 297/09.0TBCPV-E.P1 (Relator Deolinda Varão); Ac. TRP de 18.12.2013, proc. 462/10.8TBVFR-R.P1 (Carlos Portela).

Não se poderia admitir a existência de ónus da prova diferenciados, consoante o tipo de resolução adoptado.[891]

Assim, concluímos que a acção de impugnação prevista no artigo 125.º constitui uma acção de simples apreciação negativa e que o ónus da prova dos factos que se referem à verificação dos pressupostos para o nascimento do direito de resolução cabe ao administrador da insolvência, não sendo de exigir ao interessado a prova da não verificação desses pressupostos mas apenas a prova dos factos impeditivos, modificativos e extintivos do direito de resolução em benefício da massa.

1.5.3 Prazo

O prazo para o exercício do direito de impugnação da resolução em benefício da massa é de três meses, sendo, igualmente, um prazo de caducidade. Como já adiantado, este prazo só se aplica quando a resolução é efectuada por via extrajudicial, nos termos do artigo 123.º, aplicando-se os prazos processuais referentes à contestação (artigo 569.º, n.º 1 do CPC).

Decorrido o prazo de três meses, os terceiros afectados pela resolução não poderão alegar, no âmbito da acção prevista no n.º 2 do artigo 126.º, fundamentos de facto que excepcionem o direito invocado. Apenas se admitirá a invocação de vícios de conhecimento oficioso, como é o caso da nulidade da comunicação resolutiva por falta de fundamentação ou por inexistência do direito ao exercício da resolução.[892]

---

[891] Ac. TRP de 09.07.2014, proc. 816/10.0TYVNG-X.P1 (Relator Freitas Vieira).
[892] O que é, aliás, reconhecido por MENEZES LEITÃO, *Código da Insolvência e da Recuperação de Empresas Anotado*, ad 125.º, n. 4, p. 154. Em sentido contrário, Ac. STJ de 22.05.2013, proc. 4694/08.0TBSTS-O.P1.S1 (Relator Tavares de Paiva), em que se entendeu que "a acção de impugnação dependente do processo de insolvência e portanto com carácter urgente (cfr. art. 9.º n.º 1 do CIRE) como, aqui, acontece, a que alude o art. 125 do CIRE, tanto pode servir para impugnar os fundamentos fácticos da resolução levada a cabo pelo administrador da insolvência, como para impugnar a validade do próprio acto resolutivo em virtude da ocorrência de alguma situação susceptível de provocar a nulidade ou anulabilidade desse acto e consequentemente está em qualquer dos casos sempre sujeita ao prazo de caducidade de seis meses, não sendo, por isso, de observar a respeito do fundamento relativo à nulidade do acto resolutivo o regime geral do art. 286 do C. Civil. / Neste domínio, há ainda que ter em conta o princípio geral consagrado no art. 7.º n.º 3 do C. Civil, segundo o qual a "a lei geral não revoga lei especial, excepto se outra for a intenção inequívoca do legislador", pelo que à luz deste princípio aquele regime geral do citado art.286 sempre teria de ceder perante o regime especial do art. 125 do C. Civil, atento os interesses subjacentes ao processo de insolvência

1.5.4 Contestação – Admissibilidade de reconvenção?

No exercício do direito ao contraditório, o administrador da insolvência poderá responder à impugnação apresentada pelo interessado nos termos do artigo 125.º. Na sequência da análise do dever de fundamentação exigido ao administrador da insolvência aquando do exercício extrajudicial da resolução em benefício da massa e da natureza da acção de impugnação e dos ónus da prova a cargo de cada uma das partes, importa fazer referência ao problema que tem sido suscitado na jurisprudência relativamente à possibilidade de, em sede de contestação, o administrador da insolvência corrigir a sua comunicação resolutiva ou formular um novo pedido, através de reconvenção.

Segundo já adiantado, encontrando-se o dever de fundamentação alicerçado na alegação dos factos concretos essenciais e na necessidade de garantir que a pessoa a quem se dirige a resolução possa exercer condignamente o seu direito de defesa, a contestação não poderá servir para o administrador da insolvência suprir deficiências de fundamentação, invocando novos factos sobre os quais o impugnante não tenha podido pronunciar-se antecipadamente.[893]

Na contestação, de acordo com o que ficara referido a respeito da acção de simples apreciação negativa, o administrador de insolvência tem de demonstrar os factos constitutivos do direito de resolução em benefício da massa, nos termos do n.º 1 do artigo 344.º do CC. Face ao pedido e à causa

---

– reconstituição do património do devedor (a massa insolvente) por meio de um instituto específico a «resolução em benefício da massa insolvente» que permite de forma expedita e eficaz, a destruição de actos prejudiciais a esse património" (cfr. preâmbulo do CIRE)."

[893] Neste sentido, Ac. STJ de 20.03.2014, proc. 251/09.2TYVNG-I.P1 (Relator Azevedo Ramos); Ac. STJ de 29.04.2014, proc. 251/09.2TYVNG-R.P1.S1 (Relator Pinto de Almeida); Ac. STJ de 17.09.2009, proc. 307/09.1YFLSB (Relator Mário Cruz); Ac. STJ de 17.09.2009, proc. 307/09.1YFLSB (Relator Mário Cruz); Ac. TRL de 15.04.2010, proc. 389/05.5TBFUN-D.L1-6 (Relator Pereira Rodrigues); Ac. TRP de 09.07.2014, proc. 462/10.8TBVFR-L.P1 (Manuel Domingos Fernandes); Ac TRP de 01.10.2013, proc. 251/09.2TYVNG-H.P1 (Relator Maria João Areias); Ac. TRP de 26.11.2012, proc. 1056/09.6TBLSD-D.P1 (Relator Carlos Gil); Ac. TRP de 11.03.2013, proc. 2756/09.6TBOAZ-D.P1 (António Eleutério); Ac. TRP de 18.02.2013, proc. 462/10.8TBVFR-J.P1 (Relator Caimoto Jácome); Ac. TRP de 26.11.2012, proc. 1056/09.6TBLSD-D.P1 (Relator Carlos Gil).

de pedir, não caberá aqui o exercício de defesa por excepção por parte do administrador de insolvência, mas apenas prova constitutiva do direito.[894] Tem sido usual os administradores da insolvência aproveitarem a contestação para deduzirem pedido reconvencional, solicitando, subsidiariamente ao pedido de resolução do acto em causa, a declaração da sua nulidade. O pedido de declaração de nulidade implica uma condenação e para ser admissível reconvir é necessário que o pedido proceda do mesmo facto jurídico que serve de fundamento à acção (artigo 266.º, 2, al. a) do CPC).

Atendendo a que a acção de impugnação é uma acção de simples apreciação negativa e, como anteriormente referido, visa apenas o exercício do direito de contraprova ao impugnante, nos termos do artigo 346.º do CC, mediante a alegação de factos que constituem a negação da factualidade invocada como fundamento do direito de resolução, exercido pelo administrador da insolvência, a jurisprudência tem negado a admissibilidade de apresentação de pedido reconvencional.[895]

Entendemos também que não será de admitir reconvenção no âmbito da acção de impugnação da resolução em benefício da massa.[896] Em primeiro lugar, não poderá a reconvenção servir para reformular a pretensão resolutiva. O resultado da acção de simples apreciação negativa será a

---

[894] Ac. STJ de 25.02.2014, proc. 251/09.2TYVNG-H.P1.S1 (Relator Ana Paula Boularot) "Na contestação também parece não caber a defesa exceptiva, de direito material ou peremptória, posto que tal defesa atentos os contornos da acção, apenas se destina à alegação e prova dos factos onde o Réu faz assentar o seu direito, direito este que é impugnado pelo Autor e cujo ónus da prova impende sobre aquele, de harmonia com o preceituado no artigo 343.º, n.º 1 do CCivil, «(...) A sentença que acolhe um pedido de simples apreciação negativa deixa indiscutível a subsistência da negação; e por extensão a insubsistência da afirmação contrária. A sentença que rejeita um pedido de simples apreciação negativa deixa indiscutível a insubsistência da negação, e por extensão a subsistência da afirmação contrária (...)», in Castro Mendes, *Limites Objectivos do Caso Julgado em Processo Civil*, 1967, 303."

[895] Ac. STJ de 20.03.2014, proc. 251/09.2TYVNG-I.P1 (Relator Azevedo Ramos); Ac. STJ de 25.02.2014, proc. 251/09.2TYVNG-H.P1.S1 (Relator Ana Paula Boularot); Ac STJ de 29.04.2014, proc. 251/09.2TYVNG-R.P1.S1 (Relator Pinto de Almeida); Ac. STJ de 17.09.2009, proc. 307/09.1YFLSB (Relator Mário Cruz); Ac TRP de 01.10.2013, proc. 251/09.2TYVNG-H.P1 (Relator Maria João Areias); Ac. TRP de 07.10.2013, proc. 251/09.2TYVNG-I.P1 (Relator Abílio Costa), mesmo no caso de a resolução operar por via judicial.

[896] Ac. STJ de 25.02.2014, proc. 251/09.2TYVNG-H.P1.S1 (Relator Ana Paula Boularot); Ac. STJ de 29.04.2014, proc. 251/09.2TYVNG-R.P1.S1 (Relator Pinto de Almeida); Ac. TRP de 01.10.2013, proc. 251/09.2TYVNG-H.P1 (Relator Maria João Areias).

declaração ou não da existência do direito, pelo que não se revela necessária a apresentação de nova acção declarativa de resolução. O pedido reconvencional para fazer operar a resolução tornar-se-ia redundante e inócuo. Em segundo lugar, sendo a reconvenção decorrência do pedido principal, não será de admitir a introdução de novos pedidos, como a declaração de nulidade, quando a parte não se pode pronunciar sobre aqueles por não constarem da carta resolutiva.

2. Relação entre a Resolução em Benefício da Massa e a Impugnação Pauliana

2.1 Regime e enunciação do problema

O regime da resolução em benefício da massa culmina, no artigo 127.º, com a disciplina reguladora da relação processual existente entre esta resolução e a acção de impugnação pauliana, prevista nos artigos 610.º e seguintes do CC.[897]

A disposição do artigo 127.º (no entender de Catarina Serra,[898] "é uma das mais intrigantes do CIRE" que, "de modo firme, deixa dúvidas e causa alguma perplexidade") prevê quatro aspectos particulares relativamente à relação entre estes dois institutos. Em primeiro lugar, determina-se a proibição de instauração de acções de impugnação pauliana pelos credores da insolvência quando o acto em causa tenha sido objecto de resolução em benefício da massa por parte do administrador da insolvência (n.º 1). Em segundo, prevê-se que as acções de impugnação pauliana pendentes à data da declaração de insolvência ou apresentadas posteriormente a essa data não são apensas ao processo de insolvência (n.º 2, primeira parte). Em terceiro lugar, faz-se depender a prossecução das mencionadas acções da

---

[897] Sobre a relação entre a resolução em benefício da massa e a impugnação pauliana, *vide* GRAVATO MORAIS, *op. cit.*, pp. 204-207; CARVALHO FERNANDES e LABAREDA, *op. cit.*, ad 127.º, pp. 542-544; MENEZES LEITÃO, *Direito da Insolvência*, p. 206; IDEM, *Código da Insolvência e da Recuperação de Empresas Anotado*, ad 127.º, pp. 155-156; IDEM, *Direito das Obrigações* (8.ª ed), Coimbra, Almedina, 2011, vol. II, pp. 320-321; SERRA, *op. cit.*, pp. 110-112; EPIFÂNIO, *op. cit.*, pp. 204-205; PRATA, MORAIS CARVALHO e SIMÕES, *op. cit.*, ad 127.º, pp. 377-379; MARIA JOSÉ COSTEIRA, "Novo Direito da Insolvência", *Themis* – Ed. Especial (2005), p. 38; CURA MARIANO, *op. cit.*, p. 91.
[898] SERRA, *op. cit.*, p. 110.

declaração de ineficácia, por decisão transitada em julgado, da resolução em benefício da massa encetada pelo administrador da insolvência, no que respeita às matérias coincidentes (n.º 2, segunda parte). Em último lugar, estabelece as consequências da procedência da acção de impugnação pauliana no que respeita ao credor impugnante, que vê o seu interesse aferido, para efeitos do artigo 616.º do CC, sem as alterações introduzidas ao crédito por eventuais planos de insolvência ou de pagamentos.

No entanto, esta disciplina suscita alguns problemas, relacionados nomeadamente com a finalidade da resolução em benefício da massa e os princípios subjacentes ao processo de insolvência.

Tendo em consideração a evolução histórica do Direito da Insolvência e, em particular, do instituto da resolução em benefício da massa, bem como a regulamentação adoptada nos ordenamentos jurídicos próximos do nosso, importa esclarecer, à luz do CIRE, o lugar e a natureza deste instituto frente à impugnação pauliana e frente aos meios de conservação da garantia patrimonial.[899]

Partindo desse esclarecimento relativamente à identidade das acções, poderemos analisar as questões concretas suscitadas pelo artigo 127.º e que estão relacionadas com os efeitos da impugnação pauliana no âmbito da insolvência e com a legitimidade para o seu exercício.

2.2 Identidade dos meios de defesa dos interesses dos credores

Ao longo da história do Direito da Insolvência em Portugal, foram-se verificando alterações no pensamento legislativo relativamente à forma como os credores poderiam proceder contra actos prejudiciais à sua garantia patrimonial, quando o devedor se encontrasse numa situação de insolvência posteriormente declarada, e como esse regime se deveria articular com as normas previstas na lei civil.

Como verificámos, o Código Comercial de Veiga Beirão estabeleceu uma disciplina especial relativamente aos artigos 1031.º e seguintes do CC então vigente, prevendo um período suspeito, uma presunção de fraude e também uma presunção de prejudicialidade relativamente a certo tipo de actos, sendo que, fora do período suspeito, os actos prejudiciais seriam rescindidos nos termos do CC, em proveito de todos os credores.

---

[899] *Supra*, pp. 80 *ssq.*

Não se afastando muito do regime anterior, desde a vigência do Código das Falências, inserido no Código de Processo Comercial de 1905, até à do CPC de 1939, estabeleceu-se a possibilidade de *rescindir*, independentemente de prazo, actos e contratos celebrados pelo falido que tivessem prejudicado os credores, nos termos previstos no CC, em benefício de todos os credores e competindo a acção ao administrador da insolvência ou a qualquer credor reconhecido (artigos 256.º e 257.º do Código de Processo Comercial, artigos 35.º e 36.º do Código de 1935 e artigos 1171.º e 1172.º do CPC de 1939). Decorria do preâmbulo do Código das Falências de 1935 que o regime previsto nesse Código visava facilitar a actuação da acção pauliana no âmbito da insolvência.[900] Esse mesmo Código e o CPC de 1939 previam a competência do juízo de falência para apreciar as acções de anulação ou rescisão (artigo 36.º do Código de Falências de 1935 e artigo 1172.º do CPC de 1939).

Por seu turno, o CPC de 1961 previa a possibilidade de resolver e impugnar actos prejudiciais, mesmo nos casos dos artigos 610.º e seguintes do CC, revertendo os valores respectivos, em ambos os casos, a favor da massa falida.

Por fim, o CPEREF, seguindo o regime anterior, previu uma forma de resolução de actos e outra de impugnação colectiva, nos artigos 156.º a 158.º, fazendo reverter os bens à massa falida e, portanto, em benefício de todos os credores.[901]

Nos ordenamentos jurídicos estrangeiros, igualmente se assinala a necessidade de regulação da articulação entre os institutos do Direito Civil equivalentes à impugnação pauliana e do Direito da Insolvência semelhantes à resolução em benefício da massa.

No Direito da Insolvência italiano, consagra-se expressamente, no artigo 66.º da *Legge Fallimentare*, o direito de exercício, pelo curador, da *revocatoria ordinaria* para atacar actos que caem fora do âmbito da disciplina da *revocatoria fallimentare* (quer pelo facto de terem sido praticados fora do período

---

[900] "Uma primeira forma de facilitar, aliás com toda a razão, a pauliana foi de admitir, como causa de revogação, não apenas a intenção de prejudicar e o conhecimento dessa intenção por parte de terceiro, mas até o facto de êste dever saber, pelos seus conhecimento e situação, que o devedor procurava prejudicar os crèdores."

[901] Para uma análise mais detalhada, *vide supra*, pp. 34-52.

suspeito, quer por falta de outras condições especiais do falimento),⁹⁰² assinalando-se a unidade de fundamento entre as duas acções.⁹⁰³

O mesmo se diga relativamente ao Direito Espanhol. No n.º 7 do artigo 71.º da *Ley Concursal* prevê-se expressamente que, no processo de insolvência, as acções de reintegração não são a única forma de impugnação de actos prejudiciais, sendo admitidas outras acções de impugnação de actos do devedor, nos termos gerais de Direito, a exercer perante o juiz concursal, tramitando como incidente concursal, nos termos dos artigos 192.º a 196.º da *Ley Concursal*, e de acordo com as normas de legitimidade e procedimento previstas na *Ley Concursal* (terão legitimidade a administração concursal e, subsidiariamente, os credores, e a acção será apresentada contra o devedor e aqueles que tenham sido parte no acto).⁹⁰⁴ Quanto aos pressupostos, no que respeita em particular à acção pauliana, não é necessária a demonstração de que, com o acto praticado, o Autor se tenha colocado numa situação de insolvência (atendendo a que esta já foi declarada), mas apenas que o acto é prejudicial à massa, que o devedor e o terceiro agiram de má fé e que houve violação do princípio da igualdade entre credores.⁹⁰⁵ Embora não exista na mencionada norma qualquer referência à equipara-

---

⁹⁰² MAFFEI ALBERTI, *op. cit.*, pp. 128-130; PAJARDI, *op. cit.*, pp. 124-127; SATTA, *op. cit.*, pp. 255-260.

⁹⁰³ PAJARDI, *op. cit.*, pp. 85-86, refere que "Non vi è dubbio, anche secondo me, che il rapporto sia pontualmente quello della species (la fallimentare, come tutte le speciali) a genus (l'ordinaria). La matrice generale, che ricomprende l'esigenza essenziale di giustizia e l'idea di soluzione del problema che tale esigenza pone, è fondamentale ed uguale per tutti. Insisto anche sull'unità della soluzione perche a ben vedere il regime, anche nelle sue tecniche fondamentali, è sostanzialmente uguale per tutti." Salientando as dificuldades de inserção da *revocatoria ordinaria* no âmbito da matéria falimentar, quer do ponto de vista normativo, quer sistemático, e identificando como únicos pontos comuns o facto de ambas as *revocatorie* serem exercidas a favor de todos os credores e apenas pelo *curatore*, BONSIGNORI, *loc. cit.*, pp. 477-480.

⁹⁰⁴ BORJA GARCÍA-ALAMÁN DE LA CALLE, *loc. cit.*, pp. 273-275; DÍAZ MARTÍNEZ e IGLESIAS ESCUDERO, *loc. cit.*, p. 219; A. SERRA RODRÍGUEZ, "La constitución de hipoteca en fraude de acreedores y la declaración del concurso", *Derecho Patrimonial* XVII (2006), p. 95; EADEM, "El ejercicio de la acción pauliana y las acciones rescisorias concursales", pp. 405-406.

⁹⁰⁵ Entende-se que estas acções apenas podem ser exercidas quando o acto impugnável não reúna os pressupostos para a aplicação das acções de reintegração específicas para o concurso, nos termos do artigo 71.º da *Ley Concursal*, nomeadamente quando tenham sido praticados fora do período suspeito determinado na lei e os actos não caibam na previsão do artigo, *cf.* SERRA RODRÍGUEZ, "La constitución de hipoteca en fraude de acreedores y la declaración del concurso", p. 95; EADEM, "El ejercicio de la acción pauliana y las acciones rescisorias concursales", p. 405.

ção relativamente aos efeitos, Adela Serra Rodríguez[906] defende que, sendo exercida a impugnação pauliana no processo concursal, "la ejecución universal y el respeto de la *par conditio creditorum* pueden imponer la aplicación de ciertos efectos propios del régimen concursal al de la revocatoria ordinaria", em particular "que el resultado de la acción pauliana deberá aprovechar a todos los acreedores y los efetos restitutórios ingresar en la massa activa del concurso".

No Direito Francês, pese embora a lei seja omissa quanto aos efeitos do exercício da impugnação pauliana no âmbito do processo de insolvência, é admitido o exercício da acção pauliana por qualquer credor, embora se defenda que os efeitos da procedência da acção aproveitam apenas ao credor impugnante, o que levou João Cura Mariano a referir que "Com a entrada em vigor do C.I.R.E., a impugnação pauliana passou a ter exactamente a mesma fisionomia e conteúdo, quer o devedor tenha ou não sido declarado insolvente, seguindo-se assim o modelo francês."[907]

Do exposto resulta que, relativamente ao Direito Português, o CIRE marca, de facto, uma diferença relativamente ao disposto nas legislações anteriores sobre a defesa dos interesses dos credores contra actos prejudiciais à sua garantia patrimonial: a remissão para os meios comuns (à semelhança do que aconteceu desde o Código Comercial de Veiga Beirão até ao CPC de 1939) ou a consagração expressa de uma impugnação pauliana colectiva ao lado de uma forma de resolução (à imagem do CPC de 1961 e do CPEREF) não foram queridas pelo legislador. Este optou pela consagração de um único meio de defesa dos interesses dos credores, no âmbito

---

[906] SERRA RODRÍGUEZ, "La constitución de hipoteca en fraude de acreedores y la declaración del concurso", p. 95; EADEM, "El ejercicio de la acción pauliana y las acciones rescisorias concursales", pp. 405-406. A Autora configura a acção pauliana, exercida no processo de insolvência, como "un instrumento para la reintegración de la masa activa del concurso."

[907] CURA MARIANO, *op. cit.*, p. 91. O Autor refere que, pese embora a escassez de regulamentação relativamente à acção pauliana, "A doutrina e a jurisprudência, ao preencherem este propositado vazio legislativo, evoluíram no sentido de adaptarem esta acção, no direito comum, a uma matriz pessoal, em que o único beneficiário da mesma é aquele que a exercita, não provocando a nulidade do acto" (pp. 61-62). A respeito da defesa dos interesses dos credores na insolvência, invoca doutrina que defende que se mantém a mesma fisionomia e conteúdo da impugnação pauliana, mesmo na insolvência, embora assinale outros Autores que põem em causa este entendimento (*cf.* p. 63, n. 95, e p. 91). No mesmo sentido e invocando o Autor, Ac. TRP de 14.05.2013, proc. 289/11.0TJVNF.P1 (Relator Fernando Samões).

do processo de insolvência, embora salvaguarde o exercício da impugnação pauliana, nos termos previstos no artigo 127.º.

Da análise que temos vindo a fazer relativamente à natureza e ao regime da resolução em benefício da massa, é nosso entendimento que a opção do legislador apenas pode ser interpretada no sentido de, através deste instituto, se garantir a mesma tutela e os mesmos direitos que, antes da insolvência, os credores podiam exercer contra o património do devedor, daí que tenhamos vindo a qualificar esta resolução como meio de protecção de garantia dos credores.

Em primeiro lugar, verificamos que o facto de o artigo 127.º determinar que está vedada a apresentação de novas acções de impugnação pauliana de actos praticados pelo devedor e já declarados resolvidos pelo administrador da insolvência (n.º 1) e que as acções pendentes ficam suspensas, só podendo prosseguir ou ser apresentadas novas acções com a declaração de ineficácia da resolução (n.º 2), revela que o legislador entende que entre a resolução e a impugnação existe uma espécie de relação de *prejudicialidade*, como definida no artigo 272.º do CPC. Para haver essa prejudicialidade, é necessário considerar que estão em causa o mesmo objecto, as mesmas partes e os mesmos efeitos jurídicos. Ainda que pareça resultar que as partes não são totalmente idênticas (numa está em causa a totalidade dos credores, noutra o credor particular) e que os efeitos são díspares (benefício da colectividade ou interesse individual), está em causa o mesmo objecto e o exercício do mesmo direito para tutela dos interesses dos credores, sejam todos, apenas alguns, ou um.[908]

---

[908] Ambos os institutos têm pressupostos distintos, mas o fim é o mesmo. Neste sentido, SATTA, *op. cit.*, p. 256.
Contra a identidade dos meios de defesa dos interesses dos credores, assinale-se que, na jurisprudência espanhola, se consideram distintas as *acciones revocatorias concursales* e as *acciones revocatorias ordinarias*, em função de o seu fundamento, características e efeitos serem distintos: as *acciones revocatorias concursales* visam a *reintegración* da massa, enquanto as acções paulianas visam beneficiar exclusivamente o ou os credores que as tenha(m) iniciado. Distingue-se o conceito de prejuízo inerente a cada um dos institutos em causa. Nas primeiras, o prejuízo é entendido de um ponto de vista colectivo, afectando o conjunto dos credores do devedor e consiste na afectação do princípio da *par conditio creditorum*. Nas segundas, está em causa a lesão do interesse de um credor, nomeadamente por ter sido praticado um acto susceptível de impedir a satisfação do seu crédito. *Cf.* SERRA RODRÍGUEZ, "El ejercicio de la acción pauliana y las acciones rescisórias concursales", p. 404. Refira-se, contrapondo, que, na impugnação pauliana, o que está em causa, em primeiro lugar, é a sua natureza como meio de

Em segundo lugar, não poderemos esquecer que o processo de insolvência é entendido como a última via para os credores conseguirem obter a satisfação dos seus créditos. Por essa razão, não fará sentido que direitos de que os credores eram titulares antes da insolvência no âmbito da sua garantia patrimonial sejam coarctados com a insolvência, criando-se um instituto novo, mas menos protector. Tal conclusão seria contrária aos próprios fins da insolvência.

Existe, de facto, uma "prevalência da resolução (...) quando confrontada com a impugnação pauliana."[909] Face ao carácter universal do processo de insolvência. No entanto, mais do que meio um prevalente, a resolução pode ser considerada um mecanismo sucedâneo e especial em relação aos meios de conservação da garantia patrimonial, se interpretado no sentido amplo que temos vindo a defender.[910]

Por fim, parece-nos que é de concluir pela identidade entre a resolução em benefício da massa e a impugnação pauliana no que toca à finalidade: protecção da garantia patrimonial e efectivação dos poderes de execução dos credores.

---

conservação de garantia patrimonial, e não o facto de aproveitar a um credor ou a mais do que um ou a todos.

[909] CARVALHO FERNANDES e LABAREDA, op. cit., ad 127.º, n. 4, p. 544. No sentido da prevalência, também, Ac. TRC de 11.03.2014, proc. 32/12.6TBSRT.C1 (relator Luís Cravo): "Naturalmente que resulta do vindo de dizer a prevalência da resolução – como sublinhado na sentença recorrida – havendo mesmo um afastamento da impugnação pauliana, que só podendo ser instaurada pelo credor singular (nos termos e condições restritas apontadas), deixou obviamente de ter a característica de (impugnação pauliana) "colectiva" que havia tido no CPEREF, por essa função com o CIRE a estar reservada à resolução!"

[910] Em resposta à questão de Catarina Serra (op. cit., pp. 110-111). No Ac. STJ de 06.05.2010, proc. 905-U/2001.C1.S1 (Relator Lopes do Rego) e no Ac. STJ de 13.10.2011, proc. 116/09.8T2A-VR-Q.C1.S1 (Relator Lopes do Rego), refere-se que, na prática, o CIRE absorveu a figura da impugnação pauliana no instituto da resolução em benefício da massa. Parece-nos possível defender que a mencionada absorção ocorreu em termos de regime, não apenas na prática, na medida da sua aplicabilidade. Também o Ac. STJ de 12.07.2011, proc. 509/08.8TBSCB-K.C1.S1 (Gabriel Catarino): "o legislador pretendeu dotar a administração da massa insolvente de um mecanismo processual menos demorado e mais eficaz do que o procedimento da impugnação pauliana colectiva ou singular de que os credores se podiam servir para recuperar ou fazer reintegrar na esfera jurídica do devedor os bens que este tivesse alienado ou distraído por actos lesivos ou prejudiciais para o cumprimento das obrigações que tinha contraído antes da declaração de insolvência ou falência. (Note-se, aliás, que o legislador limitou drasticamente a possibilidade de recurso dos credores à acção de impugnação pauliana, tendo-a vedado quando a resolução haja sido decretada pelo administrador da insolvência – cfr. art. 127.º do CIRE)."

2.2.1 Efeitos da impugnação pauliana na insolvência à luz do princípio da *par conditio creditorum*

Partindo das conclusões anteriores, dirigimo-nos para a questão que tem sido mais criticada no âmbito do regime da resolução em benefício da massa: o aproveitamento individual dos efeitos da impugnação pauliana na insolvência do devedor.

Com efeito, nos termos do n.º 3 do artigo 127.º, caso seja julgada procedente uma impugnação pauliana que não seja proibida por força do disposto nos n.ºs 1 e 2 do mesmo preceito, "o interesse do credor que a tenha instaurado é aferido, para efeitos do artigo 616.º do Código Civil, com abstracção das modificações introduzidas ao seu crédito por um eventual plano de insolvência ou de pagamentos". Por seu turno, o artigo 616.º do CC dispõe o seguinte: (i) "o credor tem direito à restituição dos bens na medida do seu interesse, podendo executá-los no património do obrigado à restituição e praticar os actos de conservação da garantia patrimonial autorizados por lei" (n.º 1); (ii) o adquirente de má fé é responsável pelo valor dos bens que já não se encontrem no seu património, a não ser que este prove que a dissipação dos bens teria acontecido mesmo que tivessem permanecido no património do devedor, e o adquirente de boa fé é responsável na medida do seu enriquecimento (n.ºs 2 e 3); e (iii) "os efeitos da impugnação pauliana aproveitam apenas ao credor que a tenha requerido."

A doutrina tem assinalado que esta norma constitui um atentado ao princípio da *par conditio creditorum*,[911] sendo completamente contrária ao espírito e aos princípios do Direito da Insolvência. No entanto, conforma-se com a disposição. Esta é uma crítica que partilhamos, embora entendamos que a interpretação do artigo 127.º deve ser reponderada e que a articulação do regime da resolução em benefício da massa com a impugnação pauliana deve ser interpretada em conformidade com a teleologia do processo de insolvência e de acordo com os princípios a ele subjacentes, retirando um sentido útil do regime previsto pelo legislador e não contrário ao Direito.

---

[911] MENEZES LEITÃO, *Direito da Insolvência*, p. 206; SERRA, *op. cit.*, pp. 110-112; COSTEIRA, *op. cit.*, p. 38; PRATA, MORAIS CARVALHO e SIMÕES, *op. cit.*, ad 127.º, n. 4, pp. 378-379. Embora não se pronunciando directamente, mas chamando à colação o entendimento de Maria José Costeira, GRAVATO MORAIS, *op. cit.*, p. 207.

2.2.2 Proposta de interpretação conjugada do n.º 3 do artigo 127.º e do artigo 616.º do CC

Confrontando as redacções do n.º 3 do artigo 127.º e dos vários números do artigo 616.º do CC, verificamos que não resulta do primeiro preceito enunciado qualquer remissão geral para o regime dos efeitos da impugnação pauliana em relação ao credor. Aliás, o objecto do n.º 3 do artigo 127.º corresponde apenas a *interesse*. Ora, o interesse a que o preceito faz referência equivale ao interesse a que alude o n.º 1 do artigo 616.º do CC. Por conseguinte, apenas poderemos retirar da conjugação dos dois preceitos que o credor tem direito à restituição dos bens na medida do seu crédito sem as modificações introduzidas por um eventual plano de insolvência ou de pagamentos. Não resulta do preceito do CIRE, de forma inequívoca, que haja uma remissão para o disposto no n.º 4 do artigo 616.º do CC, uma vez que nos parece que interesse é diferente do proveito que se retira da acção, na medida em que num caso se incide sobre os efeitos sobre o crédito e noutro sobre os efeitos relativamente à forma de satisfação do crédito.

Para reforçar esta primeira conclusão, uma vez que este regime especial da impugnação pauliana está expressamente previsto no CIRE, é imperativo interpretá-lo de acordo com a própria natureza do processo e com os princípios basilares do Direito da Insolvência, já analisados. Nessa medida, antes de se concluir pela imediata aplicação do n.º 4 do artigo 616.º do CC, importa interpretar o alcance do n.º 1 do mesmo preceito num contexto de insolvência, caso em que a garantia patrimonial deixou de constituir um poder virtual de execução para ser concretamente um poder de execução universal e colectivo, conforme resulta do disposto no artigo 90.º, e não num contexto de solvabilidade, em que a garantia patrimonial ainda consiste num poder virtual de execução individual.

Também o conteúdo do direito à restituição dos bens na medida do interesse do credor tem sido alvo de divergência na doutrina.

Pires de Lima e Antunes Varela,[912] analisando o direito à restituição dos bens como um direito autónomo relativamente aos outros dois previstos no n.º 1 do artigo 616.º, defendem que "A restituição efectiva dos bens ao alienante não tem, pois, interesse na generalidade dos casos. Mas pode tê-lo, se a execução ainda não é possível ou se há falência ou insolvência, caso

---

[912] Pires de Lima e Antunes Varela, *Código Civil Anotado*, vol. I, pp. 633-634.

em que os bens revertem para a massa falida (cfr. Cód. De Proc. Civ., art. 1203.º)." Em sentido idêntico, Paula Costa e Silva,[913] questionando a razão de ser da pretensão à restituição dos bens ao património do devedor, conclui que esse direito existe "quando a execução do bem no património do obrigado à restituição não é possível, (...) quando, apesar de encabeçado numa situação jurídica creditícia, a não puder exercer judicialmente." Mais refere a autora que os bens devem ser restituídos quando o devedor for declarado falido, face à "necessidade de ponderação de valores que impõem desvios muito significativos à estrutura típica da acção pauliana": o facto de o credor munido de uma acção de impugnação procedente poder estar em situação de vantagem e, por isso, evitar o concurso de credores, de a satisfação dos créditos ter de ser feita no processo de insolvência e, por isso, a eficácia da impugnação pauliana ter de ser universal.[914]

Em sentido contrário, Menezes Leitão[915] entende que o direito de restituição dos bens não implica um "retorno dos bens ao património do devedor", mas consiste "numa pretensão directa contra terceiro, fundada na aquisição de bens por este ao devedor e no prejuízo que essa aquisição representou para o credor em virtude da consequente diminuição da sua garantia patrimonial", que tem por fonte o enriquecimento sem causa. João Cura Mariano[916] analisa este direito à restituição não como "uma viagem de regresso entre patrimónios" mas como o "restabelecimento da garantia patrimonial diminuída, através da exposição desses bens, independentemente da sua situação jurídica, aos meios legais conservatórios e executórios colocados à disposição do credor impugnante."

No caso concreto da impugnação prevista no artigo 127.º, parece-nos mais consentânea com a finalidade do processo de insolvência e aos princípios a ele inerentes (universalidade e igualdade) o primeiro entendimento, acolhendo a opinião também sufragada no Ac. STJ de 11 de Julho de 2013, proc. 283/09.0TBVFR-C.P1.S1 (Relator Fonseca Ramos).[917]

---

[913] PAULA COSTA E SILVA, "Impugnação pauliana e execução: Acórdão do Tribunal da Relação de Coimbra de 11.2.2003, Agravo 3895/02", *Cadernos de Direito Privado* VII (2004), p. 55.
[914] EADEM, *ibidem*, p. 56.
[915] MENEZES LEITÃO, *Direito das Obrigações*, vol. II, pp. 294-296; IDEM, *Garantias das Obrigações*, pp. 71-73.
[916] CURA MARIANO, *op. cit.*, pp. 242-243.
[917] "Nos casos em que os executados são declarados insolventes na pendência de acção de impugnação pauliana, por razões de justiça material e respeito pela execução universal que a insolvência despoleta, os bens alienados e objecto de acção de impugnação pauliana, devem,

Com efeito, à imagem do que sucede no ordenamento jurídico italiano, o regime da ineficácia previsto para a impugnação pauliana não é incompatível com um direito à restituição que não se concretize numa actuação directa sobre o património do terceiro. Até porque o n.º 4 do artigo 616.º do CC expressamente refere que os efeitos da impugnação apenas aproveitam ao credor que a tenha requerido, independentemente do direito previsto no n.º 1 do artigo 616.º do CC que o credor escolheu exercer. Assim, mesmo que o bem regressasse ao património do devedor, não seria sujeito ao concurso de credores, por força do n.º 4 do artigo 616.º do CC. Por isso, não identificamos obstáculo a que o restabelecimento da garantia patrimonial seja concretizado através do direito à restituição dos bens, nas situações em que existe um interesse ou que a lei assim determine.

Não poderemos deixar, no entanto, de considerar que o entendimento da doutrina a que aderimos se reporta a um tempo em que ainda não estava em vigor o CIRE e não existia regime idêntico ao do artigo 127.º. A questão que agora se impõe é saber se é exigido que a lei expressamente determine que o direito à restituição tem de implicar um regresso ao património do devedor e de aproveitar a todos os credores ou se essa conclusão pode ser retirada da interpretação da lei segundo valores e princípios fundamentais do ordenamento.

Propendemos para a segunda hipótese, parecendo-nos que tem razão Paula Costa e Silva[918] quando refere que não se pode permitir que um credor obtenha uma posição de vantagem relativamente aos restantes, escapando ao concurso universal por força dessa mesma vantagem, quando há valores que exigem o contrário.[919] E, sobretudo, quando a lei não é expressa

---

excepcionalmente, regressar ao património do devedor, para, integrando a Massa Insolvente responderem perante os credores da insolvência, sendo o crédito do exequente e Autor triunfante na acção de impugnação pauliana, tratado em igualdade [com a ressalva do estatuído no art. 127º, nº3º, do CIRE] com os demais credores dos inicialmente executados, ora insolventes, assim acolhendo a lição de Pires de Lima e Antunes Varela, quando afirmam que "o credor pode ter interesse na restituição dos bens ao património do devedor, se a execução ainda não é possível ou se há falência ou insolvência, caso em que os bens revertem para a massa falida."
[918] COSTA E SILVA, *loc. cit.*, p. 56.
[919] Também VAZ SERRA, *loc. cit.*, p. 383, referia que "A restituição, porém, não deve reverter em proveito de determinado credor, com prejuízo dos outros, quando se produziram acontecimentos que anunciam, com suficiente clareza, que está iminente a declaração de falência ou da insolvência civil." O mesmo se deve dizer quando a insolvência já foi declarada. Em sentido idêntico, MARIA DO PATROCÍNIO DA PAZ FERREIRA, *Impugnação Pauliana –*

quanto aos efeitos da impugnação pauliana. Parece-nos que esta interpretação é possível mesmo à luz do CIRE, tal como decidido no Ac. STJ de 11 de Julho de 2013, proc. 283/09.0TBVFR-C.P1.S1 (Relator Fonseca Ramos).

Cremos que a interpretação proposta está em conformidade com o artigo 9.º do CC, existindo um mínimo de correspondência verbal com a letra da lei. Acresce que, presumindo-se que o legislador consagrou as soluções mais acertadas, não poderá retirar-se outra conclusão, sob pena de se ilidir essa mesma presunção por força da violação de princípios basilares de Direito.

Importa, por conseguinte, analisar quais os valores em causa, bem como os princípios, que exigem uma interpretação distinta do artigo 127.º.

2.2.3 Fundamento para a interpretação proposta

O primeiro fundamento que nos parece relevante está relacionado com a teleologia do Direito da Insolvência e com a alteração que a insolvência provoca no ordenamento jurídico no seu todo, não apenas no âmbito do processo de execução universal em si.

A declaração de insolvência marca profundamente e de forma significativa a relação entre o devedor e o seu património, entre o devedor e os respectivos credores e entre os credores na relação com os seus pares. E fá-lo, não apenas em termos processuais, mas sobretudo em termos de direito substantivo, afectando todas as relações preexistentes e a forma de exercício dos direitos em causa.

Aspectos Gerais do Regime, refere que "Quando a impugnação pauliana seja exercida no âmbito dos processos de falência ou de insolvência (art. 1201.º do C.P.C.) os seus efeitos sofrem modelações, ditadas pelos princípios que presidem à liquidação do património do devedor. Estes processos visam assegurar o princípio da *par condicio creditorum*, pelo que o benefício resultante da impugnação pauliana terá de aproveitar a todos os credores." No âmbito do Direito Espanhol, SERRA RODRÍGUEZ, *loc. cit.*, p. 406, defende que "(...) ejercitada la acción pauliana en el seno del procedimiento concursal, la ejecución universal y el respeto de la *par conditio creditorum* pueden imponer la aplicación de ciertos efectos proprios del régimen concursal al de la revocatoria ordinaria. Me refiero, en particular, a que el resultado de la acción pauliana deberá aprovechar a todos los acreedores (a todos los créditos del concurso) y los efectos restitutorios ingresar en la masa activa del concurso con lo que se desvirtúa el efecto relativo. Así configurada, la acción pauliana se convierte en un instrumento para la reintegración de la masa activa del concurso."

Com efeito, quando o devedor é declarado insolvente, a relação entre os credores e o património do devedor, que constitui a sua garantia patrimonial, passa, por força dos princípios da generalidade e da igualdade, de individual para universal. Deparamos com uma alteração significativa no plano da ordem jurídica substantiva e não meramente processual: o património do devedor converte-se na massa insolvente, que, nos termos do n.º 1 do artigo 46.º, se destina à satisfação dos credores da insolvência, depois de pagas as dívidas da massa, abrangendo todo o património do devedor existente à data da declaração de insolvência.

Por essa razão, qualquer direito dos credores que incida sobre "todo o património do devedor existente à data da declaração de insolvência" e que o possa afectar deixa de constituir um direito de exercício individual, passando a configurar um direito de exercício colectivo, por força da necessária aplicação do princípio da *par conditio creditorum* e por força do disposto no artigo 90.º.

O mesmo acontece com os créditos. Nos termos do n.º 1 do artigo 91.º, com a declaração de insolvência vencem-se todas as obrigações não subordinadas a condição suspensiva. Trata-se de uma manifestação do tratamento em igualdade de circunstâncias entre os credores. Não é apenas o património que é visto numa perspectiva universal; também é o passivo.

Da mesma forma, o prejuízo resultante dos actos praticados anteriormente à declaração de insolvência passa a reflectir-se, necessariamente, sobre a posição jurídica da colectividade dos credores, que deverão ser satisfeitos de acordo com o princípio da *par conditio creditorum*.[920] O interesse dos credores passa a ser o interesse da massa, representada pelo administrador da insolvência.

Nessa medida, o meio de conservação de garantia patrimonial que é a impugnação pauliana tem, inevitavelmente, de se adequar às vicissitudes do objecto que visa conservar, não podendo ficar alheio ao facto de a garantia patrimonial do credor ter sido convertida, por força da insolvência, numa garantia patrimonial universal: a massa insolvente. A apresentação de acção de impugnação pauliana individual justifica-se, como meio de conservação, pela capacidade de o devedor ainda solver as suas dívidas. Não é isso que acontece com a declaração de insolvência. Pelo con-

---

[920] CASS. CIV., sez. Un., 17.12.2008, n. 29420, Cassa App. Torino, 19.6.2003, *La Nuova Giurisprudenza Civile Commentata* V (2009), p. 458.

trário, com a declaração de insolvência interessa que todo o património do devedor, incluindo aqueles bens que dele saíram em prejuízo dos credores, responda pela totalidade dos créditos reconhecidos. Nessa altura, qualquer acção deveria ser exercida no interesse indiscriminado de todos os credores prejudicados por determinado acto.[921] A exigência de tutela do credor singular é absorvida pela massa que integra o interesse individual do credor.[922]

Se assim não for, apenas se poderá concluir que o regime constante do artigo 127.º é flagrantemente contrário à lógica do sistema jurídico, admitindo uma excepção ao princípio da universalidade e permitindo a constituição de um direito equivalente a um direito de preferência depois da declaração de insolvência, sem qualquer fundamento.

O segundo fundamento que sustenta a posição apresentada *supra* está, inevitavelmente, relacionado com o princípio da *par conditio creditorum*.

Por acórdão de 30 de Janeiro de 2004, entendeu o Supremo Tribunal Espanhol que o facto de a acção pauliana aproveitar apenas a um credor não prejudica o princípio da igualdade, "porque no se altera la igualdad respecto de la masa activa, ni se atribuye ningún privilegio o preferencia respecto de la misma, ya que en los bienes donados sobre los que incide la rescisión están fuera del patrimonio del deudor."[923] Entende-se que não há violação do tratamento paritário uma vez que o bem não está compreendido na massa e que o crédito do credor será retirado da lista de credores, diminuindo, por consequência, o passivo.

No entanto, não podemos concordar com este entendimento, uma vez que não é verdade que se não prejudique os credores.

Por um lado, não se pode aceitar o argumento de que, implicando a acção pauliana o direito a executar o património do terceiro, não estaria em causa a massa insolvente, mas apenas o património do terceiro. Entender assim implicaria concluir que não se justificaria qualquer exigência de universalidade, sobretudo e principalmente naqueles casos em que não foi exercida a resolução em benefício da massa, precluindo o direito a fazer reingressar bens na massa insolvente. Não se pode aceitar esse

---

[921] CASS. CIV., sez. Un., 17.12.2008, n. 29420, Cassa App. Torino, 19.6.2003, *La Nuova Giurisprudenza Civile Commentata* V (2009), p. 458.
[922] CASS. CIV., sez. Un., 17.12.2008, n. 29420, Cassa App. Torino, 19.6.2003, *La Nuova Giurisprudenza Civile Commentata* V (2009), p. 458.
[923] RJ 2004, 440, *apud* SERRA RODRÍGUEZ, *loc. cit.*, p. 404.

entendimento, porquanto, nos termos dos n.ᵒˢ 2 e 3 do artigo 617.º do CC, o terceiro sempre teria direito a ser ressarcido na medida do seu enriquecimento. Este enriquecimento corresponderia à prestação realizada pelo terceiro ao devedor, que agora integra a massa insolvente, e teria de ser enquadrado nos mesmos termos do artigo 126.º: a restituição do objecto prestado teria de ser feita ao terceiro ou, não sendo possível, o seu crédito seria qualificado como crédito sobre a massa, uma vez que é o enriquecimento que aqui está em causa. À saída de um bem da massa insolvente não corresponderia qualquer contrapartida, o que implicaria automaticamente a sua diminuição em prejuízo dos credores.

Por outro lado, também não se pode aceitar o entendimento de que a saída desse bem ou valor seria contrabalançado com a diminuição ou mesmo com a extinção do crédito do credor, que o eliminaria da lista dos credores reconhecidos, beneficiando indirectamente os restantes credores.[924] Tal consideração apenas seria verdadeira caso se entendesse que o prejuízo para os credores resultava apenas de uma operação matemática entre activo e passivo. No entanto, como vimos, o prejuízo para a massa insolvente é mais abrangente do que essa mera operação e inclui todos os actos susceptíveis de provocar um tratamento desigual e injustificado entre credores. Na verdade, "um dos seus" deixa de fazer parte da colectividade, obtendo a satisfação do seu crédito com prioridade e, possivelmente, de forma integral, o que não aconteceria nos termos normais do processo de insolvência.[925]

---

[924] CASS. CIV., sez. Un., 17.12.2008, n. 29421, Cassa App. Napoli, 27.6.2003, *La Nuova Giurisprudenza Civile Commentata* V (2009), p. 463. Também, STS de 10 de octubre de 2007 (Diário La Ley, núm. 6836, 7 de diciembre de 2007, págs. 7 a 9), por referência ao entendimento do mesmo tribunal em 30 de Janeiro de 2004, *apud* SERRA RODRÍGUEZ, *loc. cit.*, p. 398.

[925] Entendeu o Supremo Tribunal espanhol que "la legitimación de los acreedores de la quebrada para ejercitar las acciones pauliana, aun considerada como legitimación ordinaria, y non por sustitución (...) no debe aceptarse en todo caso y de forma indiscriminada, pues siempre está supeditada a que, em atención a las circunstancias concurrentes en el supuesto considerado, pueda afirmarse sin ningún género de duda que se salvaguarda el principio de la *par condicio creditorum*, *cf.* STS de 10 de octubre de 2007 (Diário La Ley, núm. 6836, 7 de diciembre de 2007, págs. 7 a 9), *apud* SERRA RODRÍGUEZ, *loc. cit.*, p. 398. No comentário (pp. 404-405), a Autora refere que "En realidad, son las consideraciones sobre el respecto al principio de la *par conditio creditorum* en el concurso de acreedores (en la sentencia comentada, en la quiebra), incompatible com las consecuencias que el acreedor conecta, en su demanda, al ejercicio de la acción pauliana (...) las que conducen al Tribunal Supremo a rechazar su legitimación para el ejercicio de una acción calificada, en cambio, de «revocatoria concursal»."

Ademais, refira-se que admitir a impugnação pauliana individual a benefício exclusivo desse credor significaria promover um expediente para se obter o pagamento do crédito, em resultado de um conluio entre o administrador da insolvência e um determinado credor (normalmente um credor com mais poder). O administrador da insolvência não resolveria o acto para beneficiar o direito do credor que já tenha iniciado a impugnação pauliana ou que tenha a intenção de a exercer, com a finalidade de obter um benefício em detrimento dos restantes credores.[926] Claro que aqui haveria lugar a responsabilidade civil do administrador da insolvência, caso se verificassem todos os pressupostos, nomeadamente a culpa.

Assim, entendendo que a interpretação proposta é possível nos termos do n.º 2 do artigo 9.º do CC, conforme acima explanado, e é a mais consentânea com os valores e princípios em causa, apenas será de concluir pela falta de sentido e de utilidade do disposto no artigo 127.º, quando confrontado com o artigo 88.º. O credor que individualmente tivesse exercido a impugnação pauliana (acção de natureza declarativa) não conseguiria efectivar o seu direito pela via da acção executiva, uma vez que os princípios da concursalidade e da igualdade vedariam a afectação individual dos bens integrantes da massa insolvente, e uma vez que a execução universal absorve a execução singular, através da reclamação de créditos prevista nos artigos 128.º e seguintes.

Veja-se que, embora se pudesse defender a possibilidade de o credor, de forma individual, atacar o património do terceiro, no caso de o bem já se encontrar na titularidade de um subadquirente de boa fé, essa conclusão já não seria possível. O direito do credor passaria por chamar o terceiro e o devedor para responderem pela saída do património. Aqui, sim, valeria o artigo 88.º.

Em conclusão, parece-nos que o n.º 3 do artigo 127.º deve ser objecto de uma interpretação restritiva, defendendo que este apenas se refere ao n.º 1 do artigo 616.º do CC. O credor ficará sempre com o seu crédito incólume face aos restantes credores, como benefício pelo exercício da acção

---

[926] MENEZES LEITÃO, *Direito da Insolvência*, p. 206, embora não mencionando a possível situação de conluio, refere que "A omissão do administrador da insolvência em promover a resolução em benefício da massa insolvente tenderá a estimular as acções de impugnação pauliana individuais até porque o prazo para as mesmas (art. 618.º CC) é consideravelmente superior àquele que se prevê para a resolução (art. 123.º)."

pauliana. E, como referido por Vaz Serra.⁹²⁷ Os custos com a acção deverão ser suportados pela massa insolvente, face ao benefício que decorreu da acção para todos os credores da insolvência. Prevalecendo a lei especial sobre a lei geral, a impugnação pauliana será exercida em benefício da colectividade dos credores, mesmo que seja iniciada por um deles. No que respeita a esse credor, o seu interesse particular será determinado, dentro do concurso, sem considerar as alterações introduzidas por um plano de insolvência ou de pagamentos, como benefício pela prossecução da acção de impugnação pauliana.

Uma última nota relativamente à determinação da não apensação de acções: face à interpretação que propomos, as críticas relativas à não apensação de acções tornam-se ainda mais consistentes. Justificar-se-ia a apensação da acção ao processo de insolvência, atendendo a que está em causa a massa insolvente e a satisfação dos interesses da colectividade dos credores. No entanto, parece-nos que este aspecto processual do regime não destrói a interpretação que propomos. Trata-se de uma questão meramente processual que não pode prevalecer perante a *ratio* da resolução em benefício da massa e da impugnação pauliana e perante os princípios da insolvência.

2.3 Legitimidade

Outra questão que o artigo 127.º suscita está relacionada com a legitimidade para o exercício da acção de impugnação pauliana e as suas consequências.

No ordenamento jurídico italiano, esta questão foi colocada a propósito da previsão do artigo 66.º da *Legge Fallimentare*, que expressamente concede ao *curatore* a faculdade de exercer a *revocatoria ordinaria*. De acordo com o entendimento da doutrina tradicional, o *curatore* age, em defesa da *par conditio creditorum*, como substituto processual da colectividade dos credores, que carecem de interesse em agir e perdem a legitimidade para a *revocatoria ordinaria* tal como perdem para as acções executivas[928], até porque os efeitos da impugnação pauliana aproveitam a todos os credores reconhecidos no processo de insolvência e não apenas a algum ou alguns deles. Mais

---

[927] Vaz Serra, *loc. cit.*, pp. 364-372.
[928] Satta, *op. cit.*, p. 256; Maria Rosaria Basilone, "La revocatoria ordinaria nel fallimento in bilico tra legittimazione 'esclusiva' del curatore e persistente legittimazione del creditore in caso di inerzia dell'organo concorsuale", *La Nuova Giurisprudenza Civile Commentata* V (2009), p. 464.

recentemente defendeu-se a legitimidade dos credores para, válida e individualmente, prosseguirem uma acção de impugnação pauliana, mesmo posteriormente à declaração de insolvência do devedor, em caso de inércia do *curatore*, e de obterem a satisfação do seu crédito através da execução forçada do bem.[929] Também se defendeu, ainda que minoritariamente, a legitimidade concorrente e simultânea do *curatore* e dos credores.[930]

No entanto, ao contrário do que acontece em Itália ou em Espanha, o CIRE não prevê uma norma expressa que conceda ao administrador da insolvência legitimidade para o exercício da acção de impugnação pauliana, o que nos leva a questionar se essa previsão é necessária ou se, pelo contrário, já decorre do sistema e da própria declaração de insolvência.

O preceito é claro ao atribuir legitimidade aos credores da insolvência para apresentarem acções de impugnação pauliana, excepto relativamente aos actos já sujeitos a resolução em benefício da massa com carácter definitivo, *i.e.*, que não tenham sido objecto de impugnação ou que, tendo sido, tenham sido objecto de decisão judicial favorável, já transitada em julgado (n.ᵒˢ 1 e 2).

No seguimento da interpretação acima proposta, de que pode ser exercida individualmente acção pauliana desde que os seus efeitos se repercutam na generalidade dos credores reconhecidos, admitimos a legitimidade exclusiva dos credores da insolvência.[931] Uma vez que, defendendo que a resolução em benefício da massa absorve, no processo de insolvência, o direito correspondente à impugnação pauliana, com inerente produção de efeitos a título universal e não individual, ao administrador da insolvência apenas seria legítimo o exercício, contra esses actos, do mecanismo previsto no artigo 120.º e seguintes, de acordo com o procedimento e os prazos aí previstos.

Considerando quanto se referiu a respeito da legitimidade do administrador da insolvência para exercer o direito de resolução em benefício da massa, nomeadamente os seus poderes discricionários na aferição do prejuízo dos actos (embora vinculado à prossecução dos interesses dos

---

[929] CASS. CIV., sez. Un., 17.12.2008, n. 29421, Cassa App. Napoli, 27.6.2003, *La Nuova Giurisprudenza Civile Commentata* V (2009), pp. 460-463.
[930] BASILONE, *loc. cit.*, pp. 457, 461, 464-468.
[931] Excluindo-se os credores da massa, como defendem CARVALHO FERNANDES e LABAREDA, *op. cit., ad* 127.º, n. 2, pp. 542-543, e referem PRATA, MORAIS CARVALHO e SIMÕES, *op. cit., ad* 127.º, n. 2, p. 377.

credores), parece-nos que o artigo 127.º deverá ser interpretado conjuntamente com o n.º 1 do artigo 123.º, no sentido em que o legislador pretendeu consagrar no CIRE uma forma de acautelar o direito dos credores em caso de inércia do administrador da insolvência e em proveito comum, conforme resultou da análise anterior. Essa tutela deve ser feita possibilitando a reacção contra actos que se integravam nos artigos 120.º e seguintes mas não foram resolvidos em benefício da massa. Não se justificaria defender que a única forma de garantia dos direitos dos credores contra a inércia do administrador da insolvência seria a apresentação de uma acção de responsabilidade civil.[932] Esta acção ficaria irremediavelmente sujeita a uma decisão judicial tardia e improcedente caso não se conseguisse demonstrar a verificação dos pressupostos da responsabilidade civil, o que se antevê que se poderia verificar com frequência, face ao âmbito discricionário de decisão do administrador da insolvência.

No entanto, o preceito também é claro quanto às acções de impugnação pauliana que aqui estão em causa: acções cujo objecto são "actos praticados pelo devedor cuja resolução haja sido declarada pelo administrador da insolvência". Nada se refere quanto ao direito de exercício da impugnação pauliana relativamente aos casos não subsumíveis no âmbito de aplicação da resolução em benefício da massa, nem, consequentemente, à legitimidade para tal.

Existindo um vazio legal, importará analisar a legitimidade para o exercício de direitos na insolvência, em nome da colectividade.

Quando o devedor é declarado insolvente, a relação entre os credores e o património do devedor passa de individual para concursal. Aliás, a concursalidade é uma característica essencial do processo de insolvência, passando a garantia patrimonial do credor à massa insolvente, *i.e.*, a garantia patrimonial da colectividade dos credores. Importa perceber se este aproveitamento em relação a todos os credores, que deriva do carácter universal da execução, constitui um mero aspecto processual ou se, pelo contrário, é uma alteração ao nível do direito substantivo, afectando todas as relações preexistentes e a forma de exercício dos direitos em causa. Já adiantámos que não seria meramente processual.

---

[932] Para os termos dessa acção, PAIS DE VASCONCELOS, "Responsabilidade civil do administrador da insolvência", pp. 189-206.

Caso se entendesse que a concursalidade teria apenas influência ao nível do direito processual, seríamos levados a concluir que só no âmbito da tramitação especial do Direito da Insolvência o exercício dos direitos dos credores face ao devedor seria feito de forma colectiva, sendo o interesse destes acautelado, no processo de insolvência, pelo administrador da insolvência, na qualidade de substituto processual. Por conseguinte, qualquer direito previsto noutras normas, nomeadamente nas normas do CC, seria sempre exercido pelos credores, agora já titulares de um interesse em agir individual.

Pelo contrário, analisando os efeitos da insolvência como não apenas processuais, mas sobretudo substantivos, qualquer direito dos credores que se relacione e afecte, quer de forma positiva, quer negativa, a massa insolvente deixaria de ser um direito de exercício individual para configurar um direito de exercício colectivo, nos termos do artigo 90.º, por força da necessária aplicação do princípio da *par conditio creditorum*.

Acresce que, mesmo do ponto de vista processual, parece ser defensável em certa medida, tal como na doutrina tradicional italiana[933] e na doutrina espanhola antes da entrada em vigor da *Ley Concursal* (que veio introduzir a regra da legitimidade dos *administradores concursales* e, subsidiariamente, dos credores de forma individual, para apresentar "otras acciones de impugnación de actos del deudor que procedan conforme a Derecho", o que não se verificava no Código de Comércio de 1885),[934] que, com a declaração de insolvência, o administrador da insolvência tem legitimidade processual para exercer todas as acções destinadas a realizar a garantia patrimonial no interesse da colectividade dos credores, seja no que respeita a acções de declaração de nulidade, seja no que respeita a acções de impugnação pauliana. Como já tivemos oportunidade de assinalar, a declaração de insolvência do devedor não pode coarctar os direitos dos respectivos credores, sobretudo os que se referem à garantia patrimonial, objecto do processo de insolvência.

Parece-nos que esta interpretação é possível, por se considerar que o administrador da insolvência é substituto processual da colectividade dos credores e que lhe cabe o interesse em agir. No entanto, mesmo que

---

[933] PROVINCIALI, *Trattato di diritto fallimentare*, Giuffrè, 1974, p. 962, apud BASILONE, loc. cit., p. 467.
[934] MASSAGUER FUENTES, *La Reintegración de la masa en los procedimientos concursales*, Barcelona, 1986, pp. 90-92, apud SERRA RODRÍGUEZ, loc. cit., p. 402.

assim não se entenda, pensamos poder aplicar por analogia o disposto na alínea b) do n.º 3 e do n.º 6 do artigo 82.º, sendo que, também nesse caso, as acções de indemnização se destinam a colmatar os "prejuízos causados à generalidade dos credores da insolvência pela diminuição do património integrante da massa insolvente" anteriormente à declaração de insolvência.

Por fim, importa trazer à colação uma outra questão relevante neste âmbito. Defendendo-se que a impugnação opera nos termos em que se encontra definida no artigo 127.º, pergunta-se se poderá um credor não reconhecido, na pendência de um processo de insolvência, exercer a acção pauliana. O artigo 127.º não responde. O mencionado preceito apenas regula o exercício do direito de acção pelos credores da insolvência, deixando em aberto a questão de os credores não reconhecidos poderem agir contra actos que não tenham integrado a massa insolvente.

Também aqui apelamos à unidade do sistema da insolvência. Importa aferir qual a posição da impugnação face à insolvência: se esta se insere no processo de insolvência ou se permanece autónoma, como se o devedor ainda estivesse solvente. Do disposto no n.º 2 do artigo 127.º, uma vez que se determina a não apensação de acções, poderíamos prontamente responder que, sendo a impugnação pauliana um meio de conservação de garantia patrimonial de exercício pessoal que determina a ineficácia dos actos e o direito de os credores agirem directamente contra o património do terceiro, esta acção deveria ser completamente autónoma do processo de insolvência, não afectando a massa insolvente porque o bem nela não se integrou dentro dos prazos legais, fazendo precludir o direito ao reingresso de bens na massa insolvente.

No entanto, como temos defendido, também os meios de conservação da garantia patrimonial são influenciados pela alteração substantiva na posição jurídica do devedor e dos credores. Nessa medida, apenas podendo ser exercidos na insolvência os direitos dos credores, nos termos do artigo 90.º, e apenas tendo direito a estar no processo os credores devidamente reconhecidos, apenas se poderá concluir pela extinção dos direitos inerentes à garantia patrimonial com o não exercício do direito de reclamação de créditos, nos termos dos artigos 128.º e seguintes, ou de verificação ulterior de créditos, nos termos dos artigos 146.º e seguintes.

Este é mais um argumento que nos faz concluir pela alteração substantiva também dos direitos dos credores com a declaração de insolvência do devedor e pela unidade dos meios de protecção da garantia patrimonial, devendo interpretar-se o regime da resolução em benefício da massa de acordo com os princípios a eles subjacentes.

Capítulo VI - Conclusão

Tendo analisado os diferentes problemas suscitados pela disciplina da resolução em benefício da massa, estamos em condições de apresentar as linhas gerais deste instituto.

A protecção dos interesses dos credores constitui uma exigência do Direito, nomeadamente no âmbito do Direito das Obrigações e, em especial, no Direito da Insolvência, onde a satisfação dos interesses daqueles é erigida em finalidade precípua de todo o processo (artigo 1.º, n.º 1).

Neste domínio da insolvência, a urgência na tutela dos direitos dos credores intensifica-se de forma particular, face à impossibilidade generalizada de cumprimento das obrigações vencidas do devedor. É nesta fase que o princípio da *par conditio creditorum* se revela imperioso: os credores partilham o prejuízo da insolvência do devedor entre si, satisfazendo os respectivos créditos na medida da composição da massa.

É esta composição da massa insolvente que a resolução em benefício da massa é chamada a salvaguardar, assumindo o papel de *fiel escudeira* da garantia patrimonial dos credores, assegurando a prevalência do seu interesse e garantindo a *par conditio creditorum*. Conforme resultou da análise aos antecedentes normativos deste instituto e aos ordenamentos jurídicos mais próximos, a resolução em benefício da massa vem sendo delineada como meio de protecção da garantia patrimonial dos credores, ao lado dos meios de conservação previstos na lei civil, embora enquadrada num âmbito muito específico; o da insolvência.

Poderemos concluir que um dos pressupostos basilares da insolvência é que, face ao contexto de impossibilidade de cumprimento, os direitos dos credores não sejam coarctados nem restringidos, apesar das novas circunstâncias do devedor. Aliás, podendo esta ser a última fase de garantia dos créditos, é de imperiosa justiça garantir que todos os direitos que os credores podiam exercer quando o devedor ainda se encontrava solvente possam ser exercidos na insolvência, independentemente do procedimento e da legitimidade.

Por conseguinte, este instituto não poderá substituir-se aos restantes meios de salvaguarda da garantia patrimonial, implicando a preclusão do seu exercício. Pelo contrário, a resolução assume a função específica dos restantes meios de salvaguarda na insolvência, durante determinado período e de acordo com os seus pressupostos, permitindo, no entanto, que aqueles sejam accionados mesmos quando já não é possível exercer o direito previsto nos artigos 120.º e seguintes. Fora dos casos abrangidos nestes artigos, os direitos dos credores poderão ser exercidos nos termos gerais de Direito, mesmo no contexto da insolvência. A diferença substancial é que se passou de um exercício individual para um exercício colectivo, o que implicará um diferente entendimento no que respeita à legitimidade.

Partindo deste pressuposto, forçoso será concluir que é o regime da resolução em benefício da massa que se deve adequar à sua função de *garante* dos interesses dos credores, através da reconstituição do património do devedor e do princípio da igualdade de tratamento, e não que é o regime que determina a concretização deste instituto.

A análise do objecto é determinante para a definição dos termos da resolução em benefício da massa, razão por que iniciámos o estudo da prejudicialidade pelo conceito de *actos prejudiciais*. Trata-se de um conceito amplo, que alberga, como vimos, quer acções, quer omissões (entendidas como comportamentos legitimamente esperados e prejudiciais à massa insolvente), de conteúdo patrimonial, que causem um prejuízo relevante aos interesses dos credores, diminuindo o património do devedor ou lesando o princípio da igualdade, e que tenham sido praticados no período suspeito previsto na lei (artigo 120.º, 1 a 3).

O artigo 121.º, embora apresente um conjunto de actos sujeitos a uma disciplina especial – a da resolução incondicional, independente de quaisquer requisitos adicionais –, contribui de forma significativa para a concretização da cláusula geral apresentada pelo legislador no n.º 2 do artigo 120.º, estabelecendo critérios interpretativos do carácter prejudicial dos actos à massa insolvente. Todos os actos que não se integrem na previsão das várias alíneas do n.º 1 do artigo 121.º, mas que comunguem de características semelhantes, poderão estar sujeitos à resolução em benefício da massa.

Refira-se que o carácter amplo do objecto da resolução em benefício da massa resulta da própria enunciação dos actos susceptíveis de resolução incondicional, que o legislador refere, no n.º 3 do artigo 120.º, como tipos. Embora a doutrina venha afirmando o carácter taxativo do preceito, o facto é que os conceitos apresentados pelo legislador são, maioritariamente, indeterminados, o que nos leva a concluir pelo seu carácter não aberto, mas amplo. Nessa medida, admitimos a interpretação extensiva do n.º 3 do artigo 120.º (e não do artigo 121.º, uma vez que isto implicaria uma oneração desproporcional para os terceiros e poderia pôr em causa os princípios da segurança e da certeza jurídicas) aos casos que se enquadrem no tipo de acto em causa, quando verificados os demais pressupostos previstos nas alíneas identificadas.

A lei prevê a exclusão do regime da resolução em benefício da massa de determinados actos, nomeadamente aqueles que vêm previstos no n.º 6 do artigo 120.º e no artigo 122.º. Pensamos, no entanto, que o primeiro preceito deve ser objecto de interpretação restritiva, albergando apenas as situações que visaram a recuperação do devedor e não aquelas que, na prática, se revelaram expedientes para favorecer um terceiro ou um credor, em violação do princípio da *par conditio creditorum*.

Da análise do objecto da resolução em benefício da massa pode retirar-se, em suma, que para delimitar o conceito de prejuízo é necessário atender ao sacrifício patrimonial que é legítimo que a colectividade dos credores suporte em consequência da insolvência.

Como tivemos oportunidade de verificar, o pressuposto subjectivo da resolução em benefício da massa apenas é exigido, para efeitos de exercício do direito à resolução, nos casos de resolução condicional previstos nos n.ºs 1 e 3 do artigo 120.º. Trata-se da consagração do conceito de boa fé subjectiva, que engloba todas as formas de dolo e a negligência consciente, devendo atender-se ao conhecimento do terceiro, que pode ser revelado através de presunções que demonstrem indícios graves, precisos e coerentes das circunstâncias necessárias para preencher o conceito de má fé e que, naquela situação concreta, revelem que o terceiro conhecia ou deveria conhecer a situação de insolvência, o carácter prejudicial ou o início do processo de insolvência. No entanto, nos casos previstos no n.º 4 do artigo 120.º, que consagra uma presunção *iuris tantum* de má fé, a concretização do conceito indeterminado de *pessoa especialmente relacionada com o devedor* é feita de acordo com o disposto no artigo 49.º, podendo, no entanto, admitir-se a inclusão de outros casos, demonstrando-se a relação especial existente.

No que respeita aos efeitos, apesar de a lei prever a eficácia retroactiva da resolução em benefício da massa *ex tunc*, verificámos que existe um distanciamento entre a figura da resolução em benefício da massa e a resolução civil, na medida em que, na primeira, não está em causa uma vicissitude contratual mas a prevalência da protecção dos interesses dos credores, em respeito pelo princípio da *par conditio creditorum*. Pretendendo-se a reversão dos bens à massa e o restabelecimento da garantia patrimonial, estamos, na resolução em benefício da massa, perante uma forma de ineficácia *stricto sensu* relativa.

A eficácia *ex tunc* prevista nos n.ºs 3 e seguintes do artigo 126.º deve ser entendida em sentido amplo, não se restringindo aos negócios jurídicos bilaterais, como parece decorrer da letra do preceito. No seguimento das conclusões retiradas a respeito do objecto, a produção dos efeitos adequar--se-á ao tipo de acto sujeito a resolução, interpretando-se o conceito de restituição em sentido amplo. No caso específico da obrigação de restituição pelo terceiro, assinala-se, no seguimento do que tem sido referido pela doutrina, que, no caso dos actos gratuitos, dificilmente se coaduna o disposto no n.º 6 do artigo 126.º com o indício de prejudicialidade inerente a este tipo de actos (sempre sujeitos a resolução incondicional). Acresce que a acção destinada a efectivar os efeitos da resolução em relação ao terceiro é constitutiva, podendo ser apreciados quaisquer vícios de conhecimento oficioso, mesmo que não tenha sido impugnada a resolução.

Sobre a massa impende igualmente uma obrigação de reconstituição. Embora a lei seja expressa quanto à obrigação de restituição *in natura*, quando tal se revele possível, nos termos do n.º 4 do artigo 126.º, ou quanto à obrigação de restituição do valor, na medida do enriquecimento, pensamos que este regime contraria os princípios basilares do Direito da Insolvência, permitindo que o terceiro acabe por ser satisfeito em primeiro lugar (a não ser que esteja de má fé) em relação aos credores que, igualmente de boa fé, negociaram com o devedor em período prévio à insolvência, sem causar prejuízo à massa. É um facto que a massa, para além da prestação

CONCLUSÃO

que recebe do terceiro, permanece com o objecto prestado por terceiro, o que poderia, de facto, fazer corresponder a uma situação de enriquecimento. No entanto, para além de existir uma causa e de essa causa se reportar ao momento da prática do acto e não ao momento da resolução, não existem fundamentos jurídicos para a violação do princípio da igualdade na satisfação dos créditos.

Nessa medida, analisados o objecto, o pressuposto subjectivo e os efeitos da resolução em benefício da massa, parece-nos, em conclusão, que o fundamento jurídico corresponderá ao restabelecimento da *par conditio creditorum*.

Partindo dos pressupostos assumidos, deveremos definir o regime relativo ao exercício deste instituto especial do Direito da Insolvência de acordo com a finalidade da resolução em benefício da massa e com os princípios subjacentes.

Com efeito, será de admitir o exercício do direito de resolução por meio de acção e não apenas por via de carta registada, no mesmo prazo de caducidade previsto no n.º 1 do artigo 123.º. A resolução extrajudicial deverá ser devidamente fundamentada, sob pena de nulidade. O administrador da insolvência representará o interesse dos credores no exercício do direito potestativo de resolução e, bem assim, nas restantes acções apresentadas no âmbito do processo de insolvência que visem a reconstituição do património do devedor e que caibam fora do âmbito dos artigos 120.º e seguintes. Os terceiros poderão defender-se contra a resolução, por meio de impugnação, no caso de a resolução operar por via extrajudicial, e por meio de contestação, se for apresentada acção judicial pelo administrador da insolvência.

A relação entre este instituto e a impugnação pauliana deverá ser interpretada em conformidade com os desenvolvimentos precedentes. A resolução em benefício da massa é um mecanismo sucedâneo e especial em relação aos meios de conservação da garantia patrimonial, apresentando a mesma finalidade: proteger a garantia patrimonial é permitir a efectivação dos poderes de execução dos credores. Nessa medida, poderemos concluir pela identidade dos mecanismos referidos. É contrário ao princípio da *par conditio creditorum* interpretar o n.º 3 do artigo 127.º e o artigo 616.º do CC no sentido do aproveitamento exclusivo dos efeitos da acção pauliana pelo credor que a apresenta. O mencionado n.º 3 deverá ser objecto de interpretação restritiva, entendendo-se que o conceito de *interesse* previsto na norma equivale ao interesse a que alude o disposto no n.º 1 do artigo 616.º do CC, não se podendo permitir que um credor obtenha uma posição de vantagem relativamente aos restantes, por exigência do princípio da *par conditio creditorum* e do carácter concursal do processo de insolvência.

A resolução em benefício da massa é, sem dúvida, um dos mais fortes instrumentos colocados nas mãos dos administradores da insolvência para traçar o destino do processo de execução colectiva. Para que este mecanismo possa marcar, também, diferença nos números da insolvência em Portugal e no destino de tantos devedores e credores, revela-se urgente um aprofundamento científico que permita um exercício eficaz da resolução em benefício da massa.

O presente estudo teve como objectivo olhar para a resolução em benefício da massa a partir dos princípios que lhe subjazem, identificando a sua finalidade e interpretando o respectivo regime em conformidade, o que poderá permitir posteriores desenvolvimentos a respeito deste mecanismo de protecção da garantia patrimonial, relativamente a questões concretas não abordadas ou a actos específicos que poderão ser sujeitos a resolução em benefício da massa.

Bibliografia

ABREU, Jorge M. Coutinho de, "Suprimentos", *Estudos em Homenagem ao Prof. Doutor Raúl Ventura*, Coimbra, Coimbra Editora, 2003, pp. 71-80
— *Responsabilidade Civil dos Administradores de Sociedades* (2.ª ed.), Coimbra, Almedina, 2010
ALARCÃO, Rui de, *Direito das Obrigações* (Texto elaborado pelos Drs. J. Sousa Ribeiro, J. Sinde Monteiro, Almeno de Sá e J. C. Proença, com base nas lições do prof. Doutor Rui de Alarcão ao 3.º Ano Jurídico), Coimbra, s.n., 1983
ALBERTI, Alberto Maffei, *Commentario Breve alla Legge Fallimentare: e alla legge sull'amministrazione straordinaria delle grandi imprese in crisi* (con la collaborazione di Andrea Audino, 4.ª ed.), Padova, CEDAM, 2000
ASCENSÃO, José de Oliveira, "Acção executiva e pressupostos da falência", *Estudos de Direito Comercial*, vol. I, Coimbra, Almedina, 1989, pp. 43-53.
— *Direito Civil – Reais* (5.º ed., revista e ampliada), Coimbra, Coimbra Editora, 1993 (2012ʳ)
— *Direito Civil – Teoria Geral*, vol. II (Acções e Factos Jurídicos), Coimbra, Coimbra Editora, 1999
— *Direito Civil das Sucessões* (5.ª ed. revista), Coimbra, Coimbra Editora, 2000
— "Insolvência: efeitos sobre os negócios em curso", *Separata de Estudos Jurídicos e Económicos em Homenagem ao Prof. Doutor António de Sousa Franco*, Coimbra, Coimbra Editora, 2006
BAPTISTA, José João, *Da Natureza Jurídica da Herança Indivisa e da Parilha entre Herdeiros no Direito Português* (Dissertação apresentada no exame do Curso Complementar de Ciências Jurídicas), Universidade de Lisboa, Faculdade de Direito (texto policopiado), 1953-1954
BARONTINI, Paola, "La revocatoria fallimentare dell'atto d'esercizio del diritto d'opzione: problemi di qualificazione della fattispecie", *Banca Borsa Titoli di Credito* LXI.4 (2008), pp. 501-521
BASILONE, Maria Rosaria, "La revocatoria ordinaria nel fallimento in bilico tra legittimazione 'esclusiva' del curatore e persistente legittimazione del creditore in caso di inerzia dell'organo concorsuale" (comentário ao acórdão de Corte di Cassazione Civile), *La Nuova Giurisprudenza Civile Commentata* V (2009), pp. 456-468

BASTOS, Jacinto Fernandes Rodrigues, *Das obrigações em geral: segundo o código civil 1966*, s.i., s.n., 1971-1974

BONSIGNORI, Angelo, "Il Fallimento", *Trattato di Diritto Commerciale e Diritto Pubblico dell'Economia*, vol. IX, Padova, CEDAM, 1986

BOCCHINI, Ermanno, "Teoria dell'informazione e revocatoria fallimentare", *Rivista di Diritto Civile* LV (2009),, pp. 121-132

BRAUN, Eberhard, *Commentary on the German Insolvency Code*, Düsseldorf, IDW-Verlag GmbH, 2006

BREGOLI, Alberto, "La disciplina dell'azione revocatoria fallimentare: puntualizzazioni della dottrina e prospettive di riforme nei progetti di nuova legge fallimentare", *Diritto della Banca e del Mercato Finanziario* XVI (2002), pp.405-411

BRUNETTI, Antonio, *Lezioni sul Fallimento*, Padova, CEDAM, 1937

CALLE, Borja García-Alamán de la, "Efectos de la declaración del concurso sobre las relaciones jurídico-privadas del deudor", *in* Luis Fernández de la Gándara e Manuel M. Sánchez Álvarez (*edd.*), *Comentarios a la Ley Concursal*, Madrid, Marcial Ponds, 2004, pp. 241-276

CANARIS, Claus-Wilhelm, *Pensamento Sistemático e Conceito de Sistema na Ciência do Direito* (4.ª ed.), Lisboa, Fundação Calouste Gulbenkian, 2008

CARDOSO, Eurico Lopes, *Código de Processo Civil: Anotado* (4.ª ed. actualizada), Coimbra, Almedina, 1972

CARVALHO, Pedro Pitta e Cunha Nunes de, *Omissão e Dever de Agir em Direito Civil*, Coimbra, Almedina, 1999

CASANOVA, Nuno Salazar, e David Sequeira DINIS, *PER – Processo Especial de Revitalização. Comentários aos artigos 17.º-A a 17.º-I do Código da Insolvência e da Recuperação de Empresas*, Coimbra, Coimbra Editora, 2014

CASTRO, Gonçalo Andrade, "Efeitos da declaração de insolvência sobre os créditos", *Direito e Justiça* XIX.2 (2005), pp. 263-290

CESARI, Patrizia de, "La Revocatoria fallimentare tra diritto interno e diritto comunitario", *Rivista di Diritto Internazionale Privato e Processuale* XLIV.4 (2008), pp. 989-1006

COELHO, José Gabriel Pinto, "A Falência e a Rescisão de Actos Prejudiciais à Massa, interpretação dos arts. 1168.º, 11699.º, e 1170.º do Código de Processo Civil", *ROA* III/IV (1943), pp. 141-168

COIMBRA, Ana, *O Princípio par condicio creditorum e o processo de falência* (Relatório de Mestrado em Direito de Processo Civil), Universidade de Lisboa, Faculdade de Direito, 1988 (texto policopiado)

CORDEIRO, António Menezes, *Estudos de Direito Comercial*, vol. I, Coimbra, Almedina, 1989

"Insolvência: da resolução e do aval em benefício da massa: o interesse de agir: anotação ao acórdão do Tribunal da Relação do Porto de 9 de Janeiro de 1990", *Separata ROA* L.1 (1990), pp. 161-180

"Declaração de insolvência: fiança e aval: actos resolúveis em benefício da massa: interesse em agir: acordão de 7 de Novembro de 1990 do Supremo Tribunal de Justiça", *ROA* L.3 (1990), pp. 703-712

Direitos Reais, Lisboa, Lex, 1993

Direitos Reais – Sumários, Lisboa, AAFDL, 1998

Manual de Direito das Sociedades, vol. II (Das Sociedades em Especial), Coimbra, Almedina, 2006

"Perspectivas evolutivas do direito da insolvência", *Revista de Direito das Sociedades* IV (2012), pp. 551-591

Tratado de Direito Civil, vol. VI (Direito das Obrigações), 2.ª ed. revista e actualizada, Coimbra, Almedina, 2012

Da Boa Fé no Direito Civil, Coimbra, Almedina, 2013

Tratado de Direito Civil, vol. VIII (Direito das Obrigações), reimpressão da 1.ª ed. do Tomo III da Parte II de 2010, Coimbra, Almedina, 2014

Tratado de Direito Civil, vol. IX (Direito das Obrigações), reimpressão da 1.ª ed. do tomo IV da parte II de 2010, Coimbra, Almedina, 2014

Tratado de Direito Civil, vol. II (Parte Geral, Negócio Jurídico), 4.ª ed., reformulada e actualizada, Coimbra, Almedina, 2014

CORSINI, Filippo, "Revocatoria fallimentare e giurisdizione nelle fonti comunitarie : la parola passa alla Corte di giustizia", *Rivista di Diritto Internazionale Privato e Processuale* XLIV (2008), pp. 429-446

COSTA, Ary de Almeida Elias da, *Das falências: seu estado e seu processo* (4.ª ed.), Separata de Portugal Judiciário, Lisboa, Petrony, 1981

COSTA, Mário Júlio de Almeida, *Direito das Obrigações* (12.ª ed. revista e actualizada), Coimbra, Almedina, 2014

COSTA, Ricardo Alberto Santos, "Deveres gerais dos administradores e gestor criterioso e ordenado", *Direito das Sociedades em Revista*, Coimbra, Almedina, 2011, pp. 157-189

COSTA, Salvador da, *O Concurso de Credores* (4.ª ed. actualizada e ampliada), Coimbra, Almedina, 2009

COSTEIRA, Maria José, "Novo Direito da Insolvência", *Themis*, Edição Especial (2005)

CUNHA, Albano, *Código de Processo Civil: Actualizado e Anotado*, Coimbra, s. l., 1967

CUNHA, José Vieira, "Breves notas sobre alguns dos efeitos da declaração de insolvência", *Maia Jurídica – Revista de Direito* III (2005), pp. 81-92

CUNHA, Paulo, "O património do devedor garantia comum dos credores: os credores têm o poder virtual de execução sobre o património do devedor", *O Direito* LXVI (1934), pp. 98-104

Da Garantia nas Obrigações (Apontamentos das aulas de Direito Civil do 5.º ano da Faculdade de Direito da Universidade de Lisboa, Regência do Prof. Doutor Paulo Cunha, pelo aluno Eudoro Pamplona Côrte-Real), Lisboa, 1938-1939 (2 vols.)

DIAS, Jorge de Figueiredo, *Direito Penal, Parte Geral*, tomo I (2.ª ed., reimpressão), Coimbra, Coimbra Editora, 2012

DUARTE, Rui Pinto, *Curso de Direitos Reais*, Cascais, Principia, 2002

"Suprimentos, prestações acessórias e prestações suplementares. Notas e questões", *Problemas do Direito das Sociedades. Separata* (2002), pp. 257-280

ENGISCH, Karl, *Introdução ao Pensamento Jurídico* (10.ª ed.), Lisboa, Fundação Calouste Gulbenkian, 2008

EPIFÂNIO, Maria do Rosário, "O processo especial de revitalização", *II Congresso Direito das Sociedades em Revista*, Coimbra, 2009, pp. 257-264

Manual de Direito da Insolvência (6.ª ed.), Coimbra, Almedina, 2014

BIBLIOGRAFIA

FERNANDES, Luís A. Carvalho, "O código dos processos especiais de recuperação da empresa e de falência: balanço e perspectivas", *Separata de Revista de Direito e de Estudos Sociais* XXXIX n.º 1-2-3 (1997)

Lições de Direitos Reais (4.ª ed. revista e actualizada), Lisboa, Quid Iuris, 2003

Lições de Direito das Sucessões (3.ª ed. revista e actualizada), Lisboa, Quid Iuris, 2008

FERNANDES, Luís A. Carvalho e João LABAREDA, *Código dos Processos Especiais de Recuperação da Empresa e de Falência Anotado* (3.ª ed.), Lisboa, Quid Iuris, 2000

Código da Insolvência e da Recuperação de Empresas Anotado (reimpressão), Lisboa, Quid Iuris, 2009

Código da Insolvência e da Recuperação de Empresas Anotado (2.ª ed.), Lisboa, Quid Iuris, 2013

FERRARA, Francesco, *Il Fallimento* (2.ª ed. rev. e aum.), Milano, Giuffrè, 1966

FERREIRA, Hugo Rosa, "Compensação e insolvência (em particular, na cessão de créditos para titularização)", *Direito da Insolvência – Estudos*, Coimbra, Coimbra Editora, 2011, pp. 9-64

FERREIRA, José Dias, *Codigo Civil Portuguez: Annotado*, Lisboa, Imprensa Nacional, 1870

FERREIRA, Maria do Patrocínio Baltazar da Paz, *Impugnação Pauliana: Aspectos Gerais do Regime* (Tese de Mestrado em Ciências Jurídicas), Universidade de Lisboa, Faculdade de Direito, 1988 (texto policopiado)

FREITAS, José Lebre de, "Legitimidade do insolvente para fazer valer direitos de crédito não apreendidos para a massa", *Estudos em homenagem ao Professor Doutor Carlos Ferreira de Almeida*, Coimbra, Almedina, 2011, vol. III, pp. 619-663

Introdução ao Processo Civil – Conceitos e Princípios Gerais à luz do novo código (3.ª ed.), Coimbra, Coimbra Editora, 2013

FREITAS, José Lebre de, e Isabel ALEXANDRE, *Código de Processo Civil Anotado*, vol. I (3.ª ed.), Coimbra, Coimbra Editora, 2014

GIL, Mónica Lorena Junguito, *Da Insolvência: no CIRE e no Regulamento CE nº 1346/2000 do Conselho, de 29 de Maio* (Tese de Mestrado, Ciências Jurídico-Empresariais), Universidade de Lisboa, Faculdade de Direito, 2012

GOMES, Januário da Costa, *Assunção Fidejussória de Dívida – Sobre o conceito e o âmbito da vinculação como fiador* (Dissertação de Doutoramento em Ciências Jurídicas), Coimbra, Almedina, 2000

"A Fiança no quadro das Garantias Pessoais. Aspectos de Regime", *Comemorações dos 35 anos do Código Civil e dos 25 anos da Reforma de 1977*, Coimbra, Coimbra Editora, 2007, pp. 79-119

GOODE, Royston Miles, *Principles of Corporate Insolvency Law*, London, Sweet & Maxwell, 1990

GUTIÉRREZ, Ángel Martínez, "La protección de los adquirentes de buena fe en el sistema de reintegración de la ley concursal", *in* Domingo Jiménez Liébana (ed.), *Estudios de derecho civil en Homenaje al Profesor José González García*, Cizur Menor, Thomson Reuters Aranzadi, 2012, pp. 1001-1014

JUSTO, António dos Santos, "A Execução: Pessoal e Patrimonial: Direito Romano", *O Direito* CXXV (1993), pp. 277-300

KAUFMANN, Arthur, *Filosofia do Direito* (4.ª ed.), Lisboa, Fundação Calouste Gulbenkian, 2010

LARENZ, Karl, *Metodologia da Ciência do Direito* (4.ª ed.), Lisboa, Fundação Calouste Gulbenkian, 1997
LEHR, Ernest, *Code de Commerce Portugais de 1888, traduit et annoté*, Paris, Imprimerie Nationale, 1889
LEITÃO, Adelaide Menezes, "Responsabilidade dos administradores para com a sociedade e os credores sociais por violação de normas de protecção", *Estudos dedicados ao Professor Doutor Luís Alberto Carvalho Fernandes*, Lisboa, Universidade Católica Editora, 2011, vol. I, pp. 19-53
LEITÃO, Helder Martins, *Da Acção de Falência: insolvência: recuperação da empresa e protecção dos credores*, Porto, Elcla, 1992
LEITÃO, Luís Manuel Teles de Menezes, *O Enriquecimento sem causa no Direito Civil* (Dissertação de Doutoramento em Ciências Jurídicas), Universidade de Lisboa, Faculdade de Direito. *Cadernos de Ciência e Técnica Fiscal* 176, Lisboa, Centro de Estudos Fiscais, 1996
Código da Insolvência e da Recuperação de Empresas Anotado (3.ª ed.), Coimbra, Almedina, 2006
Direito da Insolvência (4.ª ed.), Coimbra, Almedina, 2012
Código da Insolvência e da Recuperação de Empresas Anotado (6.ª ed.), Coimbra, Almedina, 2012
Garantias das Obrigações (4.ª ed.), Coimbra, Almedina, 2012
Direito da Insolvência (5.ª ed.), Coimbra, Almedina, 2013
Direitos Reais (4.ª ed.), Coimbra, Almedina, 2013
Direito das Obrigações, vol. I (Introdução. Da Constituição das Obrigações), 11.ª ed., Coimbra, Almedina, 2014
Direito das Obrigações, vol. II (Transmissão e Extinção das Obrigações. Não Cumprimento e Garantias do Crédito), 9.ª ed., Coimbra, Almedina, 2014
"A Responsabilidade pela abertura indevida do processo especial de revitalização", *in* C. Serra (ed.), *II Congresso de Direito da Insolvência*, Coimbra, Almedina, 2014, pp. 143-151
LEÓN, Francisco, "Acciones de reintegración (art. 71.º)", *in* A. Rojo e E. Beltrán (edd.), *Comentario de la Ley Concursal*, tomo I, Thomson Civitas, 2008
LIMA, João Pires de, e João de Matos ANTUNES VARELA, *Noções Fundamentais de Direito Civil*, vol. I (6.ª ed. revista e ampliada), Coimbra, Coimbra Editora, 1973
Código Civil Anotado, vol. II (2.ª ed. revista e actualizada), Coimbra, Coimbra Editora, 1981
Código Civil Anotado, vol. I (4.ª ed. revista e actualizada), Coimbra, Coimbra Editora, 1987
Código Civil Anotado, vol. VI, Coimbra, Coimbra Editora, 1998
LIMA, Sérgio Mourão Corrêa, "Os concursos formal (processual) e material (obrigacional) no processo de insolvência", *Estudos em homenagem ao Professor Doutor Paulo de Pitta e Cunha*, Coimbra, Almedina, 2010, vol. III, pp. 379-393
MACEDO, Pedro de Sousa, *Manual de Direito das Falências*, vol. I, Coimbra, Almedina, 1964
Manual de Direito das Falências, vol. II, Coimbra, Almedina, 1968
MACHADO, João Baptista, "Pressupostos da Resolução por Incumprimento", *Estudos em Homenagem ao Professor Doutor J. J. Teixeira Ribeiro* (vol. II, Iuridica), *Separata do número especial do Boletim da Faculdade de Direito da Universidade de Coimbra* 1979 (= *Obra Dispersa*, Scientia Ivridica, Braga, 1991, vol. I, pp. 125-193)
Introdução ao Direito e ao Discurso Legitimador, Coimbra, Almedina, 2011
MAGALHÃES, J. M. Barbosa de, *Codigo de Fallencias: Anotado*, Lisboa, Parceria António Maria Pereira, 1901

BIBLIOGRAFIA

Código de Processo Comercial Anotado (3.ª ed.), Lisboa, Parceria António Maria Pereira, 1912
MARIANO, João Cura, *Impugnação Pauliana* (2.ª ed., revista e aumentada), Coimbra, Almedina, 2008
MARQUES, J. P. Remédio, *Acção Declarativa à Luz do Código Revisto* (3.ª ed.), Coimbra, Coimbra Editora, 2011
MARTÍNEZ, Manuel Díaz, e Santiago IGLESIAS ESCUDERO, "Las acciones de reintegración y la constitución de garantías hipotecarias a favor de entidades de crédito: una excepción al régimen general", *Revista de Derecho Concursal e Paraconcursal* XVI (2012), pp. 215-225
MARTINEZ, Pedro Romano, *Da Cessação do Contrato* (2.ª ed.), Coimbra, Almedina, 2006
MARTINEZ, Pedro Romano, e Pedro FUZETA DA PONTA, *Garantias de Cumprimento* (5.ª ed.), Coimbra, Almedina, 2003
MARTINS, Luís M., "Perseguir bens e direitos alienados na Insolvência", 2009 (disponível em www.insolvencia.pt/artigos/637-perseguir-bens-e-direitos-alienados-na-insolvencia.html.)
MEALHA, Esperança Pereira, "Partilha em vida e seus efeitos sucessórios", *Estudos em Homenagem ao Prof. Doutor Inocêncio Galvão Telles*, vol. I (Direito Privado e Vária), Coimbra, Almedina, 2002, pp. 523-561
MENDES, Armindo Ribeiro, "Exercício da impugnação pauliana e a concorrência entre credores", *Estudos em Homenagem à Professora Doutora Isabel de Magalhães Collaço*, vol. II, Coimbra, 2002, vol. II, pp. 417-455
MENDES, João de Castro, *Direito Processual Civil*, vol. I (ed. revista e actualizada, AAFDL, 1986-1989
MENDES, João de Castro, e Joaquim de Jesus SANTOS, *Direito Processual Civil: Processo de Falência*, Lisboa, Faculdade de Direito, 1982
MICCIO, Renato, "Revocatoria civile e fallimentare", *Rivista del Diritto Commerciale e del Dir. Generale delle Obbligazioni* ano 48 XI/XII (1950), pp. 508-513
MIRAGLIA, Ermogene, "Revocatoria fallimentare di procedimento negoziale indiretto", *Banca Borsa e Titoli di Credito* NS LVIII (2005), pp. 301-321
MONORATI, Costanza, "Revocatoria fallimentare e convenzione di Bruxelles del 27 settembre 1968", *Rivista di Diritto Internazionale Privato e Processuale* XXV.3 (1989), pp. 595-616
MONTENEGRO, Artur, *Theoria da Unidade e Universalidade da Fallencia* (Tese de Doutoramento em Ciências Jurídicas apresentada à Universidade de Coimbra através da Faculdade de Direito), Coimbra, Imprensa da Universidade, 1894
MORAIS, Fernando de Gravato, *A Resolução em Benefício da Massa Insolvente*, Coimbra, Almedina, 2008
MORAIS, Paula Cristina Rodrigues, *A Sorte das Garantias nos Processos de Insolvência* (Tese de Mestrado em Ciências Jurídicas), Universidade de Lisboa, Faculdade de Direito, 2006 (texto policopiado)
MOSCO, Luigi, *Onerosità e Gratuità degli Atti Giuridici con particulare riguardo ai contratti*, Milano, Casa Editrice Dottor Francesco Vallardi, 1942
NABET, Paola, *La Coordination des Procédures d'Insolvabilité en Droit de la Faillite Internationale et Communautaire*, Paris, Litec, 2010
NAVARRINI, Umberto, *Trattato di Diritto Fallimentare*, Bologna, Zanichelli, 1934

OLIVEIRA, Madalena Paz Ferreira Perestrelo de, "O processo especial de revitalização: o novo CIRE", *Revista de Direito das Sociedades*, IV.3 (2012), pp. 707-726

OLIVEIRA, Ana Perestrelo de, *A Responsabilidade Civil dos Administradores nas Sociedades em Relação ao Grupo*, Coimbra, Almedina, 2007

PAGENSTECHER, Max, *Il Fallimento*, Milano, Giuffrè, 1968

PAJARDI, Piero, "Il Sistema Revocatorio Ordinario, Fallimentare, Penale, Tra Teoria e Applicazioni", *Teoria e Pratica del Diritto* II.10 (*Diritto Commerciale*), Milano, Giuffrè, 1990

PELÁGIO, Humberto, *Código Comercial e Código de Falências* (2.ª ed. actualizada e anotada), Universidade de Lisboa, 1939

PEREIRA, João Aveiro, *O Contrato de Suprimento* (2.ª ed.), Coimbra, Coimbra Editora, 2001

PESUCCI, Stefania Pacchi, "Par condicio creditorium, revocatoria fallimentare e garanzie prestate dal fallito", *Rivista del Diritto Commerciale e del Dir. Generale delle Obbligazioni* LXXXVII (1989), pp. 13-74

"Revocatoria fallimentare tra tutela del credito e gestione della crisi: riflessioni in margine a Trib. Genova, 15 novembre 1999, Piaggio s.p.a. in amministrazione straordinaria c. Less. costruzioni s.r.l. e Ministero della Difesa", *Rivista del Diritto Commerciale e del Dir. Generale delle Obbligazioni* XCVIII.7-10 (2000), pp. 347-383

PINTO, Alexandre Mota, *Do Contrato de Supimento – O Financiamento da Sociedade entre Capital Próprio e Capital Alheio*, Coimbra, Almedina, 2002

PINTO, Carlos Alberto da Mota, "Onerosidade e Gratuitidade das Garantias de Dívidas de Terceiro na Doutrina da Falência e da Impugnação Pauliana", *Estudos em Homenagem ao Prof. Doutor J. J. Teixeira Ribeiro*, Coimbra, 1983, pp. 115-117

PINTO, Fernando A. Ferreira, *Contratos de Distribuição, Da tutela do distribuidor integrado em face da cessação do vínculo*, Lisboa, Universidade Católica Editora, 2013

PINTO, Paulo Mota, *Interesse Contratual Negativo e Interesse Contratual Positivo*, Coimbra, Coimbra Editora, 2008

PIRES, Catarina Monteiro, "A prestação restitutória em valor na resolução do contrato por incumprimento", *Estudos em Homenagem a Miguel Galvão Teles*, Coimbra, Almedina, 2012, vol. II, pp. 703-722.

PRATA, Ana, Jorge MORAIS CARVALHO e Rui SIMÕES, *Código da Insolvência e da Recuperação de Empresas Anotado*, Coimbra, Almedina, 2013

PROENÇA, José Carlos Brandão, *A Resolução do Contrato no Direito Civil. Do Enquadramento e do Regime*, Coimbra, Coimbra Editora, 2006

QUETGLAS, Rafael Sebastián, "Efectos de la rescisión en la Ley Concursal", *Actualidad Jurídica* (Homenaje al professor D. Juan Iglesias Prada), Número extraordinario (2011), pp. 48-53

REAL, Carlos Pamplona Corte, "A Partilha em Vida", *Cadernos de Ciência e Técnica Fiscal* CXLIX (1986)

REIS, José Alberto dos, *Código de Processo Civil Anotado* (4.ª ed.), Coimbra, Coimbra Editora, 1980

RESCIGNO, Matteo, "Contributo allo studio della *Par Condicio Creditorum*", *Rivista di Diritto Civile* XXX (1984), pp. 359-412

ROCHA, Andréa Souza de Almeida, *A Evolução da Responsabilidade Pessoal à Responsabilidade Patrimonial e o contexto das obrigações* (Relatório de Mestrado), Universidade de Lisboa,

Faculdade de Direito, Lisboa, 2002 (texto policopiado)

RODRÍGUEZ, Adela Serra, "La constitución de hipoteca en fraude de acreedores y la declaración del concurso", *Revista de Derecho Patrimonial* XVII (2006), pp. 79-106

"El ejercicio de la acción pauliana y las acciones rescisorias concursales", *Revista de Derecho Patrimonial* XX (2008), pp. 395-412

ROJO, Ángel, e Emilio BELTRÁN (*edd.*), *Comentario de La Ley Concursal*, tomo I, Thomson Civitas, 2008

ROMANO, Alberto A., "*Natura costitutiva dell'azione revocatoria fallimentare e clausola di reviviscenza della fideiussione* (comentário à decisão do Corte di Appello di Milano, 19/09/2000), *Banca Borsa Titoli di Credito* NS LIV (2001), pp.167-173

SABATELLI, Emma, "*La prova della scientia decoctionis nella disciplina delle revocatorie fallimentare*" (comentário à decisão do Corte di Cassazione. Sezione I, 28/02/2007), *Banca Borsa Titoli di Credito* NS LXI (2008), pp. 420-468

SALDANHA, Eduardo de Almeida, *Das Falências*, Porto, Imprensa Portugueza, 1897

SANTOS, António Manuel Tavares dos, *A Acção Pauliana no Direito Português* (Tese de Licenciatura em Ciências Jurídicas apresentada na Faculdade de Direito da Universidade de Lisboa), Lisboa, 1949 (texto policopiado)

SATTA, Salvatore, *Diritto Fallimentare*, Padova, CEDAM, 1974

SERRA, Adriano Pais da Silva Vaz, "Responsabilidade patrimonial", *Separata do Boletim do Ministério da Justiça* LXXV (1958)

SERRA, Catarina, *Falências Derivadas e Âmbito Subjectivo da Falência* (Dissertação de Mestrado em Ciências Jurídico-empresariais apresentada na Faculdade de Direito de Coimbra), Coimbra, Coimbra Editora, 1999

"Alguns aspectos da revisão do regime da falência pelo DL nº 315/98, de 20 de Outubro", *Scientia Iuridica* XLVIII (1999), pp. 183-206

"A contratualização na insolvência: *hybrid procedures* e *pre-packs* (a insolvência entre a lei e a autonomia privada)", *II Congresso Direito das Sociedades em Revista*, Coimbra, 2009, pp. 265-290

"Concurso sem Concurso? (A Falência com um Único Credor)", *Estudos em Homenagem ao Professor Doutor Carlos Ferreira de Almeida*, 2011, Coimbra, Almedina, vol. III, pp. 727-739

O Regime Português da Insolvência (5.ª ed. revista e actualizada à luz da Lei nº 16/2012, de 20 de Abril, e do DL nº 178/2012, de 3 de Agosto), Coimbra, Almedina, 2012

"O valor do registo provisório da aquisição na insolvência do promitente-alienante: acórdão do Supremo Tribunal de Justiça de 12.5.2011, Proc. 5151/2006", *Cadernos de Direito Privado* XXXVIII (2012), pp. 52-67

"O fundamento público do processo de insolvência e a legitimidade do titular de crédito litigioso para requerer a insolvência do devedor" *RMP* CXXXIII (2013), pp. 97-123

(ed.), *II Congresso de Direito da Insolvência*, Coimbra, Almedina, 2014

SILVA, J. Calvão da, "Dos Efeitos da Falência sobre as Garantias de Dívidas de Terceiro", in AAVv., *Ab Uno ad Omnes – 75 Anos da Coimbra Editora*, Coimbra, Coimbra Editora, 1998, pp. 775-795

SILVA, J. F. Azevedo e, *Commentario ao Novo Codigo Commercial Portuguez*, Lisboa, Typographia Nacional, 1888-1889

SILVA, Manuel Duarte Gomes da, *Ensaio sobre o Direito Geral de Garantia nas Obrigações*, (Cadernos de ciência e técnica fiscal 32), Lisboa, DGCI, 1965
Conceito e Estrutura da Obrigação (Tese de Doutoramento em Ciências Histórico-Jurídicas), Universidade de Lisboa, Faculdade de Direito, Lisboa, 1971 (texto policopiado)
SILVA, Paula Costa e, "Impugnação pauliana e execução. Acórdão do Tribunal da Relação de Coimbra de 11.2.2003, Agravo 3895/02", *Cadernos de Direito Privado* VII (2004), pp. 46-63
SIMÕES, Ana Raquel Lopes, *A Insolvência das Sociedades coligadas e dos grupos de Sociedades* (Relatório de Mestrado para a cadeira de Direito Comercial), Universidade de Lisboa, Faculdade de Direito, 2006 (texto policopiado)
SOUSA, Luís Filipe Pires de, *Prova por Presunção no Direito Civil* (2.ª ed.), Coimbra, Almedina, 2013
SOUSA, Miguel Teixeira de, "A Legitimidade Singular em Processo Declarativo", separata do *BMJ* (1979)
Estudos sobre o Novo Processo Civil (2.ª ed.), Lisboa, Lex, 1997
Acção Executiva Singular, Lisboa, Lex, 1998
Introdução ao Direito, Coimbra, Almedina, 2013
SOUSA, Ricardo Oliveira, "A omissão e o princípio da legalidade", *RMP* CXXIX (2012), pp. 231-273
STNAGHELLINI, Lorenzo, "La nuova revocatoria fallimentare nel sistema di protezione dei diritti dei creditori", *Rivista del diritto commerciale e del diritto generale delle obbligazioni* CVII (2009), pp. 69-98
TARDUCCI, Icilio, *Svolgimento storico ed officio dell'Azione Pauliana nel Diritto Moderno*, Perugia, V. Santucci, 1882
TARZIA, Giuseppe, "Limiti funzionali della revocatoria fallimentare", *Rivista di Diritto Processuale* LV (2000), pp. 8-18
TAVARES, José Maria Joaquim, *Os Princípios Fundamentais do Direito Civil*, vol. I (Teoria Geral do Direito Civil), 2.ª ed., Coimbra, Coimbra Editora, 1929
TERRANOVA, Giuseppe, "Effetti del fallimento sugli atti pregiudizievoli ai creditori", *Commentario Scialoja-Branca, Legge Fallimentare*, a cura di Franco Bricola e Francesco Galgano, Tomo I (Parte Generale), Bologna, Zanichelli, 1993, art. 64-71
"Pagamenti anomali e garanzie. Profili del sistema revocatorio fallimentare", *Banca Borsa Titoli di Credito* NS LIII (2000), pp. 12-70
VARELA, João de Matos Antunes, *Das Obrigações em geral*, vol. I (10.ª ed. revista e actualizada), Coimbra, Almedina, 2014
Das Obrigações em Geral, vol. II (7.ª edição, 10.ª reimpressão), Coimbra, Almedina, 2014
VASCONCELOS, Pedro Pais de, *Teoria Geral do Direito Civil* (7.ª ed.), Coimbra, Almedina, 2012
"Responsabilidade civil do administrador da insolvência", *in* C. Serra (*ed.*), *II Congresso de Direito da Insolvência*, Coimbra, Almedina, 2014, pp. 189-206
VECCHIO, Francesco, *Le Spese e gli interessi nel Fallimento*, Milano, Giuffrè, 1969
VENTURA, Raúl, "O contrato de suprimento no Código das Sociedades Comerciais", *O Direito* CXXI.1 (1989), pp. 7-73
Sociedades por Quotas, vol. II, Coimbra, Almedina, 1996

BIBLIOGRAFIA

VERDER, Paul Michael, *Cross-border insolvency proceedings and security rights: a comparison of dutch and german law, the EC insolvency regulation and the UNCITRAL model law on cross-border insolvency*, The Hague, Kluwer, 2004
VIEIRA, José Alberto, *Direitos Reais*, Coimbra, Coimbra Editora, 2008